카리마와 유리에게

– J. K. H.

홀덤의 정석

−3−

〈중급편〉

홀덤 의 정석

The Principles of Texas Hold'em

- 3 -

〈 중급편 〉

J. K. H.

생각나눔

목 차

3700. 전업을 준비하는 후배님들을 위하여

3000장.

Intro.

욕심이 고개를 들기 시작한다.

3000.
Intro.

　동전 던지기 게임이 있다. 동전은 평범한 동전을 이용한다. 앞면이 나오면 승리하고, 뒷면이 나오면 패배한다. 승리하면 판돈의 2.0배를 받고, 패배하면 0.4배를 받는다. 1,000원을 걸고, 동전의 앞이 나오면 원금 1,000원을 포함한 2,000원, 뒤가 나오면 원금 1,000원 대신 400원만 돌려받는 게임이다. 매 판 1,000원을 걸 수 있다. 두 판을 돌려서 한 판 이기고 한 판 졌다고 했을 경우 첫판 승리 후 2,000원이 되지만, 두 번째 판 패배 후 1,400원만 받는다. 원금 1,000원을 뺀 400원을 두 판인 2로 나누면 한 판의 기댓값은 +200원이다. 이것은 1,000원을 걸 때마다 평균 200원의 수익을 기대할 수 있는 게임이다. 지극한 사실이다. 원금(1,000원)으로 나눗셈까지 하면 약 +0.2EV(또는 20%EV)인 셈이다. 훌륭하다.

　지금부터 나올 아래의 네모 칸 안의 내용을 완전히 이해할 필요는 없다. 간략히 요약한 정규분포에 대한 수학적 설명이다. 더욱 자세한 수학 설명(정규분포나 시그마 등)을 공부해 보고 싶은 독자분은 따로 공부하길 권한다. 상당히 간추린 내용이니 설명이 부족하더라도 사실 그다지 중요하지 않은 부분임을 감안하고, 그냥 '이런 게 있구나.' 정도로 가볍게 읽길 바란다. 지루한 부분은 곧 끝나니 안심하라.

100번 동전을 던진다면 50판은 평균적으로 앞면이 나온다. 여기까지는 이견이 없을 것이다. 이 게임은 이항분포로 다음과 같이 표현된다.

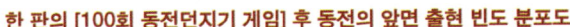

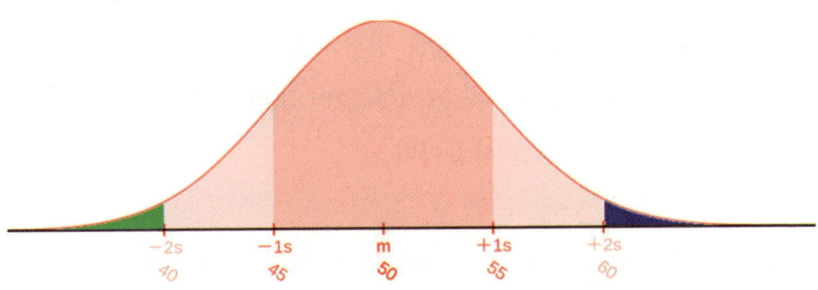

한 판의 [100회 동전던지기 게임] 후 동전의 앞면 출현 빈도 분포도

표본의 평균이 50이며, 표준편차는 5 정도 된다. 시그마는 대략 ±1.96 시그마에 가까울 것이다. 이 말은 평균(50)을 중심으로 −2 ~ +2 사이(정확하게 말하면 − 1.96 ~ +1.96이지만 그냥 2 시그마로 잡겠다) 시그마 안에 들어올 확률이 95%나 된다는 뜻이다. 당연히 모든 낱말을 다 이해할 필요가 없다. 곧 알게 될 것이다. 2시그마의 간격은 10 정도다. 그러니까 50을 기준으로 10만큼 왼쪽(−)으로 치우친 만큼, 그리고 50을 기준으로 10만큼 오른쪽으로(+) 치우친 구간(빨간색과 분홍색 전체를 합한)을 가리키게 된다. 즉 이 '100회 동전 던지기 게임의 결과'는 95%의 확률로 이 붉은색과 분홍색을 합친 가운데 구간 위에 안착한다. 이것만 이해했으면 나머지는 필요치 않다. 이것은 운이 좋으면 95%의 확률로 앞면이 60번 정도 나오고, 운이 나빠도 여전히 40번 정도는 앞면이 95% 확률로 나와줘서 선방할 것이라는 수학적 예상이다.

하지만 우리는 아직도 매우 운이 좋은 경우(2.5%)와 매우 운이 나쁜 경우(2.5%)를 합친 5% 부분은 여전히 다루지 않았다. 매우 운이 좋은 파란 구간은 논외로 하고, 지금은 '매우 운이 나쁜 초록 구간'에만 집중해 보자. 방금 우리는 100번 중 앞면이 적어도 40번 이상은 나온다는 현실적인 주장을 펼쳤지만, 약 2.5% 확률(초록만 포함)로, 40번보다도 낮은 횟수(예를 들면 30번 정도)로 뒷면만 나올 수도 있는 것은 분명한 사실이다.

지금부터 무작위로 100번 중 30번의 승리(위 그래프 중 초록에 해당하는 부분에서도 거의 가장 왼쪽 끄트머리)라고 한 지점을 콕 집은 부분에 대한 설명을 시작하려 한다. 100번의 동전 던지기 중 겨우 30번만 앞면이 나올 확률을 실제 컴퓨터를 통하여 계산해 보면 0.00003이 나온다. 이것은 0.003%이며, 무려 33333번의 '동전 던지기 100번 하기 게임'을 했을 때 한 번 정도 실현될 확률이다. 이렇게 확률이 낮으면 이 사건은 상당히 실현될 확률이 낮다고 보아야 한다. 아직도 이 확률이 얼마나 낮은지 감이 잘 안 올 수 있는 독자들을 위해『홀덤의 정석: 초급편』에서 사용되었던 극단화를 여기에 적용시켜 보자. 극단적으로 큰 값을 원 공식에 집어넣으면 이해에 큰 도움이 된다.

이번에 100번 던지기가 아닌, 아예 1,000번 던지기로 해보자(원래 극단적으로 1,000,000 던지기로 하려 했는데, 계산값을 놓고 보니 결과치가 너무 커져서 1,000번으로 변경했다. 이 값 역시 충분히 크다). 동전 던지기를 위와 정확하게 같은 조건으로 이번에는 100판이 아닌 1,000판을 한다. 그럼 평균적으로 앞면은 500번, 그리고 뒷면은 500번 나올 것이다. 분산이 일어나겠지만, 대충 시그마는 15 정도 된다(정확히 말하면 15.8). 이러면 양쪽으로 시그마가 한 발짝씩 갔다고 치면 왼쪽 15, 오른쪽 15, 총 30이다. 즉, 2시그마가 30이다. 이 30의 차이를 이용하면 우리는 다음과 같은 결과를 얻을 수 있다. 그것은 95%의 확률로 앞면이 470번에서 530번 사이는 나와준다는 결과다.

자, 이 게임에서 앞면은 300번밖에 안 나오고 뒷면은 무려 700번 나오는 극악의 결과를 받아볼 확률은 어떨지 궁금한가? 지난 '동전 100번 던지기 게임'에서 앞면이 30번 뒷면이 70번 나온 경우와 정확히 똑같은 공식을 통하여 비교해 보자. 이제 1,000번 던지기 중, 300번의 앞과 700번의 뒤가 나온 경우는 무려 −12시그마보다 바깥에 있다. 그것은 6×10^{-37}이다.

이 확률은 0.0000000000000 ⋯ 0000000000006%이다.

이 숫자는 매우매우 작아서 현실적으로 일어나지 않는다고 생각해야 한다. 여러분(독자 여러분 전체), 아니 이 지구상의 모든 사람이 모두 함께 이 게임을 동시에 진행해도 그 누구에게도 이런 일은 결코 단 한 번도 일어나지 않으리라 필자는 보장한다. 이 확률은 대한민국의 로또 복권에 다섯 번 연속해서 당첨될 확률보다 훨씬 더 낮다. 단 한 번도 어렵고, 두 번은(게다가 연속으로) 불가능하다고 보아야 하는데 세 번, 네 번, 심지어 다섯 번을 무려 연속으로? 그냥 불가능한 일이라 생각해도 좋다. 이 누구에게도 일어나지 않을 숫자의 확률을 고려하는 게 진정 의미가 있는지 생각해 볼 필요가 있다. 우리의 일생에 두 번 다시 발생하지 않을 그 작은 확률에 연연치 않음이 타당하다. 그냥 발생하지 않는다고 생각해야 한다. 씹어 삼켜버려라. 이 정도로 숫자가 낮았는데도, 실제로 700번의 패배가 일어난다면 '운이 매우 좋았다'는 표현은 부적절한 표현이다. 차라리 우리의 원 공식이 틀려서 뭔가 계산에 오차가 있었다고 풀이하는 게 오히려 합리적인 해석이며, 우리가 모르는 어떤 속임수나 사기나 부정에 당했음을 인정하는 게 훨씬 더 매끄럽다. 상상이 과학보다 더 현실적인 풀이가 되는 기묘한 반증이 완성된다.

이제 위에서 설명한 그 1,000번의 게임을 토대로, 실제로 베팅에 적용시켜 보자. 홍길동은 이 게임에 한 라운드에 1,000원씩 베팅한다. 그럼 현실적으로 200,000원을 따서 201,000이 될 것이다. 운이 아무리 나빠도 470번 동안 1,000원을 따고 530번 동안 600원을 잃었으니, 결과적으로 152,000원을 벌 것이다. 만약 운이 좋다면 530번 동안 1,000원을 따게 되고 470번 동안 600원을 잃게 되니, 248,000원까지도 딸 수 있다. 그러니까 이 게임은 152,000원~248,000원까지 딸 수 있는 게임이다. 이 두 수의 평균은 정확히 200,000원이다. 기댓값 200원을 1,000번 이긴 것과 정확하게 일치한다.

그렇게 이 게임을 너무 좋아한 길동이는 처음에 잃는 셈 치고 1,000원으로 게임을 시작했는데, 점점 돈이 불어나니 계속하고 싶어졌다. 첫판을 하고 난 다음 손에 남은 금액은 201,000원으로 불어나 있었다. 근데 돌이켜보니, 후회가 막심이다. 이렇게 좋은 게임이었으면 여기에 1,000원이 아니라 10,000원, 아니 아예 처음부터 억 단위로 박아넣었다면 더욱 크고 빠르게 부자가 되었을 텐데 하는 후회가 밀려온다.

욕심이 고개를 들기 시작한다.

이제 홍길동은 모든 곳에서 돈을 빌려온다. 금융권은 말할 것도 없고, 온갖 집안 친척, 친구, 지인 가릴 것 없이 가진 모든 대출과 빚을 모은다. 주변 모든 것을 담보로 잡아서 홍길동은 100억이란 자본을 모아왔다. 그는 다시 게임을 시작한다. 그리고 아예 이번에는 첫판부터 한 판에 자본금 100억을 싹 다 박는다. 어차피 계속하면 +EV이니까 장기적으로 오를 수밖에 없다고 길동이는 믿는다.

위 게임을 기댓값(EV)으로 풀어보자. 『홀덤의 정석: 초급편』에서 기댓값을 계산했던 방법을 기억하는가? 기댓값으로만 봤을 땐 100억을 다 걸고 이기면 +100억, 지면 −60억을 받는다는 조건은, 분명히 기댓값의 이익에 해당된다. +EV인 게임이라는 이야기다. +0.2EV이다. 한 판 져도 상관없다. 왜냐하면, '기댓값(EV)이 우리 편이다'. 결국은 우리가 이긴다. <u>이는 수학적으로는 분명한 사실이다.</u> 그래서 몽땅 다 걸기로 한다. 액셀 위에 발을 올려놓는다. 그리고 끝까지 밟는다. 장기적으로 가면 반드시 이길 것이다. 피할 이유가 없다! 그렇게 길동이는 매판 기댓값에서 +EV가 되는 결정을 내렸으니, '이제 난 부자다! 틀림없어. 이건 무조건 성공한다!'라는 생각이 든다. 연속 1,000번 길동이는 올인한다. 자, 결과는 어떨까? 아까 위의 공식으로 1,000번 이 게임을 진행했을 때, 다음 결과를 확인해 보라.

결과는 0.000000000…0000000004원.
모든 것을 다 잃는 결과다.

이건 말이 안 되지 않나? 조금 전 길동이는 1,000원을 100번 걸었을 땐 돈을 땄다고 하지 않았나? 계산 공식이 틀렸단 말인가? 그럴 리가 없다. 그렇다면 자신이 사기를 당한 것인가? 그것도 아니다. 길동이는 자신이 조금 전 1,000원으로 1,000번 게임을 했던 판을 기억해 본다. 그때와 변한 건 아무것도 없었다. 단 한 가지만 빼고: 그 차이는 베팅의 양이다. 바로 이것이 텍사스 홀덤에 대한 플레이는 좋지만, 정작 뱅크롤은 마이너스를 가지고 있는 플레이어들의 아픔이다.

결론부터 말하면, 비밀은 베팅의 1회 양에 있다. 길동이가 1,000원으로 쉽게 201,000원을 획득한 그때 길동이는 '일정하게 1,000원'을 베팅해 왔었다. 아무리 많이 따거나 잃어도, 여전히 길동이는 1,000원을 베팅해 왔다. 전체를 전부 다 걸지 않는 특정한 양만큼까지만 안전하게 고정적으로 베팅했었다. 예를 들어 길동이가 만약 한 번에 10억씩만 '일정하게' 베팅했다면 큰돈을 벌 수 있었을 것이다.

길동이는 한 판에 '고정적'으로 1,000원을 걸었으니 결괏값도 큰 변동이 없는 고정적 결괏값이 나왔다. 이것을 '선형적 결과'라고 부른다(추후 설명한다). 그럼 이렇게 선형적인 결과가 최선이었을지

길동이는 다시 생각해 본다. 한 판에 1천만 원씩 선형적으로 안전하게 베팅하는 것이 정말 최선일까? 조금이라도 더 빠르게 큰 수익을 올릴 수 있는 어떤 지수적(exponential)인 베팅은 없는 걸까?

정답은 '총자본의 일정한 비율로 베팅하면 된다.'이다. 그러니까 '100억'을 몰빵한다가 아니라 '총자산 대비 33% 정도'를 베팅하면 우아한 지수적인 상승곡선을 기대해 볼 수 있다. 하지만 이 33% 숫자를 기억할 필요는 없다. 왜냐하면, 승률이 50%라는 지금과 같은 특정 조건에만 국한하여 이 33%라는 비율이 의미가 있다.

아무튼 100억을 가지고 있다면 1/3인, 33억 정도를 베팅하는 것이 최선이다. 이겼다면 총자산 133억 중 다시 총자산의 33%인 40억 원을 베팅하고, 이를 반복한다. 결과와는 무관하게 언제나 남은 총자산의 1/3 정도만 베팅한다. 절대로 자산 전부를 올인하지 않는다. 여기가 매우 중요하다. 이 경우 이런 방식으로 아까 1,000번의 게임에 썼던 공식 그대로를 적용시켜 보자. 자, 이제 결과는 어떠할까?

1,033,622,132,530,549,302,599,266원의 승리를 만끽한다.

이 예는 수학사에서 매우 유명한 예이다. 필자가 인용해온 위 공식의 기원은 1956년의 Kelly Criterion(켈리 크라이티리온) 에서 기원되었다.

중급편, 시작한다.

3010.
머리말

『홀덤의 정석: 초급편』이후로 오랜 시간 끝에 그 세 번째 시리즈,
『홀덤의 정석: 중급편』이 드디어 출간되었다. 기다려주셨던 독자 여
러분들에게 진심으로 감사한다. 필자는 법적 실명 이니셜 그대로를
『홀덤의 정석』시리즈의 저자 이름으로 등록하였으며, 필자 본인이
누구인지는 여전히 별로 중요하지 않다고 생각한다. 그리고 이 생
각에는 지금도 변함이 없다. '초급편'이 출간된 이후로『홀덤의 정
석』시리즈를 출판해 주신 생각나눔 출판사를 통하여 수많은 연락
을 필자는 접할 수 있었다. 게 중에는『홀덤의 정석』차후의 시리즈
에 관한 문의가 제일 많았으며, 이후 감사하다는 말, 새로운 비즈니
스의 제안이나 따끔한 반박도 종종 들리곤 했다. 모든 관심과 충고
그리고 사랑에 필자는 진실로 감사하다.

『홀덤의 정석』시리즈는 '입문편'부터 '고급편'까지 2016년 집필을
시작하여 이미 완성되어있던 책이었다. 물론 '완성'이라 해도 실제
출판에 들어가기에 전, 전체적인 재점검 및 감수가 필요했다. 그런
점검 및 감수 작업은 필자 스스로가 직접 처음부터 끝까지 일일이
다 할 수밖에 없었다. 구성의 큰 뼈대는, 오랜 세월 동안 기록해 뒀
던 필자의 개인 일지에 그 근본을 두고 있으니 남은 살점을 붙이는
작업은 그리 어려운 일이 아니긴 했다. 아무튼 출간에 대한 '준비

(내지는 완성)'가 어느 정도 되어있었던 것은 사실이다. 문제는 초급편이 출간된 이후, 그 잠깐의 몇 년의 시간에, 우리나라에 별안간 '텍사스 홀덤 붐'이 일어나며 수많은 사람이 텍사스 홀덤에 관심을 갖기 시작했다. 이 거센 물결을 타고 『홀덤의 정석』은 분에 넘치는 사랑과 관심을 독자 여러분들로부터 받기 시작했다. 이것을 호재라고 여길지도 모르나 필자의 마음속 한구석엔 애초의 목표와는 조금은 달라진 환경에 당혹스러움이 훨씬 더 컸다. 정말 솔직히 말해 이것은 필자가 바랐던 출판 환경은 아니었다.

필자가 『홀덤의 정석』을 집필한 근본적 이유는, '이러이러한 카드 게임이 있고, 내 삶은 아무도 알아주지 않는 서양의 작은 도박에 낭비되었지만, 적어도 내가 직접 겪었던 실패와 이를 극복해 나가는 과정을 하나의 기록과 필자가 사랑하는 사람들의 이름 또한 책 속에 남겨, 그들과의 작은 추억록(追憶錄)을 만드는 것'이 목표였다. 실제로 '입문편'에 필자 주변인들의 이름을 책 안에 넣어서 그들에게 자랑하기도 하고, 함께 신기해하며 행복해하기도 했다. 출판을 통하여 돈을 버는 것도 기분 좋은 일이었지만, 사실 돈보다는 어떤 간행물 같은 것을 만들어 사랑하는 사람들과 필자의 미래 후손들에게 무언가를 전달하고 싶었던 것이 가장 큰 궁극적 목표였다.

그런 애초의 목적, '사랑하는 사람에게 전달할 수 있는 기록의 보존'과는 지금은 꽤 거리가 멀어졌다고 생각한다. 의도치 않게 분에 넘치는 사랑을 받은 후, 이제는 조금이라도 더 정확하고 '많은 이에게 읽히고, 신뢰할 수 있는' 책을 쓰고 싶은 욕심이 생겼다. 출판을 통하여 '수익'이라고 부를 수 있을 만한 양의 돈도 벌어보고 싶어졌다. 가령 기존의 중급편에는 필자가 즐겨 썼던 기본적인 오프닝 레인지부터, 현실에선 잘 쓰이지 않는 포벳 콜링 레인지(C4B)의 구성 또한 들어가 있었는데, 시간이 흐르고 세상이 빠른 속도로 진화하더니 이제 컴퓨터 인공지능을 통하여 누구나 쉽게 적절한 해답을 찾을 수 있게 되었다. 바야흐로 정보가 널려있고, 차가운 새벽공기를 맡아가며 고독하게 엑셀을 두드릴 필요 없이, 누구나 간편하게 훈련이 가능한 세상이 펼쳐졌다. 이것으로 인하여 필자가 멀게 돌아온 그 길을 후발주자는 더 이상 돌아가지 않아도 되니, 그것으로 필자는 만족한다. 그러므로 아직 인공지능이 완벽하게 설명하지 못하는 부분만 따로 걸러서, '고급편'으로 밀어 넣는 작업이 필요했다. 이것이 '중급편'의 출고가 상당히 느려졌던 이유이다. 기존의 순수한 '추억록'을 위한 『홀덤의 정석』이었다면 불가능했던 전개였을 것이다. 만일 오직 돈을 버는 것만이 『홀덤의 정석』이 가진 목표였다면 굳이 생각나눔사를 끼지 않고, 대중 서점이 아닌 오직 인터넷으로만 판매하는 것이 분명 더 큰 수익을 낼 수 있었을 것이다.

'독자들의 실력 상승' 또한 무시할 수 없는 부분이었다. 특히 예전에는 '고급자'에게 어울릴만한 정보라 생각했던 포커의 전략들이 이제 점점 '중급자'에게도 충분히 적용시켜 볼 만한 전술로 재평가될 수 있을 정도로 전체적인 급수(級數)가 빠르게 올라간 것이 느껴졌다. 이 속도는 놀라울 정도였다. 흡사 필자의 동창들로부터 받은 진지한 질문들은, 그 질문의 퀄리티가 예전에 비해 현격히 상승되어 있음을 지금도 종종 느낀다.

아마 이 중급편의 3300장까지는 비교적 지루하고 재미없는 설명을 읽을 수밖에 없을 것이다. 하지만 3600장을 지나가며 그 3300장까지 배웠었던 요소들이 비로소 실전에 어떻게 적용되는지를 읽어가며, 새로운 접근에 대한 눈을 뜨도록 설계하였다. 끝으로 3800장에는 필자 개개인의 이야기를 풀어서, 아주 조금이나마 흥미로운 주제로 이야기를 선회하여 부디 지루하지만은 않기를 바라며『홀덤의 정석: 중급편』을 마무리 지을 계획이다.

3020.
전략의 고착화

간혹 에이시스(AA)를 들고 6번 자리(UTG)에서 림핑(아래의 「3143. 림핑」에서 자세하게 설명한다)만 하는 것은 어떻냐고 질문해 올 수 있다. 일단, 필자는 '전략의 고착화'를 매우 지양한다(반대한다). 전략의 고착화란: 어떤 전략은 절대적이므로 이 절대적인 전략을 취하지 않은, 모든 차선적 전략은 절대로 검토조차 해선 안 된다고 치부해 버리는 태도다. 하지만 '모든 전략은 언제나 검토는 될 수 있으며(적어도 적용이 아닌 검토 단계까지는), 하나의 일정한 전략보다는 상황에 맞는 전략(익스플로잇, Exploit: 초급편에서도 간략하게 설명했었지만, 추후엔 더 자주 나온다)이 더 많은 엣지(EV)를 가져올 수 있다'는 게 필자의 논지였고, 이는 입문편에서부터 일관되게 주장해 온 필자 개인의 철학이다. 이 개인적 철학에 동의하지 않더라도 이러이러한 시선도 있을 수 있음에 독자 여러분들이 환기되었다면 그것으로 필자는 만족한다.

필자 또한 AA로 림핑하는 것에는 여전히 반대하기는 한다. 하지만 분명히 림핑할 만한 어떤 합리적인 이유가 있다면[예를 들어 테이블에 앉은 플레이어 중 다수의 멧돼지(『홀덤의 정석: 초급편』 2731장 참조)들이 뒷자리에 포진해 있는 등] 이 림핑은 실패라고 보기에 어렵다고 평가한다. 괜찮은 시도인 것이다. 물론 수학적으로만 보았을 때 분명히 옵티멀(GTO에 입각한)한 작전은 아니다. 하지만 이 림핑은 분명한 근거에 의해, '때에 따라 검토는 해봄직한 플레이'라고 평가하고자 한다.

이렇게 한번 해석해 보면 어떨까? 극단화(초급편에서 자주 이용해 온)를 통하여 더욱 자극적인 예를 든다면, 스타크래프트에서의 '4드론 빌드오더'는 정상적인(스탠더드한) 작전이 아니니 절대로 써선 안 된다는 주장이 있다. 이 주장에 필자는 동의하지 않는다. 다시 한번 반복해서 말하지만, 전략은 상황에 맞게 늘 변화해야 한다고 필자는 믿는다. 특정한 플레이어를 상대로 특정한 맵에서 특정한 종족을 상대할 때, 특정한 스타팅 위치에 본진을 배정받았다면 4드론 빌드오더는 충분히 고려해 볼 만한 가치가 있는 전략이다(적어도 '완전 배제는 지나치다'라는 문장이 여전히 유효한 설득력을 가진다). 이 전략을 종종 섞어서 특정한 조건에 맞아 떨어진 실전에서 사용한다면 상대는 우리의 전략 중에 '4드론' 또한 충분히 나올 수 있는 전략이라고 생각하게 된다. 우리는 무작위 적군이 아니며, 상대는 우리의 기록과 성향을 알고 있다. 이것은 그 자체로 상대방에게 조심을 강요케 한다. 상대방에게 초반에 어느 정도 수비를 생각해야만 하는 빌드오더를 강요하게 되며, '내가 4드론을 쓸 수도 있는 플레이어'라는 것을 상대가 아는 것 자체가 상대방에게 '13커맨드 또는 13넥서스'를 부담스럽게 만드는 효과를 생성한다.

마치 시골 진흙길을 걷다가 누군가가 '지뢰다!'라고 외치고, 순간 큰 폭발음이 능선 너머 아득히 들렸다면 행군 전체가 움찔할 수밖에 없다. 그 지역에 실제 지뢰가 있는지 없는지는 아무런 의미가 없다. 지뢰가 '있을 수도 있다'가 참이 되는 그 순간, 부대 전체의 행군은 느려진다. 공포를 상대의 두뇌 회로 안에 심는 것, 그것으로 충분하다. 상대방의 전략에 제한을 걸게 된다. 매우 효과적이다. 그러려면 실제로 4드론을 종종 실행해야 하고, 보여준 기록이 있어야 한다. 필자가 말하고자 하는 바는 다음과 같다. <u>작전을 위한 생각은 모두 열려있어야 한다.</u> 어쩌면 오직 그 열려있는 생각만이 컴퓨터가 갖지 못한 인간의 유일한 장점일 거라고 필자는 믿는다.

  잔 설명이 너무 길었다. 물론 '옵티멀한 전략만을 추구하는 것' 또한 '하나의 전략'이다. 그러므로 필자는 언제나(주어진 조건이나 상황과는 완전 무관하게) 옵티멀한 전략만을 추구하는 그 태도는 이해하지만, 그 옵티멀한 전략 이외의 다른 모든 전략을 폐기 처분하는 것만큼은 지양한다. 이것조차도 필자 개인의 철학에 불과하다. 옵티멀한 전략만을 쓰는 것은 분명한 승리의 지름길이다. 문제는 언제, 어떠한 이유로 이 옵티멀에서 벗어날지를 결정하는 판단하는 **상황 관찰력**에 있다. 익스플로잇(약점 포착)이다.

3030.
현대의 GTO (2023년 기준)

2016년 3월 9일. 우리나라의 이세돌 9단이 인공지능(AI)과 바둑을 둔 날이다. 이 시점을 계기로 인류는 인공지능에 대한 시선이 180도 바뀌었다. 이 사건 이후로 사람들은 인공지능의 힘을 크게 신뢰하게 되었으며, 인공지능이 내린 결정은 필시 현재 내릴 수 있는 최적의 결정(옵티멀)이라 믿게 되었다. 이는 비단 바둑뿐만이 아니라 다른 모든 분야에도 적지 않은 파장을 불러일으켰다. 텍사스 홀덤도 예외가 아니었다. 이 문장이 쓰이는 2023년에, 이미 인터넷에는 매우 다양한 텍사스 홀덤 인공지능 서비스가 출시 중이다. 자연히 최적의 GTO임을 주장하는 서비스를 오늘날 우리는 쉽게 만나 볼 수 있다.

하지만 2023년 2월, 미국의 인간 바둑기사 켈린 펠린(Kellin Pelrine)은 인공지능 바둑 카타고(Kata Go)와의 대국에서 15전 14승을 기록한다. 그는 릴라제로(또 다른 인공지능 바둑 AI)에게서도 승리를 거두었다. 우리는 인공지능이 완벽하다고 믿었지만, 그 완벽함 속에서도 인간은 기어이 약점을 찾아냈다. '옵티멀'을 깨부순 것이다. 사람들은 이를 컴퓨터가 가진 일종의 버그라고 부르고, 텍사스 홀덤에서는 그 약점을 찾아서 공략하는 것을 익스플로잇이라 부를 수 있다. 『홀덤의 정석: 초급편』에서 필자가 서술했던 가위바위보 이론을 기억하는가? 3할의 승률이 고착화되어 있는 그 가위바위보 게임에서 무려 9할대의 승률을 뽑아내는 그 방식을 기억하는가? 그 작은 약점 속에 손가락을 기어이 파 넣어, 절대 무적이라 불리는 인공지능(GTO)의 방어막을 두 동강으로 찢어발기는 기적을, 켈린 펠린은 바둑에서 해냈다.

이쯤에서 우리는 GTO가 어떻게 만들어졌는지 그 생성 과정을 면밀하게 들여다 볼 필요가 있다. 컴퓨터 두 대(A, B)가 있다. 양 컴퓨터로 게임을 펼친 후 승리한 쪽의 전략은 그대로 두고, 패배한 쪽의 전략만을 수정한다. 그 상태로 다시 게임을 시작한다. 게임이 끝나고 다시 패배한 쪽의 전략만 수정한다. 이 과정을 수십억 번 반복한다. 그렇게 되면 이제 더 이상 어느 한쪽이 다른 한쪽을 카운터치는 것이 불가능해진다. 완벽한 균형을 이루게 된다. 이것을 내쉬균형(Nash Equilibrium)이라 부르며, 이 내쉬균형에 의한 최종 액션 정해 결과물을 GTO라 부른다. 현재 온라인상에서, GTO임을 자청하는 여러 컴퓨터 프로그램들은 그렇게 본인들이 그 GTO를 만들어냈다고 주장한다. 그것은 분명히 '더 이상 카운터가 불가능한 액션 트리일지도 모른다. 실제로 그렇게 약점(카운터)이 없는 절대무적의 전략은 분명히 있긴 하다. 더욱이 바둑 같은 모든 수를 계산하는 것이 가능한 게임에서는 분명히 존재한다. 그러나 <u>약점이 없다는 것이, 최고의 이윤을 발생시키는 결정'이 되진 않는다.</u> GTO는 '적어도 틀리지는 않은 답'을 제공할 뿐, 주어진 해당 상황에서 '최고의 이윤을 끌어내는 정답'은 확실하게 아니다. GTO는 이 세상 모든 이를 상대하여 '지지는 않는 시스템'이므로, 카운터 당하지 않는 완벽한 수비적 액션이 무엇인지는 말해 주지만, 그것이 해당 특정 빌런을 상대로 최대의 이윤을 끌어오는 액션은 분명히 아니다. 어쨌든 GTO는 장기적으로 모두를 이기긴 할 것이다(지지는 않으므로). 다만 특정 상대로 '최대의 이윤'을 긁어오는 전략은 아닐 수도 있음을 인지해야 한다.

현재 우리가 플레이하고 있는 테이블이 매우 소프트하더라도 인공지능은 그것을 고려하지 않는다. 인공지능에게 '감정'이란 아직 이해할 수 없는 영역이다(적어도 이 책이 다듬어지고 있는 2023년에는). 인공지능은 홀덤을 수학적 문제로 바라보고 그 수학 문제에 대한 정해를 제시할 뿐, 감정을 지닌 인간이 '비정상적인 결정을 내렸을 때'를 공식에 첨가하지 못한다. 물론 비정상적인 액션 플로우 또한 인공지능 나름대로 매우 낮은 확률로 제안할 때도 있다. 무지막지한 블러프와 충격적인 폴드 또는 아주 얇은 종이 한 장을 딛고 건너가려는 어려운 콜도 제시한다. 문제는 타이밍이다. 사람은 특정 조건이 갖춰진 상황에서만 무지막지하고 어려운 시도를 펼치는 반면, 인공지능은 무작위로 일정 확률에 걸리기만 하면 '조건과는 상관없이' 단순히 '무작위 확률에 걸린 게 지금이니까' 그대로 돌진을 개시한다.

이 인공지능의 기술에 의존하여 포커를 공략하려는 시도가 온라인에서 여러 차례 있었다. 이 기술을 이용하여 승리하는 것이 과연 정의로운 것이냐에 대한 질문은 또 다른 논점이 되겠지만, 분명한 것은 허용되지 않는 장소가 분명히 있다는 것이고, 이를 인지했다면 사용하지 말아야 한다는 점이다. 만일 인공지능을 사용하여 다른 플레이어와 경쟁하고 싶다면 아예 그런 시설을 따로 만들어서 그 안에서만 자신들이 만든 '인공지능의 정교함'으로만 경쟁함이 공정할 것이다. 그러나 몇몇 사람들은 인공지능의 힘을 이용하여 재화적 이득을 취하려 했으며, 몇몇 대형 온라인 포커룸에서는 이러한 오용을 적발하여 제재하기도 했다.

　몇몇 사이트는 오히려 이런 인공지능을 자신들의 사업의 한 부분으로 접목시키려 노력한 시도도 있다. 가장 대표적인 것이 바로, 자동 폴드(auto-fold) 기능이다. 플레이어들이 자신들이 결코 플레이하지 않을 핸드를 미리 선택해 두면 해당 핸드가 나에게 주어질 때 프리플랍에서 무조건 폴드해 준다. 심지어 몇몇 사이트들은 더욱 나아가 몇몇 포지션에서만, 아니 아예 몇몇 포지션에서 누가 열었을 시 어떻게 플레이한다를 게임 시작 전에 모든 액션 트리를 '지시'해 두는 기능을 하나의 공식 서비스로 내놓았다. 가히 파격적이다. 문제는, 이렇게 자동 폴드가 게임 트리의 주요 부분을 제거해 버렸으니, 그 누구도 이 기능을 사용하지 않으면 그것이 손해로 연결되는 지경에 이르렀다. 포커에서 리크(Leak, 『홀덤의 정석: 초급편』 2107장 참조)는 일부분은 분명히 프리플랍에서도 일어난다. 근데 이런 프리플랍에서 일어나는 리크를 컴퓨터가 사람들 대신에 자동으로 교정해 준다면 이것을 정녕 '카드게임'이라 볼 수 있는가? 당연히 온라인 포커 회사는 이러한 서비스를 통하여 더욱 빠른 테이블 회전이 그들의 수익과 연결됨을 알기에 허용한 서비스일지도 모른다. 자동 폴드는 분명히 프리플랍 액션 속도를 빠르게 만들기 때문에 시간당 핸드 수를 늘리고, 이는 시간당 레이크를 증가시킨다. 게다가 하수 플레이어가 프리플랍의 자동 폴드 기능으로 그 실수를 줄이게 된다면 그들의 자금은 더욱 '오래' 그 사이트에 남아서 지속될 것이고, 이것은 실시간으로 플레이하고 있는 플레이어의 숫자가 조금이라도 더 늘어나는 것이므로, 게임회사에 더 많은 기여를 하게 된다.

3040.
텍사스 홀덤은 스포츠인가?

 이 단원은 중급편의 집필이 끝난 후 출간 직전, 가장 마지막으로 급조되어 추가되었다. 『홀덤의 정석』에 어울리지 않는 불필요한 내용일 수도 있지만, 결국 넣기로 결정하였다. 독자 여러분들의 양해를 구한다.

 텍사스 홀덤을 하나의 스포츠로 보느냐에 대한 질문을 받은 적이 있다. 아마 절대로 장기적인 수익을 낼 수 없는 다른 테이블 게임(예를 들면 바카라)과는 구별되어야 한다는 주장일 것이다. 텍사스 홀덤은 바카라와는 아예 다른 승부 구조를 지니고 있다. 이것은 사실이다. 카지노는 플레이어들끼리의 전투만을 중재만 해줄 뿐, 플레이어의 돈을 갈취해 가진 않는다(레이크의 양에 따라 다르게 풀이될 수 있지만: 극단화). 텍사스 홀덤은 분명히 더 높은 실력을 갖추고 있다면 타 플레이어들로부터 수익을 내는 것이 분명히 가능하다. 스포츠와 흡사한 면이 아예 없지는 않다. 반면에 바카라는 그 어떠한 경우로도 장기적이고 지속적인 수익을 내는 것은 완전히 불가능하다. 분명히 엣지를 낼 수 없는 게임이다. 문제는 '이 두 게임이 단지 같은 도구(52장의 플레잉 카드 덱)를 사용하고 있으므로, 하나의 도박이란 단어에 묶어서 마치 같은 것처럼 포괄함이 적절한가?'가 그 질문의 취지였던 것으로 기억한다. 초급편의 2400장에서 이미 필자의 의견을 표현했던 적이 있다. 텍사스 홀덤은 여전히 도박의 한 종류라고 필자는 생각한다. 이 생각에는 지금도 여전히 변함은 없다.

과거 프로게이머란 직업이 없을 때를 생각해 보자. 수많은 청년과 청소년이 한창 공부하고 미래를 준비해야 할 나이, 공부와 학업 대신에 피시방에서 가서 수많은 날이 '낭비'되었다. 물론 그들이 즐겁고 행복하게 지낸 그 소중한 추억들을 낭비라 묘사하기엔 부적절한 표현일 수 있지만, 분명히 아직 사회적으로 떳떳한 하나의 직업으로 프로게이머란 직업이 용인받지 못한 시기였음은 분명했다. 그러나 우리는 이 컴퓨터 게임을 하나의 '스포츠화(化)' 시켜 지금의 우수(優秀)한 eSports 문화를 꽃피웠으며, 이제는 당당히 세계 속의 '대한민국 문화' 중, 한 축을 담당하고 있다. 실제로 이 eSports가 대한민국에 가지고 온 경제적인 수혜는 지대하다 생각한다. 글루벌적인 관점에서 보더라도 인류 문화에 분명 한 획을 긋는 의미 있는 변화였다고 필자는 자평한다.

만일 텍사스 홀덤도 그와 같은 관점에서 본다면 스포츠화(化)란 사실 꽤 설득력이 있다. 다행히 우리나라는 '도박 자금을 마련하기 위한 강력 범죄'는 기타 선진국들에 비해서 빈도가 낮은 편이다. 범죄를 저지른 범죄자가 범죄 수익금을 도박으로 탕진하는 케이스는 여럿 봤어도, 도박 자금을 마련하기 위하여 멀쩡한 사람이 갑자기 범죄를 저지르는 케이스는 분명하게 드물다. 우리나라에 도박이 큰 문제가 되는 이유는 도박 때문에 감당키 어려운 빚을 지고, 그 빚을 해결하기 위하여 범죄에 가담하는 것이 하나의 사회문제가 되기 때문에 그렇다. 도박 때문에 앞길이 창창한 젊은이들이 빚더미에 올라앉는 가슴 아픈 사연이 적지 아니하기에(빚을 지는 것까지는 분명 범죄는 아니지만), 아직 사회적으로 받아들이기 어려운 단계라고 필자는 냉정히 평가한다. 이것은 현실이다. 도박으로 인하여 삶이 망가진 사람들은 우리네 근처에 분명히 있다(정확히 말하면 '도박'이 아니라 '빚' 때문에 망가진 것이지만). 그러므로 빚과 도박의 연결고리를 끊는 쪽으로 접근해야 한다고 필자는 생각한다. 이 오락을 하나의 문화로 받아들이려면 텍사스 홀덤을 사랑하는 플레이어들이 자발적으로 나서서 이 오락으로 파생될 수 있는 해로운 효과를 미리 사전적으로 정화하려는 움직임을 먼저 보여야 할 의무가 있다. 그것이 맞는 순서다.

그러므로 만일 대한민국에 텍사스 홀덤을 실제로 스포츠화하려 한다면 우리가 시작해 볼 수 있는 것은: '도박의 면허화(License)'일 것이다.

마치 운전면허처럼, 충분히 도박을 안전하게 즐길 자격이 되는 사람들부터 서서히 이 문화를 정착시키는 방법을 필자는 생각해 본 적이 있다. 국가로부터 투명하게 검증받는 절차를 만드는 것이다. 철저하고 까다로운 도박면허 자격 시스템을 구축하여 이 즐거운 게임을 마치 스포츠처럼 안전하고 제한적으로 천천히 정착시킴이, 국민의 행복추구권과도 부합되리라 필자는 믿는다. 즉, 스스로 절제하지 못하여 한 가정을 파탄에 빠뜨리거나 주체할 수 없는 빚을 지는 사람, 흉악범죄를 저지른 사실이 있는 자 또는 국가에 대한 조세 의무를 제대로 이행하지 않은 자들과는 이 유희(遊戲)는 확실하게 분리되어야 한다. 이 점만큼은 분명하다. 누릴 수 있는 합당한 자격이 있는지를 면허로써 증명하고, 검증한다. 의무를 다하지 않았는데 권리를 부르 짖어선 안 된다. 마치 모든 사람에게 운전면허를 허가하지 않는 것과 동일한 관점이다. 이 과정을 통하여 소위 자칭 프로, 전문가 혹은 사기꾼들을 거르는 필터링 효과 또한 기대 볼 수 있을 것이다.

그 이후, 텍사스 홀덤을 통하여 일자리를 늘리고 세수(稅收)를 확보한다. 국가가 지정하는 특정한 장소에서만 이 취미 생활을 즐길 수 있다. 행복을 추구하는 선택권이 더 넓어진 환경이 구현된다. 텍사스 홀덤은 분명, 대한민국 전체의 관광 산업에도 큰 활력을 불어넣을 것이다. 경제적인 이점은 확실하게 보장되어 있다. 이것이 가지고 올 법리적/경제적 이익이, 이것이 가지고 올 법리적/경제적 비용보다 크다. 그렇기에 도박의 면허화는 꽤 시도해 볼 만하 적절한 시작이라 필자는 자평한다.

하지만 이것만으로는 부족하다. 이렇게 도박이 허용되는 범주를 늘린 만큼, 처벌도 그에 비례하게 엄격해져야 한다. 면허만 있다면 누구나 즐길 수 있는 환경에서 여전히 무면허로 불법 도박을 한 자는 매우 강력히 처벌해야 한다. 이 칼날에 예외를 두어선 안 된다. 모든 이에게 경각심을 울릴 정도로 정말 무겁게 처벌해야 한다. 국가는 분명 허용하는 기준선을 마련해 두었고, 이 위험한 취미를 즐기려거든 그 기준선에 도달해야 함이 사회적으로 통용되었는데, 감히 그 통용선을 무시하여 짓밟는 자에게, 민초들의 약속인 국법의

지엄함을 분연히 보여야 한다. 허용되는 선에도 도달하지 못한 이들은 필시 즐겨선 안 되는 인물임을, 이미 사회적으로 확인이 끝난 시점일 것이다. 마치 5살 아이에게 25톤 덤프트럭 운전면허를 발급해주지 않는 것처럼, 도박 면허가 없는 이가 도박을 한다면 지금보다 훨씬 더 강력한 처벌이 반드시 뒤따라야만 한다. 이것은 선택이 아닌 절대필수(絕對必須)다.

프로의 기준에 대하여 질문을 받은 적이 있다. 『홀덤의 정석: 중급편』엔 실제 카드 플레이어로서의 전업을 꿈꾸는 후배님들을 위한 챕터가 따로 지정되어있을 정도로, 사실 이 주제는 새삼스럽지 않다. 그리고 『홀덤의 정석』 군데군데에 필자는 텍사스 홀덤을 스포츠가 아닌 여전히 '노름'이라 평가하기에 아직 '프로'라는 단어로 서술하기엔 상당히 거북한 심정이다(나중엔 적절한 단어를 찾기가 어려워 이내 '프로'라는 단어를 어쩔 수 없이 차용하긴 하지만). 하지만 이것을 도박이 아닌 하나의 스포츠의 관점에서 굳이 바라본다면 필자가 생각하는 프로의 기준은 아마, 이 게임을 통하여 합법적이고 투명하게 그 승과 패가 일정 수준 이상으로 검증된 사람이면 적절하지 않을까 생각해 본다.

웃기게 들릴 수도 있지만, 결국은 승패를 금액으로 환산한 실제 자료를 가지고 있는 국세청만이 프로의 기준을 객관적으로 평가할 수 있는 기관이 될지도 모른다. 경제적/문화적 부익을 조국 대한민국에 가지고 온, 실력이 검증된 플레이어만이 '프로'라는 자격에 걸맞을 거라고 생각한다.

실제로 미국의 노동청과 사법부는 카드 플레이어를 하나의 직업으로 인정하고 있으며, 그 근거는 미국 연방정부의 노동청이 펴낸 DOT(Dictionary of Occupational Titles: 직업 명칭 백과)에 기반한다. 미국은 카드 플레이어(Card Player)를 하나의 공식적인 직업으로 인정한다. 하지만 우리나라에서는 아직 '프로 카드 플레이어'는 이르다고 생각한다. 부적절한 표현이다. 합법 행위가 아닌데 어떻게 프로가 있을 수 있는가? 이 순서에 동의하지 않는다. 매년 자신의 승패 금액을 투명하게 공표하였고, 그에 대한 조세(租稅)를 감내한 사실이 증명할 수 있는 기관으로부터 검증되는 사람인가?

3100장.
중급 개념

이 책 그 어디에도, 다른 사람의 명예와 감정을 긁으면서까지
칩을 모으는 행위를 어떤 하나의 '전략'이라 부르지 않는다.

3100.
중급 개념

　『홀덤의 정석: 입문편』이 텍사스 홀덤의 기본 규칙을 위한 책이었다면, 『홀덤의 정석: 초급편』은 기초 수학에 그 근본을 두었다고 필자는 소개했다. 지금 독자들께서 읽고 계신 이 『홀덤의 정석: 중급편』은 초급편에서 배웠던 여러 가지 기본 용어들을 이용해 더욱 깊고 더욱 전문적인 개념을 접하게 될 것이다. 초급편의 머리말에서 쓰인 '극단화'란 표현 또한, 여전히 이 중급편의 곳곳에서 종종 차용될 것이다.

　생각나눔 출판사를 통하여 필자는 독자들로부터 종종 이메일을 전달받곤 했다(전부 다는 아니겠지만). 토너먼트에 대한 심층적 분석에 갈구하는 독자층이 이렇게 두터운지 초급편 출간 이전에는 몰랐다. 사실 이미 아시는 분들도 있겠지만, 『홀덤의 정석』은 우리나라에 텍사스 홀덤 붐이 일어나기 전부터 이미 완성되어 있던 책이다. 출간된 직후 텍사스 홀덤이 우리나라에 별안간 붐을 일어났고(책 때문은 아니었겠지만), 늘 '1등'이 되고 싶어 하는 우리나라의 정서와 맞물려 대회와 우승에 대한 갈망이 어떤 강력한 욕구층을 형성했다고 필자는 예상해 본다. 이 수요에 대한 대응으로 뒤늦게나마 필자는 기존에 편성되어 있던 『홀덤의 정석』 시리즈를 다음의 그림과 같은 방식으로 재편성하는 결심에 이르렀다.

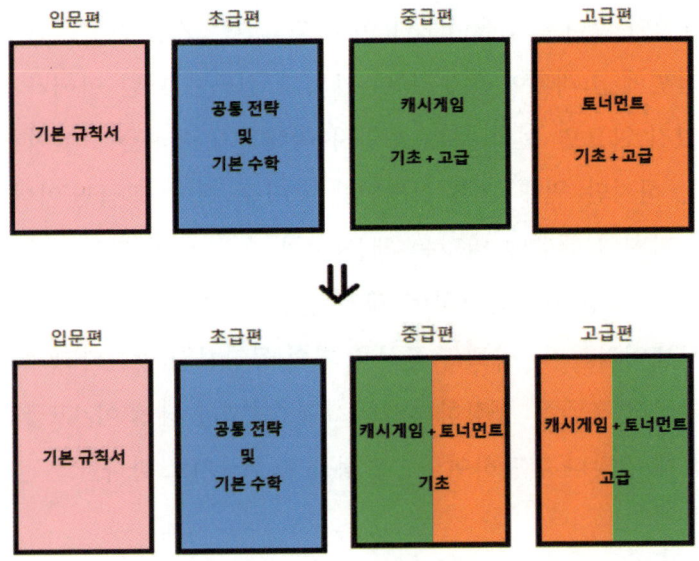

  기존의 『홀덤의 정석』 시리즈는 윗줄처럼 2018년에 구성 및 완성이 끝나있었다면, 2023년에는 아랫줄의 형태처럼 그 큰 구성이 달라지게 되었다. 독자들의 토너먼트에 대한 요구와 열망을 무시하고 싶지 않았다. 그리하여 원래 고급편에 있었던 토너먼트를 기초 부분만이라도 잘라내서 중급편으로 당겨오게 되었다. 기존의 2018년의 중급편은 철저히 캐시게임을 처음부터 끝까지 필자가 아는 모든 것을 녹여내어 오직 캐시게임만을 완전하게 다루었지만, 이 부분 중 캐시게임에서 적용되는 전략에서 심층 분석을 따로 떼서 고급편으로 밀어넣고, 기존의 고급편에 있었던 토너먼트의 설명 중 앞부분 '토너먼트 기초 전략 및 개요'만을 따로 떼와 현재의 중급편에 남은 절반에 붙였다.

이 작업이 끝나고 뒤돌아보니 이제 고급편은 기존의 입문편/초급편/중급편에 소개되어 있는 모든 개념과 접근에 대한 이해가 확립되어 있지 않으면 전혀 무슨 소린지 이해하기 어려운 느낌이 들고 말았다. 하지만 원래 그런 설명만을 모아둔 책이 '고급편'이니, 독자들은 자신의 레벨에 알맞는 책을 고를 수 있다면 그것은 그것대로 괜찮은 결정이라 판단하여 필자는 만족이다. 고급편엔 새로운 용어/용법이라든지, 새로운 공식은 거의 등장하지 않는다고 보아도 좋다(여전히 조금은 등장하지만). 그런 '난해한 레벨'이 '고급편'이란 이름에 걸맞다 판단하여, 이 결정을 고수하기로 한다.

고급편에 실릴 캐시게임의 분석은 주로, '정형화'된 액션을 상대가 취하지 않았을 경우(상대가 실수를 저질렀을 때), 이에 대한 적절한 응징 방안에 대해 소개한다. 특히 수준이 낮은 캐시게임에서 상대방들에게 이런 실수가 자주 포착된다면 그들의 약점을 어떻게 이용할지(익스플로이티브 관점에서), 그런 특정 리스크에 대하여 최대로 응징하는 방법엔 어떤 것들이 있는지 소개한다. 예를 들어 어그레션이 없으면서 플랍에 선수를 쥔 플레이어가 동크벳 때릴 때, 이것을 역으로 공략하여 상대방에게 책임을 추궁하는 플레이 등을 섭렵해 놓았으니, 중급편이 너무 쉽다 생각하시면 고급편을 추천한다.

고급편에서 새로 배울 용어의 정의는 아주 조금밖에 없다. 그러므로 여기 중급편 안에 등장하는 용어까지 전부 다 익힌다면 해외의 포커 포럼도 큰 무리 없이 이해하는 것이 가능할 것이다. 중급편에서 배울 새로운 용어(MSC, MLP, 3BP, SRP 등등)는 하나의 목차를 따로 분배하여 서술하진 않았고, 책 안 곳곳에 잘게 부수어서 흩뿌려놓았으니 천천히 읽다 보면 저절로 눈에 잡히기 고대한다(책이 너무 두껍다는 의견도 적지 않은 부담이었다). 다음부터 배울 용어 및 접근들은 해외 인터넷 포럼에서 쓰이기도 하지만, 불필요한 단어들도 분명히 있을 것이다. 그러나 추후 먼 훗날 해외의 포럼에서 이와 같은 표현을 마주친다면 '아, 『홀덤의 정석』에서 본 적이 있는 단어!'로 기억해준다면 필자는 만족이다.

'상자 안의 상자' 게임

위 사진은 러시아의 전통인형 마트료시카(Матрешка) 사진이다. 이 귀여운 나무 목각인형의 가장 큰 특징은 가장 큰 인형을 마치 하나의 상자처럼 열 수 있다는 것이다. 그 인형을 열면 신기하게도 바로 좀 전에 열었던 인형과 똑같이 생겼지만 크기만 조금 더 작은 다른 인형이 나오고, 그런 식으로 연속해서 크기만 조금 더 작은 인형이 계속 나온다.

텍사스 홀덤에서 상대방이 첫 액션을 내렸다고 하자. 이 순간, 여러분은 상대방의 첫 마트료시카를 마주하고 있는 것이다. 그리고 플랍, 턴, 리버 등을 거치며 점점 더 작은 사이즈의 마트료시카를 거쳐 갈 것이며, 결국 쇼다운으로 가면 가장 작은 마트료시카 안에 있는 '상대방의 핸드'가 공개된다. 이 사고 과정(思考過程)은 상대방 역시 우리의 마트료시카를 상대로 하고 있다. 상대방의 핸드가 무엇인지는 알 수 없지만, 인형의 부피가 점점 줄어듦에 따라 합리적으로 어떤 핸드를 가지고 있을지 유추하는 게 가능하다. 인형의 부피를 아마 레인지에 비유해 볼 수 있을 것이다. 레인지가 점차 좁혀짐에 따라 상대방의 핸드가 무엇일지 어느 정도 드러나는 것이다.

마트료시카 인형은 텍사스 홀덤의 액션과 다른 결정적인 차이점이 있다. 마트료시카 인형은 하나의 인형 안에는 확실하게 단 하나의 인형이 있지만, 홀덤의 액션은 마치 택배 상자랑 비슷하다.

택배 상자 안에는 또 다른 여러 상자'들'이 있다. 들어있는 상자가 한 개가 아닌 여러 개가 들어있다. 마치 아마존의 택배 상자처럼 커다란 배달용 상자 안에, 더 작은 상자가 여러 개(첵/콜/벳/레이스)가 뒤섞여 들어있다고 생각하면 된다.

2014년 9월의 라스베이거스 골든 너겟 카지노에서

아주 오래전, 필자가 카지노의 가장 낮은 방 $1/$2 노리밋 홀덤을 즐기고 있을 때의 일이다. 좀처럼 크게 벳한 경향이 없고, 프리플랍에서 3Bet을 단 한 번도 날린 적이 없는 할머니께서 5번 (UTG+1) 자리에서 6번(UTG) 자리의 오프닝 레이즈를 상대로 3Bet하였다. 필자는 1번 자리에서 AQs로 콜로 응했고, 헤즈업이된 채로 플랍에 진입했다. 플랍이 A-4-8r 정도였던 것 같다. 그녀는 플랍에서 거의 팟벳에 가깝게 벳하였고, 필자는 콜하였다. 턴은 서로 첵 첵으로 아무런 베팅이 없었고, 리버에서도 그녀는 벳하지 않고 첵으로 마무리 지었다. 이로써 필자는 그녀가 가지고 있는 핸드는 KK 또는 매우 낮은 확률로 AJ 또는 JJ일 거라 기대하였다. 필자가 리버에서도 첵을 내리기 직전, 그녀에게 "KK죠?"라고 공손히 미소 지으며 첵을 선언했다. 그녀의 눈동자가 크게 흔들리더니, 이내 한숨을 내쉬며 보인 핸드는 짐작대로 KK이었다.

위에서 KK를 가지고 있던 그 할머니는, 프리플랍의 6번 자리의 플레이어로부터 '벳'이라는 상자를 받았고, 이 상자를 받은 그녀는 다른 모든 이들에게 '레이즈(3Bet)'라는 상자를 회신(回信) 또는 답신(答信)을 전송한 셈이다. 그 액션은 '이미 6번 자리로부터 2Bet을 받은 이후의 응답 액션'이라는 것을 테이블 모든 플레이어는 알고 있었다. 테이블의 다른 모든 플레이어는 현재 할머니의 주소가 5번임을 인지하고 있었다. 할머니께서는 3Bet을 여간해서는 하지 않는 스타일이신데(기록에 의하면), 느닷없이 감히 '6번의 오프닝'을 상대로 3Bet이라는 상자를 보낸 것이다. 이 정도면 할머니의 핸드가 꽤 강함을 나는 쉽게 유추할 수 있었다. 위의 '공개되고 확인된 정보'를 토대로 필자가 내린 진단은, 할머니의 상자 속엔 QQ+, JJ(꽤 낮은 확률이지만)와 AQs+('+' 기호가 붙으면 AQs보다 센 모든 핸드를 포함한다: AKs도 포함한다는 뜻), AKo 정도만이 들어가 있었다.

할머니의 핸드가 AA 또는 QQ 이 될 확률은, 그때 필자의 손에 있었던 AQs에 의하여 어느 정도 감소했음을 필자는 알 수 있었다 (이 사실은 당연히 할머니께선 모르신다). 따라서 AA와 QQ를 할머니께서 가질 수 있는 상자 속에서 제거하니, 그녀의 단 한 차례 프리플랍 액션만으로 나는 할머니의 상자 안에는 KK, JJ 또는 AQ+ 정도만이 남아있으리라고 유추하는 것이 가능해졌다.

이 글을 쓰며 다시 한번 생각해 보니, 아마 AQ은 아니리라 느껴진다. 첫째는 AQ은 도미네잇(『홀덤의 정석: 초급편』 2520장 참조) 당할 수 있는 대표적인 트러블 핸드라고 할머니께서 생각하신다는 점이다. 이 점은 예전의 할머니와의 대화로부터 나온 기억에 의해 확실했었는데, 그런 도미네잇 당할 수 있는 '트러블 핸드'로 원체 3Bet하지 않는 할머니께서 지금 3Bet해 왔다는 자신감 넘치는 행위가 AQ은 아님을 말해 주고 있었다. 둘째는, 필자가 이미 가지고 있는 핸드가 AQ이므로 어느 정도 블락하고 있으니, AQ는 배제하기로 했다. 게다가 만일 상대방 또한 AQ이라면 어그레션을 위해서라도 공격적인 플로우를 유지하기 위한 태도가 나쁘지만은 않을 것이라 판단했다. 그렇다면 이제 할머니의 상자 안에 있을 수 있는 남아있는 후보는 KK, JJ, AK으로 좁혀졌다.

플랍은 4-8-Ar 정도로 A를 포함한 낮은 레인보우(L-M-Ar)였으며, 그녀가 이 보드를 보고서 나에게 송신해 온 상자는 '벳'이었다. 더 정확히 말하면 cbet이다. 이 벳이란 상자는 필자에게 사실 큰 정보가 되지 못했다. 왜냐하면, 벳 안에는 여전히 우리가 좁혀놓은 레인지의 세 가지 핸드 전부인 KK, JJ 또는 AK 중, 그 어느 것도 소거시키지 못했기 때문이다. 왜냐하면, 할머니께서는 거의 언제나 모든 플랍에서 선공권과 주도권(어그레션)이 있었을 때, 플랍 상황과 무관하게 늘 공격하시는 스타일이었다. 따라서 플랍의 액션(벳)만으로는 추가적인 상자의 소거는 불가능했다. 하지만 필자는 여전히 탑페어에 나쁘지 않은 킥커(Q)를 가지고 있었으므로, 상자 속에 있는 핸드 중 AK을 제외한 다른 모든 핸드를 비기거나 이길 수 있으므로(초급편의 팟오즈 계산을 여기에서 하지 않음에 주목하라) 콜하는 것이 가능했다. 턴에서의 카드(정확히 무엇인지 기록에는 없지만)는 기록되어 있지 않은 것으로 보아, 아마 브릭(Brick: 벽돌, 아무것도 아닌 중요하지 않은 카드)였고, 여전히 보드에 큰 변화가 없는 턴에서 할머니께서는 '첵'하셨다.

나는 턴에서 그녀가 내게 전송한 '첵'이라고 쓴 상자를 받아보고, 더 이상 할머니께서 팟의 크기가 크는 것을 바라지 않는다는 의미로 해석했다. 물론 이것은 내 상상에 의한 주관적 해석이다. 아닐 수도 있지만, 여태까지 그녀를 관찰해 온 정황상, 그런 추론은 꽤 매끄럽다고 스스로 평가했다. 왜냐하면, 그녀는 턴 이후부터는 늘 솔직하게 플레이해 왔었고, 현재 플랍에 깔렸던 A와 조화를 이루는 핸드라면(AQ+이라면) 여전히 턴에서 벳했을 것이기에 그렇다. 도적의 성격과는 거리가 먼 할머니께서 A페어(또는 그 이상을)를 맞추고도 턴에서 갑자기 공격을 늦춰야 할 이유는 지금 다시 생각해 봐도 찾기가 힘들다. 할머니는 '이길 만한 핸드'를 지니고 있을 땐 절대로 얌전히 첵하지 않는 황소 같은 스타일이셨는데, 지금 턴에서 나에게 보낸 그녀의 상자는 첵이었다. 황소가 첵을 내린 것이다. 황소의 첵이란 그녀가 분명 팟을 포기했거나 아니면 더 이상 팟을 키우지 않고 이대로 안전하게 쇼다운으로 가고 싶어 하는 걸 뜻한다. 이로써 명확해졌다고 생각했다. 혹자는 AA와 같은 핸드로 몬스터 핸드로, 플랍에서 탑셋 이후에 턴에서 갑자기 첵을 내려서 함정을 파는 것이라 생각할 수도 있다. 그러나 함정을 파는 것은 솔리드나 도적 계열의 플레이어들이 좋아하지, 황소 계열과는 거리가 멀다. 황소는 공격을 늦추는 일이 거의 없다. 그리고 지금, 황소는 벳을 중지하였다. 이것으로 그녀가 최대한 안전하고 얌전하게 쇼다운에 도달하고 싶어 함이라 나는 풀이하기로 결정했다(완전한 내 주관적인 판단에 불과하다). 그리고 그녀가 나를 바라보는 시선에 대해서도 고찰해 보았다. 이제 어그레션은 나에게 들어왔다. 좋은 공격 기회였지만, 나는 여전히 벳하지 않았다. 왜냐하면, 지금 포지션은 나에게 유리하므로 후공을 계속 간직한 상태로 마음 편하게 리버를 확인한 후, 여전히 벳할 권리가 남아있었기 때문이다. 또는 그녀의 리버 액션을 보고 나서 리버에서 그녀가 혹시나 모를 변심이나 기타 위험한 카드(예를 들어 J이나 T)가 떨어진다면 그녀가 액션한 이후에도 여전히 그녀의 액션에 따라 대응하는 것이 가능해서 그랬다. 그 기회를 버리고 싶지 않았다. 한 번 더 이용하고 싶었다. 만일 지금 턴에서 내가 벳한다면, 그리고 그때 그녀가 올인으로 반격해 나온다면 곤혹스러운 결정을 내려야만 할 것이다. 그런 전개를 원치 않았다. 따라서 필자도 첵했다. 딜러는 리버를 공개했다.

리버에도 브릭이 떨어졌고, 할머니의 리버 상자는 첵이었다. 백기다. 이로써 할머니의 핸드엔 AK 또는 AA은 없다고 확신했다. 왜냐하면, 강패를 가지고 있는 채로 리버의 브릭을 확인했다면 지금이라도 벨류를 받기 위해 반드시 벳했을 텐데 지금 그녀는 그러지 않았다. 따라서 현재 할머니의 핸드 중 나올 수 있는 것은 KK 또는 낮은 빈도의 JJ인데, 원체 타이트한 할머니여서 고작 JJ 같은 핸드로 6번 자리를 상대하여 3Bet하진 않았을 거고, AJs-도 마찬가지로 소거할 수 있으므로 현실적으로 할머니가 가지고 있는 핸드는 KK임을 알 수 있었다.

위 이야기로 독자 여러분이 가장 먼저 깨달아야 하는 것은, 필자는 여전히 할머니의 핸드를 '정확하게는' 알지 못했다는 사실이다. 이것은 일방적인 상상에 기반된 추리였지만, 그나마 최대한 합리적이고 논리적으로 배달받은 상자 속에서 '아니리라 생각되는 핸드'들을 과감하게 소거시키며, 할머니의 핸드를 추적하여 그녀의 레인지를 좁히고, 남아있는 카드 중 '있을 만한 카드'를 골라 빼내어 그녀의 심중을 꿰뚫는 데 성공한 것뿐이다. 이마저도 언제나 되는 것은 아니고, 운도 따라야만 하는 경우가 많다. 이 성공을 도왔던 것은 할머니의 포지션과 해당 인물의 성향, 그리고 해당 인물이 포지션에 대한 이해가 정립되어 있는 인물이었는지의 여부, 그리고 포지션에서 할머니께서 좀처럼 선보이지 않으시는 3Bet이란 매우 특별한 상자. 그 이후 무리하지 않는 선에서 함부로 공격을 이어나가지 않았던 절제된 액션 라인(액션 플로우) 등등, 여러 가지 작은 정보를 모아서 '추리'해낸 것에 불과하다. 이것은 분명 상상에 불과하다. 하지만 이 상상을 통한 추리를 모든 카드 플레이어는 언제나 해야 한다고 필자는 주장한다. 합리적으로 상대가 어떤 핸드를 들었을지 상상하는 것은, 필자가 팟에 참여하지 않은 채로도 늘 하고 있는 버릇 중 하나이다. 상대방의 핸드를 상상해 보고, 그 추리가 맞았는지 틀렸는지를 재차 확인해 가며 해당 인물들에 대한 시선을 이해해 보려 하자. 그리고 그 정보 조각들을 모아서 기억해야 한다.

하지만 위의 소거법은 이제 막 중급자에 들어선 플레이어들의 접근하는 방식이다. 조금 더 경력이 쌓이면, 위와 같은 상황을 더 자주 만나게 되는데, 그러한 상황을 더 자주 만날수록(볼륨이 올라갈수록: 플레이하는 핸드의 숫자가 올라갈수록), 접근 자체가 달라지게 된다. 고급자들은(특히 캐시게임 프로들일수록), 이번 한 핸드에 대해 어떻게 플레이하는 것보다, 내가 제공하는 하나의 액션 상자 안에 몇 개의 벨류 핸드(강패) 상자가 들어있을 수 있으며, 몇 가지의 블러프 핸드(약패) 상자가 들어있을 수 있는지 그 비율에 더 관심이 있다. 실제로 내가 어떤 핸드를 가지고 있는지는 상대방이 구체적으로 확실하게 아는 방법은 분명하게 없기 때문에 내가 이 스트릿에서 벳했다면 지금 내 상자 안에 몇 개의 블러프가 들어있을 것이며, 몇 개의 벨류 핸드가 들어있는 것처럼 상대에게 보일지가 훨씬 더 중요하다. 실제로 서로가 서로에게 특정 스팟에서 가지고 있는 핸드가 어떤 핸드일지는 크게 신경 쓰지 않는다. 왜냐하면, 위의 예에서 AK을 갖고 있든(벨류), KK(마지널)를 갖고 있든, JT(블러프)를 갖고 있든, 내가 선보이는 액션이 실제 핸드와는 무관하게 언제나 일정하다면 상대방은 다음에 이것과 정확히 똑같은 상황을 마주했을 때 내가 갖고 있는 핸드가 AK/KK/JT 중에서 대체 어떤 것인지 구별할 수 있는 방법이 확실히 없기 때문에 추리는 아무런 의미를 갖지 못한다. 따라서 다음 주에도 그리고 일 년 후에도, 수백 번 이와 정확히 똑같은 상황이 발생한다 해도, 그 앞으로 플레이할 수백만 핸드 중 한 가지에 불과할 뿐, 핸드마다 전력을 다해서 상대방의 핸드를 두뇌를 쥐어짜내 추리할 필요가 없다,

  그들의 마인드는 하나의 기적과도 같은 드림핸드(Dream Hand: 꿈속에서나 일어날 법한 기적의 핸드를 매우 큰 팟에서 만든 상황)를 꿈꾸지 않으며, 그냥 어차피 스쳐 갈 수백만 핸드 중 하나일 뿐이라고 생각한다. 그리고 이러한 접근 방식은 훨씬 더 논리적이고 통계적으로 타당하다. 그들은 수백만 핸드 중 하나만을 집중 분석하여 완벽하게 마스터하는 것보다, 100만 핸드 중 10만 핸드에게 공통적으로 해당될 하나의 큰 플레이 리크(『홀덤의 정석: 초급편』 2107장 참조)를 막는 게 더 큰 EV로 다가온다는 사실을 이미 뼈저리게 받아들인 플레이어들이다. 한 핸드에 대하여 구체적으로 연구

하는 것은 이미 큰 리크(Major Leak)를 대부분 차단한 플레이어들이 그나마 남아있는 작은 리크를 막으려고 특정 핸드에 대한 수학적 분석 통해 스스로를 반성하고 더 다듬으며, 정진하는 과정에 불과하다. 위의 한 핸드, 그러니까 그 해당 상자 안에 어떤 핸드가 들어있었는지에는 관심이 없고(물론 전혀 관심 없는 것은 아니겠지만), 그냥 상대방의 박스 전체에서 다음 상자를 열어볼 때마다 그 안에 있음직한 핸드 중, 현재 내가 가지고 있는 핸드로 상대를 이길 수 있는 핸드의 개수와 상대로부터 질 수 있는 핸드의 개수(콤보: 하나의 핸드를 구성할 수 있는 경우의 수)를 저울질해 가며 플레이한다.

필자가 소개한 위 예에서 가장 커다란 도움을 준 정보는, 할머니의 프리플랍 3Bet 레인지였다. 지금 필자의 기록을 다시 한번 읽어보니, 이 세션(Session: 그날 한 차례의 바이인에서부터 캐시아웃하기 이전까지의 과정)은 라스베이거스 다운타운에 있는 골든 너겟 카지노(Golden Nugget)에서 일어난 사건인데, 이 세션이 있기 훨씬 이전에도 이미 필자와 할머니는 골든 너겟에서 거의 일주일에 서너 번 정도 만났던 기록이 보인다. 이 핸드를 플레이할 그 시점상, 이미 그녀와 나는 제법 오랜 시간 동안 테이블에서 게임을 해왔던 사이로 인지하고 있는 듯하다(당연히 지금은 그녀가 어떤 성향인지 확실하게 알고 있지만). 나는 그녀가 웬만한 핸드로는 결코 3Bet을 하지 않는다는 것을 예전의 몇 세션을 통하여 알고 있었고, 평소의 대화로 보건대 포지션과 레인지에 대한 개념이 그녀에겐 이미 단단히 자리잡혀 있는 솔리드며, 황소 같은 품성의 플레이어였

음을 사전에 인지하고 있었다. 이것은:

- 상대는 매우 타이트하며, 쉽게 3Bet(3BT)을 하지 않는다. 특히 3Bet 블러프(3BF)는 전혀 없다고 보아야 한다.
- 포지션에 대한 이해가 강하게 자리잡혀 있으며, 감히 6번 자리의 오프닝을 상대로 5번에서 함부로 레이즈를 여는 성격이 아니다.

이 두 가지의 정보로 그녀가 가질 수 있는 169가지의 핸드 중, 단 8개(JJ+, AQo+, AQs+)로 압축하는 데 성공하였다. 그녀가 보낸 3Bet이란 상자 안에는 위의 8개의 핸드만 들어있을 것이고, 다음 상자를 열어갈수록 합리적으로 들어가 있을 그녀의 핸드 후보는 점점 줄었으며, 마지막 최후 액션(리버 첵)을 통해 최후의 마트료시카 안에 있는 그녀의 핸드는 KK임을 알아내는 데 성공한 것뿐이다.

3112.
액션의 분배(Action Distribution)

이미 잘 아시다시피 텍사스 홀덤에서 허용되는 액션은 크게 나누어서 네 가지이다. 첵, 폴드, 콜, 벳. 선수가 아닌 후수인 경우에 한하여 상대방이 이미 벳하였다면 우리의 선택은 폴드/콜/레이즈, 세 가지로 좁혀진다. 반대로 후공이 아닌 선공인 경우 단 두 개로 나뉜다. 첵 또는 벳. 카지노에서 딜러가 손님의 차례임을 정중한 태도로 알려주는 고정 멘트 "Check or Bet(첵 오어 벳)"이 바로 여기에서 파생되었다.

우리가 '첵'이란 상자를 보낼 때 그 상자 안에 있는 상자들 안에는 '벨류(이길 때도 첵하는 경우)', '마지널', '드로잉', '정크(쓰레기 핸드)' 등이 있다. 한마디로 첵 상자 안에는 모든 핸드가 다 들어가 있을 수 있다(언제나는 아니다: 극단화). 만일 그 핸드가 끝나고, 여러분이 매우 강한 핸드를 플랍에서 만들었고 첵했음을 상대에게 쇼다운에서 확인시켜 준다면 여러분의 '첵 상자' 안에는 이제 넛츠를 포함한 몬스터가 들어가 있음을 상대에게 공표하는 것이다. 더 쉽게 말하면 '우리는 넛츠를 쥐고도 첵을 내릴 수 있는 성격'임을 상대에게(테이블에 있는 모든 빌런에게) 전달하는 셈이 된다. 이것은 상대적으로 여러분의 '첵 상자'가 무거워짐을 뜻한다. 우리의 첵에 상대방이 함부로 찔러보는 벳(Probing Bet: 정찰하듯이 한 번 가볍게 찔러보는 벳, 『홀덤의 정석: 초급편』 2734장에서 설명했던 바가 있다)하기가 껄끄러워진다.

여러분의 첵(Check) 레인지가 무거워진다는 것은 앞으로 여러분들이 다룰 팟의 크기는 대체적으로 작은 사이즈일 것이며, 크게 한 번의 경합으로 많은 양의 칩을 잃거나 따는 빈도가 줄어듦을 예측할 수 있다(조금 극단화). 전략이나 승부를 거는 것보다 운영을 통하여 천천히 쌓아 올라가는 스타일이 된다. 콜리젼을 줄일 수 있다(토너먼트 시 매우 중요한 문장이지만, 콜리젼은 아래의 3530장에서 자세히 다룬다). 왜냐하면, 우리가 강패를 만들고 첵을 내리면 상대는 이후로도 우리가 보낸 '첵'을 마주할 때마다 강패가 나올 수도 있음을 염두에 두기 때문에 확실하지 않으면 조심할 수밖에 없다. 부담스럽기 때문이다. 문제는 이렇게 첵이란 상자 안에 매우 강력한 핸드(예를 들어 탑셋)만 집어넣게 되면 상대의 대응은 매우 간단해진다. 우리가 첵할 때마다 상대방은 함께 첵을 내려 팟 사이즈를 키워주지 않으면 상대방은 손실을 줄이면서 쉽게 쇼다운에 도달하게 된다. 이것은 오히려 우리가 상대에게 제압당한 것이라 봐야 한다. 손실을 줄이는 것도 '승리'에 해당됨을 잊지 마라. 상대방이 승리(+EV)한 것이다. 우리가 당연히 어느 정도 따내야 할 지금 같은 상황(벨류를 당연히 받아와야 하는 탑셋을 만든 상황)이 일어나도, 우리는 그에 걸맞은 칩을 받아오지 못했다. 우리에겐 아쉬운 일이다. 그러므로 첵 레인지가 지나치게 무거워도 안 된다. 심지어 강패로 첵만 내린다면 이젠 우리가 벳을 때려도 매우 쉽게 콜해 올지 모른다. 왜냐하면, 강패였을 땐 주로 첵하므로, 우리가 벳했을 땐 우리의 핸드를 얕보는 게 상대에겐 가능해진다.

만일 벳 레인지 안에도 어느 일정한 양만큼의 강력한 핸드를 넣어주고 싶다면(당연히 그렇게 하는 것이 옳다) 반드시 그 상자 안에 몇 개의 블러프 또는 드로우 또한 섞어서 넣어야 한다. 그리고 우리가 블러프할 때도 있음을 상대에게 보여줘야 한다. 반드시까지는 아니지만, 자연스러운 플레이를 지속하다 보면 필연적으로 우리의 블러프가 상대로부터 콜당하여 쇼다운에서 공개되는 상황이 일어날 것이다. 블러프를 들고 쇼다운까지 도달한 상황이 누구에게나 있다. 그때 부끄러워하지 말고, 우리의 블러프를 편안히 오픈하라. 수치스러워할 필요가 없다. 그렇게 우리의 벳 레인지 안에 블러프도 분명히 있을 수 있음을 상대에게 각인시켜 준다면, 그것으로 상대방의 시선이 우리의 벳 상자를 마주하게 될 때 우리의 벳 상자의 무게는 조금 가벼워진다. 이 과정을 균형을 찾아가는 것이라 『홀덤의 정석』에서 자체적으로 정의한다.

내 핸드가 어떤 핸드일지를 상대방은 상자 겉에 쓰여있는 포장 라벨 '첵'만 보고서는 알 수가 없다. 액션의 분배가 갖는 가장 중요한 목표가 이것이다: 상대방이 우리의 상자(액션을 관찰하면서) 안에 무엇이 있는지 확신할 수 없게 해야 한다. 이것은 '첵' 상자뿐만이 아니라, '벳' 상자에도 마찬가지로 해야 한다. 벳 안에는 여전히 벨류, 마지널, 드로잉, 정크(이 경우엔 블러프)가 들어있다. 결과적으로 우리가 첵을 보내든 벳을 보내든, 이 첵 상자 안에(또는 이 벳 상자 안에) 있는 것이 강패인지 약패인지 알 수 없게끔만 한다면 성공이다. 그러려면 상대방이 현재 우리가 어떤 핸드를 가지고 있을지 알 수 없게끔 잘 '균형 잡히게' 뒤섞어야 한다. 이 과정을 밸런싱(Balancing)이라 부른다.

문제는 지나치게 '밸런싱을 지키기 위한 플레이'를 고집하다, 스스로 이미 확보한 에퀴티를 다치게 하는 결정을 내리는 데에 있다. **에퀴티는 언제나 밸런싱보다 우선순위를 갖는다.** 이 문장은 매우 중요하다. 예외가 없다. 예를 들어보자. 『홀덤의 정석: 초급편』의 2331장에서 필자는 "캐시게임에서 AA는 그 어떠한 경우에도 프리플랍에서 폴드해선 안 된다"라고 말한 그 상황을 기억하는가? 그때 필자는 반드시 언제나 최소 콜해야 한다고 서술한바가 있다. 그리고 그 절대 명제에 대해 팟오즈를 계산하며, 할지 말지를 결정해선 안 된다고 밝힌 적이 있다. 지금도 마찬가지다. 밸런싱을 운운하며 폴드를 해서는 안 된다. 왜냐하면, 우리의 AA는 승률(에퀴티)이 분명하게 최고로 높은 핸드이다. 이것은 이미 <u>확보되어 있는 에퀴티다.</u> 분명하게 확보되어 있는 에퀴티를 포기하며 밸런싱을 맞추는 것은, 수단을 정당화하기 위해 목표를 포기하는 어리석은 행위다. 마치 로열스트레이트플러시 같은 넛츠를 만든 이후에, '난 지금 밸런싱을 위해서 폴드하겠어'라고 선언하는 것처럼 어리석은 행동이다. 이 얼마나 어리석은 행위인가? 밸런싱을 위해서 스탠더드(정상적인 액션)를 비켜난 상황들은 앞으로도 끊임없이 우리에게 다가올 것이다. 오직 그때, '아직은 확보되지 않은 에퀴티'를 포기하면서 자연스레 그 밸런싱이 유지되며 균형을 찾아가는 것이지, 굳이 승리가 확정된 이때 밸런싱을 맞추기 위해서 어거지로 '이미 확보되어 있는 에퀴티'를 포기해서는 안 된다. 그러려면 언제 '밸런싱을 위한 플레이'를 펼치는 게 그나마 합리적인 걸까? 답은 매우 간단하다. '팟을 취하려는 액션'을 예외적으로 섞어주기만 하면 그걸로 끝이다. '팟을 취하려는 액션'이란 콜 또는 블러프 뿐이다(첵도 괜찮다: 극단화). 하지만 폴드란 있을 수 없다. 히어로 폴드(Hero Fold: 매우 강력한 패를 폴드하는 행위)는 고급편의 캐시게임 영역에서 다룬다.

그렇다면 어떤 종류의 블러프 핸드를 '벳' 상자에 넣어두면 좋을까? 강력한 메이드 핸드는 블러프가 아닌, 밸류 핸드로 분류되어 벳(또는 첵)이란 상자에 들어간다. 그렇다면 지금 벳 상자 안에 있는 모든 핸드에 밸류라는 라벨이 붙어있지 않다면, 그 핸드는 필시 블러프/드로잉/마지널이란 라벨이 붙어있을진대, 이 핸드들은 어떤 핸드들이 적절한 것인가? 한마디로 다시 쓰면: <u>우리는 어떤 핸드로 블러프 벳을 함이 적절한가?</u> GTO는 거의 대부분의 경우 백도어 드로잉이 좋은 경우라고 대답한다. 이 말을 지나치게 입각하여 순수 드로잉(예를 들면 UD 또는 FD)을 벳 상자에 넣고 블러프라 우기는 경우를 필자는 종종 테이블에서 듣곤 하는데, 결론부터 말하면 그래서는 안 된다. 블러프란 우리의 에쿼티가 상대방의 레인지보다 훨씬 더 하위의 에쿼티임이 어느 정도 확실할 때 벳하는 행위를 일컫는다. UD나 FD는 분명히 에쿼티가 없다고도 보기엔 어렵다. 그러나 UD 또는 FD가 갖고 있는 에쿼티는 평범한 에쿼티가 아니다. 품질이 특별한 에쿼티다. 아니, 갑자기 품질이 다른 에쿼티라니?

예를 들어 A-Q-J란 보드에서 우리가 KQ를 갖고 있다면 현재 빌런의 A2를 이기기 위해서 우리가 필요한 아웃츠는 K 석 장, Q 두 장, 마지막으로 T 넉 장 정도가 되겠다. 그럼 3장+2장+4장을 도합한 9장의 아웃츠가 있다고 우리는 과연 말할 수 있을 것인지를, 이미 초급편에서 생각해 본 적이 있다. 이 상황, 현재 히어로가 플랍에서 T으로 드로잉하는 핸드는 스트레이트이며, K으로 드로잉하는 핸드는 투페어이다. 즉, 같은 아웃츠 '장' 수로 카운트는 됐지만, 드로잉하는 핸드의 세기(핸드의 계급)가 다르다. 드로잉이 메이드됐을 시 완성되는 핸드의 품질이 다르다. 이 점에 주목하라.

단순히 히어로의 탑페어(A페어)를, 투페어로 이기나 스트레이트로 이기나 어차피 이긴 건 같으니까 둘의 에쿼티는 같으며, 이기는 금액도 여전히 같은 팟에 있으니까 두 아웃츠의 품질이 같다고 생각하는 경우가 있다. 그러나 지금부터는 이러한 접근은 슬슬 지양된다. 그 이유는 블락커의 개념과 상대방이 콜할 수밖에 없는 핸드의 콤보 등 여러 고급 개념이 있지만, 현재 중급편에서는 그보다 조금 더 기초적인 내용부터 먼저 설명한다. 그게 순서에 맞다.

'메이드가 되는 핸드의 품질'은 힛이 되고 난 이후 <u>빌런의 리버에서의 재역전을 시도할 확률이 남아있느냐 남아있지 않느냐에 따라 결정된다.</u> 예를 들어, 히어로가 턴에서 투페어를 만들었다 할지라도 리버에서의 또 다른 A나 2는(심지어 지금은 J도 가능) 빌런에게 트립스나 더 강한 투페어를 리버에서 완성되게 하여 재역전이 일어나, 여전히 히어로가 패배하게 될 빌런의 아웃츠를 완전히 불식시키진 못한다. 그러나 만일 히어로가 K 또는 Q의 아웃츠가 아닌, 아예 T으로 턴에서 스트레이트로 메이드했다면 이제 빌런의 A 원페어에겐 절대로 재역전당하지 않게 된다(무승부가 일어날지언정). 따라서 T은 확실하게 승리를 확정 짓는 고품질(高品質)의 아웃츠로 볼 수 있다. 상대방의 에쿼티를 완전히 무력화시키는 '확실한 아웃츠(고품질 아웃츠)'

인 셈이다. 다만 우리가 두려운 것은 우리가 T을 이용한 스트레이트를 만들었다 할지라도 사실 빌런은 A 원페어가 아닌 AQ 또는 AK 같은 투페어(또는 그 이상)를 플랍에서 확보하고 있는 중이어서 리버에서 다시 풀하우스 밸리드(Valid: 유효한)한 드로잉이었고, 그 풀하우스가 기어이 리버에서 완성되는 시나리오다. 다행히 이 작은 부분부터는 따로 분석이 필요 없을 정도로 낮은 확률이다(쿨러로 해석하기에 타당한 단계). 아니면 아예 또 다른 K가 다시 리버에 등장하여 보드에 A-Q-J-T-K가 깔려 두 플레이어가 무승부로 나오는 상황마저 있지만, 그런 미세한 확률은 고려치 말자(초급편의 어그레션을 이해한다면). 필자가 설명하려 하는 궁극적인 목표는 다음과 같다.

중급편에서의 '고품질 아웃츠'의 핵심은
상대를 드로잉 데드(Drawing Dead: 아웃츠가 아예 없는 경우)
로 만들어버리는 우리의 아웃츠와
상대방이 여전히 리버에서도 저항할 수 있는 우리의 아웃츠는,
질(質)적으로 다르다는 것을 받아들이자.

자, 이제는 이해하기가 쉬워졌다. T과 K, 그리고 Q은 셋 다 여전히 'Ace 원페어는 이길 수 있는 핸드'를 드로잉해 주고 있지만, 그 '드로잉의 질'이 다르다는 것을 우리는 배웠다. 인공지능은 이 중, '고품질 드로잉' 핸드만을 '블러프'로 분류하여 벳한다. 그렇다면 모든 종류의 드로잉(FD/UD/GS/BFD/NBFD/BUD/NBUD)을 전부 인공지능은 벳할 것인가? 그렇지 않다. 인공지능은 이 고품질 드로잉 핸드 중 특정 고품질 드로잉 핸드만 블러프로 쓴다. 방금 서술하

였듯, FD 또는 UD는 여전히 고품질 드로잉이긴 하다(재역전이 당하기 어려운 계급으로 드로잉하고 있으므로). 하지만 이들의 에퀴티는 사실 드로잉 핸드 주제에 의외로 에퀴티가 무거운 편으로 분류된다는 사실이다.

플랍에서의 FD 또는 UD는 사실 꽤 강력한 핸드다. 우리 모두는 플랍에서 UD 또는 FD를 만들고 흥분에 휩싸였던 적이 있다. 우리는 FD의 플랍에서 리버까지의 메이드 확률은 대부분 33.3% 언저리를 근처의 에퀴티를 가지고 있음을 초급편에서 공부하였다. 이 +33%라는 수치는 사실 상당히 좋은 에퀴티다. 만일 이 정도 되는 에퀴티를 '블러프'로 분류했다간 상자의 균형이 아슬아슬해진다. 이래서는 안 된다. 이 저울 싸움에서 승리하기 위해선 바로 이렇게 '썩 괜찮은 무게의 핸드(예를 들어 TPGK: Top Pair Good Kicker '톱페어와 Q~T 사이의 킥커')에 근접하는 에퀴티의 핸드는 그렇게 허무하게 '블러프'로 분류해선 안 된다. '벨류'로 분류해도 손색이 없을 정도로 플랍에서의 FD(심지어 NFD: Nut FD)라면 더더욱 블러프로 분류해서는 안 된다. 플랍 NFD는 벨류로 봄이 타당하다. 그렇다면 '에퀴티의 품질은 좋으면서 질량은 낮은 핸드'들은 이제 단 두 종류다. 백도어 드로잉 핸드 그리고 GS(것샷, 『홀덤의 정석: 초급편』 참조)이다.

BFD(Backdoor Flush Draw) 또는 BUD(Backdoor Up & Down Straight Draw), 그리고 GS(것샷) 같은 핸드들이 이렇게 '드로잉의 질은 좋지만, 무게는 가벼운(잘 일어나진 않는)' 핸드들이며, 바로 이런 핸드들이 블러프로 분류하기에 최적의 조건을 갖추고 있다. 그래서 인공지능은 백도어 드로잉이 큰 핸드나 것샷을 주로 강력한 밸류(예를 들어 셋) 등과 섞어서 함께 벳 상자 안에 배치한다. 왜냐하면, 이러한 백도어 드로잉 핸드로 크게 벳하여 상대가 죽어 준다면 우리는 그 자체로 '블러프로 팟을 가져왔으니' +EV이고, 우리가 셋으로 크게 벳하여 상대가 콜한다면 그것은 당연히 대환영이다. 그리고 행여나 턴에서 백도어가 힛되어, FD/UD로 발전(GS이 메이드 된다면)된다면 충분히 역전을 노려봄직해진다.

심지어 이렇게 백도어로 핸드가 리버에서 메이드되는 경우는 어지간해서 상대방이 간파해내는 것이 어렵기 때문에 실제로 우리가 리버에서 백도어로 메이드한 경우, 상대방은 쉽게 우리의 메이드를 인정하지 않고 무리해서 콜해 오는 상황이 종종 일어난다. 인공지능도 카드의 출현 순서만 바꾸더라도(리버와 플랍), 백도어로 완성되었다면 폴드에 비해 콜 비율이 조금 더 올라간다(이 부분은 극단화가 상당히 들어간 표현이지만, 단순히 백도어와 것샷의 의미를 강조한 느낌으로 읽혔으면 한다). 그러므로 우리는 백도어 드로잉 핸즈와 것샷의 사용법을 다시 한번 평가해야 할 필요가 있다. 이러한 백도어 드로잉 핸드들과 것샷이 만들게 될 플러시나 스트레이트 같은 강력한 메이드 핸드는 필시 빅 팟을 위하여 경합하는 데 전혀 부끄러움이 없다. 품질이 좋은 드로잉이었기 때문이다. 기쁜 상황이다. 아래의 3400장 중급 예제에 블러프란 라벨을 붙이기 좋은 구체적인 실전 예제 핸드를 수록해 놓았다. 곧 보게 될 것이다.

3113.
밸런싱(Balancing)

만일 우리가 벨류 핸드(강한 핸드)를 가지고 있을 때만 벳한다면 이것은 우리가 벳할 땐 언제나 강한 핸드만 가지고 있으며, 이것은 우리가 벳이란 상자를 보내지 않은 다른 모든 경우에는(예를 들어 첵) 오히려 빌런이 우리에게 벳으로 찔러오고, 이때 우리에겐 저항 수단이 별로 없음을 뜻한다. 불만족이다. 이 사실을 간파한 빌런은 우리의 벳에 쉽게 콜해 주지 않게 되고, 우리가 벳하지 않은 모든 스팟에서 우리에게 오히려 벳으로 스틸을 시도할 것이다(특히 작은 스몰 벳으로). 반면에 우리가 벳하면 그는 거의 언제나 폴드할 것이고, 오직 매우 강한 넛츠를 가지고 있는 경우에는 단순 콜이 아닌 큰 레이즈로 반격해 올 것이다. (콜도 안 하고 레이즈를 걸어올 것이 틀림없다. 왜냐하면 어차피 우리도 강패여서 폴드하지 않을 것이므로 우리에겐 최악이다!). 게다가 우리가 벳하지 않는 다른 모든 경우(첵 또는 멀티웨이에서의 콜)에 대항하여 빌런은 벳/레이즈로 무자비하게 찔러올 것이며, 이제 우리는 나약하게 폴드하거나 나약한 핸드로도 '질 걸 알면서 콜할 수밖에 없는 상황'이 일어난다. 이것은 우리가 빌런에게 쉽게 스틸을 허용해 주는 결과로 이어진다. 수비 균형이 깨졌다. 따라서 <u>우리는 우리의 핸드가 정크라도 언제나 일정 빈도로 '벳'할 수 있어야 하며, 마찬가지로 우리의 핸드가 아무리 좋더라도 특정한 비중으로 '첵 또는 콜'이란 상자를 섞어</u>

쥐야 밸런싱을 보호하며, 내용물이 성공적으로 은닉될 수 있다. 아마도 이 한 문장의『홀덤의 정석: 중급편』의 캐시게임의 부문 중 절반 정도를 관통하는 요약문이라 볼 수 있다.

'콜'은 예외다. '콜'은 텍사스 홀덤에서 꽤 어려운 플레이이며, 고급편에서만 다룬다. 특히 선수를 강요당한 채로 콜하는 액션의 EV를 플러스로 소화시키려면 적지 않은 실력이 요구된다. 매우 어려운 자세의 싸움이라 필자는 평가한다. 프리플랍에서 콜은 대개 좋지 않은 액션이다. 후에 다루겠지만, 가장 최악은 림핑하는 것인데 림핑에 관한 글은 아래의 림핑 단원 3143장을 참조하라. 굳이 림프가 아니더라도 프리플랍에서 2Bet으로 오픈하고 나온 플레이어를 상대로 선공을 강요당한 채로 주도권 없이(어그레션을 뺏기는) 콜만 하는 플레이가 좋은 플레이로 보기엔 어렵다(극단화). 포지션을 갖거나 주도권이 있거나 둘 중 적어도 하나는 있어야 싸움이 되는데, 프리플랍에서 나약하게 콜만 하는 순간 나쁜 자세로 싸움이 시작된다.

콜은 그 자체로 플레이어가 내릴 수 있는 결정 중 가장 최악의 결정인 경우가 많다. 차라리 폴드가 더 나은 플레이가 되는 경우가 많다. 따라서 플레이어는 으레 콜의 빈도를 줄이려는 시도를 은연중에 계속 염두에 두어야 한다. 콜이 괜찮은 상황은 사뭇 제한적이다. 콜이 여전히 나쁘지 않은 플레이가 되는 상황은 대표적으로 후공이 확보된 때가 있다. 빌런이 황소나 멧돼지라면 의도적으로 상대에게 리드(Lead: Read가 아니다)를 내어주고 뒤에서 모든 레인지로 천천히 따라가는 자세가 나오기 때문에 벳/레이즈보다는 콜이 괜찮을 수 있다.

또는 매우 강한 몬스터 핸드를 이미 메이드하고 나서도 마찬가지다. 이때는 폴드가 옵션(선택지)에 없기 때문에 상대방이 우리에게 벳해 왔을 경우 우리의 선택은 콜 아니면 레이즈밖에 없다. 몬스터 핸드를 메이드하고 레이즈 또는 첵/레이즈를 할 수 있지만, 이때 콜을 선언하는 경우 우리의 콜링 레인지가 무거워지며, 이것은 우리가 '미래에 내릴 모든 콜이란 액션' 상자 안에 몬스터가 들어있을 수도 있음을 상대에게 알려준다. 이것으로 상대방이 함부로 우리에게 벳을 때리기를 부담스러워하는 효과를 생성한다. 즉, 하나의 콜 상자 안에 들어있는 몬스터가 같은 상자에 들어있는 다른 취약한 핸드들을 보호하는 자세가 나온다(잠시 눈을 감고 이 문장을 천천히 생각해 보길 권한다). 바로 그것을 위하여 몬스터 핸드를 의도적으로 콜이란 상자에 넣어서 '콜'이란 부담스러운 액션을 수월하게 풀 수 있도록 돕는다. 몬스터 핸드를 '콜' 아닌, '첵/레이즈' 상자 안에 넣는 것도 검토해 볼 수 있지만, 그렇게 하면 콜 상자에 넣을 핸드가 부족해진다. 콜링 레인지에 드로우 핸드나 미들페어처럼 연약한 핸드만 넣는다면 우리는 상대방에게 쓰리 베럴링(플랍에서 리버까지 모든 베팅 스트릿마다 전부 다 벳하여 공격적으로 리드하는 플레이)을 당했을 때 곤혹스러운 상황을 피할 수 없게 된다. 반대로 우리가 쓰리 베럴링을 맞았을 때, 넛츠가 우리에게 있다면 얼마나 든든할지 상상이 가는가?

주어진 보드에 어울리는 포지션에 있으면서 타이트한 레인지의 빌런을 상대하는 경우에도 콜로 끊는 플레이를 검토할 수 있다. 일반적으로 상대방이 매우 타이트하면 타이트할수록 콜해선 안 되지만, 우리의 확보된 에퀴티가 분명히 팟오즈보다 좋다면 폴드해서는 안 된다. 콜해야 한다. 반드시 해야 한다. 정반대로 상대방이 상당히 넓은 레인지로 마구잡이 벳을 일삼는 경우에도 어쩔 수 없이 계속 방어함이 대부분 타당할 것이다[사실 CR(check raise)을 섞어주는 것이 베스트지만 CR은 나중에 폴라라이징을 참조하자]. 오히려 이 경우에는 상대방보다 자동으로 레인지가 타이트해짐으로 첵/콜 상자만을 내밀면 상대는 무리한 블러프를 계속 쳐대는 결과로 이어져 우리의 승리로 귀결된다. 멧돼지는 스스로 달려오게끔 유도해야지 역으로 때리면 오히려 도망간다. 이래선 사냥이 안 된다.

3120.
포지션별 레인지

　대부분의 초급자는 프리플랍에서 오프닝하는 사이즈(레인지가 아닌 금액의 양)를 '지금 내 핸드는 무엇이냐'에 따라 그 양을 다르게 행한다. 아마도 더 강력한 핸드를 지니고 있을수록 더 큰 팟을 조성하고 싶은 욕심에 더 큰 양으로 오프닝하는 것이 대부분일 것이다. 이 같은 마음을 이해는 하지만, 동의하지는 않는다. 오프닝 사이즈는 핸즈의 강약과는 무관해야 한다. 이것이 필자의 추천이다. 그 이유는 간단하다. 만일 여러분의 핸즈 세기로 오프닝 사이즈에 변화를 준다면 상대는 여러분의 오프닝 사이즈만 잘 관찰하더라도 여러분의 핸드를 유추하는 것이 매우 쉬워진다. 만일 이 사실과 해당 플레이어의 현재 포지션, 그리고 여러 액션 플로우를 거치고 나면 해당 플레이어의 그 핸즈를 추리하는 것은 놀랍도록 현격하게 쉬워진다(필자의 동창에게 그가 현재 가진 핸드를 정확하게 맞춰준 몇 번의 경험이 있는데, 그들은 상당한 충격에 빠진 듯했다). 그렇다면 이를 방지하기 위하여 언제나 같은 양으로만 오프닝해야 하는 걸까? 그것은 그것대로 나쁘지 않은 계획(적어도 핸드 세기에 따라 변화시키는 계획보다는 괜찮겠지만)일 테지만, 필자는 조금은 더 개선된 방안을 추천해 주고 싶다. 그것은 '핸드 세기'가 아닌 포지션에 따라서 그 오프닝 사이즈를 달리 행하는 것이다.

현대의 텍사스 홀덤에서는 대부분의 오프닝 사이즈를 빅블라인드의 2.5배를 기본(스탠더드)으로 잡고 있다. 이 '오프닝 사이즈' 하나에 대해서만 그 수학 풀이만 옮겨놓아도 사실은 그 양이 방대한데(추후 3544장에서 조금은 다루겠지만), 다행히 그저 독자 여러분들은 현시점을 기준으로 빅블라인드의 2.5배(2.5bb)를 '기본 오프닝 사이즈'라 보면 큰 무리가 없을 것이다. 그 이상으로 들어가서 공부를 해야 할 가치는 그리 크지 않다. 이 부분에 한하여, 결론만 알아도 충분하다.

굳이 매우 극단적으로 짧게 '양에 관한 고찰'을 조금이라도 서술하자면 빅블라인드의 플레이어를 제외하면 대부분 다른 플레이어들에게 4:2.5의 오즈, 즉 41.6%보다 낮은 에퀴티의 핸드를 '털어내도록' 유도함이 수학적으로 타당하다고 정리할 수 있다(심각한 극단화). 이 수학적 해설과 풀이는 당연히 극단적으로 자잘한 부분을 전부 떨군 것이며, 그저 캐시게임에서의 2.5bb(정확하게 말하면 2.375bb: 이마저도 의견은 갈리지만)로 오픈하는 것이 큰 무리가 없다고 보는 것에 필자 또한 수긍하는 간략한 의견에 불과하다(물론 이마저도 한 테이블에 앉은 플레이어들의 숫자나 캐시게임이 아닌 토너먼트라면 대답은 조금에서부터 완전하게 달라질 것이다: 극단화). 자, 그럼 언제나 2.5bb로 오프닝하는 것보다 포지션별로 그 오프닝 사이즈를 달리해 보자고 제안한 필자의 다음 소개를 보자.

시작 포지션	적절한 오프닝 사이즈(x=1bb)
EP(6번, 5번, 4번 자리)	2x ~ 2.25x
MP(3번, 2번 자리)	2.1x ~ 2.6x
LP(1번, 0번 자리)	2.4x ~ 3.2x
SB	3x

이 표는 고정적인 시선으로 보지 않기를 권한다. 비단 오프닝 사이즈뿐만이 아니라 텍사스 홀덤 전체에 걸쳐서 사실 '고정적'이라 불리는 진리는 거의 없다(규칙을 제외한다면, 심지어 규칙마저 유연함이 요구될 때가 있다). 필자는 이 하나의 표뿐만이 아니라『홀덤의 정석』전체를 독자들이 고정적인 시선으로 바라보지 않았으면 하는 바람이 있다. 위에서 읽었던 전략의 고착화를 기억하는가? 당연히 굳이 이 표의 내용을 암기하고, 오직 이대로만 실행할 필요는 없다. 하지만 이 표를 통하여 필자가 바라보는 오프닝 사이즈의 차이를 마음속으로 한번 그려보라. 이 표는 오프닝 사이즈를 EP에서 가장 적게 잡았으며, 버튼까지 점점 오르다가 SB에서 제일 많고, 그다음으로 높은 순서가 MP다. 이것만 이해해도 된다. 그렇다면 왜 이런 주장을 펼치고 있는 걸까?

프리플랍은 언제나 빅블라인드 플레이어를 하나의 '방어자'로 보고 그 레인지와 양을 구성한다. 그가 이미 포스팅한 빅블라인드의 금액과 그를 중심으로 앉은 플레이어의 숫자를 기준으로 공격 기준선을 잡는다. 프리플랍에 한하여, EP는 가장 최악의 포지션에 있다. 이것은 EP의 액션 이후 모든 플레이어가 그의 액션을 보고 난 이후에 대응할 수 있는 권리를 뼈아프게 넘겨야만 한다는 약점을 성립시킨다. 다행히 플랍 이후엔 적어도 SB/BB보다는 상대적으로 후수를 잡을 수 있는 위치에 있지만, 버튼으로부터의 거리가 자그마치 여섯 자리이며, 이 중 아무라도 끼어든다면 그 플레이어로부터 선공을 강요당한 채 남은 모든 스트릿을 싸워야 한다. EP 이후 누가 언제 콜로 들어오거나 레이즈로 반격해 올지 모르기에 EP는 자연스럽게 매우 타이트하고, 블러프가 전혀 없으며, 강한 핸드로만 그 오프닝 레인지를 구성함이 타당하다.

종종 EP에서 블러프 레인지를 구성한답시고 복잡한 폴라라이징(잠시 후 3145장에서 다룬다) 레인지를 쓰자는 화려함을 추구하는 플레이어들이 있는데, 8명의 라이브 플레이어를 상대로 구성하는 폴라라이징은 그 의미를 찾기가 상당히 거북하다. 그 목표에 필자는 동의하기 어렵다. 불필요한 겉멋이다. 캐시게임의 1.5bb를 빼앗기 위한 블러프를, 굳이 벌써부터 계획할 필요는 없다. 어차피 강한 핸드로만 EP의 레인지가 구성되어 있으니, 타 플레이어의 참여를 굳이 블락할 필요가 없다고 보아야 자연스럽다. 게다가 누군가가 3bet 해 오거나 심지어 4bet까지 나올 수 있는 확률이 제일 높은 게 EP 자리다. 본인 이후에 무려 8명이나 대기하고 있기 때문에 만일 멀티웨이 3bet(M3P)이나 4bet(M4P)이 나오면 그것은 아마 EP에서 오픈한 이후일 때가 제일 높을 수밖에 없다.

레인지 어드벤티지(Range Advantage)

우리가 EP에 앉아있고, 빌런은 BB의 포지션에 있다. 평범한 2Bet 오프닝 이후의 방어로 끝난 상황이다(SRP: Single Raised Pot이라 고 부른다). 플랍이 A-K-8r이라면 우리의 상자(레인지)에는 AA, KK, 88이 다 들어있지만, 상대의 상자 속엔 88뿐이 없다. 간단하 게 말해서 상대방이 AA 또는 KK를 가지고 있다면 프리플랍에서 상대가 우리에게 보냈을 상자는 3Bet이었어야 했는데, 프리플랍에 서 상대가 우리에게 보낸 상자는 콜(C2B)이었다. 빌런은 현재 프 리플랍에서 3Bet으로 반격하지 않고 단순히 방어(콜)했음을 기억 하자. 그러므로 상대의 상자 안에는 분명하게 AA 또는 KK가 없다 고 해석하는 것이 매끄러운 해석이다(물론 상대방의 성향이 덩키라 면 있을 수도 있다. 그러나 이런 억지춘향스러운 설정은 이제 슬슬 극단화로 배제할 수 있을 것이다). 이 보드에서 우리의 상자 안에는 모든 종류의 투페어(AK, A8, K8)가 있지만, 상대엔 A8 또는 소수 의 K8s뿐이 없다. AK을 쥐고서도 프리플랍에 3Bet하지 않는다면 해당 빌런의 프리플랍 3Bet 상자는 지나치게 도드라진다. QQ+(오직 3핸드, 18콤보)만이 프리플랍 3BT 안에 들어가게 되고 만다(폴라라이징이 없는 정통 솔리드라 가정할 때). 그러므로 현재 빌런에게 AK은 없다고 보아야 한다. 반복하지만, 3bet하지 않은 현재의 상대방 상자에 AK가 있다고 보기엔 어렵다. 극소수의 AK는 여전히 있을 수도 있지만…. 지금은 레인지 어드벤티지에 대한 이해를 위하여 없다고 강제로 설정하고 계속 읽어보자.

그러므로 지금 이 플랍 A-K-8r은, 우리(EP)가 크게 이기고 있는 플랍임을 알 수 있다. EP(6번, 5번, 4번 자리)에게 유리한 플랍이다. 놀라운 사실은, 아직까지도 히어로의 핸즈와 빌런의 핸즈를 필자가 무엇으로 설정했는지 밝히지도 않았음에 주목하라. 설정할 필요도 없이 현재의 플랍만을 보고서 누가 이기고 있는지를(적어도 어떤 포지션이 더 유리한지는) 이제 간파할 수 있어야 한다. 이런 보드에서 EP가 cbet을 망설인다는 것은, 레인지에 대한 이해가 성숙되지 않았거나 어그레션(공격성)이 부족한 플레이어일 수 있다. 우리(EP: 6, 5, 4)의 레인지는 지금 빌런(BB)의 레인지보다 훨씬 더 많은 벨류를 가지고 있다. 그러므로 EP에게 cbet이 추천되는 보드라고 평가함이 가능하다. <u>무슨 핸드를 실제 지니고 있는지는 별개의 사안이다.</u> A-K-8r 보드에서 EP는 BB에게 cbet이 추천된다는 것을 이제 우리는 알았다(당연히 주도권이 없는 선수는 플랍에선 첵이다. BB는 플랍에서 이미 첵하였다).

만일 빌런(BB)이 EP의 cbet에 폴드하지 않고 되레 레이즈로 반격해 온다면 우리는 APNK(Ace Pair No Kicker)보다 에퀴티가 높은 모든 핸드(셋&투페어)를 제외하고 다른 모든 핸드를 그대로 폴드시켜 버리면 그만이다. 심지어 상대에 따라(특히 도적 계통이라면) 오히려 역으로 플로팅(아래 3610장 참조)을 걸어볼 수도 있다. 지금처럼 포지션이 좋은 상태와 레인지 어드벤티지까지 겹친 상황에서는, 첵레이즈를 맞더라도 계속 저항해 보는 것이 가능하다. 심지어 GS처럼 에퀴티가 낮은 핸드(예를 들면 QJs)마저 가볍게 콜로 끊고, 여유롭게 턴부터 상대 액션을 먼저 살펴보며 진행하는 운영이 여전히 유효하다.

이렇게 EP에게 레인지 어드벤티지가 높은 플랍에서 빌런이 무리하여 CR로 반격한 경우에 대해 계속 설명을 이어간다. 안 그래도 BB의 상자 전체에 AA와 KK는 없어서 벨류(메이드 핸드 또는 강패)가 부족해 죽겠는데, 이젠 남아있는 소수의 벨류~마지널(중~강패) 핸드마저 전부 첵레이즈에 넣어버리면 이제 프리플랍의 콜(C2B) 상자 안에 남아있는 핸드 중, 우리의 Ax를 이길 수 있는 게 몇 가지나 될지 생각해 보라. 따라서 레인지 어드벤티지와 넛 어드벤티지(바로 다음 장에서 설명한다)가 EP에게 상당히 치우친 지금 같은 보드가 나왔다면 과감하게 cbet해야 한다(양과는 아무런 관련이 없다. cbet에 대한 양과 레인지에 대한 관계형 그래프를 보고 싶다면 고급편을 참고해야 한다. 이것은 중급편에 넣기엔 지나친 주제다). 아직도 필자는 EP의 핸드가 무엇이었는지 기술하지 않았다. 중요하지 않은 것이다. <u>주어진 핸드가 아닌, 보드를 보고 벳해야 한다. 이것이 캐시게임의 핵심이다.</u> 핸드보다 레인지가 더 중요한 이유다. 지금 중급편은 보드의 형세와 텍스처를 읽고, 누구에게 더 유리한 보드인지를 파악하는 힘을 기르는 게 포커를 배우는 올바른 순서라고 『홀덤의 정석』은 가르친다.

현재의 핸드가 보드에 실제로 힛(Hit: 적중하다)되었는지는 별로 중요하지 않다(토너먼트는 예외다. 토너먼트에서는 이 개념을 섣불리 받아들이지 않도록 하자. 나중에 콜리젼을 공부하면 왜 그런지 알게 되겠지만). 어차피 캐시게임에서는 하나의 핸드를 보여주는 것이 아니라 우리의 상자 속 내용물 전체를 상대에게 보이는 것이기 때문에 우리 상자 안에 어떤 핸드가 들어있을지는 상대로서는 알 길이 없다. A-K-8r 보드에 우리의 핸드가 77이더라도 마치 Ax를 들고 있는 것처럼 벳함이 옳다. 우리가 상대에게 보여주는 것은 하나의 핸드가 아닌 상자 전체이므로, 실제 우리의 핸드는 나약하더라도 두려워해서는 안 된다. 특정 핸드를 들고 있을 때 특정하게 반응해 버리면 상대는 바보가 아니기 때문에 익스플로잇당하게 된다(그런 약점을 보이는 플레이어들을 사냥하는 방법은 고급편을 참조하라). 플랍에서는 절대로 본인이 가지고 있는 실제의 핸드의 강도(強度: Strength) 때문에 레인지 어드벤티지를 포기하는 플레이를 해선 안 된다. 핸드로 인해 결정하지 않고, 보드에 의해 결정한다. 우리에게 유리한 보드가 나왔다면 망설여선 안 된다. 어중간하게 액션하지 마라. 특정 포지션에서 특정 보드에서는 실제로 주어진 보드에 가지고 있는 핸드가 적중되었든 실패했든 간에 언제나 일정하게 액션하라(특히 캐시게임을 잘하는 선수일수록 이 컨셉을 확실하게 이해하고 있는 경향이 짙다). 그래야 상자 안에 있었을 다른 핸드들(예를 들어 블러프로 감정될 수 있는 QT 정도)도 여전히 보호받게 되어, 상대는 우리의 블러프에도 폴드하게 된다. 우리가 것샷일지 탑 셋일지 상대는 알 수가 없다. 그가 지금 확실히 아는 것은 자기에게 불리한 보드가 펼쳐졌다는 것뿐.

넛 어드벤티지(Nut Advantage)

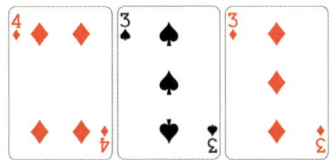

　4-3-3이라는 보드를 생각해 보자. 이 보드에서 넛츠는 당연히 33이다. 만일 매우 타이트한 플레이어가 얼리 포지션에서 오픈하였다면 이 특정 플레이어가 33을 가질 수 있다고 생각할 수 있는가? 아니, 하다못해 3이라는 카드를 한 장이라도 가지고 있다고 생각할 수 있겠는가? 아마 A3s이 유일할 것이다. 이마저도 매우 타이트한 플레이어라면 아예 3이라는 등급 카드를 얼리 포지션에서 가지고 있다고 보기에 어렵다. 지금 해당 플레이어의 '얼리 포지션(EP) – 투벳 오프닝(2BT)' 상자 안에 33이 없다면 지금 우리가 말하고 있는 4-3-3 보드에 <u>EP의 넛 어드벤티지는 매우 낮다고</u> 해석한다. 넛츠를 가질 확률이 매우 낮거나 아예 없다. 기껏해야 그가 가지고 있을 수 있는 것은 44인데(이마저도, 타이트한 플레이어들이 EP에서 4를 가지고 있을 리 만무하다), 이런 보드에서 그가 넛츠를 가지고 있다고 보기엔 여전히 어려울 것이다.

　위 상황 중, <u>버튼</u>에 앉아있던 홍길동이 프리플랍에서 플랫콜(C2B)

로 참전하였고, 플랍(4-3-3)을 확인했다고 하자. 지금 길동이의 상자(액션 레인지) 안에는 33이 있는가? 당연히 있다. 지금 33이란 핸드는 분명하게 얼리 포지션에서 오프닝한 타이트한 빌런에겐 없지만, 버튼에서 C2B로 들어온 길동이의 상자 안에는 있다. 그것도 매우 확실하게 있다. 없을 수가 없다. 그러므로 4-3-3의 넛 어드벤티지는 지금 길동이(0: 버튼 포지션)에게 있다고 해석함이 옳다.

대부분 독수리 스타일(『홀덤의 정석: 초급편』 2713편 참조)의 플레이어들이 이 넛 어드벤티지를 기가 막히게 잘 활용한다. 그들은 알고 있다. 지금 보드에서 큰소리칠 수 있는 것은 프리플랍에서 C2B를 내밀었던 0번이라는 사실을. 이후 턴과 리버에서 EP에서 오프닝한 플레이어의 레인지와 잘 어울려질 J+ 이상의 카드가 나오지 않는다면 독수리는 이 타이밍을 놓치지 않고 매우 크게 강습하여 EP의 플레이어를 압박한다. 이 이상 좋은 상황이 잘 발현되지 않는다. 아주 크게 오버벳하면 이 벳을 견디고 콜할 수 있는 핸드는 아마 매우 높은 오버페어(QQ+) 이상의 핸드뿐이다. 그리고 그런 상황에서 대부분의 월드클래스 프로들은, 그런 보드에선 오버페어마저도 폴드할 때가 종종 있다. 넛 어드벤티지를 잘 이용하면 상대방에게 정확하고 강력하게 압박하는 타이밍이 언제인지 가늠하는 것에 큰 도움이 된다. 지금 빌런이 포지션별 레인지를 이해하고 있는 상대인가? 그리고 그가 넛 어드벤티지 또한 이해하고 있는 플레이어인가? 그렇다면 그는 지금 넛 어드벤티지를 이용해 협박할 수 있는 '언어'를 이해하고 있다는 의미가 된다. 상대방이 멈칫하여 첵을 내리는 그때, 받을 수 없는 양을 강하게 때리는 플레이가 먹혀드는 시점이다. 넛츠가 누구에게 '있을 수 있는'가?

3123.

캡된 레인지(Capped Range)

언제나 그런 건 아니지만, 우리가 나약하게 콜(C2B)이란 상자를 프리플랍에서 빌런에게 전송하는 순간, 우리의 레인지는 캡되고 만다. 무슨 뜻이냐 하면 위의 A-K-8r 보드를 돌이켜 보라. 빌런이 프리플랍에서 '콜(C2B)'이란 상자를 우리에게 전송함으로 우리는 이제 확실하게 지금 빌런은 AA나 KK 같은 강력한 몬스터 핸드가 그의 상자 속엔 없음을 확인할 수 있었다(적어도 합리적인 짐작은 가능해졌다). 이것을 레인지가 캡(Capped: 뚜껑이 씌워진) 되었다고 정의한다. 빌런의 상위 레인지에 뚜껑이 덮인 것이다. 지금 그가 가지고 있을 수 있는 핸드 중 그나마 가장 강력한 핸드는 아마도 JJ- 정도뿐임을 알 수 있다. 몇몇 독자들은 'AA나 KK로 프리플랍에서 플랫콜(C2B)을 할 수도 있는 것 아니냐'고 반문해 온다(실제로 이런 부류의 이메일이 적지 않았다).

결론부터 말하면 그런 플레이는 매우 극단적이고, 제한적인 상황에서만 쓸 수 있다. 아니, 그냥 그래선 안 된다고 극단화로 설명하고자 한다. 반복한다. 지금 우리에게 주어진 하나의 그 핸드를 플레이하는 태도를 가져선 안 된다. 우리의 액션(상자) 안에 있는 모든 핸드를 보호하는 태도로 접근해야 한다. 이 상자 안에 있을 다른 모든 블러프들이나 정크(보드와는 아무런 연관이 없는 쓰레기 핸드)

들이 상자 속 몬스터 핸드(예를 들어 AA, KK)의 존재로 인해 그 상자 전체가 보호받는다는 사실을 간과하지 말자. 만일 얼리포지션(4번, 5번, 6번)의 빌런을 상대로, 우리의 레이트포지션(0, 1, 2)에서 AA 또는 KK 같은 강력한 핸드들을 플랫 콜(C2B)에 넣는다면 당연히 우리의 0, 1, 2번 자리에서의 플랫콜 상자는 예전에 비해서 더욱 높은 존중을 받게 될 것이다. 이것까지는 사실이다. 하지만 거기까지다.

왜냐하면, 이제 우리는 3Bet이나 4Bet 상자를 구성하는 것 자체가 어려워진다. 왜냐하면, 이미 AA나 KK를 C2B(Calling to 2Bet)이란 상자에 넣어버렸는데, 3BP(쓰리벳 팟)이나 4BP(4bet Pot)처럼 빅 팟을 QQ나 JJ 따위로 싸우겠다는 계획 자체가 어색하게 들리지 않는가? 팟이 커질수록 당연히 조금이라도 큰 EV를 지닌 핸드(AA 또는 KK)로 싸워야 함에는 이견이 없을 것이라 믿는다. 그러므로 AA 또는 KK 같은 초강패로는 당연히 3BT 상자에 넣고, 그 상자 안에 추가로 블러프 핸드를 더 넣어야 3BT 상자의 균형이 맞춰질 것이다. AA 또는 KK으로만 3Bet을 하면 그 플레이어의 3BT 상자엔 강력한 핸드만이 있기에 그 밀도(密度)가 초과된다. 저밀도의 블러프 핸드도 적절히 넣어서(예를 들어 A5s 정도: 극단화) 알맞은 균형을 잡는다. '벨류(강패)'와 '블러프'를 함께 뒤섞는 것이다(이때 빌런의 스타일까지 고려해서 상자의 밀도뿐만이 아닌, 상자 전체의 무게까지 디테일하게 테일러링해 주면 금상첨화다). 이와 같은 접근을 모든 액션 상자에 제각각 따로 해줘야 한다. 단 콜링(C1B/C2B/CnB)을 이루는 상자에는 모든 블러프나 정크 핸드는 빼야 한다. 쓸데없는 핸드로 콜을 할 이유는 전혀 없기 때문이다(플로팅 제외: 극단화. 이미 팟오즈에 관해선 초급편에서 설명이 완료되었다). 콜링을 이루는 상자 안엔 오직 강패(벨류 핸드)/넛츠/드로잉/마지널이 전부다.

수많은 훌륭한 플레이어들이 AA를 3Bet 상자에 넣는 이유는 'AA로 큰돈을 따기 위함'이라는 단순한 접근보다는 'AA를 3벳 상자 안에 넣어두어야 내가 AA이 아닌 다른 핸드(예를 들어 KJs)로 3Bet 할 때도 여전히 AA에 해당하는 존중을 빌런으로부터 받을 수 있기 때문'이라고, 이제 그 진단 수준을 업그레이드해야만 한다.

3130.
핸드의 구분

　『홀덤의 정석: 입문편』에서 기초 핸드와 족보의 구성을 공부하였다면, 『홀덤의 정석: 중급편』에서는 실제로 플레이할 '핸드의 특징'이나 목표를 공부할 수 있게끔 구성하였다. 스타크래프트로 따지면 유닛 간의 상성 조합, 리그 오브 레전드로 치면 챔피언 간의 조합이나 카운터 구도 등으로 비유하여 이해해 볼 수 있다. 물론 이 상성(相性) 관계를 모르고도 여전히 게임을 플레이하는 것이 가능하지만, 게임 세션이 끝나고 복기를 할 때 이러한 상성 구도를 알고 있다면 매우 효과적으로 신속하게 기록을 만드는 데 큰 도움이 될 것이며, 지금 배울 '핸드의 구분'은 여러분들이 상대방이 핸드를 바라보는 시각을 매우 <u>입체적으로</u> 바라보는 데 큰 도움을 줄 것이다. 단순하게 '아, 저 친구는 87s 으로 림핑하는구나'가 아니라 '아, 저 친구의 림핑 상자에는 미디움 아이오핸즈 또는 MSC(바로 다음 장에서 설명한다)도 들어있구나'로, 그 시각이 높고 깊게 입체화되길 바란다.

3131.

임플라이드 오즈 핸드(Implied Odds Hands)

텍사스 홀덤의 시작 핸드들은 대부분 크게 세 가지로 나뉜다.

- 프리미엄 핸드: JJ+, AK.
- 중간 세기를 지닌 핸드: TT~88, AQs~A2s, KQo, KJo, QJo, KQs~QJs
- 임플라이드 오즈 핸드(IO 핸즈: 아이오 핸즈): AK, 77~22, JTs~65s, QTs~64s

이 세 가지를 나누는 어떤 특별한 기준은 없고, 위의 구성은 필자가 그냥 임의대로 한 번 나눠본 것이다. 만일 독자 여러분들께서 다른 어떤 특정한 기준을 가지고 있다면 그 나름대로의 독창적인 기준으로 나누어도 큰 상관이 없다. 프리미엄 핸드는 이미 잘 아시다시피 대부분의 경우 승리를 예견해 볼 수 있는 강력한 핸드들을 프리미엄이라 불렀고, 중간 세기 지닌 핸드 또한 그 자체로 설명이 가능할 것이다. IO(아이오) 핸즈란(Implied Odds Hands) 그 자체로 쇼다운으로 갈 시에 승리를 점치기엔 부족하지만, 만일 특정 족보를 메이드했다면 거의 확실하게 팟을 가지고 올 수 있는 핸드다(고품질의 드로잉은 대개 이런 아이오 핸즈가 갖는다). 그리고 그런 아이오 핸즈로 메이드에 도달했다면 대개 그런 팟은 빅 팟이 되므로 나름대로 그 도박적 리스크에 대한 포상을 환원받아서 수지타산을 성립한다.

　특이한 점은 AK은 프리미엄 핸드이면서 동시에 아이오 핸드로
도 분류된다. 양쪽 다 중복적으로 포괄된다. 한 마디로 AK는 드로
잉 핸즈로도 해석함이 여전히 가능하다. 특히 토너먼트에서는 벨
류를 받아오려는 노력보다는, 프리플랍의 '몬스터 드로잉 핸즈(『홀
덤의 정석: 초급편』 참조)'로 봄이 상황에 따라 더 자연스러울 수
있다. 토너먼트에서 '찌를 수는 있어도 받는 것은 어려운' 대표적
인 핸드다. 우리가 흔히 생각하는 대표적 MSC(Medium Suited
Connector: 미디움 수딧 커넥터)인 T9s~76s가 바로 대표적인
아이오 핸즈 중 하나이다. 아이오 핸즈 안에 MSC, LSC, MGC,
LGC(Low Gap Connector: 53s) 등이 포괄된다고 표현하면 정확
하다.

플랍 친화형 핸드(Flop Friendly Hands)

따라서 아이오 핸즈들은 플랍을 보고 나서 옳은 결정을 내리기 쉬운 핸즈들이다. '옳은 결정'이란 '실수를 내리지 않을 확률이 높음'을 뜻한다. 조금 위에서 서술했듯, 특정 족보를 메이드해야만 그 의미를 지니는 핸드들이기 때문에 그 족보를 메이드할 수 있는 환경이 아예 플랍에서부터 조성되지 못했다면 더 이상 플레이할 필요 없이 폴드를 선언하면 그 뿐이다(이 한 경우에 한하여 AK는 제외한다: 극단화). 그렇기에 그 환경을 조성할 수 있는지를 확인하는 작업이 필수적이다. 예를 들어 87o이란 핸드는 스트레이트를 만들고자 하는 핸드임을 우리는 쉽게 확인할 수 있다. 물론 87로 원페어나 투페어 또는 트립스로도 이기는 경우도 있겠지만, 그런 족보들은 굳이 87이 아니더라도 어차피 그 어떤 핸드로도 만들 수 있는 족보임으로 '원페어나 투페어를 드로우하기 위한 핸드'라 과잉 해석하는 일은 없어야 하겠다. 따지고 보면 모든 핸드는 플랍에서 쿼즈를 만드는 것이 가능하다. 그럼 모든 핸드는 쿼즈를 만들기 위해 플레이한다고 해석하는 게 과연 매끄러운 해석일까?

64s와 같은 모든 아이오 핸즈들이 이 플랍 친화형 핸드로 분류된다. 플랍 친화형 핸드들인 아이오 핸즈는 HSC(High Suited Connector: KQs~JTs 또는 Broadway Suited Connector로도 불린

다), HGC, MSC, MGC(Medium Gap Connector: T8s~86s), LSC, LGC(Low Gap Connector: 64s~42s), MPP(Medium Pocket Pair: 99~66), LPP(Low Pocket Pair: 55-) 등이 있다. 당연히 분류는 정확하지 않아도 된다(3131장에도 반복하여 설명한 바가 있다). 아무튼 이런 플랍 친화형 핸드들은 플랍을 보면서 보드가 완성되어 갈수록, 실수를 내릴 확률이 낮아진다. 보드를 확인할수록 더 옳은 판단을 내리기 쉬워진다. 애초부터 노리는 족보가 완성되느냐 마느냐로만 플레이를 결정하면 되기에 그렇다. 몇몇 아이오 핸즈 중 77과 22 사이의 미디엄 로우 포켓 페어(MLP)들도 포함되어 있다. 이런 MLP(Medium Low Pocket: 99-)는 결국 셋(Set)을 만들기 위한 핸드들이다.

몇몇 혹자들은 AK를 상대로, 이런 MLP가 원페어로 여전히 승리할 수 있으니 굳이 셋을 위한 핸드만은 아니지 않으냐 반문할 수도 있을 테지만, 지금 우리는 '승리를 타당하게 예상할 수 있는 강도(强度)의 족보를 만들 핸드'가 기준임을 기억하자. 이 기준은 사람마다 제각각이지만, 텍사스 홀덤 풀링(9링) 기준 평균적으로 승리를 가져가는 핸드는 투페어라는 통계를 고려했을 때 필자의 기준엔 적어도 투페어 이상의 핸드를 만들어야 '승리를 타당하게 예상할 수 있는 강도'라 판단한다. 그 기준상 '셋(Set)'이란 평균 핸드를 충분히 무찌르는 강력한 핸드다. 물론 원페어(1P) 자체로도 충분히 한 팟을 이길 때도 있겠지만, 이것은 깔끔하게 떨어지는 문장이라 보기에 어렵다. 여지가 남아있다.

그러므로 MLP는 결국 셋(적어도 셋)에 도달하지 않으면 큰 의미가 없는데(위에서 말했듯 여전히 쇼다운 벨류가 없는 것은 아니다: 극단화), 이 셋을 만들기 위해서 플랍에 진입하기 전, 반드시 해야만 하는 일이 있다. 그것은 플랍이 나오기 전, 잔여 이펙티브 스택량을 검산하는 것이다. 그것은 바로 '44' 같은 핸드로 콜하려면 반드시 이펙티브 스택(『홀덤의 정석: 초급편』 2350장 참조)이 〉= '콜 금액x8.5배'보다도 더 많은 스택을 가진 상대와만 교전을 벌여야만 한다(토너먼트 제외: 극단화). 그래야만 히어로가 셋을 띄웠을 때 (애초에 계획했던 대로), 이에 응당한 페이를 받을 수 있을 것이다(여전히 다 받지는 못할지라도, 상대는 그 가치에 해당하는 리스크를 안게 된다). 애초에 상대가 많은 칩을 가지고 있던 상황이 아니어서 셋을 띄우더라도 우리가 겪었던 리스크(88.25% 언저리: 포켓페어로 플랍에서 셋보다 강한 핸드를 띄우는 데 실패할 확률에 의한 팟 오즈)보다 의미가 없다면 이 사업은 접어야 한다. 아예 프리플랍에서 폴드하는 것이 옳은 액션이 된다. 테이블 위의 이펙티브 스택만을 보고, 수학적으로 옳은 판단을 내릴 수 있는 쉬운 핸즈들이다.

3133.
플랍 적대시 핸드(Flop Hostile Hands)

반면에 보드가 공개되면 공개될수록 에퀴티가 더 내려가는(대개 매우 조금이겠지만) 핸드들을 플랍 적대시 핸드라 부른다. 정확하게 말하면 보드가 완성될수록 에퀴티가 내려간다기보다는, 아마 플랍 친화형 핸즈들의 에퀴티가 상대적으로 올라간다는 느낌이 더 적절할 것이다. 왜냐하면, 그런 플랍 친화형 핸즈들은 실수를 내릴 확률이 보드가 공개됨에 따라 상대적으로 낮아지기 때문이다. 그러므로 플랍 적대시 핸드들의 승률이 상대적으로 낮아지는 것이라고 생각하자. 이 플랍 적대시 핸즈들의 가장 대표적인 핸드가 바로 AA이다. AA는 그 자체로 보드 없이 최고의 핸드이므로, 오히려 보드가 공개되기 전까지 '최고 패(『홀덤의 정석: 입문편』 1519장 더 넛츠)'를 유지할 수 있다. 비슷한 예로 KK를 들 수 있다. 이 두 핸즈는 당연히 플랍을 쉽게 허용해서는 안 된다. 마땅한 값(벨류)을 상대로부터 플랍 이전에 받아야 함이 옳다. 보드가 완성되려고 할 때마다(베팅 스트릿을 지나칠 때마다) 벳으로 빌런에게 '추가 카드를 확인하는 대가(일종의 하이패스 통행세)'를 지불하도록 강요함이 옳다.

QQ와 JJ가 친화형일지 적대시일지는 테이블의 환경이 대답을 대신한다. 만일, 테이블의 분위기가 매우 공격적이고 포스트플랍 이후에서도 적극적인 벳이 자주 이루어지는 공격적인 테이블이라면 아마 플랍 적대시 핸드로 분류됨이 타당하며, 포스트플랍 이후서부터 나긋나긋한 운영이 가능하다면 플랍 친화형 핸드로도 분류해 볼수 있다. 왜냐하면, QQ나 JJ 입장에서는 플랍에 오버카드가 떨어지지만 않는다면 여전히 오버페어의 위치를 고수하는 것이 가능하기에 그렇다. 하지만 TT부터는 플랍 친화형이라 보기는 어렵다. 조금 더 정확히 서술하면 위의 3230장에서 '중간 세기를 지닌 핸드'부터, 슬슬 플랍 친화형이라 보기에 어려워진다. 그 이유는 플랍이 공개되면 대개 그 파켓페어보다 높은 '오버 카드' 등이 보드에 출현할 확률이 높아지기 때문인데, 포켓페어류들은 그 포켓페어보다 더 높은 등급의 카드가 보드에 등장할 때마다 싸움이 어려워 진다. 그러므로 플랍을 보기 이전, 포켓페어 그 자체로 싸우는 것이 그렇지 않을 때보다 더 승률이 높다고 진단한다.

77 이하부터는 오버페어가 되는 것을 사실상 포기해야 한다. 심지어 플랍에서 오버페어를 만들 수 있을 정도로 낮은 L-L-Lr 플랍이 깔리더라도 상대 또한 여전히 대부분 2V 이상이거나 아니면 아예 우리의 77보다 더 높은 또 다른 오버페어를 가지고 있을 확률마저 남아있다. 그러므로 77 이하는 보드와의 조합을 노리는 취지가 매우 명확하다. 셋(Set) 말고는 노려볼 수 있는 게 없다. 따라서 77 이하의 MPP(Medium Pocket Pair: 99~66)와 LPP(Low Pocket Pair: -55)는 자연스럽게 아이오 핸즈로 분류된다. 169가지의 핸드를 일일이 분류하기보다, 이렇게 여러 핸드를 하나의 구성으로 묶어서 '자신만의 액션 상자'를 묶음으로 구성해 보면 어떨까?

3141.
타깃팅(Targeting)

상대방의 레인지 위에 있는 특정 핸드를 상대로 조준하여 벳하는 플레이다. 크게 두 가지의 응용 취지를 갖는다. 첫째는 우리가 이미 이기고 있는 경우, 해당 빌런으로부터 최대의 벨류벳을 받아오는 맥시마이징을 목표로 할 때 사용된다. 둘째는 우리가 약한 핸드를 가지고 있고, 상대 또한 나약한 핸드(적어도 우리보다는 강하지만)를 가지고 있다고 생각될 때 해당 핸드가 우리의 벳을 견디지 못하고 포기할 만한 양을 조준하여 블러프벳하는 행위다.

상대방이 폴드해 줄 수 있는 핸드가, 빌런의 레인지에서 많이 남아있지 않은 상황에서 무리하게 블러프를 강행해서는 안 된다. 이것에 대한 계산을 정밀하게 하고 싶으면 우선 플랍 텍스처를 정확하게 잡아줄 경험과 훈련이 선행되어야 한다. 그것이 맞는 순서다. 빌런이 현재 핸드를 받은 그 포지션에서 현재 보드와는 서로 어우러지기가 매우 어렵다고 판단되면 타깃팅 벳을 노려볼만하다.

예를 들어 빌런이 6번 자리에서 오픈하였고, 우리가 BB에서 C2B(Call to 2bet)으로 방어하였다. 플랍은 4-5-6r이다. 바로 이런 보드를 노려야 한다. 현재 빌런의 포지션은 보드와는 전혀 어울리지 않는 레인지를 가지고 있지만, 우리는 아니다. 우리의 레인지

(BB의 C2B)는 모든 종류의 셋(44, 55, 66), 모든 투페어, 심지어 스트레이트도 가능하다. 하지만 빌런이 이런 보드에서 만들 수 있는 강한 핸드는 기껏해야 오버페어 또는 2V 중 하나일 것이다. 조금 양보하면 6셋이 가능할 수도 있긴 하다. 하지만 대부분은 분명히 미스했다고 봄이 타당하다. 그리고 그런 '미스한 핸드'를 가지고 있다면 플랍에서 히어로의 동크벳 3p/4에 콜로 저항해 오기가 매우 부담스러워진다. 턴과 리버에서도 6번 자리(UTG)에 어울리는 카드가 떨어지지 않는다면 계속 턴에서도 cbet으로 압박해 나갈 권리가 여전히 우리에게 있다[꼭 cbet을 턴에서도 언제나 이어가야 한다는 주장은 아니다. 턴 카드가 기가 막히게 떨어졌을 때(예를 들면 레인보우 듀스) 우리의 블러프 핸드로 상대를 강하게 압박할 기회가 남았다는 정도].

3142.
에퀴티 실현율(Equity Realization)

 필자가 서술하는 내용과 거의 대부분의 포커 포럼에서 통용되는 단어와 차이가 날 수 있는 거의 유일한 단어임을 미리 밝힌다. 『홀덤의 정석』에서 앞으로 쓰일, 에퀴티 실현율과 기타 포럼에서 읽힐 수 있는 Equity Realization은 조금 다른 단어이니 읽을 때 주의를 요한다.

 필자 개인의 용법으로 '에퀴티 실현'에 대해 나름대로 정의하면 "쇼다운까지 가서 팟을 실제로 '청구'하는 데 성공했다는 의미"이다. 더 짧게 말하면 '쇼다운(리버가 아니다)에 도달할 확률'이란 어구로도 치환될 수 있다(이 경우, 표현의 느낌은 좀 달라지겠지만). 이것은 그 팟을 실제로 이겼는지 졌는지와는 아무런 관련이 없다. 단지 쇼다운에서 도달하여 상대방의 핸드를 테이블링시켜서 빌런의 핸드와 쇼다운 경합이 일어났다면 그것으로 해당 핸드의 에퀴티는 성공적으로 실현되었다고 평가한다. 팟을 지거나 이기는 것과는 아무런 관련이 없다.

 가령 평범한 MSC로는 그 자체의 쇼다운 승률은 좋지 못하다고 볼 수 있다. MSC는 플랍 친화형 핸드로, 반드시 보드의 '무언가'와 결합이 이뤄져야만 일정 족보를 갖출 수 있으며, 그래야만 승률을 어느 정도 보장받는다. 이 말은, 적어도 리버까지는 도달해야만 에 쿼티를 실현할지 결정할 수 있는 핸드(예를 들어 MSC, MLP 따위)로는 얼리포지션에서 들어가기 자제해야 함을 뜻한다. 여기서 잠시만 방금 문장의 의미를 깊이 생각해 보라.

뒤집어 말하면 쇼다운으로 가지 않고, 보드 없이 그 자체로 보드를 완전히 확인하기 전에 벳과 레이즈만으로 액션 스트릿 승부를 거는 것이 가능한 핸드들은 AA처럼 프리미엄 포켓 핸드들이며, 이렇게 이미 '특정한 핸드를 이미 메이드'하고 있는 핸드들로만 '얼리 포지션 레인지'를 구성함이 타당하다는 의미가 된다. 왜 그럴지 진지하게 생각해 보라. 이 설명은 너무 길어져서 독자 개개인의 통찰(洞察)에 의지한다(어차피 고급편에선 자세히 다룰 수밖에 없겠지만). 그리고 충분히 이 개념을 스스로, 긴 설명 없이 도달할 수 있다! 종종 얼리 포지션(EP)에서 폴라라이징(곧 3145장에서 설명한다) 레인지를 구상하는 플레이어들이 있는데, 필자는 이에 대해 반대한다. 폴라라이징은 6번부터 1번까지 전부 죽고, 버튼 이후의 플레이어들만 덩그러니 남았을 때, 스틸을 위하여 버튼이나 SB에서 지나치게 자주 싸우러 나올 때, 이에 대항키 위하여 쓰이기에 적절한 방법 중 하나다.

일반적으로 스택 대비 팟 사이즈 비율(SPR, 『홀덤의 정석: 초급편』 2350장 참고)이 높을수록 후수에 있는 플레이어의 에쿼티가 더 많이 실현된다. 왜냐하면, 리버의 첵이 확실하게 승부를 끝내는 것을 후수는 확실히 보장받기에 그렇다. 선공 플레이어의 경우는 그

반대가 된다. 왜냐하면, 후수는 선수가 첵해 준다면 즉시 100%로 해당 팟의 에퀴티를 실현시킬 선택지가 있지만, 선수는 본인이 첵을 내려도 후수가 벳으로 찌르면 콜하지 않는 한 에퀴티를 실현시키는 데 실패할 수 있기 때문이다. 다행히 포지션에 관련 없이 에퀴티를 100%로 실현하는 방법이 아예 없는 것은 아니다. 이 방법은 그 언제라도 그리고 그 누구라도 사용이 가능하며, 즉시 확실하게 에퀴티를 실현할 수 있다: 올인이다.

3143.
림핑(Limping or Limped In)

게임이 시작되고 나면 가장 처음 프리플랍에서 스몰블라인드의 플레이어와 빅블라인드의 플레이어는 각각 약속된 블라인드를 건다. 이것을 '포스팅'이라 함은 이미 입문편에서 서술한 바가 있다. 블라인드가 포스팅된 이후, 하나의 액션을 취하는 플레이어가 그 블라인드보다 같은 금액을 콜(C1B)로 끊고서 팟에 참여하는 행위를 림핑이라 부른다. 그러니까 기본 빅블라인드 플레이어는 의무적으로 빅블라인드에 해당하는 금액(예를 들어 $20)을 걸었어야 했지만, 림핑한 그 플레이어는 의무적으로 내야 하는 금액도 아니지만 여전히 같은 금액($20)을 내주고 들어가는 것이다. 이는 레이즈가 분명하게 아니므로 빅블라인드 플레이어는 아무런 압박을 느끼지 않으면서 무료로 플랍을 보는 게 가능해진다(무료로 플랍 에퀴티를 부분적으로나마 실현했다고도 볼 수 있다). 이를 '옵션'이라 불렀음을 입문편에서 공부하였다.

실전 오프라인 카지노의 낮은 금액 초보자 테이블을 유심히 관찰해 본 적이 있는가? 대부분의 플레이어가 프리플랍에서 림프를 타고, 그 이후 쭉 마치 비엔나소시지(혹은 징검다리)처럼 다수의 플레이어가 집단으로 콜을 외치며 우르르 따라온 일이 있을 것이다. 그리고 그들은 플랍 이후에 잘 죽지도 않는다. 웃기게도 쇼다운에 도달하기 직전, 리버에 당도해서야 그들은 폴드한다. 왜 이런 집단 콜링스테이션이 발현되는가? 필자는 '두려움'에 그 이유를 찾을 수 있다고 생각한다. 더 정확히 표현하면 '행여나 이길 운명의 승리의 핸드를 폴드해 버릴지도 모른다는 두려움'이다. 그래서 그들은 아주 적은 양의 행운이 남아있는 게 보이면 폴드하지 않는다. 폴드하지 못하는 것이다. 하지만 간사하게도 더 이상의 리스크는 짊어지고 싶어하진 않는다(이것은 분명히 영명한 것에 속하긴 한다). 그래서 비겁한 그들의 마지막 선택은 림프다. 벳도, 폴드도 아닌 콜로써 고민을 끝낸다. 그렇게 마지막 최악의 선택인 콜이 집단적으로 발현된다.

이 림핑에 관한 연구는 여러 전문 프로 카드 플레이어들에 의해 사실 매우 오래전에 정리가 되어 결과가 이미 나온 사안이다. 프리플랍에서의 림핑은 +EV플레이라 보기에 어렵다. 이것이 최종 결론이다. 정형화가 이미 끝나있다고 떳떳하게 서술할 수 있다. 여러 가지 이유가 있지만 가장 큰 이유는, 빅블라인드 플레이어의 빌런에게 공짜로 에쿼티 실현율을 허용하는 데에 있다. 공격받지 않고 상대는 무료로 에쿼티를 부분적으로나마 실현시킬 수 있다. 빅블라인드는 분명히 모든 레인지로 1bb를 이미 희생시킨 상황인데, 이 1bb에 대한 압박이 전혀 이루어지지 않았다. 마치 우리 팀이 공짜로 코너킥을 시도해 볼 수 있는 기회를 자진하여 사양한 셈이다. 이게 이득이 될 리 만무하다. 빌런이 공격받지 않고 쉽게 에쿼티를 실현(Equity Realization)하도록 허용하는 것이 히어로에게 +EV로 적용되진 않는다. 우리의 이윤 포기는 상대의 위험 감소로 연결된다.

굳이 림프란 상자를 여러분의 액션 분배에 넣을 필요는 없다(그리고 경험이 적은 플레이어에겐 필자는 추천하지 않는다). 하지만 정넣고 싶다면 림프의 비율을 '빅 핸드가 들어왔을 때:마지널 핸드가들어왔을 때=1:4' 정도의 빈도로 설정해줘야 한다. 그래야만 여러분들의 림프를 상대로 상대방이 오픈했을 시, 그에게 3bet의 응징이 가능할 것이다. 여기서 왜 필자는 1:4 밸런스를 주장하는지 독자분들께서는 <u>직접 생각해 봐야 한다.</u> 이 작은 분야 하나로만 수많은 페이지가 낭비될 수 있다. 초급편에 서술된 팟오즈에 명확한 이해가 있다면 쉽게 이 수치에 도달할 수 있다.

어떤 식으로 본인만의 개성 있는 레인지를 구성할 것인지, 어느 핸드를 어떤 그룹에서 빼 와서 어느 상자에 넣어둘 건지 미리 집 안 책상머리에서 결정해 놓는 것이 좋다. 특히 프로나 전업을 준비하고 있다면 반드시 이 과정은 이미 끝나 있어야 한다. 그리고 외워야 할 것이다(이미 외워져 있는 케이스가 대부분이겠지만). 그래야 그 주어진 테이블 특유의 상황에 맞춰서 '예외적으로' 레인지에 조정을 가해도 밸런스(밀도 비율)가 무너지지 않을 것이다. 드디어 왜 프로 바둑기사가 정석을 다 기억하고 있으면서 정석대로만 바둑을 두지 않는지 이제는 알겠는가? 상황에 맞춰서 살짝 비틀고 꼬아주는 작업(Tailoring: 테일러링이라고 부른다) 때문에 자연스레 그 정석대로 두어지지 않게 된다.근데 그러려면 그 기본, 정석(미리 정해두었던 핸드마다의 액션 분배도)을 머릿속으로 완전하게 꿰고 있는 상태여야 한다. 그래야 지나치게 많아진 벨류 핸드를 빼거나 지나치게 엷어진 블러프를 좀 더 넣어주는 등의 미세한 테일러링이 테이블 위에서도 가능해진다. 전체도 모르는데 대체 무슨 미세 조정을 가한단 말인가?

3144.
맥시마이징(Maximizing)

다수의 핸드를 경험하다 보면 '상대방에게 이미 지고 있는 것을 알아도' 어쩔 수 없이 콜을 선언해야 하는 경우가 있다. 이것을 "크라잉 콜(Crying Call: 울며 겨자 먹기)"라고 부르는데, 맥시마이징이란 만일 상대방의 레인지에 이러한 크라잉 콜할 수밖에 없는 핸드가 많이 있다면 평소보다 훨씬 더 큰 양으로 벳하고, 빌런으로부터 크라잉 콜을 받아오려는 그림을 그리는 작업을 맥시마이징이라 부른다. 이득을 극대화시키는 것이다.

턴은 드로잉 핸즈로부터 벨류를 받아낼 수 있는 마지막 스트릿이다. 만일 빌런이 턴에서 드로우를 미스했다면 그 어떤 벳을 우리가 리버에서 청구하더라도 빌런은 리버에선 당연히 폴드한다. 따라서 메이드 핸드를 가지고 있는 플레이어는 턴에서 반드시 벳해야 한다. 벳의 양이 제일 큰 스트릿은 턴이다. <u>위닝 플레이어들의 큰 공통점은 턴에서의 벳이 매우 강하다는 것에 있다.</u> 포지션과는 관계가 없다. 턴에서 벳하려면 정말 매우 세게(최소 2p/3) 벳해야 한다 (극단화: 턴에서의 벳을 강조하고 싶어서 조금 과장하여 서술하였다). 만일 후수까지 확보한 히어로가 턴에서 강하게 벳한다면 리버에서도 여전히 베팅 스트릿이 아직도 한 번 더 아직 남아있기 때문에 웬만한 마지널 메이드 핸즈로 턴에서의 콜은 상당히 부담스러워진다. 반대로 드로잉 핸즈라면 그것은 그것대로 빌런의 '에퀴티 실현 포기'되므로 히어로는 행복하다. 차단(Deny)했으니 만족하는 셈이다. 그러므로 '턴에서의 강한 벳'의 의미를 정리하자면

- 히어로의 선공일 때: '네가 만족하는 핸드를 메이드했더라도 나는 곱게 쇼다운으로 보내드릴 마음이 없으니 리버에서 벳을 한 번 더 마주칠 각오가 없으면 지금 포기함이 옳다'는 압박이 성립되며,
- 히어로가 후공이라면: 마지널 메이드를 가지고 있는 빌런(예를 들어 J9으로 탑페어를 맞춘 경우)에게, 리버에서의 첵을 강요할 수 있다. <u>그렇다면 히어로는 리버카드를 보고 자신의 핸드에 맞추어서 제멋대로 팟 사이즈를 조절할 수 있는 권리가 보장된다.</u> 그리고 바로 이것이 매우 큰 EV를 가지고 온다! 그래서 후수를 잡은 자가 거의 대부분의 리버에서 장기적인 엣지를 가져가게 된다. 텍사스 홀덤의 모든 베팅 스트릿은 프리플랍, 플랍, 턴, 리버 이렇게 네 군데뿐인데, 이 네 군데 중 하나를 완전하게 후수가 장악한다.

따라서 리버에서의 베팅은 결국 베리언스(『홀덤의 정석: 초급편』 2108장 참조)가 전혀 없는 상황에서 이루어진다. 좋은 벳이면 실력이 좋은 거고, 나쁜 벳이면 실력이 나빠서다. 운이 낄 자리가 없다. 베리언스가 없기 때문에, 리버에서의 베팅은 오직 한 가지의 목적만이 있다. 놈이 이길 핸드를 폴드시키거나 놈이 질 핸드로 콜하게 만들거나.

수준이 낮은 테이블에서는 상대적으로 자주 벨류벳(또는 맥시마이징)을 시도함을 권한다. 슬로우 플레이를 권장하지 않는다. 이전

『홀덤의 정석: 초급편』「2700장 플레이어의 유형 편」에 나온 마킹 프로세스를 기억하는가? 지고 있는 패를 던지지 못하는 플레이어의 비중에 피쉬가 제일 많은 부분을 점유하고 있다(매니악은 폴드를 **전혀** 하지 않아서 분류의 의미가 없다). 다시 말하면 피쉬는 질 핸드로 콜하는 비율이 그 어떤 다른 성향보다 압도적이다.

히어로가 굉장히 좋은 패를 완성했다면 세게, 그리고 주저 없이 지속적으로 벨류벳하라. 특히 빌런의 액션 상자의 레인지가 해당 보드와 잘 버무려졌다면 과감히 맥시마이징에 들어가도 좋다. 가능한 모든 베팅스트릿을 전부 다 베팅으로 채워나가라. 빈칸을 남기지 마라. 대개 당신의 모든 핸드 벨류는 초보 테이블에서 조금 더 올라간다. 왜냐하면, 레인지에 대한 이해 자체가 없는 플레이어들은 대개 수준이 낮은 테이블에 많이 서식해 있기에, 여러분들이 원하지 않더라도 낮은 방에서의 핸즈들이 갖는 힘의 세기가 더 와이드한 레인지를 가진 플레이어들과의 경쟁으로 인하여 '상대적으로' 올라갈 것이다. 때문에 좀 더 쉽게 벨류벳이 가능해진다. 그러나 이러한 접근은 토너먼트에선 사뭇 예외이다. 그 예를 아래에서 다룰 것이다.

3145.
폴라라이징(Polarizing)

「3130장 핸드의 구분」에서 텍사스 홀덤의 시작패를 여러 종류로 나누어 구분했던 적이 있다. 핸드를 구분했던 것처럼 보드 또한 아래의 3200장에서 여러 보드를 하나로 묶어서 분류해 볼 것이다. 하지만 보드를 구분하기 전에, 우선 각 플레이어가 가지고 있는 레인지를 먼저 구분해 보도록 하자. 레인지 또한 그 종류에 따라 분류함이 가능하다. 당연히 이런 분류법은 일정하게 고정되어있지 않으며, 모르더라도 게임을 플레이하는 데엔 아무런 지장이 없다. 그러나 이 게임을 분석하고, 추후 복기를 도울 어떤 기록을 남길 때, 이는 필시 요긴하게 쓰일 것이다. 레인지는 크게 네 가지로 분류되지만, 중급편에서 자세히 소개할 레인지는 두 개뿐이다. 리니어(Linear: 선형적인) 레인지와 폴라라이징 레인지(Polarized: 양극화된)가 바로 그것이다.

한글 →	선형적	양극화	병합형	결집형
영문 →	Linear	Polarized	Merged	Condensed
높은 EV의 핸즈 →	100	100	100	0
	100	85	87.5	25
	80	75	75	50
	75	20	0	75
	50	0	25	100
중간 EV의 핸즈 →	20	0	42.5	75
	0	0	25	50
	0	0	0	25
	0	20	20	0
	0	75	55	0
낮은 EV의 핸즈 →	0	100	100	0

네 가지의 레인지 종류를 나열해 보았다. 이외에도 두 가지가 더 있어서 필자가 아는 것은 총 여섯 가지이지만, 그 두 가지는 고급편에서도 소개하지 않을 예정이다. 아마 불필요할 것이다. 아무튼 『홀덤의 정석』은 다음의 네 가지 종류의 레인지만을 다루며, 중급편에서는 리니어와 폴라라이징만을 공부한다. 표 안의 숫자는 큰 의미가 없다. 가장 높은 '위치(숫자가 아닌 지리적 위치)'에 표기된 부분에는 강력한 EV를 자랑하는 핸즈(AA, KK, AK 등)가 있다. 표기된 숫자는 단지 엑셀에서 색깔을 내기 위하여 임의로 필자가 아무렇게나 써넣은 숫자이니 크게 신경 쓰지 않아도 된다. 지금 강조하고픈 건 색깔이 불러올 시각적 효과이지, 표에 들어간 숫자가 아니다. 리니어 레인지(Linear Range, 또는 선형적 레인지)를 차트로 표현해 본다면 아마 다음처럼 묘사될 것이다.

이 레인지는 단순히 각 핸드가 가지고 있는 EV의 순서대로 상위 12.8%의 핸드를 잡아낸 레인지다. 굳이 12.8%일 필요는 당연히 없다. 이 12.8%는 임의대로 필자가 아무렇게나 선정한 수치다. 단순히 이런 포진(布陣)을 보이는 레인지를 '선형적(또는 리니어)'이라고 이해했다면 성공이다. 견고한 자세이며, 나약한 핸드는 전혀 넣지 않았다. 실전에서 사용해 볼 수도 있다. 강력한 핸드들로만 구성되어 있으며, 중간 세기의 핸드(예: A8s 또는 KJo) 등은 종종 폴드할 때도 있을지 모른다. 칼처럼 날카롭게 끊는 게 아니라 자연스럽고 부드러운, 경사진 모래언덕이라 생각하면 된다. 핵심은: 나약한 핸드는 확실히 언제나 플레이하지 않음에 있다. 이것만 알면 된다. 이게 리니어의 가장 큰 특징이다. 리니어는 팟을 훔쳐가는 행위보다 정당히 싸워서 쟁취하려는, 정통 카우보이의 포커에 가깝다. 비겁함이 없다. GTO는 모든 ORC(Open Raise Chart: 처음으로 팟에 공격적인 액션을 취하는 플레이어가 쓰는 차트) 상황에 해당하는 포지션에게, 모두 이런 선형적 형태를 띠는 포진을 차용한다. 특히 1번 이전의 포지션(EP/MP)에서는 이런 리니어 레인지로 플레이함이 추천된다. 그러나 포지션이 6~1이라고 리니어만 써야 한다는 의미가 되지는 않는다. 예외적인 상황도 있다. 토너먼트에서는 리니어보다 어쩔 수 없이 폴라라이징을 쓰는 경우가 종종 발견된다. 왜냐하면, 리니어는 단단하고 빈틈이 없지만, 타이트하기 때문에 실전에서 엣지를 실현시키기에 많은 시간이 투입되어야만 한다. 토너먼트는 길게 싸울 수만은 없다. 시간에 깊이 관련되어 있다. 핸드가 무한하지 않다. 블라인드가 차오르면 에쿼티가 낮더라도 이제 나가서 싸우지 않으면 안 되는 순간이 닥쳐온다. 리니어가 제공하는 안전하고 느린 EV보다 휘발성이 높은 모험을 감행하더라도 지금 당장 칩을 확보할 수 있는 공격적 차트가 더 절실할 수 있다. 토너먼트뿐만이 아니라, 캐시게임의 BvB(SB Vs. BB: 아래의 3170장에서 나온다)에서도 이 '공격성(어그레션)'을 위하여 선형적 레인지가 쓰일 수 없을 때가 있다. 리니어는 운영에 더 가까운 느낌이지, 공격이란 느낌을 갖는다고 보기에 어렵다. 느리고 유순한 선형적 레인지를 지금까지 알아보았으니, 이제 그 정반대인 빠르고 매콤한 폴라라이즈 레인지를 알아보자.

폴라라이징의 사전적 정의는 "양극(兩極)화"다. 액션할 수 있는 핸드 중 가장 강력하거나 가장 나약한 핸드들만 액션 상자 안에 넣는다. 중간 EV의 핸드들은 아예 빼거나 다른 상자 안에 넣는다. 위의 초록색 도표에도 가장 강력한 상위 에쿼티의 핸드와 가장 아래의 하위 에쿼티 핸드들에만 초록빛이 감돌며, 중간 EV에 해당되는 구간은 아예 황량함을 확인하라. 다음은 폴라라이징된 레인지(Polarized Ranged)의 예다.

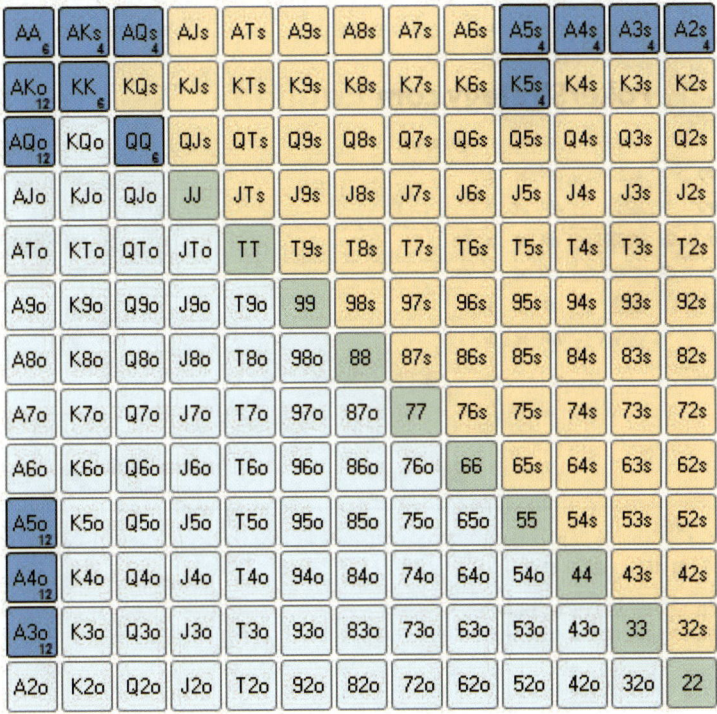

혹시 이런 차트를 보고, '왜 TT 또는 AJs 같은 +EV 핸드를 폴드하나요?'라고 물을 수 있다. 이 차트는 폴라라이징에 대한 이해를 돕기 위하여 실전에서는 쓸 일이 아예 없는 가상의 차트를 임의로 필자가 만들어 본 것이다. 왼쪽의 차트는 독자들에게 폴라라이징 레인지에 대한 이해를 도우려는 의도일 뿐, 정확하게 오직 이 레인지만이 폴라라이징의 유일한 정의임을 주장하는 것이 아니다. 다음의 작은 실험을 살펴보자.

다음은 CO(1번 자리)의 플레이어와 D(0번 자리)의 플레이어가 오직 하나의 핸드만 플레이한다고 인위적으로 가정했을 때의 결과다(당연히 아무도 이렇게 실전에선 플레이하지 않는다).

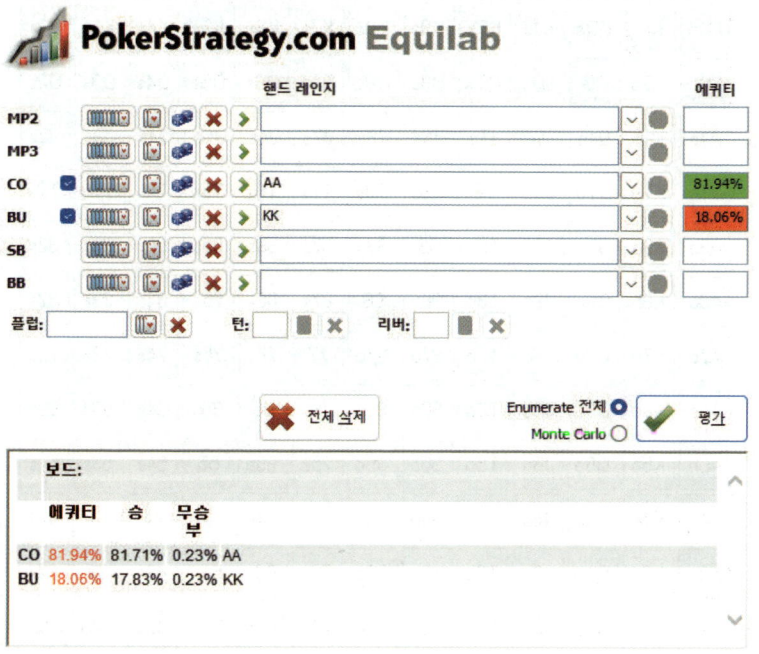

알기 쉽게 AA는 81.71%의 빈도로 KK로부터 승리를 거두게 된다. 자, 이 경우 A4s라는 상대적으로 약한 핸드를 AA라는 몬스터와 뒤섞어서 다시 계산해 보자.

PokerStrategy.com Equilab

핸드 레인지 / 에퀴티

		핸드 레인지	에퀴티
MP2			
MP3			
CO	✓	AA,A4s	62.35%
BU	✓	KK	37.65%
SB			
BB			

플랍: 턴: 리버:

❌ 전체 삭제   Enumerate 전체 ● Monte Carlo ○   ✔ 평가

보드:

에퀴티	승	무승부	
CO	62.35%	62.13%	0.23% AA, A4s
BU	37.65%	37.42%	0.23% KK

A4s를 AA와 섞더라도(같은 한 상자에 넣더라도), 여전히 그 '하나의 상자'는 KK만 든 상자를 이긴다. 더 높은 에퀴티를 지니고 있으니, '이긴다'는 표현에 어색함이 없다. 이 문제를 KK의 시선으로 살펴볼 필요가 있다. KK를 든 플레이어는, 상대방은(1번의 플레이어) 오직 AA 또는 A4s 만 나올 수 있다는 것을 알고 있다고 가정하자. 하지만 이 두 핸드는 정확하게 5:5의 빈도로는 출현하지 않을 것이다. 왜냐하면, 핸즈를 구성하는 재료가 다르기 때문에, 핸즈를 받을 수 있는 빈도 또한 다르기 때문이다. 대체 이게 무슨 소린가?

하나의 덱에는 52장의 카드가 있으며, 이 52장의 카드로 AA 를 구성하려는 모든 조합(콤비네이션 또는 콤보)엔 6개의 콤보가 있다. AsAh(스페이드+하트), AsAd(스페이드+다이아몬드),

AsAc(스페이드+클로버), AhAd(하트+다이아몬드), AhAc(하트+클로버), AdAc(다이아+클로버) 등으로만 AA는 구성된다. 같은 방식으로 A4s를 구성하는 콤보는 오직 네 콤보뿐이다(As4s스페이드수딧, Ah4h하트수딧, Ad4d다이아몬드수딧, Ac4c클로버수딧). 만일 0번의 플레이어가 언제나 100%의 확률로 AA 또는 A4s로만 프리플랍 올인을 한다고 할 시(다른 모든 핸드는 폴드한다. KK라도. 물론 실제로 이래서는 안 되겠지만), 이것은 60%의 확률로 AA(6콤보)를 만나게 되며, 40%의 확률로 A4s(4개의 콤보)를 만나게 된다. 왜냐하면, AA를 구성하는 콤보는 6개이며, A4s를 구성하는 콤보는 4콤보이기 때문이다. 당연히 이 둘 중 어느 것과 쇼다운에 가게 될지 KK를 든 플레이어는 알 수가 없다. 액션이 언제나 일정하기 때문이다(이 부분이 매우 중요하다). 그는 지금 폴라라이징된 레인지를 상대하고 있다.

만일 빌런(KK의 플레이어)가 이런 수학적인 에퀴티 62% vs 37%이라는 결과를 사전에 알 수만 있다면 그는 이런 승부는 피하기 위하여 폴드할 것이다. KK를 폴드한다(이미 걸려있는 팟오즈에 따라 결정이 달라질 수는 있겠지만: 극단화). 그러므로 폴라라이징된 레인지를 플레이하는 히어로의 이점은 40%의 확률로 A4s 같은 상대적으로 나약한 핸드가 최강패인 AA의 등 뒤에 숨어서 팟을 종종 훔쳐가게 된다는 사실이다. 벳 상자 안의 나약한 핸드 A4s가 상자 안의 또 다른 핸드 AA로부터 보호받고 있다. 실제로 에퀴랩 계산기에 의한 결과로, AA+A4s의 에퀴티는 여전히 KK보다 더 높은 에퀴티를 자랑한다. KK는 히어로의 레인지 중 본인보다 더 나약한 핸드

A4s도 섞여있음을 확실히 알고 있다(물론 실전에선 이마저도 알 수 없겠지만). 문제는 그 수치를 확실히 알더라도 여전히 히어로보다 에퀴티가 낮기 때문에 물러서는 판단을 내릴 수밖에 없다(아니면 적어도 지금은 폴드가 수학적으로는 합리적인 액션임을 인정할 수밖에 없다). 『홀덤의 정석: 초급편』의 「2001장 극단화를 통한 풀이」 단원을 읽어보신 독자분이라면 굳이 긴 설명이 필요하지 않을 것이다. 폴라라이징이란 '극단적으로 매우 강한 핸즈(또는 레인지)와 매우 연약한 핸즈(또는 레인지)만을 융합하여 구축한 레인지'란 뜻으로 이해해 볼 수 있다.

지금부터는, 절대 이래서는 안 되는 예를 가지고 와서 폴라라이징에 대한 서술을 시작해 보려 한다. 필자는 독자 여러분들이 진실로 다음과 같은 행위를 하지 않기를 바란다. 이것은 진심이다. 만일 독자 여러분 중 한 명, 홍길동이란 인물이 있다고 하자. 이 홍길동이란 사나이가 가진 모든 재산을 현금화하고, 여기저기 빌려서 끌어다 쓸 수 있는 모든 돈을 한곳에 집중한 후, 미국의 복권에 몰빵을 했다고 치자. 미국의 복권은 조 단위가 되는 경우도 있을 정도로 상금이 어마어마하게 크다. 당연히 이런 미친 짓은 지양해야 하겠다. 이런 극단적인 예시가 바로 폴라라이즈된 행위라 정의한다. 한마디로 말하면 '매우 잘되거나 매우 안되거나' 또는 '매우 강한 핸즈거나 매우 약한 핸즈거나' 하는 것을 폴라라이즈된 것이라 부른다. 중간이 없다. 막 나가는 것이다.

폴라라이징은 '레인지'가 아니라 '액션'에도 적용시킬 수 있다. 아마 다음과 비슷할 것이다. 가령 팟에 50 정도의 칩이 있다. 리버까지 왔는데도 겨우 팟은 50이다. 여전히 두 플레이어는 적어도 20,000 이상의 스택을 아직 베팅하지 않고 뒷줄에서 출격 대기 중이다[이것을 '스택(Stack)'이라고 부른다]. 바로 이때, 리버에서 난데없이 올인이 나왔다. 50을 얻기 위하여 20,000을 벳한 것이다. 이 경우, 현재 빌런의 핸드는 '넛츠거나 아니거나'로만 해석함이 타당하다. 폴라라이징 벳이다. 폴라라이징은 레인지뿐만이 아닌, 액션에서도 쓰일 수 있다. 어중간한 에퀴티로 일정량의 벨류를 청구해 올 수 있는 투페어나 넛츠가 아닌 셋 같은 핸드로는 짊어지는 리스크가 불필요할 정도로 지대하다(빌런이 포커를 전혀 모르는 덩키인 경우는 예외토록 하자: 극단화). 상식적으로 현재 빌런은 자신이 승리함을 확신하거나 또는 상대방을 확실하게 폴드하게 유도하여 팟을 가져가려는 행위, 둘 중에 하나다.

또는 이런 것도 가능하다. 캐시게임에서 모든 플레이어가 폴드하고 SB와 BB만 덩그러니 남았다. SB는 먼저 BB의 1bb를 뺏기 위해 3bb로 레이즈한다. BB는 자신의 핸드가 나쁜 것을 확인하고 폴드한다. 이런 식의 진행이 여러 번 반복되었다. BB는 이제 현기증이 난다. SB의 2BT(2bet)에 저항하고 싶어도, 나쁜 EV의 핸드로 플레이하지 말라는 충고를 기억하기에 어찌해야 할지 모르겠다. 바로 이때 단순히 C2B하기보다는 에퀴티가 나쁜 핸드로도 SB에게 3BT을 먹여줄 수 있는 액션이 폴라라이징이다. 상대는 우리가 자주 폴드함을 느꼈고, 그래서 자주 스틸을 걸어오고 있다(확신할 필요는 없다. 빈도가 비정상적으로 높다면 누구나 느낄 수 있다. 초

능력은 필요 없다). 이때 EV가 연약한 핸드(그렇지만 고품질의 드로잉을 가진 핸드, 예를 들어 T6s)로 과감하게 3BT을 꽂아버려라. SB의 반복된 공격을 응징할 필요가 있다. 이렇게 EV가 낮은 핸드를 마치 EV가 강한 핸드처럼 크게 반격해 나갈 때 폴라라이징 레인지가 쓰일 수 있다. 주의해야 할 점은 EV가 강한 핸드가 들어왔을 때도, 여전히 지금처럼 강하고 일정하게 액션해야만 폴라라이징이 성립한다('상자 안의 상자 게임' 개념을 기억할 것. 일정함은 매우 중요하다). 만일 일정하지 않으면 그것은 폴라라이징이라 보기에 어렵다(그런 레인지는 고급편에서 다룰 '결집형' 레인지에 더 가깝다: 조금 극단화).

폴라라이징의 적절한 실전 적용은 상대가 자주 폴드한다면 그 특정 빌런에게 폴라라이징 레인지를 사용하여 종종 팟을 훔쳐오는 데 사용함이 적절하다[훌륭한 약점 포착(Explotive)이다]. 왜냐하면, 상대는 쉽게 수비를 포기하고 폴드하는 성향이기 때문이다. 우리의 나약한 핸드가 종종 팟을 갈취(喝取)해 올 것이다. 이것은 장기적으로 우리에게 있어서 +EV가 된다. 팟을 '갈취'함이 가능하다. 훔치는 것이다. 폴라라이징은 도둑질이다. 도적 계열이 즐긴다.

특히 온라인의 환경에서 이런 플레이가 쉽다. 예전에는 모든 플레이어의 인 게임 스탯(해당 플레이어의 액션 통계 수치)을 기록하고 인 게임 도중 화면에 보여주는 컴퓨터 프로그램들이 많았다. 거의 스무 개가 넘는 수학적 통계들이 모든 플레이어의 아바타 위에 보이게끔 프로그램화 준비하여, 플레이어들만의 장단점이 완전히 노출되는 시절이었다. 이 통계 중, F4B(Fold to 4BT: 4bet을 맞았을 때 폴드하는 빈도)이 높은 플레이어들에게 폴라라이징된 4BT 레인지를 이용한다면 좋은 엣지를 긁어옴이 가능했다(이것을 카드게임이라 부르고 싶지 않지만). 반대로 우리의 벳에 쉽게 폴드하지 않는 강인한 빌런들에겐 폴라라이즈 레인지보다는 선형적 레인지를 쓰곤 했다. 왜냐하면, 해당 빌런은 쉽게 폴드하지 않으므로, 불필요하게 약패를 섞어서 콜당하기보다는 우리가 강패일 때만 해당 플레이어와 경합함이 당연하다. 쉽게 말하면 폴라라이즈 레인지는 '도적(갈취)의 레인지'라고 볼 수 있고, 선형적 레인지는 '전사(쟁취: 爭取)의 레인지'로 요약할 수 있다. 그러나 공격자는 강한 핸드와 나약한 패 둘 다 뒤섞어서 공격이 가능하지만, 수비자는 강한 핸드로만 수비할 수 있다. 강한 핸드로는 벳과 콜 둘 다 가능하지만, 나약한 핸드로는 벳은 가능해도 콜할 수는 없기에(예외도 있지만…. 3610장 플로팅에서 곧 나온다).

3146.
갭 콘셉트(Gap Concept)

텍사스 홀덤을 전문적으로 배우지 않았더라도, 본능적으로 대부분의 플레이어는 다음과 같은 사실들을 이미 인지하고 있는 경우가 많다.

- 베팅의 양은 너무 커선 안 된다. 베팅이 너무 크면 더 약한 핸드를 지닌 상대를 도망치게 하거나 또는 더 강력한 핸드를 만든 상대(절대로 폴드하지 않을 핸드, 대부분 내 핸드보다 강력한 핸드로)만 콜링해 올 것이기 때문이다. 이렇게 되면 내가 질 때는 빅 팟을 두고서 경합을 펼치게 되며, 반대로 내가 이기고 있는 경우엔 나보다 약한 핸드는 빅 팟을 조성해 주지 않고 폴드할 것이다.
- 반대로 너무 작아도 안 된다. 이것은 상대에게 좋은 팟오즈 가격으로 콜하여, 합리적인 가격에 에퀴티를 실현하게 허용한 셈이 된다. 림핑이 −EV가 되는 것과 비슷한 맥락이다.

이 두 가지는 우리에게 하나의 결론을 말해 준다: 베팅은 너무 커도 안 되고, 너무 작아도 안 된다. 어이가 없을 정도로 너무나 당연한 이 문장은, 베팅의 빈도(얼마나 자주 벳하는지)와는 아무런 관련이 없다. 철저히 벳에 대한 양을 가리킨다. 초급편에서 스타팅 핸드 레인지에 대한 설명을 할 때 David Sklansky라는 유명한 포커의 명서 『No Limit Hold'em Theory and Practice』를 언급한 바가 있다. David는 그 책에서 여러 훌륭한 이론을 펼쳤는데, 유명한 이론 중 '갭 콘셉트(Gap Concept)'라는 게 있다. 갭 콘셉트는 미디움 핸드(또는 마지널 핸드)와 강력한 핸드(벨류 핸드)의 액션의 차이를 나타내는 개념이다. 조금 더 풀어서 설명하면 '<u>빌런의 레이즈에 콜할 수 있는 핸드</u>'는 '<u>빌런에게 레이즈로 먼저 벳을 날려줄 핸드</u>'보다 <u>더 강한 핸드여야 한다</u>는 것이다. 이 문장의 어순은 매우 중요하다. 콜할 수 있는 핸드가, 벳할 수 있는 핸드보다 더욱더 강해야만 한다고 쉽게 정리함이 가능하다.

예를 들어 모든 플레이어가 폴드했고, 히어로는 지금 버튼(0번 포지션)에서 ATo을 들고 있다면 오픈 레이즈하기에 딱 좋은 상황이라 할 수 있다. 왜냐하면, 본인을 제외하고 남은 플레이어(블라인드 자리에 앉은 두 명의 아무 핸드) 핸드보다, 우리의 핸드(ATo)가 더 강할 확률이 높기 때문이다(실제로 ATo은 169 시작 핸드 중 26등의 랭크를 가진 핸드다. 『홀덤의 정석: 초급편』 2510장 프리플랍 차트 참조). 그러나 EP(얼리포지션)에서 이미 다른 누군가가 먼저 오픈레이즈(2BT)했고, 그 이후에 또 다른 누군가가 그에 대하여 추가로 레이즈(3BT)해 왔다면 이젠 아무리 똑같은 포지션(0)에서라도 이제 ATo은 더 이상 좋은 핸드라 보기에 어렵다. 아마 대부분의 경우 폴드하는 것이 옳을 것이다. 만일 고집을 부리고 콜(C3B: Call to 3bet)만 하게 된다면 우리는 플랍에서 주도권이 없으며('콜'을 선언함으로 어그레션이 날아갔다), 레인지마저 캡되므로 불리한 싸움을 리버까지 이어나가야 한다. 포지션은 좋지만, ATo이란 핸드는 EP에서 오픈한 상대의 레인지로부터 매우 자주 도미네이트(『홀덤의 정석: 초급편』참조) 당하는 핸드란 사실도 기억해야 한다. 보드에 힛되었다고 해서 여전히 승리가 보장되지 않으므로 벨류를 받기에 어려운 핸드이다(포지션이 있는 지금 같은 경우에도 불구하고). 게다가 상대방이 Ax 중 강력한 킥커(T+)를 가지고 있을 때 플랍에 A가 나오면 매우 큰 출혈을 피하기 어려울 것이다(게다가 상대방의 레인지 EP엔 이런 강력한 킥커의 AX가 즐비하다). -EV인 상황이다. 우리가 크게 이길 수 있는 방법은 우리가 투페어가 꽂히며 상대방은 A 페어도 꽂히거나, 상대방에게 투페어가 꽂히면서 우리는 스트레이트를 작렬시키는 상황인데, 이런 상상은 어차피 모든 핸즈가 원하는 그림이다.

3147.
스퀴징(Squeezing)

포커에서 가장 뼈아픈 순간 중 하나는 본인이 노리고 있는 핸드를 겨우 메이드했음에도 어쩔 수 없이 폴드할 수밖에 없는 순간이다. 이 순간, 프리플랍에서 적당량을 성공적으로 스퀴징했는지 스스로에게 물어보아야 한다(물론 언제나 그런 건 아니지만: 극단화). 스퀴징(Squeezing: 즙이나 물기를 손으로 꽉 쥐어짜내다)이란 다수의 참가자가 플랍을 확보하는 것을 방지하기 위해 적당량으로 한 명의 콜러만 남기려 평소보다 조금 더 많은 양으로 프리플랍에서 레이즈(또는 벳)하는 행위를 일컫는 말이다. 비슷한 말로 아이솔레이션(Isolation)을 들 수 있는데, 아이솔레이션은 그 의미가 조금은 다르다. 아이솔레이션은 토너먼트에서 주로 쓰인다. 특정하게 원하는 상대와 1:1 헤즈업으로 만들고 싶을 때, 다른 모든 플레이어를 밀어내는 작업을 아이솔레이션이라 부른다. 스퀴징은 특정 타깃을 노리지 않는다. 누가 됐든 좋으니, 한 명과만 싸우려 테이블 전체를 벳으로 쥐어짜는 행위를 뜻한다. 특정한 빌런을 타겟으로 삼지 않는 액션이다. 아이솔레이션은 노리고 있는 한 명과만 헤즈업을 만들려는 개념이다. 물론 혼용하여도 큰 차이는 없겠지만, 『홀덤의 정석』에선 최선을 다하여 그 정석적인 정의에 치중하여 집필하려 했음을 밝힌다.

노리밋홀덤에서 가장 자주 수익을 가져다주는 핸드의 종류는 바로 TPAK[Top Pair Ace Kicker: 원래 탑페어 탑킥커로도 널리 쓰이지만, 필자의 수기 기록엔 TPAK로 되어있는 경우가 많았다. 종종 TPTK를 T(10) 킥커로 쓴 기록이 있어서, 이것과 혼동을 방지하려 했었던 흔적이다. Ace Kicker를 중급편 이후부터는 필자의 기록 그대로 TPAK를 차용한다. 세계적으로 널리 쓰이는 표기법은 TPTK가 맞지만]와 OP(오버페어)이다. 이 두 핸드를 만들려면 자연스레 AK(수딧이 표기되어 있지 않으면 AKs과 AKo 둘 다 가르킴)과 QQ+가 어울린다. 프리미엄 핸즈들이다. 이 핸드들의 가장 큰 특징은 팟에 참여하고 있는 인원의 숫자가 두 명보다 많아지면 그 가치를 매우 빠르고 확연히 잃어버린다(물론 참여하고 있는 인원의 성향에 따라 다르겠지만). 따라서 이런 프리미엄 핸즈들이 갖는 이점을 제대로 누리려면 프리플랍에서 가능한 한 명의 콜러만 남겨야 한다. 그게 베스트다. 그러므로 포스트플랍에서 여러 명과 경합하지 않기 위해 프리플랍에서 스퀴징으로 한 명의 콜러만 남기고 다 떨어뜨리려 노력해야 한다. 누가 됐든 좋다. 한 명만 남으면 스퀴징은 성공이다. 만일 AA를 들고서도 4명~6명이 팟에 들어와 플랍을 확보한다면 당신은 스퀴징에 실패한 것이다.

스퀴징의 가장 중요한 목표는 테이블 위의 라이브 핸드를 가진 빌런을 단 한 명으로 압축시키는 것이다. 전부 다 폴드하면 실패이고, 둘 이상이 있어도 실패이고(시도는 좋았지만), 단 한 명으로 압축시키는 것만이 가장 이상적인 성공이다(그 와중에 팟 사이즈마저 크게 만들었다면 그것은 더더욱 좋다. 하지만 이것은 스퀴징의 목표와는 조금 거리가 있다). 그것으로 TPAK와 OP가 빛을 발한다. 플랍이 어떻게 열렸는지, 그리고 플랍 이후에 자신의 어떤 잘못된 '나뭇가지'가 나와서 팟을 가져가는 데 실패했는지는 별개의 사안이다. 플랍을 함께 본 플레이어가 본인을 포함해서 두 명이었다면 스퀴징은 성공한 것이다. 스스로의 스퀴징에 성공했음을 자평해도 좋다. 팟을 플랍부터 크게 조성했는지와는 큰 관련이 없다(물론 AA를 들고 팟을 크게 조성하면 좋겠지만, 그것과 스퀴징은 별개의 사안이다).

테이블을 유심히 관찰해야 하는 이유 중 하나는, 똑같은 $5/$10 테이블이라고 해도 참여하고 있는 플레이어의 성향에 따라서 5bb로만 오픈해도 충분히 스퀴징이 되는 경우가 있을 수 있고, 반대로 13bb도 부족할 정도로 난타전이 일어나는 테이블이 될 수도 있다. 빅 블라인드의 크기(게임의 크기)와 그 테이블의 공격력과는 아무런 관련이 없다. 테이블의 공격성은 그 테이블에 앉아있는 플레이어들의 성향(심지어 플레이어들의 인종이나 문화권, 예를 들어 중국인들이 많은지, 미국인들이 많은지 등)이 결정한다. 얼마나 큰돈으로 플레이하는지는 아무런 상관이 없다.

혹자는 물어본다: "내가 플레이하는 곳에서는 그 얼마를 프리플랍에서 레이스하더라도 쉽게 눕히지 않던데요?"

그럼 '포기하는 양'이 얼마인지 아직 찾지 못한 것이다. 그 양은 반드시 존재하며, 사람마다 그리고 테이블마다 다르다. 그 양을 느껴야 하며, 테이블의 평균치를 구하고 조금 높게(포지션에 따라 다르지만) 스퀴징하면 필시 한 명이나 두 명만이 남는 성공적인 플랍을 이뤄낼 수 있다. 새 테이블에 앉거나 아니면 새로운 플레이어가 도착했을 때도 해당 상황을 재점검해야 할 것이다. 스퀴징에 실패하여 에이시스(AA)가 지더라도 절망하지 마라. 스퀴징은 실패할 때도 있다. 특히 피쉬들이 너무 많다고 느껴지면 그냥 바로 올인하여도 상관없다(낮은 방 수준에서만: 극단화). 뒤에서 초대형 피쉬(Whale: 고래)나 매니악이 콜할 거라는 강력한 예상이 든다면 과감하게 그렇게 해도 좋다. 의미 있는 시도라 평가한다.

스퀴징은 굳이 2bet 오픈 레이스를 결행하는 것에만 해당하지 않는다. 예를 들어 4번에서 누군가가 오픈하였고, 이에 대해 1번과 0번이 각각 C2B하여 들어온 상황에, 히어로가 빅블라인드에서 AA를 받았다고 하자. 이때 강력한 3bet(3BT)으로 4, 1, 0 중에서 단 한 명만 살아남을 만한 합리적인 양으로 몰아붙이는 것 또한 스퀴징의 적절한 예다. 이 스퀴징을 잘하려면 스탠더드(평범한) 3bet 양이, 해당 테이블에서 평소에 어떤 양이었는지를 기억해 둘 필요가 있다. 이 양은 이미 현대의 대부분의 GTO의 계산에 의해 어느 정도 정립되어 있지만, 필자는 이 양을 그대로 따르는 것엔 조금 반대한다(특히 오프라인에선). 아마 익스플로잇이 GTO보다 조금 더 많은 엣지를 긁어오는 스팟 중, 이 스퀴징이 가장 많은 부분을 차지할 거라고 필자는 종종 생각한다. 사람마다 '금액'을 바라보는 의미가 다 제각각이어서 그럴 것이다. 컴퓨터는 인간이 '금액'을 바라보는 관념을 계산에 넣지는 못한다. 3Bet 스퀴징 레인지도 GTO로 확립되어 있지만, 해당 상황의 전체적인 약점을 포착하여(Exploit) 테일러링을 가미하는 운영 방식을 필자는 개인적으로 더 추천한다.

적절한 3bet의 양은 다음의 두 문장으로 축약되지만, 상황에 따라 유연하게 대처할 수 있어야 한다(특히 오프라인 환경에서는). 만약 3BT의 빈도가 20%보다 높은 빌런을 만난다면 멧돼지일 가능성이 높다(온라인에서 쓰기 좋은 통계다).

- 후수가 보장되어 있다면 빌런이 2BT해 온 양에 3을 곱하라.

  예: 빌런이 $2/$5 기준, 빌런이 $15로 오픈했다면 $45로 3BT할 것.
- 히어로의 포지션이 블라인드를 포스팅한 상황이라면 5.25를 곱하라.

  예: 빌런이 $2/$5 기준, 빌런이 $15로 오픈 시 $75~$80로 3BT할 것.

3148.
포벳 블러프(4BF: 4-bet Bluff)

　다음은 필자의 사견이다. '4bet bluff: 4BF'란 액션은 텍사스 홀덤에서 이루어지는 전체 액션 중, 손에 꼽을 정도로 어려운 기술 중하나라고 사료된다. 시도하긴 쉽지만 성공시키기가 어렵고, 이 액션을 쓸 수 있는 조건 자체가 매우 협소하다. 캐시게임보다는 높은 레벨의 토너먼트인 제5 구간(아래 3562장에서 설명할 것이다.)에서만 이 포벳블러프가 의미를 찾을 수 있는 타이밍이라고 필자는생각한다. 또는 캐시게임에서 정말 빅게임을 즐기는 플레이어나 사고의 레벨(Level of Thinking, 『홀덤의 정석: 초급편』 2231장 텔참조)이 굉장히 높은 프로 카드 플레이어의 테이블에서나 관측되는액션이라고 생각한다.

　구체적으로 예를 들자면 '제법 루즈한 상대방이 3BT해 온 경우'에 '그 상대방이 나를 바라보고 있는 이미지를 떠올려보고' 이에 합당하다면 4BT으로 블러프를 걸어봄이 주효할 것이다. AQo이 정말'블러프'로 분류되느냐는 완전히 다른 문제다. 블러프를 상대방의에쿼티를 차단하는 모든 행위로 풀이한다면 일방적으로 잘못된 풀이만은 아니라고 평가한다. MSC는 포벳블러프와는 잘 어울리지 않는다. 포벳블러프는 상대가 이에 대응에 콜해 올 수 있는 확률이 제일 높은 카드(A 또는 K) 중 적어도 한 장이 우리 손에 있어야 상대에게 또 다른 그 카드가 있을 확률이 내려가는 블락커로 활용되는 의미가 있을진대, 미디움 수딧커넥터(87s, 76s, 65s, 기타 등등)은 그 A와 K 둘 중 아무것도 블락하지 않고 있기에 MSC로는 4BF를 시도하기에 여전히 위험하다고 평가한다.

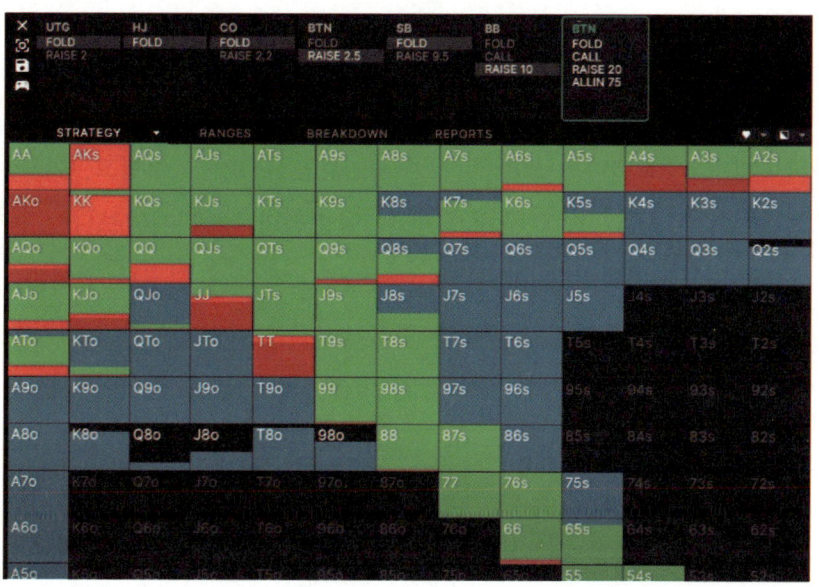

사실 AA는 4bet에 적절하지 않다(인공지능에 의하면). 상자 이야기를 기억하는가? 4BT 상자에는 KK만 넣어도 충분하다(물론 상대에 따라서, 1/3의 빈도로 AA는 4BT하기도 한다: 위 차트 참조). 위자드는 AA를 주로 C3B(빌런의 3BT을 콜로 끊는 액션) 상자에 넣는다. 이렇게 되면 히어로의 4BT은 조금은 연약하게 비춰질 수 있지만, KK와 모든 AK을 3BT 상자에 넣었으니 어느 정도 균형이 무너지진 않았다고 볼 수 있다. 특히 JJ와 TT 또한 4BT으로 쓴다고 위자드는 주장한다. 다행인 사실은 AA가 C3B 상자에 들어감으로 인하여 차트의 모든 초록 부분에 해당되는 대다수의 핸드가 조금은 더 어깨를 펼 수 있다.

KQs은 4BF하는 데 알맞은 핸드가 아니다. 왜냐하면, KQs은 상대방의 3bet에 가볍게 콜로 응수하고, 평범하게 포스트플랍 운영으로 넘겨줘도 훌륭히 잘 돌아가는 핸드인데, 구태여 그 어렵다는 포벳 블러프로 전환하면 이젠 상대방의 3bet에 콜로 저항하는 우리의 C3B(Call to 3BT) 레인지의 무게가 그만큼 감소된다. 멀쩡히 잘 돌아가는 부품을 제거하여 화려한 플레이를 선보이려 노력하진 말자. 가장 포벳 블러프가 추천되는 핸드는 A4s, TT다. 물론 이런 핸드를 받았다고 해서 언제나 4BF해야 한다고 생각해선 안 된다.

포벳 블러프는 축구로 따지면 '오버헤드킥' 정도의 느낌을 갖는다. 그러니까 이런 것이 있긴 있는데, '굳이 그렇게까지…?' 하는 느낌이며, 히어로가 정말 벼랑 끝까지 몰렸을 때 악다구니로 계속해 3BT을 날려대는 멧돼지에게 강력하게 한 방 크게 먹여주는 용도로 쓰이는 다이나믹 액션이다. 게다가 그런 파괴적인 액션을 저지르는 플레이어가 나약한 핸드로도 절대 폴드하지 않는다면 그게 바로 싸이코다. 당연히 빌런의 포지션과 성향에 따라 결행하도록 하자.

블러프는 캐시게임에 비해 토너먼트에서 자주 발생한다(굳이 4BF가 아니더라도). 캐시게임에서는 양 플레이어 둘 다 뭔가 어중간한 핸드를 만들었다면 서로 리버에서 '만족 첵'을 선언하고 얌전하게 나란히 쇼다운으로 가는 선택지가 열려있지만, 토너먼트가 그 선택지가 좁다(캐시게임에 비해). 서로 칩이 너무도 간절한 상황에선 대부분 누군가가 먼저 방아쇠를 당긴다(선수가 첵하면 후수는 보통 방아쇠를 당기는 형국). 그 방아쇠의 무게가 캐시게임에 비해 더 가볍다고 이해하면 된다. 칩이 한정적이기 때문이다. 만일 토너먼트에서 상대에게 블러프를 시도할 때(심지어 프리플랍에서라면) 가장 고려해야 할 사항들은 우리의 스택이 상대의 스택을 커버하고 있어야 한다는 점이다. 4BF는 상대에게 탈락의 공포를 심지 못하면 성공하기가 어렵다. 둘째는 합리적인 블락커가 있어야 한다(Ax, Kx). 블락커가 있고 없고의 차이가 꽤 크다.

래빗 헌팅(Rabbit Hunting)

플랍에서 빌런이 벳하였고, 히어로는 폴드했다. 종종 그런 생각이 든다. '턴에 어떤 카드가 떨어졌을까?' 단순 호기심이다. 이미 패배는 받아들였고, 지금은 순수하게 턴과 리버가 무엇이었을지 궁금하다. 이때 딜러에게 팁을 주며 작은 소리로 턴을 보여달라 요청하면 어느 다른 누군가가 기를 쓰고 반대하지 않는 이상, 딜러는 '실수인 척 연기'하며 턴에 나올 카드를 손에서 흘리며 보여줄 때가 있다. 실수인 척 한 카드를 번하고, 바로 다음 카드를 오픈하여 모든 이가(적어도 공정해야 하므로) 볼 수 있도록 열어준 후 민망한 척 빨리 뒤섞는다. 사람들은 궁금함을 해소하여 청량감을 느낄 수 있고, 딜러는 팁을 얻어서 서로 윈윈(win/win)인 셈이다. 이 과정 속에서 손해를 본 측은 카지노뿐이다(테이블의 운영 속도가 지체되었기 때문). 그러나 대부분의 경험이 풍부한 카지노 측의 플로어도 이런 작은 이벤트는 미소로 눈감아 준다. 그렇게 서로가 서로를 배려한다. 카지노는 악착같이 돈을 긁어올 궁리만 하지는 않는다(적어도 라스베이거스는 그렇다). 그들은 이미 충분한 매출을 올리고 있으며, 사람들 간의 감정이나 행복이 때에 따라 재화보다 더 나은 어떠한 가치를 갖고 있다고 믿는 사람들이 있다고 필자는 종종 느낀다(언제나 그런 건 분명히 아니지만, 필자도 종종 그런 느낌을 받을 때도 있고). 만일『홀덤의 정석』을 읽고 계신 플로어가 있다면 조금은 더 여유로운 게임 환경을 제공해 주셨으면 하는 작은 바람이 있다. 손님들이 즐겁게 게임하는 것은 사실 꽤 큰 어떤 무형의 가치를 지니고 있다고 생각한다. 아무튼 이렇게 나왔을 다음 운명의 카드를 모든 이에게 공개해 주는 것을 래빗 헌팅이라 부른다.

물론 예외도 있다. 래빗 헌팅은 토너먼트에서는 언제나 허용되지 않는다. 예외가 없다. 종종 토너먼트에서도 래빗 헌팅을 해주는 딜러가 있는데, 이것은 분명히 규정상 허용되어 있지 않다(왜냐하면, 토너먼트에는 시간이 적용되기 때문). 다행히 토너먼트는 게임 도중 별도의 팁을 줄 순 없으므로 이러한 사고를 걱정할 필요는 없다(자주 안 일어나기 때문).

필자가 이 래빗 헌팅에 대하여 초급편이 아닌 중급편에 엮은 이유는 다음과 같다: 래빗 헌팅 중 갑자기 분위기가 싸해지며 어색해지는 상황이 있다. 가령 스페이드가 넉 장이 깔리고 히어로가 Ks를 가지고 있는 상황이다. 빌런의 큰 오버벳에 고민하며 망설이다가 폴드하였다. 마침 캐시게임이길래 래빗 헌팅을 요구하였고, 딜러가 망설이다가 이윽고 턴카드를 보여줬는데, 이게 웬걸? 턴에 As가 떨어진다. 이제 상대방에겐 As가 없었다는 것이 확실해졌다. 물론 이와 같은 경우는 적어도 '나에게 Ks가 있었다'는 정보가 '모두에게' 공개된 것은 아니므로 그 당혹감을 혼자서만 조용히 묻고 있으면 아무도 눈치채지 못한다. 문제는 모든 상황이 그렇지만은 않다는 것이다. 다음의 예를 보자.

플랍에서 2-2-2가 열렸다. 이번엔 플랍에서 갑자기 오픈/투벳/3BT/4BT/올인까지 난타전이 일어난 상황이다. 이 상황 속, 히어로가 한참 고민하다가 폴드를 하면서 AA를 보여주었다. 상대방에게 듀스('2' 카드)가 있음을 인정해 주었다는 의미다. 상대방은 자신의 카드를 먹킹하며 '말로' 자신이 실제로 듀스가 있었다고 시인하였다. 바로 이때 래빗 헌팅을 요청하였고, 빌런이 거절하기 직전에 이미 딜러가 턴을 보였는데 하필 그 카드가 덱에 남아있던 마지막 '2'임을 모든 이가 확인한 경우다. 테이블에 있던 모든 플레이어는 빌런이 거짓말 했다는 것을 알게 되었고, 모든 이가 알게 되었음을(심지어 딜러마저) 확인하였고, 히어로의 AA가 배드 폴드였다는 것마저 모든 이가 알게 되었다. 게임의 정규 규칙과는 큰 관련이 없는 래빗 헌팅 한 방으로 수많은 정보가 노출되어 저마다 머릿속으로 주판알을 굴리기 시작한다.

또는 이런 것도 가능하다. 플랍에서 A-A-5인 상황이다. 마찬가지로 빌런의 벳에 히어로는 폴드하였다. 양 플레이어 둘 다 핸드는 이미 먹킹하였지만, 누군가가 래빗 헌팅을 요구하였다. 보통 래빗 헌팅은 핸드를 가지고 있던 플레이어만 요구하는 게 대부분이지만, 마음씨 착한 딜러는 팁이 없더라도 턴과 리버를 둘 다 오픈해 주었다. 그런데 턴과 리버 둘 다 연속해서 Ace와 Ace였다. 턴과 리버 둘 다 에이스가 보드에 나옴으로 인해서, 이제 테이블의 모든 플레이어는 빌런의 성격이 '보드에 무언가와 맞지 않았더라도' 여전히 벳하는 공격적인 성격임을 확인할 수 있어졌다. 물론 이 경우, 게임 플레이에 집중하고 있었던 플레이어만이 얻을 수 있는 귀중한 정보일 것이다.

종종 온라인 포커게임에서는 이 래빗 헌팅을 무료로 이용할 수 있다. 이 래빗 헌팅으로 보여주는 다음 카드가 실제의 다음 카드였을지,

아니면 단순히 재미로 아무 카드나 보여주는 건지 확인할 방법은 없지만, 실제 라이브 카지노에서 이러한 기회가 허용된다면 타이밍을 맞추어서 딜러에게 지그시 물어보면 딜러는 허용해 줄지도 모른다. 딜러가 망설이면서 래빗 헌팅에 협조해 준다면 그에게 팁으로 감사를 표하도록 하자. 팁은 테이블에서 통용되는 최소 가치의 칩 하나면 충분하다. 종종 무리하게 팁을 먼저 주면서 요구하는 플레이어도 있는데, 이 경우 팁만 받고 래빗 헌팅은 거절당할 수도 있으니 순서를 명확히 하면 큰 문제가 없다. 딜러에게 부탁하고 딜러가 받아주면 서비스를 이용하고 지불하여 마무리하는 순서다. 물론 소극적인 딜러는 이를 거절할 수도 있지만, 평소에 무례한 언행이 없었다면 크게 거절당할 일은 없을 것이다. 우리 모두는 다른 사람을 알아갈 시간이 조금 필요한 것뿐이다. 딜러들도 손님으로 래빗 헌팅을 요구받으면 플로어의 눈치를 쓱한 번 보고, 자연스레 이를 행하면 큰 문제가 없다. 주의해야 할 것은, 플로어로부터 지적받았다면 반드시 플로어의 지시 사항에 협조해야 하며, 테이블 중 단 한 명이라도 이에 대해 반대 입장을 표명하면 캐시 게임이라 할지라도 래빗 헌팅이 이루어져선 안 된다는 것을 명심하자.

다음은 필자 개인의 '검증되지 않은 위험한 팁'이다. 실전에 적용하기 전, 스스로의 행동에 명확히 책임질 각오를 하길 바란다. 한 테이블에서 쇼다운을 스무 번 정도 확인하면 대충 테이블의 분위기와 플레이어들의 성향을 어느 정도 알 수 있다. 피쉬는 누구고, 샤크는 누구인지 감지하는 것이 가능해진다. 게 중에 종종 와이드한 레인지(드넓은 레인지, 루즈, Loose와 같은 말)의 빌런들을 우리는 종종 만난다. 만일 이런 빌런들 최소 서너 명이 히어로 앞에 다수 앉아있을 때, 히어로가 앉아있는 1번 자리 차례가 올 때까지 그 와이드한 빌런 중 아무도 프리플랍에 레이즈하지 않았다면 거의 이번 플랍에는 Ace가 나온다고 필자는 예상한다. 왜냐하면, 매우 와이드한 플레이어들은 자신에게 Ace가 한 장이라도 들어왔다면 오픈 레이스로 참전하는 경우가 많은데, 이번엔 6번부터 2번까지 다섯 명 중 그 누구도 참전하지 않았다는 사실은 다섯 명이 딜러로부터 받은 열 장의 카드 중, 단 한 장도 에이스가 없었다는 예상을 뒷받침한다. 이 여리고 여린 이론이 맞다고 가정할 경우, 이렇게 되면 52장 중 42장에서 에이스가 전부 다 살아있다는 것으로 연결되며, 이것은

$$1 - \frac{38 * 37 * 36}{42 * 41 * 40} = 26.5\%$$

거의 26.5%의 확률로, 플랍에 A가 나온다는 사실과도 결합된다. 평소 정상적인 전체 덱 52장 중, 플랍에서 적어도 한 장의 에이스가 플랍에 나올 확률은 21.7% 정도인 반면, 지금은 무려 5% 가깝게 그 확률이 올라간 사실을 확인하라. 실제로 10명 중, 아무도 A를 처음에 받지 못했는지는 여전히 완벽하게 보장되진 않지만, 이 가정이 사실이라면 평소에 비하여 다소 높은 확률로 플랍에 A가 등장한다는 수학적 진리와 교묘히 결합된다.

이제 이런 질문을 해올 수 있다.
현재 GTO 프로그램들은 이런 효과들도 감안하여 결과를 보여주는가?
그들은 그렇다고 주장한다.

3150.
슬로우 플레이(Slow Play)

슬로우 플레이란 이미 강패(또는 승리를 확신할만한 메이드 핸드)를 만든 후 벳을 삼가고 첵을 내려서 상대방이 베팅하도록 유도하는 액션이다. SnG(싯앤고, 『홀덤의 정석: 입문편』 1846장 참조)에서는 거의 대부분 슬로우 플레이를 해서는 안 된다. 스트럭쳐를 보더라도 대부분의 온라인 싯앤고는 아무리 많은 핸드를 하더라도 300 핸드를 넘기지 못한다. 헤즈업까지 끝나고 상금의 배분되는 시간까지 아무리 길어봐야 30분이다(온라인 기준). 이것은 짧은 시간 안에 승부를 내야 한다는 의미가 되는데, '100보 전진을 위한 10보 후퇴'보다는 그냥 '지금 확실한 5보 전진'이 더 큰 $EV를 가지고 온다. SnG 특유의 스트럭쳐를 감안한다면 슬로우 플레이를 할 여유가 없다.

만일 우리가 강패를 만들었고, 첵을 내린 후 빌런이 벳해 왔다면 그 벳의 의미를 우리는 알 수가 없다. 우리가 첵하였기 때문에 그가 스틸링을 위하여 벳해 온 건지 아니면 그것과 무관하게 그 또한 만족할 만한 패를 만들었기에 벳한 건지, 또는 마지널을 만들고 우리의 추격을 두려워하여 에퀴티를 차단하기 위하여 벳한 건지, 단지 우리의 현재 위치를 가늠해 보기 위하여 벳한 것인지, 그 벳의 의도를 아는 것이 불가능하다. 우리의 첵 이후 빌런의 벳에 우리가 콜한다면 이제 추가로 팟 사이즈를 키우는 것은 오직 빌런 또한 우리처럼 강패를 만든 케이스가 유일하다. 서로가 강패를 만든 것이다. 그러나 이것은 이미 '강패 Vs. 강패'의 쿨러에 해당될 수 있는 케이스이므로 굳이 슬로우 플레이를 하지 않더라도 어차피 한바탕 콜리젼(3530장에서 설명한다)으로 이어질 것이다. 슬로우 플레이를 위한 우리의 플랍첵은 아무런 역할을 해내지 못했다.

이번에는 정확히 같은 상황 속, 우리가 슬로우 플레이를 하지 않으며 세게 리드[패를 읽고 유추해 보는 '리드(Read)' 행위가 아니다. Lead: 액션을 주도적으로 이끌어나가는 자세]해 나간다고 생각해 보자. 지금 히어로는 더 넛츠를 만들었고, 플랍에서 선공을 가진 채로 강하게 리드해 나갔다(예를 들어 4p/5 이상의 양으로 cbet). 이 것은 히어로의 cbet 상자를 강하게 만들어 줄 뿐만 아니라 쇼다운에 도달한다면 히어로가 행할 미래의 cbet을 무섭게 보이도록 도와줄 것이며, '강한 이미지'를 갖게 하는 데 매우 큰 도움을 준다. 주어진 칩이 제한적이고, 싸움이 끝나는 시간이 어느 정도 정해져 있는 SnG에서는 폴드 에퀴티가 매우 큰 위력을 발휘한다. 슬로우 플레이로 빅 팟을 빌드하는 것보다는 핸드마다 짧게 끊어쳐서 상대에게 압박을 주는 플레이어들이 성공하게 됨을 통계와 결과가 증명한다.

당연히 블러프도 cbet 상자 안에 어느 정도 넣어줘야 한다. 오히려 레인지를 평소보다 더 좁게 가져가고(적어도 블라인드가 아직 높지 않을 때까지는), 블러프도 충분히 넣어줘서 '조금 더 맵고 짠' 공격적인 플레이가 SnG에선 요구된다. 좋은 패를 기다릴 여유가 없는 촉박한 게임이다. 그러므로 수준이 낮은 테이블에서 초보들을 상대할 때 강패를 가지게 됐다면 최선의 방법은 솔직하게 플레이하는 것이다. 슬로우 플레이는 수준이 낮은 테이블에서 거의 하지 말아야 할 플레이 중 하나다. 아마도 슬로우 플레이를 할 수밖에 없는 상황은 아마도 다음의 두 경우뿐일 것이다.

- 넛츠를 만들었고, 상대는 명백히 강패를 만들 수 없는 상황: 이 상황에서 우리는 역설적으로 상대의 핸드 세기가 올라가기를 바라며 공짜로 턴과 리버를 보여줘야 한다. 예를 들어서 우리가 AA를 가지고 있고 보드는 A-9-5r인 상황.
- 블라인드의 스트럭쳐가 올라가서 한 번의 스틸링이 큰 칩 리드(Lead)를 가져올 수 있고, 하필 그때 매우 공격적인 성향의 플레이어가 자주 계속 스틸링해 오고 있을 때.

3151.
슬로우 롤(Slow Roll)

바로 이전 장에서 설명한 슬로우 플레이와 비슷한 용어지만, 전혀 다른 의미를 지녔다. 그래서 그 차이를 분명히 기록해 두기 위하여 다른 소단원 '슬로우 롤'이라 분할하여 집필한다. 토너먼트에서 서너 명만 남은 숏 핸디드(Short handed: 풀링은 9명이지만, 그 아홉 명보다 현저하게 낮은 숫자의 플레이어만 남아있는 상황) 된 상황이라고 하자(예를 들어 서너 명의 플레이어만 남아있는 파이널 테이블). 대부분의 플레이어가 절박하게 칩이 필요해진 상황까지 왔다. 프리플랍에서 빌런이 강하게 3bet으로 올인해 왔고, 이 상황에서 히어로가 KK를 들었다면 거의 대부분의 플레이어가 폴드를 고려치 않을 것이다(오히려 행복한 경우가 많을 것이다). 게다가 3BT해 온 빌런의 성향이 매우 공격적이고 레인지가 넓은 이미지를 갖추고 있다면 더더욱 폴드하기가 어렵다. 바로 이때 KK를 가지고 히어로는 약 20초 정도 넘게 생각하다가 간신히 콜을 선언한다. 멧돼지 빌런은 나약한 마지널 핸드를 오픈한다. 그리고 히어로는 자신의 핸드 KK를 오픈한다. 이때 멧돼지는 KK를 테이블링하는 히어로에게 '그건 슬로우 롤'이라며 나무라는 경우가 종종 일어나는데, 사실 이러한 상황은 정확히 말해 슬로우 롤은 아니다.

슬로우 롤이란 자신의 승리가 확실하게 확인된 이후에 상대방에게 천천히 그가 패배했음을 통보하며 조롱하는 행위를 뜻한다. 그 상황에서의 KK는 '합리적으로 빠르게 콜이 가능하다'라는 판단이 쉽게 가능한 것까지는 사실이지만, 이 사실이 **당연하게는 모든 이에게** 적용되진 않는다. 위의 예 중, KK로 콜하는 판단은 대부분의 플레이어에게 매우 쉬운 판단처럼 보이는 것은 사실이다. 하지만 분명하게 '당연한 것'은 아니다. 당연한 것이 아니기 때문에 KK를 슬로우 롤이라 바라보는 데엔 무리가 따른다. 그 증거로 분명한 것은 승리는 아직 확인되지 않았다는 데에 있다.

만일 KK가 분명하게 상대방의 핸드 QQ를 확인했다 하더라도, 아직도 이것을 슬로우 롤이라 보기에 어렵다(극단화). 왜냐하면, 여전히 보드는 완성되지 않았기 때문이다. 하지만 보드가 리버까지 완벽하게 완성되었고, 쇼다운에서 빌런의 QQ를 확인하고 난 후에도 여전히 천천히 그 KK를 오픈하면서 조롱이 섞인 이런저런 언행을 일삼는다면 그것은 변명의 여지가 없는 명백한 슬로우 롤이다. 지양되는 자세인 것은 확실하지만, 그것마저도 엄밀히 말하면 규칙으로 제재할 수는 없다. 그러나 필자는 그런 규정에 관한 논점과는 별개로, 슬로우 롤하지 않기를 독자들에게 강하게 권한다.

불필요한 행위다.

해도 되고, 해선 안 되고의 규약적 여부를 떠나서, 필요한 행위는 분명하게 아니다. 분명하게 불필요하다. 전략의 고착화를 내세우며 플레이어들의 전략적 자유를 배려하고 그 자유를 최대한 존중하려는 필자마저도, 이 슬로우 플레이는 배척하는 데 동의하지 않을 수 없다. 불필요한 도발이라는 점이 매우 큰 그 근거를 지니고 있다. 승리하였다면 조용히 핸드를 열고 팟을 받아라. 말이 필요 없다. 그것으로 끝내라. 입은 닫고 눈을 낮춰라. 조용히 두 손으로 칩을 정리해라. 불필요한 감정으로 적을 만들지 마라. 테이블 위에서 상대방을 불필요하게 자극하는 행위를 굳이 할 필요가 없다. 확실하게 도움이 전혀 되지 않는다. 이것은 우리가 패배했을 때도 궁시렁거릴 필요 없이 짧게 "Oh well, nice hand." 한마디로 짧고 단순하게 대화를 마무리 지으려 하는 우리의 태도와 일치한다. 이미 여러 번, 수차례 필자가 초급편에서 반복했던 적이 있다. 상대방이 독자 여러분을 무찔러서 그에 대한 복수심이 차오른 상황 속 마침내 그를 이번에 되갚아서 무찔렀다한들, 우리 또한 그에게 슬로우 롤을 보여서 복수할 필요는 없다. 품위를 보여주어서 해로울 게 없다. 클래스의 차이를 보여주자.

간혹 슬로우 롤이 '감정적인 플레이어'들의 약점을 찔러서 그들로 하여금 더욱 큰 실수를 유도케 하고, 그것이 우리의 EV와 연결된다는 주장을 펼치는 사람들이 있다. 그들은 이 포커를 마치 '수단과 방법을 가리지 않고, 남의 돈을 따는 행위' 정도로 인식하는 것 같다. 이것은 필자가 다른 이들과 사적인 자리에서 포커에 관련한 대화를 나누기 싫어하는 가장 큰 이유 중 하나이다. 아무튼 그들의 비유를 계속 연장해 나간다면, 그들은 컴퓨터 게임에서 이길 수만 있다면 여러 가지 컴퓨터 핵을 이용해서 이겨도 그 짓거리를 '상대를 도발할 수 있는 하나의 전략'이라 판단할 놈들이다.

분명하게 말하겠다:

- 그 누구도 목숨이 두 개인 놈은 없다.
- 인생에 연습은 없더라.
- 목숨을 걸면서까지 EV를 탐닉하지 마라.
- 하필 그날 잘못된 사람을 건드리면(정말 임자 만나면) 위험한 결말은 의외로 쉽게 일어난다.
- 오늘 그가 복수하지 않았다고 해서 안심하지 마라. 50년 후 그의 아들이 우리의 아이를 찾아올 수도 있다. 군자의 복수는 100년이 걸려도 늦지 않다.

필자는 『홀덤의 정석』을 읽는 모든 독자 여러분들이 훌륭히 그 실력을 정진하여 그런 '위험한 EV'마저도 긁어가야만 할 정도로 절박하고 처절한 상황에 봉착하지 않기를 원한다. 필자는 다른 사람의 마음만은 긁지 않는 범위(하다못해 속으로만 생각하는 등) 내에서만 전술을 세우기를 원한다. 이 책 그 어디에도, 다른 사람의 명예와 감정을 긁으면서까지 칩을 모으는 행위를 어떤 '하나의 전략'이라 부르지 않는다. 전략의 고착화를 지양하는 필자조차 이러한 점을 추천하지 않는 정도가 아니라, 해서는 안 된다고 강력히 경고한다. 불필요하고, 추하고, 비겁하며, 쓸데없는 짓이다.

물론 타인을 언제나 존중해 줄 필요는 없다. 그것은 사실이다. 그러나 불필요하게 타인의 감정을 해치면서 이겨야 할 정도로 우리는 패배자가 아니다. 선을 지키자. 승자의 여유와 자비를 보여줄 적절한 타이밍이 바로 지금이다. 승리를 원하되, 절박하지는 않은 것이다. 이미 실력에 자신이 있어서 자신감이 차있다면 불필요한 조롱은 자제함이 적절치 않을까?

3160.
신체 리액션(Physical Reaction)

생각이 완전하게 끝난 후 액션해야 한다. 손을 쓰는 건 가장 마지막의 일이다. 대개 필자는 플랍에서 오픈레이즈를 시도할 때 '행여 내가 3벳 맞으면 그때는 어찌어찌하겠다는 계획'까지 이미 마음속에서 준비시켜 놓고, 그런 후에야 비로소 투 벳을 행하려 칩에 손을 뻗는다. 손목의 전완근은 가장 마지막에 쓴다. 이런 사전 대응태세는 여러 가지 이점을 가져온다. 간혹 플레이어 중 '네가 레이즈하면 나는 즉시 콜해 버릴 테다' 하는 태도를 노골적으로 보여주려고 의도적으로 대응하듯 칩을 만지는 부류들이 있다. 내가 칩을 집으면 그들도 즉시 손을 칩으로 가져가고, 내가 많은 양의 칩을 손가락으로 뻗으면 그들도 더 많은 양의 칩을 만지작거리는 부류들이다.

기억하라. 그런 플레이어들의 그딴 행동을 의식하지 마라. 내 생각은 이미 끝나있다. 우리의 계획에는 변함이 없다. 여전히 우리가 어떻게 행동하든 그들이 어떻게 행동할지는 모를 일이다. 연기일 수도 있고, 진심이었지만 우리의 진실된 액션을 보고 나서 갑자기 막판 변덕으로 변심할 수도 있다. 그러므로 우리가 더 강한 핸드를 만들고, 더 큰 양을 벳해서 더 많이 딸 수 있을 것 같은 생각이 들거나 혹은 그 반대의 생각이 들더라도, 우리가 기존에 계획해 두었던 기존의 작전을 변경해선 안 된다. 상대방의 손동작이 보내오는 시그녈에 집중하는 것은 좋은 일이다. 하지만 이것 때문에 기존에 행하려던 작전을 변경하는 것은 합리적이라 보기 어렵다. 왜냐하면, 우리가 베팅하려는 손동작을 보고 난 이후에 우리에게 보이는 손동작과 우리가 아무런 신호를 보이지 않았음에도 이전부터 보였던 손동작은 완전히 다른 의미를 지니기 때문이다. 이 차이를 이해해야 한다.

우리의 액션 플랜이 아직 노출되지 않았음에도 상대가 손동작으로 신호를 보내옴을 감지해 낸다면 이것은 상대방에 대한 훌륭한 관찰력으로 가져온 꽤 괜찮고 쓸모있는 정보가 되지만, 우리의 액션 플랜이 노출된 이후에 상대가 손동작을 이용하여 우리에게 보이는 반응은(굳이 노골적일 필요는 없다.) 우리의 액션 플랜에 대한 어떠한 대응(또는 허세나 공갈)일 수 있다. 진심이 아닐 수도 있음을 명심하자. 흉심(胸心: 가슴 속 깊이 숨겨둔 진짜 의도)이 아니라면 하나의 유용한 정보라 섣불리 판단하여 실제 우리의 액션에 적용 시켜선 안 된다. <u>상식적으로 상대는 우리에게 진심을 보일 필요가 없지 않은가?</u> 그들이 즉시 칩을 만지며 '콜해 버릴 테다' 하는 손동작을 우리에게 보일 필요는 확실하게 없다. 만일 그런 '위협'을 자진해서 노출해 주고, 그 위협한 대로 실제 순순히 콜까지 해준다면 그것은 이 게임을 하나의 자존심 싸움(Ego Battle) 정도로 여기는 유치한 플레이어일 수밖에 없다. 우리의 손동작이라는 특정 촉매제가 빌런에게 영향을 끼치고 난 다음에 돌아오는 반응에는 큰 의미를 두지 말자.

또는 우리가 상대방의 스탠딩(Standing: 현재 핸드 세기)을 테스트해 보기 위한 프로빙벳(『홀덤의 정석: 초급편』 참조) 또는 cbet을 준비할 때도 역시 망설여선 안 된다. 벳하기 위해 칩에 손을 뻗었을 때 그들도 칩을 한 움큼 집어 방어하려 들거든, 그런 유치한 위협에 굴복할 필요가 전혀 없다. 어차피 실전에선 협박한 내용과는 전혀 다르게 응답할 수도 있는 부류들이다. 테이블에선 '진짜든 가짜든' 다른 플레이어에게 그 어떤 정보도 공짜로 주는 건 가장 위험한 행동이다. 지금 그들은 그런 정보를 단지 자존심을 지키기 위해 상대에게 주고 있다. 그것도 공짜로. 바보들을 의식하지 마라. 자존심 싸움을 걸어와도 무시하고, 미리 계획해 둔 대로 침착하고 냉정하게 실행하면 결국 순리가 승리한다. 바보는 바보의 게임을 계속하라 해라. 나는 나만의 게임을 계속하면 된다. 냉정하고 자연스러운 손동작을 실천하기 위하여 가장 중요한 것은 '사전 대응 태세'다. 이미 내릴 액션에 대한 결정은 완전히 마음속으로 완전하게 완성해 두었기에 중간에 그 어떤 사건이 끼어들더라도 미리 생각해 놓은 애초의 계획대로만 손을 움직이자.

3170.
Blind Vs. Blind^(BvB)

지금 3170장을 읽기 전, 3310장을 먼저 읽고 다시 여기로 되돌아오길 추천한다.

초급편의 포지션 정리를 해둘 때, 필자는 전 세계적으로 쓰이는 포지션 지칭 용어(UTG, MP, CO, 등등)를 쓰지 않고, 필자 개인의 용어(6, 5, 4, ⋯, 0)를 쓴다고 서술한 바를 기억할 것이다. 이렇게 치환하여 표기함은, 버튼과 히어로의 사이에 몇 명이 있는지에만 초점을 맞추어서 수학적으로 매우 정교한 오프닝 레인지를 실현하게 도움을 주기 위함이었다. 이것은 캐시게임에서 적용이 되고 토너먼트에서도 분명히 적용될 수 있지만, 캐시게임과 토너먼트에서 차이가 나는 타이밍이 존재한다.

분명히 초급편에서 필자는 이미 다른 모든 플레이어가 폴드하고, 아직도 라이브 핸드를 지닌 플레이어가 네 명 남아있다면 그 테이블에 앉아있는 모든 플레이어의 숫자가 9명이라 할지라도, 마치 네 명만 테이블에 앉아있는 듯 플레이해야 한다고 주장하였다. 그 '규격'이 정확하게 예외로 적용되어야 하는 상황이 바로 지금: BvB다. 모든 플레이어가 폴드하였고, 히어로가 SB에 앉아있는 상황이고, 팟을 두고 경합을 벌이는 유일한 경쟁자는 BB에 앉은 플레이어다.

이 경우 정확히 똑같은 상황이라 할지라도 토너먼트에서의 BvB인지, 캐시게임에서의 BvB인지에 따라서 다른 레인지를 적용시켜야한다.

단순히 토너먼트인 경우 중앙의 추가적인 앤티(Ante, 『홀덤의 정석: 입문편』 참조)의 존재로 인하여, 더욱 공격적으로 플레이해야한다는 설명만으로는 이 차이를 정확히 서술하는 것에는 한계가 있다(물론 이게 제일 큰 이유이긴 하지만). 뭐니뭐니해도 우리는 우리가 포커를 바라보는 가장 근본적인 목적을 다시 한번 일깨워야 한다. 우리의 목적은 돈이다. 결과다. 단순히 이기고 상대방을 짓눌러서 우리의 승리를 드높이고 기세를 밝히는 것은, 적절한 목적이 아님을 분명히 깨달아야 한다. 이점을 먼저 분명히 하자.

BB에 앉은 빌런은 분명 BvB 상황이 발생하자마자, 현재 SR에 앉은 히어로가 단순한 이고(Ego: 자존심) 싸움을 걸려고 벳한 건지, 아니면 진정으로 우리의 핸드가 좋아서 주어진 레인지에 따라서 차분히 벳한 것인지, 우리의 태도나 방향을 가늠해 보려 집중할 것이다. 다음은 200bb로 플레이하는 6링(6-man table이라고 부른다.) 캐시게임 중, SB에 앉은 플레이어의 오프닝 레인지이다. 출처는 위자드.

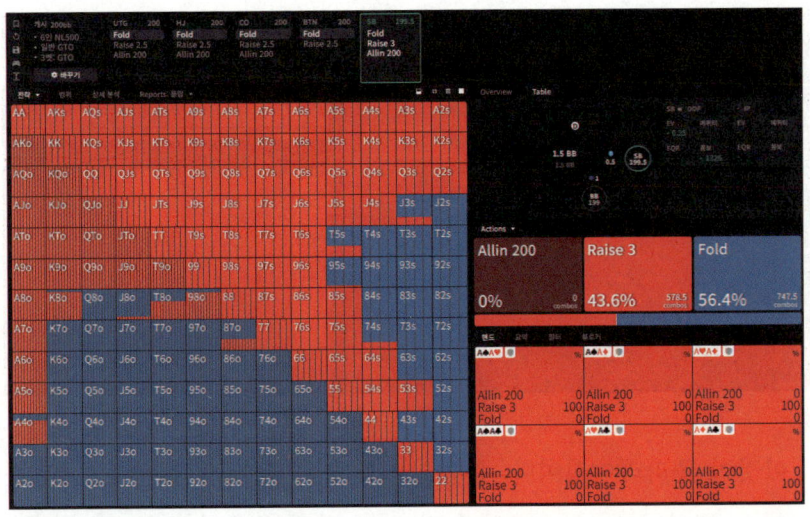

　캐시게임이라는 사실을 상기했을 때, 다짜고짜 올인으로 200bb 박아버리는 정신 나간 비중은 0%다. SB는 BB를 상대로 3bb만큼 오픈 레이스, 또는 폴드 둘 중 하나만이 추천된다(베이스는 다른 양을 주장할지도 모른다: 극단화). 오프닝을 실시하는 빈도는 43.6%이며, 그대로 SB를 포기하고 폴드하는 빈도는 나머지 56.4%다. 이제 SB가 오픈을 실제로 저지르는(43.6%의 레인지에 해당되는 핸드 중 하나를 딜받았다고 가정하고) 경우로 설정하고 계속 풀이해 보자. 다음은 SB의 오프닝에 대항하는 BB의 대응 차트다.

　이것이 폴라라이징이다. 폴라라이징에 대한 적절한 예다. 서로가
드넓은 레인지로 자주 싸워야 하는 상황에 대한 올바른 반격은 폴
라라이징이다. 강력한 브로드웨이(A~T) 벨류 핸드와 비교적 나약
한 다양한 종류의 MSC + A5s- + MGC 등의 엷은 블러프 핸드
로 짜여있다. 특이하게 J7s-과 A5o-도 복합적으로 뒤엉켜있다.
LSC(Low Suited Connector: 76s-)도 보인다. 블라인드끼리의
티격태격(BvB)은 홀덤의 오래된 역사와 그 큰 궤를 함께한다. 마지
막으로 바로 여기서, BB가 3bet(raise to 10bb: 추가로 9bb를 더
내는 행위)으로 SB에게 역으로 액션을 되물어 볼 때(17.1%의 빈도
에 해당) 이에 대항하는 SB의 액션을 살펴보자.

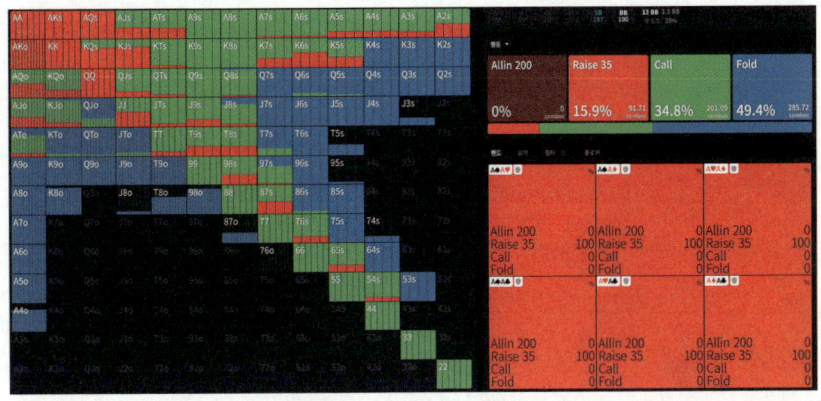

　이젠 거의 절반에 가까운(49.4%)의 스몰블라인드의 핸드는 폴드해야 한다고 추천받는다. 3170장의 첫 번째 그림 예시에 나와있던 모든 붉은색의 레인지 중에서 거의 절반에 가까운 49.4%는 푸른색(폴드)으로 입장을 선회했다. 더 이상의 싸움을 크게 하는 것보다 여기서 콜(C3B)로 끊고 플랍에 진입하는 액션은 전체 SB의 레인지 중 34.8%를 차지한다. 4bet으로 매우 강하게 BB를 압박하는 방식은 브로드웨이 쪽으로 크게 치우쳐있으나, 여전히 A5s- 그리고 Kxs 중 일부는 낮은 빈도로 4BF를 추천한다. MSC도 조금이지만 여전히 섞여있다. 조금 공격적이다. 필시 이런 핸즈들로 '오버헤드킥(4BF)'을 시도하는 것으로 보인다. 그 비중은 당연히 낮다(15.9%).

3200장.

보드텍스쳐(Board Texture)

손은 생각이 완전히 끝난 이후에만 움직인다.

3200.
보드 텍스쳐(Board Texture)

텍사스 홀덤은 19,600가지의 플랍이 존재한다(모든 문양을 중복적으로 전부 다 센다면 22,100개이지만). 보드(Board)라 함은(이미 입문편에서 설명한 바가 있지만) 플랍부터 리버까지의 다섯 장이 나오는 공간을 가리킨다. 굳이 다섯 장 전부가 등장을 완료할 필요는 없다. 플랍만 펼쳐도 여전히 보드라 일컫는 게 가능하다. 보드는 플랍이 제일 중요하다. 다섯 장 중, 단 하나의 액션으로 석 장이 한꺼번에 출현해서 그렇다. 종류를 나누어서 보드를 구분하여 분리 사고하면 훨씬 더 포스트플랍 액션을 빠르게 정립하는 게 가능해진다. 예를 들어 보드 A-T-2r와 A-T-3r의 보드는 큰 차이가 없다, 두 보드를 마치 하나의 '같은 종류의 보드'로 묶어서 정립한다면 19,600가지의 보드를 일일이 전부 제각각 개별로 공부할 필요가 없어진다. 공부해야 할 나뭇가지 수를 빠르게 묶어서 줄이는 것이다(초급편을 기억하는가?). 빠르게 플랍 텍스처를 잡아내는 것이 가능할 것이다. 현대의 텍사스 홀덤의 플랍은 다음과 같이 세 가지로 크게 나뉘고, 나뉜 세 종류의 보드는 세 가지의 다른 톤(Tone: 문양의 분산)을 갖게 된다. 3x3=9이므로, 보드 텍스처는 총 9개 정도로 나뉜다. 고급편에서는 이보다 보드를 더 잘게 4x3=12가지로 분산하여 『홀덤의 정석』 보드 텍스처로 구분 설명하겠지만, 일단 지금은 세계적으로 쓰이는 현대의 보드 텍스처를 여기, 『홀덤의 정석: 중급편』에서 먼저 소개한다.

3210.

드라이 보드(Dry Board)

가장 흔한 보드다. 보드에 석 장의 카드가 깔려있고, 석 장의 카드는 서로 제각각의 다른 문양을 가지고 있다. 서로 연결이 되어있는 카드도 없다(있을 수도 있지만). 커넥티드(Connected: 연결된)가 없으면서, 갭커넥티드(Gap-Connected: 한 장 비워서 연결된 K-J-2, 6-T-4, 5-9-J) 또한 없는 보드를 생각해 보자(예를 들면 위 그림 K-7-2r). 석 장의 카드가 서로 제각각 따로 놀고 있으며, 석 장이 모두 높고(H: 하이), 중간(M: 미디움), 낮은(L: 로우) 카드로만 분리 배치된 보드이다. 실제로 이 보드가 19,600개의 플랍 중 가장 '드라이'한 것으로 통용된다.

필자는 Ace가 있는 드라이 보드를 특별한 또 하나의 다른 드라이브 보드로 나누어 분류하는데, 이유는 나중에 고급편에서 더 자세하게 다룬다. 지금은 '연결된 것이 없고, 모든 문양이 다르며, 페어가 없는 플랍'을 드라이 보드라 세계적으로 지칭함을 기억하자. 그걸로 성공이다. T-5-6가 드라이 보드냐 아니냐로 머리 싸매고 고민할 필요는 없다. 짜장면과 간짜장의 차이점이 대체 왜 그리 중요한가? (물론 필자의 아내는 그것이 완전히 다른 맛을 지닌 두 음식이라 강변하지만) 아무튼 필자는 T-5-6을 드라이 보드로 분류한다. 하지만 빌런의 레인지가 와이드하다면 드라이 보드로 분류함을 때에 따라 지양할 줄도 알아야 한다. 이전에 필자가 설명드렸던, '전략의 고착화'를 기억하는가?

3220.

웻 보드(Wet Board)

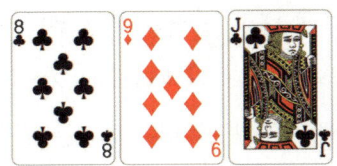

　당연히 드라이 보드와는 상대적인 개념이다. '마른 것'과 '젖은 것'이 상대적이라는 것은 설명할 필요가 없다. 필자는 드라이 보드를 정의하는 과정에서 앞서 세 가지의 조건을 설명했던 바가 있다. 페어가 없고, 문양이 다르고, 커넥티드가 없는 조건을 기억하는가? 그러나 이 조건 중 '페어보드'라는 조건을 제외한 남은 두 조건 중, 그 어느 하나가 있다면 대개 드라이 보드로 판정하기가 껄끄러워진다. 두 개가 다 있는 보드라면(그러니까 수딧+커넥티드) 당연히 웻 보드라 지칭하게 된다. 특히 미디움 등급의 카드(통상 9부터 6까지의 카드)들이 두 장 이상의 집단을 이루어 특정 부분에 군집되어 있다면 웻 보드로 평가하여도 괜찮을 확률이 높다. 상단으로 치우치거나 하단으로 치우치거나 크게 몰려간 방향이 중요한 건 아니다. 보드가 젖으면 젖을수록, 프리플랍에서의 '콜러'들이 더 소리칠 수 있는 환경이 된다. 왜냐하면, 대개 프리플랍에서 오픈레이저와 콜러가 헤즈업으로 맞붙고, 플랍이 열리는데, 이때 웻 보드가 나온다면 콜러들이 더 레인지 어드벤티지를 갖는 상황이 자주 일어나기에 그렇다(언제나는 아니다: 극단화). 그렇다고 해서 언제나 웻 보드에서 프리플랍 레이저가 주눅 들어 플레이하라는 의미가 되지는 않는다(물론 그렇게 이해한다면 조금은 더 필자가 의도하는 방향으로 이해한 것일 테지만). 중요한 것은 해당 플레이어의 포지션과 그 플레이어만의 독특한 레인지다(고급편의 익스플로잇의 정수를 누리려면 해당 플레이어의 독특한 레인지에 대한 섭렵을 지금부터 슬슬 시작해 두어야 한다). 커넥티드가 되더라도 커넥티드된 카드들의 등급이 해당 플레이어의 스타일과 레인지와 잘 버무려지는 등급인지 아닌지를 파악하라.

예를 들어 얼리포지션(EP)에서 오픈레이즈한 이후, 버튼에서 콜로 응수하였다. 헤즈업이 된 상황 속 8c - 9d - Qc 이라는 보드는, 레이저보다 콜러에게 있어서 유리한 보드다. 물론 Q라는 카드는 얼리포지션에게 더 어울리겠지만, 그것보다 더 버튼에게 어울리는 카드 8과 9가 절묘하게 Q와 만나 커넥티드(연결)됨으로, 버튼에게 미소를 보내고 있다. 투톤(Two Tone, 곧 3240장에서 서술한다)인 점도 버튼 플레이어에게 더 유리한 플랍이라 진단할 수 있다. EP는 이런 보드에서 cbet하기 망설임이 자명하다. 어그레션은 있지만, 첵이 더 타당하다.

3230.
레인보우(Rainbow)

이것을 보드 텍스처의 한 부분으로 넣는 것 자체가 필자에겐 하나의 고민거리였다. 보드 텍스처로 보기보단, 단순히 '해당 보드에서 플러시를 만드는 것은 매우 어렵다' 정도로 읽히길 원했다. 만일 플랍에서(보드가 아닌 플랍!) 세 카드가 전혀 다른 문양을 가지고 있다면 그 자체로 레인보우 플랍이라고 파악한다면 그것으로 만족이다. 하지만 나중의 턴과 리버에서 톤업(Tone Up: 플러시를 만들 수 있는 한 가지의 문양이 최소 석 장이 떨어진 경우)이 된다면 더 이상 레인보우라 부를 수는 없다. 마찬가지로 레인보우 플랍은 드라이 보드가 되는 '최소 조건' 중 하나이지만, '필수 조건'은 아니다. 이것은 무슨 뜻일까? 다음의 예를 보자.

5c-6h-7d은 분명한 레인보우 플랍이다. 하지만 이것은 대단히 위험한 보드로 읽혀야 한다. 이 보드를 드라이 보드라 해석함은 강력하게 지양된다. 우선 얼리 포지션(EP)에서의 오픈레인져가 이런 보드에서 갖는 레인지 어드벤티지는 전혀 없다. 조금이 아니라 안

예 없다. 보드를 완전히 배제한 채, 현재 딜러로부터 지급된 단 두 장의 홀카드로만 EP는 싸워야 한다. 아예 플랍 없이 싸운다고 해석해도 큰 손색이 없다. 반대로 콜러(특히 LP라면)는 레인보우 플랍이지만 드라이하지만은 않은 플랍이므로, 이런 보드에서 벳을 맞더라도 콜을 외치고 계속 싸워나가기에 충분할 수 있다(플로팅이라 부르며 추후 3610장에서 자세히 다룬다. 실제로 플로팅을 시도하기에 괜찮아 보인다. 상대의 성향에 따라 다르겠지만). 레인보우 플랍이지만, 여전히 웻하다고 주장하는 것에 분명히 일리가 있다.

투톤(Two-tone)

한 문양이 딱 두 장까지만 나온 경우를 일컫는 말이다. 투톤은 턴
까지만 그 의미가 있다. 리버에서는 '그래서 결국 세 번째 문양이
나왔느냐 아니면 실패했느냐'로 톤업(Tone Up: 플러시를 메이드
하는 게 가능해진 보드)의 성패 여부를 가른다. s-s-h, c-h-c,
d-d-s 같은 보드들을 투톤 플랍이라고 부른다(위의 예는 s-s-d).
3230장에서 설명한 레인보우와 지금 설명하는 투톤, 그리고 아래
3250장에서 설명할 모노톤같이 '톤'을 다루는 용어들은 모두 보드
의 <u>문양</u>과 관련된 용어다. 플러시(스트레이트플러시는 언제나 배제
하자)가 가능한지 불가능한지만 놓고 다투어도, 플러시보다 나약한
모든 핸즈들이 힘을 잃거나 힘을 얻는 형세가 구현된다. 대부분의
커넥티드와 갭커넥티드가 그 힘을 갖느냐 못 갖느냐의 의미가 되기
때문에 대부분의 현대 텍사스 홀덤에서는 '톤' 하나만 놓고서도 플
랍 텍스처를 진단하는 데 큰 비중을 할애한다(극단화). 종종 인터넷
방송이나 ESPN의 텍사스 홀덤 중계에서 플랍 텍스처를 설명하는
해설을 들어보면 위의 톤에 관한 해설을 종종 들을 수 있다.

3250.
모노톤(Monotone)

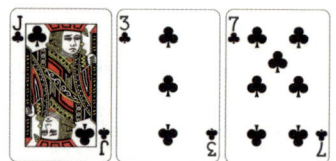

　레인보우와는 정반대의 개념이다. 모노톤이라 하면 하나의 같은 문양이 세 번 연속으로 깔리는 모든 플랍을 지칭한다. 또는 그 이상의 네 번이나 다섯 장의 모든 보드가 하나의 문양으로 통일된 경우도 모노톤이나 싱글톤으로 부른다. 플랍이 모노톤으로 깔리면 턴과 리버에서도 다른 엉뚱한 문양이 나온다 할지라도 여전히 이 보드는 톤업(Tone Up)된 보드라 읽는다. 모노톤 플랍이 펼쳐지면 당연히 플러시가 모든 플레이어의 뇌리를 스친다. 종종 이렇게 '플러시 천국' 모노톤에서 '원페어 및 투페어'와 주로 관련된 '레인지 어드벤티지'에 대한 분석이 의미가 없는 것 아니냐는 해석이 나오곤 하는데, 필자는 이러한 방향은 이해하지만 깊이 동의하기엔 머리를 긁적인다. 왜냐하면, 플러시는 여전히 쉽게 만들 수 있는 핸즈가 아니기 때문이다. 플러시를 만들 확률보단 그러지 못할 확률에 여전히 더 의지함이 타당하다. 게다가 여전히 플러시를 만들 문양에 대한 권리는 포지션과는 아무런 관련이 없다. 누구에게나 주어지기에 여전히 오픈레이저에게 유리하다는 평가에 손을 들어주고 싶다. 그렇기에 대부분의 넛 어드벤티지는 오픈레이저가 가져간다고 서술한다. 왜냐하면, 넛플러시를 만들 수 있는 주재료인 Ace가 적어도 콜러보다는 오픈레이저에 더 많이 포진되어있기 때문이다. 즉, 오픈하여 공격한 이에게 Ace가 있을 확률이, 무기력하게 콜로써 수비한 플레이어보다는 높으므로, Ace가 현재 보드의 수트(문양)와 일치될 확률 또한 오픈하여 공격한 이에게 더 높다고 진단함이 일리가 있다. 그러므로 대개(통상적으로) 오픈레이저에게 더 넛 어드벤티지가 있다고 해석하여도 무리라 보기에 어렵다고 필자는 조심히 평가한다 (위험한 극단화). 이러한 모노톤 보드는 텍사스 홀덤에서 가장 많은 '깡 싸움'이 일어나는 지역이다. 분명 필자는 오픈레이저에게 Ax가 있을 확률이 조금 더 높다고 하였지만, 그것이 분명 언제나는 아니기 때문에 배포가 조금 약한 모습을 보이면 쉽게 상대방에게 어그레션을 빼앗기며 휘둘릴 수 있다. 실제로 플러시를 만들지 못했더라도 가지고 있는 A가 플랍(보드 전체가 아니라)의 모노톤과 일치하는 문양이었다면 넛츠를 '확실하게 블락'하고 있기 때문에(스트레이트플러시는 이 책 전체에서 언제나 배제한다) 이 넛 블락커(Nut Blocker)를 활용하여 공격적인 리드를 하는 포스트플랍 플레이가 가능하다. 매우 드물긴 하지만, 모노톤 이후에 나오는 턴과 리버에서 보드트립스(보드에 트립스가 깔리는 경우)가 완성되면 오히려 큰소리치는 입장이 뒤집어지는 재밌는 상황도 관측된다.

3260.
페어보드(Paired Board)

　보드의 다섯 장 중, 두 장이 같은 등급의 카드가 떨어져서 원페어가 만들어진 경우 페어보드(Paired Board)라 부른다. 상대적으로 플러시나 스트레이트를 만들 수 있는 커넥터나 수딧 핸드들의 의미는 다소 퇴색된다. 풀하우스 아래는 전부 힘이 옅어진다. 왜냐하면, 풀하우스를 만들 수 있는 최소 조건은 바로 '보드에 페어가 있느냐'인데, 보드에 페어(위의 경우는 9페어)가 깔리면서 이제 풀하우스가 존재할 수 있는 환경은 조성된 셈이다. 종종 이런 환경에서 UD나 FD를 가지고 그 드로잉을 띄우려 열심히 콜하는 플레이어들이 있다. 매우 지양된다. 평소 드로우를 쉽게 포기하지 않고 싸우더라도, 이런 페어보드에서는 UD나 FD로 무리하게 추격하지 않음이 타당하다. 모든 핸드를 전부 이기려 들지 마라. 띄우는 것도 어렵지만, 일단 띄우고 나서도 완전하게 넛츠를 확보하는 건 여전히 불가능하다(스트레이트플러시는 언제나 설명에서 배제한다: 극단화).

3300장.

포스트플랍(Postflop)

플랍선수첵(Check to the Raiser)

포스트플랍(Postflop)

플랍이 열린 이후가 텍사스 홀덤의 진정한 심리전이 시작되는 단계다. 프리플랍은 이미 테이블에 앉기 전에 어느 정도 집에서 사전계획을 미리 짜놓고, 그대로 이행할 수 있는 부분이다. 이는 매우 쉬운 부분이며, 이미 대부분의 온라인 GTO 프로그램들은 이런 프리플랍 액션 플랜을 매우 자세히, 심지어 몇몇 웹사이트는 무료로 소개한다. 문제는 포스트플랍(플랍이 열리고 난 이후의 상황)이다. 플랍이 열리고 나면 계산은 복잡해진다. 상대방이 AI가 아닌 사람이라면 반드시 수학적으로만 플레이해 오지는 못할 것이다. 수학적으로 늘 플레이하는 것은 분명히 불가능하다(온라인 환경은 오프라인보다는 쉬운 환경이라 할지라도 여전히 이것은 어렵다). 우리가 초점을 맞춰야 하는 것은 '해당 상대'가 가지고 있는 특성이나 시점 등을 토대로 스탠더드로부터 얼마나 비정상적인 액션을 걸어오는지 관찰하고 이에 대응하는 것뿐이다. 각각의 빌런들에 대한 다음의 사실관계를 체크하고 기억하자.

- 원페어를 맞춘 후 벳하는 성격인가? 첵하는 성격인가? (탑페어/미들페어/로우페어로 나누면 더욱 좋다.)
- 드로우를 가지고 있을때 벳하는 성격인가? 첵하는 성격인가? CR(첵레이즈)를 시도하는가?

- 마지널 핸즈(예를 들어 어중간한 미들페어)로도 여전히 벳하는가?
- 몬스터 핸드 또는 넛츠를 쥐고서 벨류를 청구하는가? 아니면 함정을 파두는 성향인가? 아니면 뒤섞는가?
- 위의 네 가지 사항들이 일정한가 아니면 마주하고 있는 상대나 포지션에 따라 결정이 변하는 유연한 성격인가?

위의 다섯 가지 사항은 특징을 잡아 빠르게 기억하고 외워야 한다. 『홀덤의 정석: 초급편』 「2700장 플레이어의 유형」에서 서술해 두었던 플레이어를 마킹해 두는 익살스러운 표현을 동원하면 쉽게 기억할 수 있을 것이다. 더욱 중요한 것은, 기억해 둔 위의 모든 인과 관계가 <u>빌런의 선공/후공의 상황마다 달라지는지도 파악해야 한다</u>(정말 중요하다). 또는 그 당시 상대하고 있었던 상대방의 성향에 따라서도 충분히 변할 수 있음을 염두에 두어야 한다. 심지어 빌런들마다 감정에 의한 외교적 마찰에 의한 예외적이고 돌발적인 결정이었는지도 채점의 일정 부분을 차지한다.

그러나 중요한 예외가 있다. 당연히 액션해야 하는 경우를 채점의 표본으로 삼아선 안 된다. 예를 들어 넛플러시를 만들었고, 상대방이 올인해 왔다면 볼 것도 없이 그에 해당되는 액션은 콜이다. 현재 팟 크기와는 관련 없이 그 어떠한 양의 벳을 맞더라도 콜할 것이다 (행복해하며). 이때 팟 크기가 $200이었는데 무려 $920의 오버벳을 콜했다고 하여 이 콜러의 성향을 매니악으로 구분해선 안 된다. 넛츠라면 당연히 콜해야 하기에 팟오즈를 벗어나는 상식 밖의 콜을 했더라도 이 콜러는 매니악으로 구분되어선 안 될 것이다. 그렇다고 해서 솔리드나 피쉬로 분류할 필요도 없다. 한마디로 말하면 매 핸드가 공개될 때마다 반드시 상대의 성향을 구분하고 규정지으려 시도할 필요는 없다.

　매 순간 어느 빌런의 핸드가 공개될 때마다 보드를 보고 상황을 파악한 후 심사에 들어가 첫 번째 보고서를 머릿속으로 완성한다. 그리고 똑같은(혹은 비슷한) 양식의 보고서를 두 번째 역시 머릿속으로 완성한 후, 첫 번째와 두 번째의 보고서의 결과가 서로 일치하는지 확인한다(그리고 어느 정도 일치했는지도 판단하면 더욱 좋다. 기억력이 뒷받침된다면). 머릿속에서 두 심사 결과가 서로 일치하지 않을 때도 있지만, 비로소 세 번째 보고서부터는 해당 빌런에 대한 어느 정도의 감각이나 스타일이 겹쳐 보이는 부분이 보일 것이다. 그것이다. 그것이 해당 빌런 고유의 스타일이다. 그 고유의 스타일화를 프로파일링이라 부른다. 프로파일을 기준으로 두고, 앞으로 해당 빌런이 어떻게 플레이하는지 예상 지점을 잡으면 익스플로잇을 할 준비는 어느 정도 완성된 셈이다. 익스플로잇은 그렇게 시작된다.

인공지능의 플레이 방식

『홀덤의 정석』에 컴퓨터 프로그램 인터페이스 저작권 사용을 허가해 준 GTOWizard, GTOBase, PokerStrategy.com, ICMizer에게 진심으로 감사의 말씀을 여기에 올린다. 누구나 검색을 통해 각 웹사이트에서 배포하는 그들의 응용 소프트웨어를 다운로드하고 사용해 볼 수 있다. 특히 PokerStrategy.com의 에퀼랩은 완전 무료 소프트웨어이다. 아울러 ICMizer의 대표 Valentin Kuzub에게 개인적으로 고맙다는 말을 전한다. Thanks, Val :)

이제 본격적으로 GTO를 배워보자. 이미 여러 차례 강조하였지만, 다시 한번 강조한다: 지금 인터넷에 나와있는 수많은 GTO 서비스들은 스스로가 GTO라고 주장하는 서비스임에 불과하다. GTO란 '수학적으로 완벽한 포커'이며, 아직 어느 누구도 '이것이 완벽한 정해'임을 입증해 내진 못했다(물론 본인들은 스스로가 자신들의 프로그램이 정답이라 자평하는 것이 현실이지만). 이 책이 집필되는 현재 2022년 기준으로 필자의 개인 검색에 의하면 현재 GTO를 주장하는 서비스(이하 GTO 또는 인공지능)는 대략 열 개 이하다. 물론 이보다 더 많을 수도 있다(검색에 잡히지 않거나 이 책이 쓰이고 난 이후에 새롭게 출시될 서비스까지 더한다면). 현재 공급되는 모든 GTO 서비스를 필자가 전부 일일이 소개하고, 그들을 비교해 보고, 그중 어느 것이 최고인지 평가하는 것은 어려운 일이다. 코카콜라와 펩시콜라 중 어느 것이 더 최고라 부르는 것에 정답은 없다고 믿는다. 다행히도 그 소프트웨어들 사이에도 큰 차이는 관측되지 않으므로 안심하라.

그럼에도 불구하고, 우선 『홀덤의 정석』을 편찬함에 있어 적극적으로 교보재로서의 그 역할을 담당하게 될 GTO 인터페이스 제공에 동의해 준 두 GTO 프로그램의 기초적인 부분을 짚지 않고 넘어갈 순 없었다. 아래를 보자.

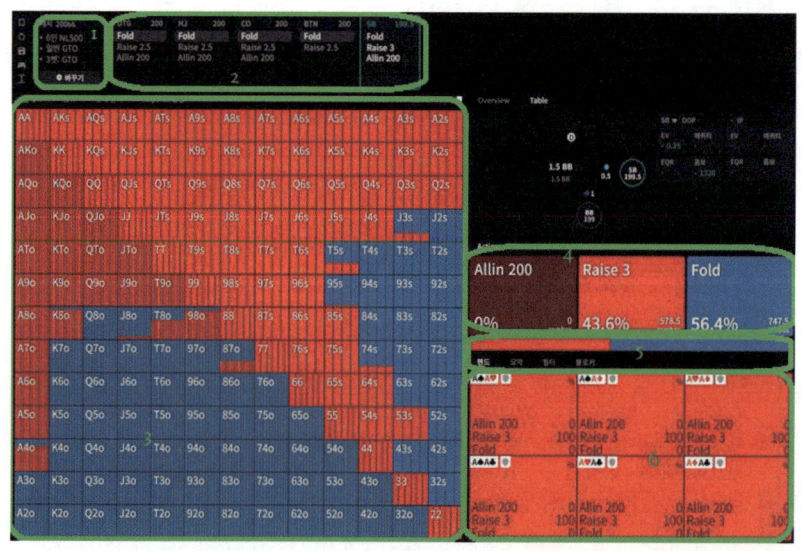

이것은 GTOwizard(이하 위자드)라고 불리는 GTO 프로그램이다. 연두색 네모로 표시해 둔 부분은 필자가 임의로 설명할 부분을 가리키기 위하여 『홀덤의 정석』 독자들의 편의를 위해 필자가 임의로 그려넣은 것이다.

첫 번째 연두 1번(화면의 좌상단)은 현재 이 GTO 진단서가 '어느 게임 기준'인지를 나타내주고 있다. 현재 진단서는 캐시게임이며, 비하인드 스택 200bb인 상황이며, 풀링(9인)이 아닌 6인 테이블이고, NL500이라 불리는 레이크(『홀덤의 정석: 입문편』 참조)가 적용된 상황으로 설정되어 있다. 벳의 양은 표준적인 GTO(실제 GTO가 아닌 위자드가 독단적으로 주장하는 양) 양으로 임의 설정한 테이블 환경이다.

두 번째 연두 2번은 현재까지의 액션 플로우를 나타낸다. UTG 플레이어부터 BTN까지의 모든 플레이어가 전부 폴드한 상황이다. 6명이 앉은 테이블이니, 남은 두 플레이어는 자연스럽게 SB와 BB 플레이어의 액션만을 남겨두고 있다. 이 상황에서 SB의 적절한 액션을 현재 위자드가 아래의 연두 3번에서 추천해 주고 있다.

연두색 3번(제일 큰 네모 연두)은 이 상황에서 SB 플레이어에게 각 핸드가 어떻게 액션하면 되는지 그 추천을 보여준다. 우리가 초급편에서 공부했던 레인지 차트와 똑같이 생겼다. 붉은색으로 <u>가득 찬</u> 레인지는 해당 핸드로는 언제나 100% 레이스한다는 것을 의미한다. 예를 들어 J4s는 레이스하고, J2s는 폴드하는 것이 옳다는 것이 위자드의 주장이다. 몇몇 칸은 붉은색과 파란색이 서로의 지분율을 놓고 다투고 있는 것처럼 보인다. 예를 들어 T5s은 푸른색(폴드)이 빨간색(레이스)보다 조금 더 많다. 즉, SB플레이어가 T5s를 가지고 있다면 대략적으로 5번에 두 번 정도만 레이스하고, 세 번 정도는 폴드하라는 정도의 해석이 될 것이다(정확하지 않아도 좋다. 우리는 컴퓨터가 아니니까).

연두색 4번은 그래서, 현재 이 상황에서 SB가 액션 할 수 있는 모든 액션을 나누어 설명해주는 칸이다. 벳을 할 경우 그 강도를(양을) 얼마나 다르게 조정하여 벳함이 좋은지도 보여준다. 한마디로 말하면 모든 액션의 총 선택지다. 현재 상황(프리플랍에선) 위자드는 Raise 3bb(43.6%) 또는 폴드(56.4%)만이 보인다. 올인(200bb)은 0%이고, 콜도 보이지 않음(0%)을 확인하라. 이 상황에서 림프는 전혀 하지 않는다고 위자드는 주장하고 있다.

5번 연두색이 의외로 중요하다. 5번 연두색은 '그래서 결국 여기서 SB(우리)의 액션은 상대에게 어떤 빈도로 보여야 정상인가?'란 궁극적 질문에 대한 대답이다. 그러니까 빌런(BB)의 시선에서 현재 우리를 바라보는 상황이라 풀이하면 만족이다. 이 부분이 정말 중요하다. 우리가 43.6%의 빈도로 레이스하고, 56.4%의 빈도로 폴드하는 것이 GTO인데(프로그램들 간의 미세한 차이는 생략: 극단화), 희한하게 우리가 거의 언제나 이 상황에서 레이스해 온다면 분명 빌런은 우리가 GTO에서 벗어난 플레이를 하고 있음을 확신하게 된다. 왜냐하면, 우리가 저 빨간색의 핸드 중 어떤 것이 될지는 모르지만, 현재 상황의 5번 연두색에 의하면 폴드가 절반 조금 더 넘게(56.4%만큼) 일어나야 하며, 3bb로 레이스하는 것은 43.6%의 빈도여야 정상이기 때문이다(빌런도 이 GTO를 사용한다는 전제하에).

끝으로 6번 연두색 칸은 각 핸드의 콤보(스페이드, 하트, 다이아몬드, 클로버) 중 어떤 특정 문양이나 콤보로 플레이하는 것이 유의

미하게 달라지는 경우에만 의미를 갖는 영역이다. 보드에 플러시가 일어날 수 있는 상황이 조성된 포스트플랍 시 이 부분이 달라질 수 있다. 그러나 아직 플랍이 펼쳐지지도 않은 지금으로선, 아무런 의미가 없다. 왜냐하면, 모든 문양은 프리플랍에서 전부 같은 가치를 갖기 때문이다.

위는 GTObase이다(이하 베이스). 필자는 베이스를 위자드보다 조금 더 선호한다(추천이 아니다, 개인적 선호다). 베이스가 갖는 인터페이스도 위자드와 비슷하다. 크게 다른 점은 보이지 않는다. 베이스는 각 항목(위자드에서 필자가 표시해 둔 연두색 영역)을 보이게 그리고 안 보이게 자기 마음대로 설정할 수 있는 기능도 있다. 더욱 깔끔한 표를 자기 마음대로 보고 싶은 독자라면 위자드보다는 베이스가 더 나을 수 있다. 보고 싶지 않은 부분을 끄는 기능이 더 풍부하다. 인터페이스에 주어진 색을 자신의 기호에 맞춰 바꾸는 것 또한 가능하다(나중에 업데이트될 수도 있다). 혹시 독자 중에 색맹이 있다면 도움이 될 것이라 필자는 생각한다. 물론 이 기능은 위자드도 지원한다.

현재 베이스에 주어진 테이블 상황과 위자드에 주어진 테이블 상황을 정확히 똑같은 조건으로 입력했다. 6명이 앉은 캐시게임이며, 모든 플레이어가 200bb의 비하인드를 가진 상황으로 입력했다. 두 GTO는 서로 다른 정답을 도출하지만, 그 차이는 매우 극미하다.

우선 베이스는, 위자드는 해서는 안 되는 액션이라 주장한 세 번째 옵션인 콜도 있다고 주장한다. SB플레이어는 림프 할 때도 있어야 한다고 주장하는 것이다(2.89%의 빈도). 꽤 낮은 빈도지만 아무튼 아예 없는 것은 분명하게 아니다. 위자드는 SB에서 림프를 전혀 하지 않는 반면, 베이스는 림프를 드물지만 쓸 때도 있어야 한다고 주장한다. 반복해서 설명하지만, 어느 것이 정해인지는 필자도 모른다. 필자가 아는 것은, 서로의 의견이 상이한 것은 사실이지만 그 차이는 그다지 크지 않다는 것이 전부다. 콜 비율뿐만 아니라 핸드에서도 액션은 조금 차이가 난다. 가령, 74s은 베이스는 거의 언제나 레이스하고 드물게 콜하라고 주장하는 반면, 위자드는 거의 언제나 폴드하고 드물게 레이스를 하라고 추천한다. 필자가 원하는 것은 『홀덤의 정석』 독자 여러분들이 이 두 차이를 인지하고 GTO를 공부하는 것, 그것이 전부다.

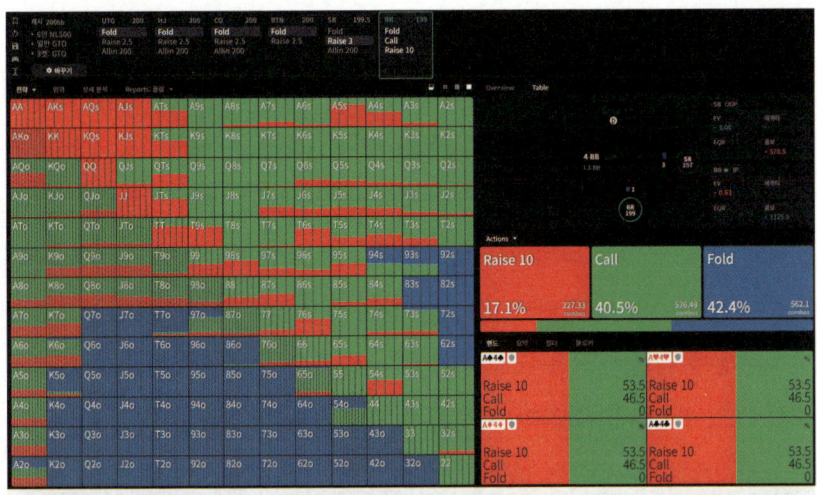

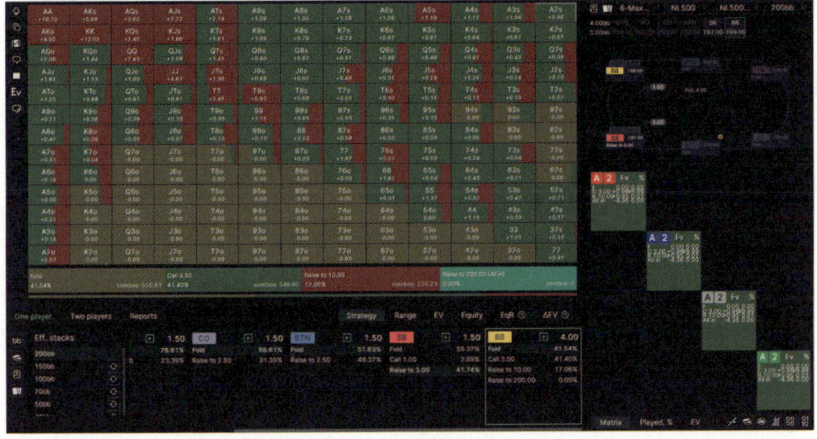

　이후 양쪽 모두에게 'SB가 3bb로 2BT한 이후, 이에 대한 BB의
반응'을 물어보았다. 두 GTO는 매우 미세한 양의 액션 빈도 차이를
여전히 보이지만, 전체적으로 그 차이는 매우 미미하다. 거의 전부
가 비슷하다고 해석해도 괜찮다(극단화). 굳이 가장 큰 차이를 뽑자
면 A2o와 54o 정도. A2o와 54o의 차이를 스스로 확인해 보라.

우리는(대부분의 인간은: 극단화) 짧고 간결한 대답을 선호한다. 쉽게 말해 '이러이러한 경우에는 벳하라. 또는 이러이러한 경우에는 폴드하라.' 이렇게 쉽고 직역 문장들을 선호하며, 이것은 튼튼한 의사소통을 수립하는 데 큰 도움을 준다. 애석하게도 인공지능은 이러한 직역적인 대답을 내놓지 못한다(그럴 때도 있긴 하지만: 극단화). 더욱 서글픈 사실은, 사람은 이러이러하다면 '왜' 그러한지도 대답할 수 있지만, 인공지능은 이 '왜'에 대한 대답은 내놓지 못한다. 다음은 캐시게임 기준, 200bb의 비하인드, 풀링 테이블(9인) 기준으로 2번 자리의 오프닝 레인지이다.

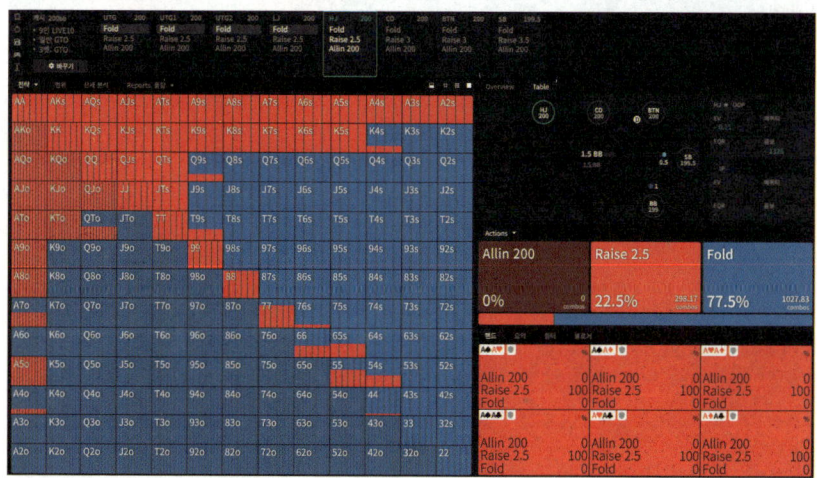

위자드는, 이 상황에서 몇몇 핸드는 분명하게 '콜/폴드 하라.'라고 대답해 주지만, 몇몇 특정 핸드에 대해서는 그렇게 분명한 대답보다는 몇 퍼센트의 빈도로 콜하라, 몇 퍼센트의 빈도로 폴드하라는 등 그 빈도만을 표현해 준다. 이렇게 두 다른 대답이 동시에 공존하는 어색한 상황을 대부분의 플레이어는 선호하지 않는다. 바로 지금부터 많은 '사람'들은 인공지능의 대답에 거부감을 느끼기 시작한다. 받아들이기 버겁다. 필자도 그렇다.

방금 필자는 '빈도'라는 표현을 썼지만, 이 낱말이 잘못 해석될까 염려스럽다. 예를 들어 9대 1의 빈도로 벳하라 할지라도, 정확히 무작위적으로 일정하게 '9번 벳하고 1번은 첵한다.'라는 의미로 해석됨을 지양한다(물론 컴퓨터는 실제로 이렇게 플레이하지만). 필자는 이 빈도를, 단순히 상황을 살펴야 하는 어떤 척도로 쓰기를 권한다. 즉, 9:1의 빈도로 벳하라고 한다면 '거의 언제나 벳이 타당하며, 예외적이고 특수한 경우에만 첵을 내림이 적당하다.' 정도로 되풀이하여 읽히길 원한다. 물론 이 부분은 필자 스스로의 의역이다. 인공지능이 90%의 확률로 벳한다고 하여, 아예 벳 사이즈 자체를 10%만 낮춰서 언제나 (100%의 빈도로) 정상적인 양에 90%에 해당되는 양으로 벳하는 플레이어도 있지만, 이래선 안 된다. 방금 이 해석만큼은 완전히 잘못되었다. 벳의 양과 벳의 빈도는 아무런 관련이 없어야 한다(3145장의 폴라라이징 효과를 기억하는가?). 빈도수가 9:1의 비율로 벳한다면 9번 벳할 때, 한 번쯤은 첵만 해주는 그 예외적인 경우로 생각해야 한다. 까다롭지만 어쩔 수 없다. 아마도 상대의 레인지가 굉장히 타이트하고, 그가 후수를 가지고 있으며, 그 빌런의 레인지와 매우 적절히 보드가 맞물렸고, 우리에게 넛츠를 만들 수 있는 카드가 확실히 없는… 그렇게 적절한 배경과 근거가 어느 정도 성립된 경우에 드디어 그 1의 빈도에 해당하는 액션 첵을 내린다. 그 특수한 조건을 만족시키는 경우에만 특별한 결정을 내리는 것이다. 반대의 경우 또한 마찬가지다.

이제 3170장으로 돌아갈 독자들은 되돌아가자.

3311.
탑페어와 세컨카드

    컴퓨터의 계산에 의하면 늘 비슷한 조건에서는 비슷한 결정을 추천하는 특정한 패턴을 발견하곤 한다. 이것은 그 어느 프로그램을 쓰든지(극미한 예외는 언제나 있다.) 크게 예외 없이 필자가 스스로 깨닫게 된 여러 패턴이다. 필자가 아는 거의 모든 패턴을 고급편에 소개해 놓았지만, 우선 그들 중 하나라도 중급편에 데려와서 소개해 놓고자 한다. 다음은 위자드의 진단서이다.

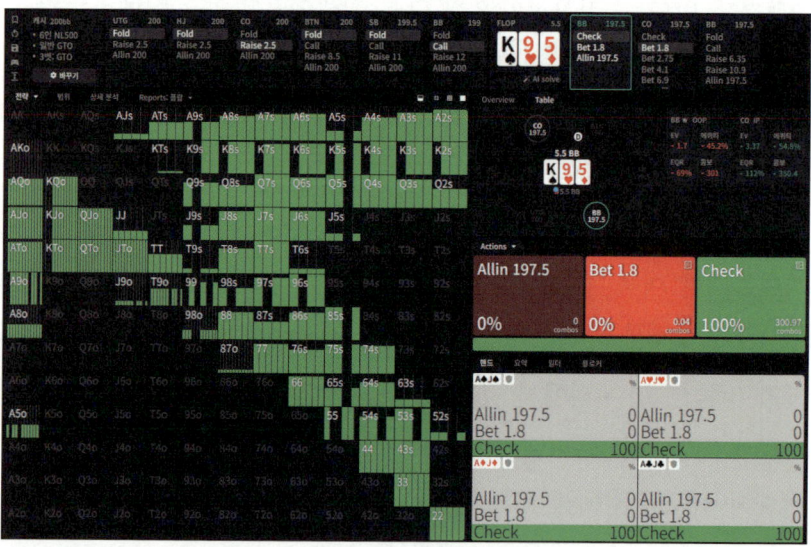

    이 진단서는 캐시게임이며, 200bb의 비하인드 스택과 6링이고, NL500의 레이크가 적용된 테이블 기준으로 작성되었음을 미리 밝힌다.

현재 UTG의 플레이어부터 폴드했다. 계속하여 HJ도 폴드하였고, 이윽고 CO의 플레이어가 2.5bb만큼을 레이스했다. 이후 모든 플레이어가 계속 폴드하고, 마지막에 BB가 콜(C2B)하였다. 플랍(K-9-5r)이 열렸다. 플랍은 의도적으로 필자가 선택하였다. 좀 드라이한 플랍부터 공부하는 게 좋을 것 같아서 일부러 이런 플랍을 선택하였다. 플랍이 열린 이후 BB의 선수다. 현재 차트는 '이 상황에서 BB가 액션해야 하는 핸드와 그 빈도는?'을 보여주고 있다.

플랍선수책(영문으로 의역한다면 아마 'Check to the Raiser'와 비슷, 직접 검색해 보길 강하게 추천)을 기억한다면 현재 BB는 어그레션도 없고(프리플랍에서 리레이즈하지 않았고 C2B로 응수했으므로), 포지션도 선수이므로 첵해야 한다. 거의 예외가 없다. 어그레션이 없는 선수(先手: 선공이 강요된 플레이어)는 플랍에서 거의 언제나 첵이다. AI도 지금 그렇게 말해 주고 있다. 빨간색은 전혀 없고 초록색투성이를 확인하라. 현재의 보드에서 100%의 확률로(99%도 아닌 정확한 100%), 모든 BB의 레인지에 있는 핸드는 첵이 정답이라고 위자드는 주장한다(그리고 위자드뿐만이 아닌 다수의 GTO들이 플랍은 선수 첵이라고 주장한다). 실제로 check에 100%가 명확히 표기되어 있다. 필자 또한 '첵'을 독자 여러분들에게 추천한다. 하지만 이것을 수학적 정해라고는 생각하지 말자! 명심해라. 생각은 여전히 열어두어야 한다. 필자도, 위자드도, 그리고 베이스도 전부 100%로 첵을 하니 반드시 첵해야 한다고 넘겨짚지 않았으면 한다. 우리의 추천이 전부 일치하니 그것이 수학적 정해라고 치부해 버려선 안 된다.

아무튼 AA, KK, QQ 등이 검은색으로 색칠된 이유는 자명하다. 그 이유를 알기 전에 한 번 스스로 곰곰이 생각해 보기를 필자는 권한다. 이유는 간단하다. BB의 포지션에서 AA, KK, QQ 등의 카드를 가지고 프리플랍에서 플랫콜(C2B)하지 않았을 것이기 때문이다. 이 말은, CO의 시선에선 BB의 액션 상자 안에 AA/KK/QQ는 완전히 배제함이 타당하다는 결론으로 귀결된다. 이것은 분명히 인공지능의 약점이 될 수 있다. 인공지능은 전략의 고착화를 인정하지 않는다. 그들은 수학적으로 상대가 비상식적인 플레이 할 수도 있음을 인정하지 않는다. 상대 또한 완벽의 포커를 구사한다고 언제나 가정한다. 인공지능 카타고를 무찌른 켈린 펠린이 기억나는 장면이다.

현재 베팅플로우(베팅 스트릿마다 액션이 일어난 흐름)을 다시 한번 살펴보자. BB는 프리플랍에서 이미 C2B하였다. 인공지능이 알고 있는 프리플랍의 C2B 상자 안에는 AA, KK, QQ가 없기 때문에 현재 레인지 상자 안에 해당 핸드들은 검정으로 표기되었다. 이렇듯 위자드는 철저히 '정상적인 액션' 등을 토대로만 액션 플로우를 설정한다. 32o 같은 핸드로 프리플랍에서 3벳을 저지른다는 말도 안 되는 액션을 설정하는 것은 불가능하다(특정 조건을 억지로 설정한 후 결괏값을 확인하려면 다른 여러 프로그램이나 유료 프로그램을 통하면 아예 불가능한 것만도 아니지만, 굳이 그럴 필요는 없을 것이다). 아무튼 이런 결과표는 우리 인간이 읽기에 매우 쉬운 결과를 보여준다. 프리플랍에서 그렇게 액션했고, 플랍이 K-9-5r가 열렸다면 빅블라인드의 플레이어(BB)는 '언제나 첵'이 정답이다. 현재 그 어느 핸드를 가지고 있다

하더라도 100%로 전부 첵해야 한다고 필자/위자드/베이스는 모두 그렇게 추천한다(이것이 여전히 수학적 정해인지는 논외 사항이다).

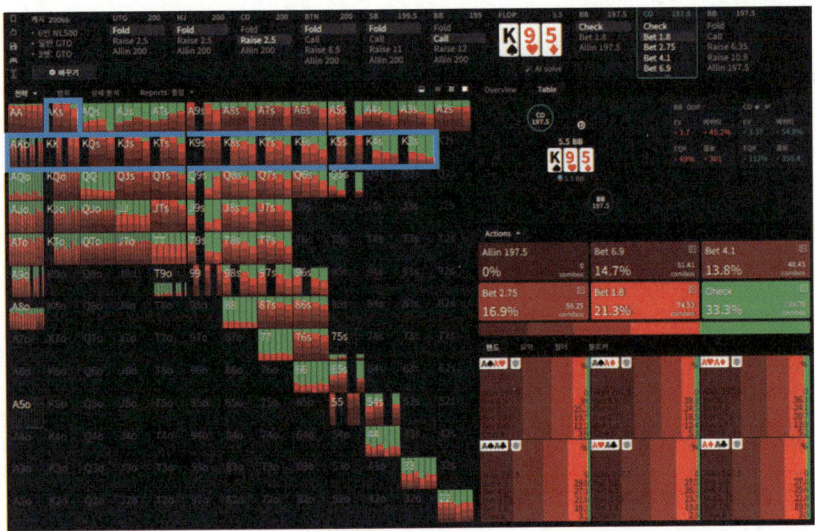

이제 CO의 순서다. 도표에서 보이는 초록색은 첵을 뜻하고, 빨간색은 벳을 뜻한다. 각각의 빨강은 그 암도(暗度: 밝기와 어두운 강도)로 얼마나 '세게' 벳하는지 그 벳의 양을 나타낸다(빈도가 아니다!). 가장 어두운(거의 갈색보다 더 어두운) 짙은 암갈색은 올인을 뜻한다. 그것은 현재 5.5bb팟에 CO는 자신이 가지고 있는 모든 비하인드 스택 197.5bb를 올인하는 경우지만, 그 경우는 0%다. 절대 5.5bb 팟에 197.5bb를 다 벳하는 광적인 행동을 단 0.001%라도 위자드는 추천하지 않는다. 그리고 그게 상식적이기도 하다.

현재 팟은 5.5bb이다(플랍에서). 팟보다 조금 더 많은 양인 6.9BB(약 1.25p)를 벳하는 오버벳은 14.7%로 행하라고 위자드는 추천한다. 4.1bb(약 3p/4)를 벳은 13.8%의 빈도로 하며, 2.75bb(p/2)는 16.9%로 한다. 가장 높은 빈도의 21.3%의 벳은 현재 팟의 p/3(또는 1.8bb)를 쓴다.

이제 덧셈을 해보자. 14.7%+13.8%+16.9%+21.3%=66.7%

위 K-9-5r 보드에서 BB가 쳌하였다면 CO는 66.7%의 확률로 벳하는 것이 정석이라 위자드는 주장한다(양은 전혀 관련이 없다. 양과는 상관없이 모든 '아무 양이라도 일단 벳'이라는 액션이 일어 나는 빈도다. 양은 각 양에 따른 빈도가 서로 달랐었다). 여전히 이 것이 하나의 정해(正解)인지 아닌지는 모르지만, 이런 단순한 분석 은 중급편에 어울릴 주제다. 이미 이렇게 해당 진단서를 세밀하게 읽을 수 있는 독자들이 더욱더 이 진단서를 깊게 파고들어 분석해 보는 것은 고급편에 나오며, 다음처럼 진행될 것이다,

표기해 둔 '좌우로 긴 파란색 테두리'를 주목하라. 이 항렬은 모든 KXs을 가리킨다. 행렬을 자세히 보면 특정 문양은 검은색으로 빈칸 이 보일 것이다. 그 비어있는 특정 문양이 바로 Ks(스페이드 킹)가 포함된 KXs이다. 스페이드 킹은 플레이어에 레인지에 있는 것이 불 가능하다. 왜냐하면, 이미 보드에 스페이드 킹이 출현하였기에 스페 이드 킹으로 수딧킹을 만드는 것은 불가능해서 그렇다. 그래서 스페 이드 킹으로 만들 수 있는 수딧킹 칸은 전부 비어있는 것(검정)처럼 보인다. 하지만 필자가 설명하고자 하는 것은 그것이 아니다.

행렬 전체를 세밀히 살펴보면 특정 구간부터 슬슬 붉은색(벳하는 영역)이 줄어들고, 은근히 초록색(첵이 추천되는 영역)이 늘어남이 보일 것이다. 붉은색이 제일 많이 분포되어 있는 구간은

- KXs의 킥커가 Q ~ T
- KXs의 킥커가 8 ~ 6
- KXs의 킥커가 4 ~ 3

이렇게 세 구간으로 나뉨을 확인하라. 각 구간을 나누는 지점이 특별하게 눈에 들어온다. 그 나눔이 발생하는 지점인, K9s과 K5s는 전부 다 벳하는 것이 분명하게 옳다고 명확하게 추천된다. 이 두 핸드의 공통점은 바로 투페어다. 지금 위자드는 플랍에서 투페어를 만들면 첵하지 말고 벳하라고 추천하는 것이다(대부분은 그럴 테지만, 언제나 이렇게 해서는 안 된다. 그 예를 나중에 다룰 것이다! 성급하게 속단해선 안 된다!).

텍사스 홀덤의 169가지의 스타팅 핸드 중 KXs는 오직 12개다. 이 12개의 항렬 중에서 <u>현재의 보드와 레인지에서</u> 투페어가 되는 것은 K9s, K5s가 유일하다. 혹자는 95도 투페어가 되지 않느냐고 되물을 수 있다. 필자는 분명 '전략의 고착화를 지양함'을 인정한 바 있다. 그러나 우리의 실력이 올라가면 올라갈수록, 수학적으로 분명히 −EV인 핸드(레인지 바깥에 있는 핸드)를 일일이 다루면서 접근하는 방법이 지양되는 시기 또한 슬슬 다가오고 있다. 비효율적이다. 여러분은 더 이상 초보가 아니다. 그 적절한 시작 시점이 바로 지금이

다. 필요 없는 잔가지는 과감하게 쳐내라. 지금 우리는 95를 레인지에 넣고 계속 의논을 이어나가야만 할 정도로 낮은 수준의 분석에서 벗어나려 하고 있다. 95는 배제함이 타당하다. 95는 아예 프리플랍에서 레인지 바깥에 있었다. 만일 95를 플레이하는 빌런을 만났다고 쳐도 여전히 우리는 우리의 옳은 방식을 고수해야 한다.

그렇다면 AA도 레인지 바깥에 있는가? 아니다. AA는 여전히 CO의 레인지에 있다. CO는 분명히 프리플랍에서 벳하였고, 지금까지 단 한 번도 수비형 액션을 취한 적이 없다. AA(에이시스)는 여전히 현재의 액션 플로우를 가질 수 있는 핸드다. CO의 액션 상자에는 여전히 분명하게 AA가 들어있다. GTO의 차트도 현재 그의 레인지에 AA를 보여준다. 그리고 AA를 가지고 있다면 거의 언제나 99%로 벳해야 한다고 보여준다(벳의 양은 분산되어 있지만, 그것은 논외로 하며 벳의 양은 초급편에서 간단하게 짚었지만, 고급편에서 더욱 자세히 서술한다. 지금은 벳이냐 첵이냐를 결정하는 액션 선택의 방향만 바라보자). 그렇다면 필자가 소개하고자 하는 분석은 무엇이란 말인가? 그것은 다음과 같다.

탑페어를 만든 후, 킥커가 보드의 두 번째 카드보다 크다면
벳/레이스가 타당하다.
만일 탑페어 이후의 카드가 보드의 두 번째 카드보다 낮다면
첵/콜이 무난하다.
단, TPAK는 예외로 한다. 에이스가 킥커인 경우엔 거의
언제나 이 명제가 적용되지 않는다.

필자가 다른 플레이어의 복기를 도와줄 때, 이렇게 똑부러지게 요약해야지만 성공적으로 그들은 기억하곤 했다. 위 명제는 여러 가지의 추가적인 검증이 필요하다. 자, 지금 바로 다음의 검증 과정을 확인해 보자.

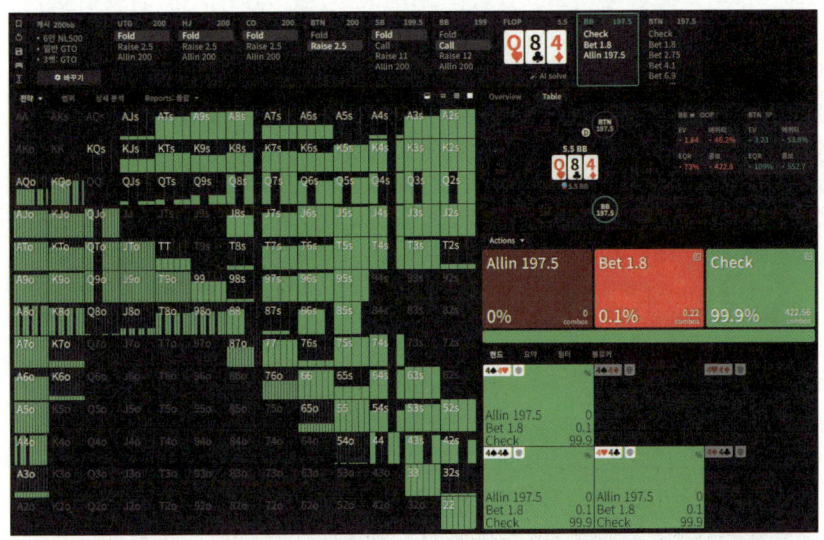

정확히 똑같은 조건의 테이블에서 이번에는 다른 플랍을 가지고 왔다. 테이블의 조건은 같아야 하지만, 모든 포지션에서 공통으로 적용되는 특정 패턴을 찾는 것이 이 실험의 목적이기에, 테이블의 조건(스택량, 플레이어의 숫자, 게임의 종류) 등은 같아야 하지만, 플레이하는 포지션에만 변함을 주었다. 이번에는 0번이 오픈하였고 (2.5bb양만큼 이전과 정확히 같은 양), 포지션이 없는 BB가 C2B한 상황이다. 플랍이 펼쳐졌다. 비슷하지만 조금은 다른 플랍 Q-8-4r가 펼쳐졌다. 하지만 여전히 비슷하게 메마른 플랍이다. 기억하는가? 플랍선수첵. 위자드는 BB에게 99.9%로 첵을 추천한다. 이

전에는 100%로 첵을 추천했지만, 지금 Q-8-4r 보드 때문인지 아니면 오프너(오픈레이저와 같은 말: 플랍에서 먼저 벳하고 공격해온 플레이어)의 포지션이 0번으로 변경되어서 그 값이 조정된 건지는 모른다. 하지만 100%와 99.9%의 차이에 큰 의미를 두지는 말자. <u>아무튼 플랍에서의 선수는 첵이다.</u> 거의 예외가 없다(극단화).

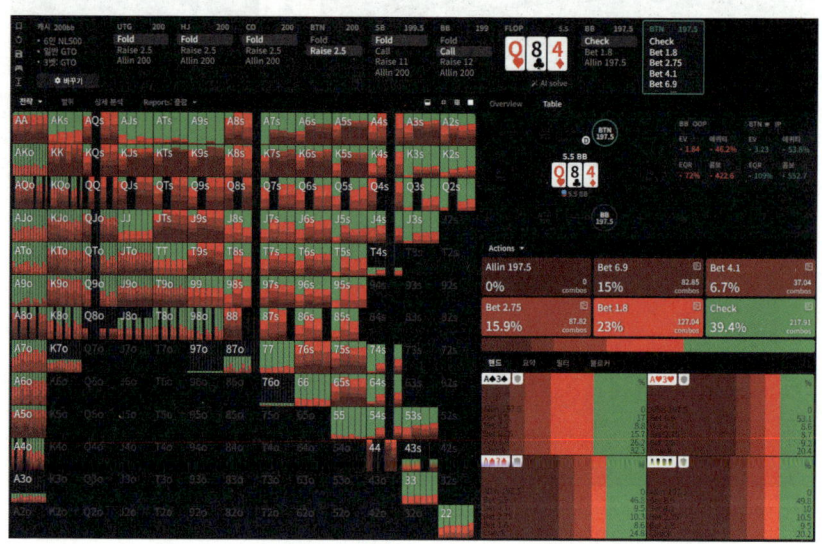

　같은 보드에서 설명을 계속 이어간다. 선수가 플랍에서 첵했다. 이제 0번의 후수 차례다. 선택지는 39.4%로 첵백(Check back), 그 남은 빈도로(100-39.4=60.6%) 벳하라고 위자드는 추천한다. 우리가 보고 싶은 것은 QX에 대한 항렬이다. 그 항렬을 찾아서 마음속으로 파란 테두리를 긋고 주목하라. 이번에는 QXs뿐만이 아닌 QXo도 볼 수 있다. 보드의 두 번째로 높은 카드인 8보다 더 높은 킥커를 플레이어가 가지고 있을 때 벳이 높은 빈도로 추천된다. 특히 Q9까지는 Q9ss(ss: 스페이드 수딧)를 제외하면 거의 언제나 벳해야 한다고 위자드는 설명한다. QJs~Q9s까지는 전부 벳 상자에 넣자는 것이다(극단화). 이 기세가 Q7s 이하가 되면서 꺾이기 시작한다. 특히 Q5ss는 오히려 벳과 첵이 거의 비슷하다. 탑페어를 만들고도 첵이 추천되는 시점이다. Q3ss부터는 되려 첵이 벳을 압도한다. Q3과 Q2은 거의 대부분 첵이 맞다고 위자드는 추천한다.

오프숫 탑페어(Qxo)는 어떨까? 상황이 크게 다르진 않아 보인다. 수딧보다는 덜하지만 여전히 QJo와 QTo는 벳이 첵보다 우세하며, Q9o 정도 가면 거의 아슬아슬하게 벳이 첵보다 여전히 우세함을 확인할 수 있다. 레인지에는 없지만, 만일 Q7o가 있었다면 아마 첵을 크게 추천했던 수딧의 양상과 크게 다르지 않을 것이다(이 부분은 검증되지 않은 필자의 의역이다). 이러한 비교를 바탕으로 다음과 같은 진단을 내릴 수 있다. 우리의 킥커가 보드의 두 번째 카드보다 높은 경우 더욱 자주 벳해야 하고, 우리의 킥커가 보드의 두 번째 카드보다 낮을 경우 첵의 비율을 높여야 한다.

왜 그럴까?

만약 상대방이 현재의 플랍에서 이미 투페어를 만들고 대기 중인 상황을 상상해 보자. 투페어를 만들고 있는 핸즈란 아마도 Q8이 유일할 것이다. 이때 우리는 Q원페어만 가지고 있는 상황이다. 우리는 킥커는 좋지만, 상대는 투페어이므로 암울한 상황이다. 그러나 이제 턴이나 리버에서 우리가 만들게 될지도 모르는 투페어는 필시 현재 상대방이 이미 가지고 있는 투페어보다는 강한 투페어가 될

<u>것이 확실하다.</u> 역전이 일어날 수도 있는 '고품질의 드로잉'이다. 그러므로 벳을 통하여 팟 사이즈가 커지는 액션 플로우를 선택하더라도 불만이 아니라고 해석한다.

이것은:

상황 1. '상대의 약한 투페어 Vs. 우리의 강한 투페어' = 가 되는 상황에는 빅 팟이 조성되도록 도우며,

상황 2. '상대의 강한 투페어 Vs. 우리의 약한 투페어' = 가 되는 상황에선 작은 팟이 조성되도록 돕는다.

만족스럽다. 상대가 투페어를 만들고, 우리도 투페어를 만든 상황에서 우리가 상대보다 조금 더 강한 투페어를 갖추는 조건이 갖춰졌을 때만 빅 팟이 조성되어도 괜찮다는 느낌을 위자드는 표현해 주고 있다고 필자는 해석한다. 이제 K-9-5r뿐만이 아닌 Q-8-4r 보드에서도 위의 명제, '탑페어를 만들었을 땐 킥커가 보드의 두 번째 카드보다 높을 때는 대부분 벳함이 옳다'가 증명된다(완전히 수학적인 증명은 당연히 아니다). 이뿐만이 아닌 다른 '특정 패턴'들을 모으고 모아서 그 핵심을 요약한 집대성은 고급편에서 본격적으로 다룬다. 갈 길이 멀다. 아직 절반도 못 왔다. 아니, 이제 겨우 시작이다.

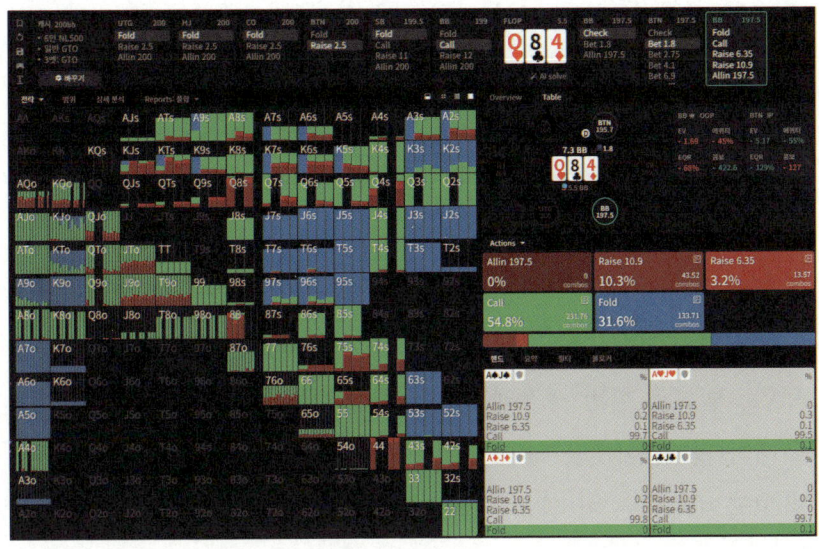

아무튼 위의 예를 계속 진행해 보자. 위 플랍에서 BB가 선수 첵 하였고, 버튼은 1.8bb를 벳해 왔다(p/3). 이때, BB의 적절한 응수에 대한 진단서이다. 해당 보드와는 아무런 사연이 없는 대부분의 정크 핸드(J7s, A6o, T5s 등등)는 100%로 폴드가 추천된다. Ace high 핸드로는 해당 보드에서 상대가 미스했을 확률이 드라이 보드여서 크니까, 고집부리고 한 번 정도는 플로팅을 걸어볼 수도 있지만(백도어도 굉장히 좋기도 하고), 위자드는 그런 플로팅이 유일하게 해볼 만한 것은 AJo 또는 ATo가 유일하다고 주장한다. 재미있는 점은 AJo 또는 ATo는 절대로, 지금과 같은 드라이 보드의 p/3 벳에 폴드하지 않는다는 것이다. 이 부분은 너무 중요해서 추후 「3330장 컨티뉴에이션 벳」에서 더욱 자세히 다룬다. 이제 남아있는 모든 핸드는 넛백도어(NBFD), 마지널 원페어(1P) 또는 명백하게 우리가 이기고 있는 핸드(예를 들어 8셋이나 4셋, 아니면 투페어 또는 탑페어)뿐이다. 이 상황에서 우리는 위자드가 레이스[그리고 이 상황에선 그냥 레이스가 아닌 첵레이스(CR)로 빌런에게 보일 것이다]를 추천하는 핸드는 투페어, 셋, 소수의 BUD+BNFD로 이루어짐을 확인하라. 벨류(투페어+셋)와 블러프(BUD+BNFD)가 적절히 섞인 것이 보이는가? 여기까지 왔다면 이제 드디어 스스로 직접 계산해 봐야 할 것이 있다. 현재의 스팟에서 우리가 CR하는 모든 핸드의 콤보 개수를 구하고, 그 콤보를 이루는 구성 비율을 블러프 Vs. 벨류로 한번 생각해 보자. 정확하지 않아도 좋다. 필자도 틀릴 때가 많다. 이것을 직접 하기가 어렵다고 느껴져도 괜찮다. 어차피 고급편에서는 이 과정을 지겹도록 반복할 것이다. 반복하여 계속 연습해 보면 나중에는 이 비율 계산에 큰 시간이 필요하지 않은 단계가 온다. 심지어 라이브 테이블 위에서도 가능해질 날이 올 것이다.

3312.
문양의 차이

『홀덤의 정석: 입문편』「1515장 플러시」단원에서 우리는 이미 각 문양의 힘은 동등하며, 특정 문양이 다른 특정 문양을 압도하지 못 한다고 하였다. 그러나 '상자 게임'의 중급자 관점에서는 매우 미세 하게 그 의미를 다르게 해석하기 시작해야 한다. 물론 승과 패를 결 정짓는 승부 구조에는 여전히 아무런 변화가 없다. 그렇다면 왜 필 자는 문양에 따라 핸드의 에쿼티가 달라질 수도 있다고 설명하는 것인가? 쉬운 예부터 시작해 보자.

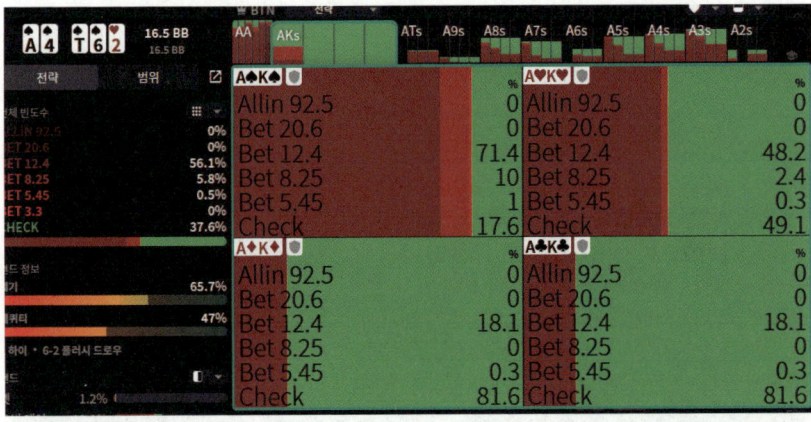

보드는 Ts−6s−2h이다. 해당 보드에서 AKs는 문양에 매우 큰 영 향을 받는다. 플러시를 만들 가능성이 전혀 없어지게 된 AKds과 AKcs(둘 다 2V+BGS)는 벳보단 첵이 크게 추천된다. 반면에 넛플러시 드로잉이 완성된 AKss(NFD+2V+BGS)는 벳이 첵보다 훨씬 더 강하게 추천되고 있다. AKhs(BNFD+2V+BGS)도 벳이 48.2% 반면 첵은 49.1%로 거의 반반의 액션이 추천된다고 위자드는 추천한다. AKs이라고 다 같은 AKs이 아니다. 문양에 따라 다르게 액션을 추천한다.

지극히 당연하다. 실전에서 본인의 핸드가 AKss인데 바닥에 스페이드가 두 개가 깔리면 플레이어 누구라도 기분이 좋을 것이다. 왜냐하면, '그냥 확연하게 스페이드가 눈에 보이기 때문'이다. 위와 같은 에쿼티를 수학적으로 자세히 들여다볼 필요는 없다고 보아도 좋다. 그냥 본능적으로 스페이드가 두 개 깔렸으니 기분 좋은 플랍임을 우리는 '직관'으로 알 수 있다. 통찰이 필요치 않다. 그러나 다음의 예부터는 통찰에 기반한 예를 시작한다. 다음의 예는 3311장에서 다루었던 위자드 진단서를 그대로 가지고 온 것이다. 이를 토대로 다음의 풀이를 시작해 보자.

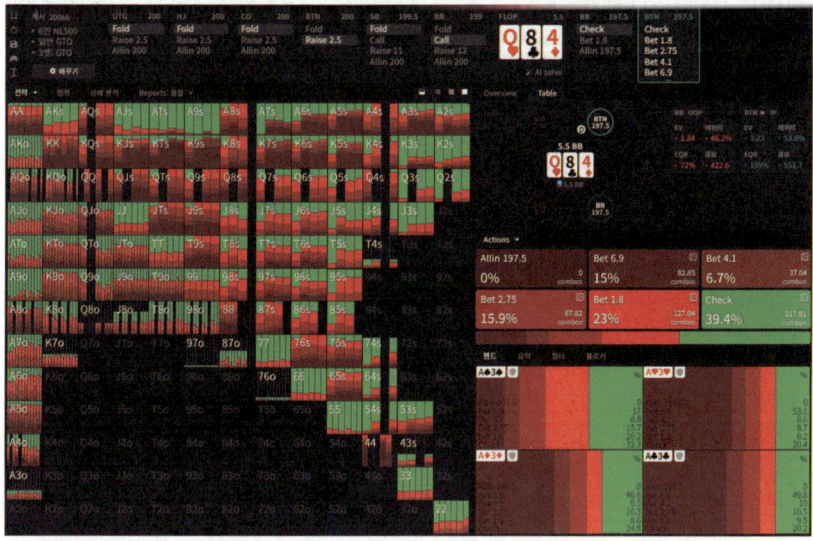

Q3s로 표기된 상자를 자세히 들여다보라. Q3s 안에서 레인지에 없는 검정 칸은 필시 Q3hs일 것이다. 왜냐하면, 지금 Qh는 이미 보드에 출현하였으므로 Q3hs를 가지고 있는 것은 불가능하여, 검은색으로 보이는 것은 누구나 쉽게 알 수 있다. 한 가지 재미있는 사실은 Q3s 중 가장 왼쪽 첫 칸은 거의 확실히 +90% 초록색인 체크를 추천하고 있는데 이것은 Q3ss를 가리킨다. 다른 두 칸인 Q3ds와 Q3cs에 비해 확실하게 체크의 빈도가 더 높다. 그 이유는 간단하다. Q3hs로는 <u>플러시를 만드는 게 확실하게 불가능한 보드이기 때문이다.</u> Q3ds나 Q3cs는 백도어 플러시가 여전히 옅지만 성립한다. 턴과 리버에 연속으로 같은 문양의 다이아나 클로버가 떨어진다면 Queen high Flush가 완성될 것이다(심지어 넛플러시가 될 수도 있다!). 이런 작은 미세한 확률 때문에, 같은 Q3s라도 그 문양과 보드에 따라 GTO는 다른 액션을 추천해 주고 있다. 이러한 분석은 위자드뿐만이 아니라 베이스에서도 똑같이 검증된다.

3320.
팟 사이즈 레이즈(2:1)

우리는 종종 상대방에게 '2:1의 오즈'를 강요하고 싶어 하는 상황을 맞닥뜨린다. 여러 상황이 있겠지만, 상대방에게 드로우가 있다는 것을 깨달았을 때, 그에게 매우 나쁜 가격을 제시하고 싶을 때가 그들 중 하나다. 문제는 상대방이 FD 또는 UD의 에퀴티만 가지고 먼저 벳해 온 경우다(물론 상대방이 어떤 핸드인지는 우리 눈에는 보이지 않겠지만).

만일 팟에 400이 있었다면, 상대방에게 2:1의 오즈를 제공하려면 우리의 벳양은 그냥 400이다. 그냥 팟 사이즈 대로 벳하면 상대방은 400+400, 즉 '800을 이기기 위하여 400을 내야 하는' 2:1의 오즈에 콜하는 결과가 된다. 만족이다. 필자는 '플랍 팟 벳'은 제법 중(重)한 액션이라 초급편에서 평가한 바가 있다. 플랍 팟 벳이 갖는 의미는 최소 33%의 에퀴티가 확보되지 않으면 쉽사리 콜할 수 없는 환경을 상대에게 선사했다고 의역한다(이것도 플랍까지만의 에퀴티이다). 대부분 본인이 이기고 있다는 마음이 강해야지만 콜해 올 수 있는 기준선이 필자는 이 33%의 에퀴티, 팟 사이즈 벳 또는 2:1의 오즈를 압박하는 자세라고 가리킨다. 이것은 단순 수학에 바탕을 둔 명제다. 그러므로 플랍에서의 팟벳은 매우 강한 의미를 지니고 있다고 초급편에서 설명했던 바가 있다.

문제는 상대가 <u>먼저</u> 벳해 왔을 때다(예를 들어 동크벳 150). 짐작건대, 상대방의 레인지에 무수히도 많은 드로잉이 있다. 강한 메이드 핸드가 있다고 보기엔 어렵고, 이것은 우리 또한 마찬가지다. 대개 보드가 HMM(High-Medium-Medium: High는 K~T, Medium은 9~6, Low는 5~2)에 투톤(tt)으로 깔렸을 때 종종 이런 일이 일어나는데(극단화: 스택과 플레이어의 포지션에 따라서 달라질 수 있다), 이때 우리가 셋을 쥐고 있다면 상대를 지금 강하게 추궁해야 한다. 이것은 선택이 아니라 필수에 가깝다. 여유를 부리며 미들셋이나 바텀셋으로 플랫 콜 해줘선 안 된다('안 된다'란 표현보단 '아쉽다' 정도로 읽혔으면 한다). 탑셋으로는 플랫콜도 가능하지만(FD마저 블락하고 있는 경우 또는 블러프를 유도할 수밖에 없는 경우), 다른 셋은 강하게 추궁해야 한다. 왜냐하면, 400짜리 팟을 150의 가격에 사 가려 하는 행동을 허용해선 안 되기 때문이다(필자는 입문편에서 벳을 '팟을 사려는 행동'이라는 의미로 서술했던 적이 있다: 지금을 염두에 두고서 그렇게 표현했다). 400짜리 팟에 대한 턴 카드를 사려면 우리는 최소 275 이상의 가격을 받아야 타당하다(극단화). 150은 너무 싸다. 기분이 나쁘다. 그래서 바로 지금 같은 경우, 우리는 빌런에게 2:1의 오즈를 강요하고 싶다. 하지만 기존의 양(대충 400 언저리)으로 레이스했다간 상대방은 400+400+150=950을 이기기 위하여 250만 추가로 내면 되는 상황이므로, 3.8:1의 오즈를 허용하게 된다. 이것은 드로우 핸즈로 콜하고 따라붙기에 매우 기분 좋은 가격이다. 거의 폴드하지 않을 것이다. 심지어 아무것도 없는 핸드로도 그냥 콜하기에 여전히 나쁜 오즈라 보기 어렵다. 상대방은 수지타산이 맞는 가격으로 흥정에 성공하여 알맞은 가격에 드로잉을 시도하도록 우리는 그를 허용한 셈이다. 상대방은 리스크를 짊어졌지만 그 가격이 합리적이지 않았고, 압박을 받지 않은 채로 드로잉을 시도, 그리고 종종 완료하는 빈도가 생겨날 것이다. 이래서는 안 된다. 상대방이 드로잉을 시도하고 있다고 판단되면 반드시 2:1 정도 아니면 아무리 적어도 2.25:1 정도의 오즈라도 눌러줘야만 한다(물론 피쉬들은 1.75:1보다도 낮은 오즈에도 콜해 올 테지만). 블러프를 걸 때도 이 2:1의 오즈는 매우 위력적인 압력을 불러온다. 빌런이 우리를 정찰해 보기 위해 프로빙 벳을 걸어왔을 때도 2:1의 오즈를 제공하는 '팟 사이즈 레이즈'라는 반격기를 걸면 종종 손쉽게 팟을 가져오는 상황이 관찰된다. 그러나 이 '팟 사이즈 레이즈'를 구하는 셈법이 헷갈린다. 실전의 카지노에서 계산기를 꺼낼 수도 없고, 대체 어떻게 하면 이 팟 사이즈 레이즈를 빨리 계산할까?

여기 매우 쉬운 방법을 소개한다.

<u>상대방이 걸어온 벳에 일단 숫자 3을 곱하고, 남은 모든 금액(팟)에 있는 금액을 전부 더하면 언제나 팟 사이즈로 레이즈한 셈이 된다. 상대에게 2:1의 오즈를 제안하는 양을 쉽고 빠르게 완성시키는 방법이다.</u> 즉, 위의 경우에서 상대방이 150을 걸어왔으니 그 금액에 3을 곱하면 450이 된다(150x3=450). 이 450에다가 현재 팟의 양(400)을 더하면 450+400=850이 된다. 이로써 우리가 레이즈해야 하는 금액은 850이다. 우리가 850으로 레이즈하면 빌런에게 2:1의 오즈를 제공할 수 있게 된다.

검산을 해보자. 이제 빌런은 자신의 150에 벳한 양에 700을 더 얹어서 850을 맞춰야 한다(콜하려면). 현재 팟엔 400, 우리의 레이즈 금액 850, 그리고 이미 빌런이 벳해 온 금액 150을 다 더하면 정확히 400+850+150=1,400이 된다. 1,400을 이기려면 700을 추가로 지불해야만 하는 상황이 조성된다. 2:1의 오즈다. 이제야 가격이 마음에 든다. 2:1의 공식은 이렇게 쉽게 머릿속으로 암산하여 구할 수 있다.

컨티뉴에이션 벳(Continuation Bet)에 대하여

히어로가 프리플랍에서 오픈하고, 이후 빌런이 따라 들어왔다. 우리는 이번 핸드에서 아직 한 번도 콜과 같은 수비형 액션을 선보인 적이 없다. 여전히 주도권(어그레션)은 우리에게 있다. 그리고 플랍이 열린 후, 이 주도권을 계속 이어나가는 '공격형 액션'을 선보인다. 이렇게 연결된 주도권으로 계속 벳하여 공격하는 것을 cbet(Continuation Bet)이라 불림을 초급편에서 배운 적이 있다. 이 cbet은 텍사스 홀덤에서 매우 중요한 개념 중 하나다. 과거 1990년도 언저리에는 이 cbet에 대한 개념을 아직 잘 모르는 플레이어가 많았기에, 그냥 플랍이 열리면 아무런 생각 없이 일단 p/3만 때려도 대충 2/3의 확률로 플랍과 인연이 없는 플레이어들은 폴드하곤 했다는 증언을 오래된 아카이브 포럼에서 읽었던 적이 있다 (물론 필자는 실제 그 시절을 겪은 적이 없어서 증명할 수는 없지만). 매우 쉬운 EV를 만드는 방법이었을 것이다. 하지만 시대가 달라졌다. 정보 기술의 발달로 대부분의 현대 플레이어들은 이 cbet을 더 이상 두려워하지 않는다. 그렇기에 언제나(100%의 빈도로) 이 cbet을 행함이 이젠 오히려 -EV가 될 수 있다. 왜냐하면, 그들은 콜로 끊기보다 종종 레이스(또는 첵 레이스)를 섞어서 저항해 올 것이기 때문이다. 플레이어들의 수준이 높아질수록 위와 같은 묻지마식 cbet을 언제 자제하고, 언제 행해야 함이 옳은지에 대한 정보를 찾는 이들이 늘어만 갔다. 아래는 필자 개인의 경험을 토대로 모아온 작은 사견이다. 보드 텍스쳐에 대한 cbet 스팟은 고급편에서 다룬다. 지금은 액션 플로우를 기반하여 접근하는 것에 집중하자. 그것이 훨씬 더 장기적으로 좋은 배움의 순서다.

1. 사람이 많을 땐(멀티웨이 팟: 한 팟에 세 사람 이상 몰려있는 경우) cbet을 되도록이면 하지 말 것. 경쟁자가 세 명 또는 그 이상이 몰리면 그들 중 적어도 한 명은 분명히 해당 보드와 핸드가 잘 맞물렸을 것이라고 해석함이 타당하다. 심지어 여러 명이 동시에 해당 보드와 인연이 생길 수 있다. cbet이 갖는 첫 번째 목적을 다시 한번 잘 생각해 보자. <u>cbet의 가장 큰 목적은 보드와 맞물릴 확률이 1/3 정도이기 때문에, 그렇지 않을 2/3 경우(대부분의 상황) 중 상대를 몰아내기 위함이다.</u> '사람이 여러 명'이란 대목에서부터 cbet의 가장 큰 목적에 부합되지 않는다. 오히려 사람이 지나치게 많으면 cbet을 해야 할 이유가 너무 나약해진 셈이다. 압박을 줘서 몰아내려고 해도 폴드 할 수 없는 핸드(매우 강력한 핸드나 팟오즈가 양수인 핸즈 또는 히어로의 이미지를 나약하다고 판단)를 든 경쟁자만 콜/레이스 해올 것이 자명하다. 그러므로 사람이 많다면 아무것도 없으면서 다짜고짜 보드만 보고 cbet하기엔 부적절하다. 사람이 많음에도 cbet해야 한다면 그것은 아마 플랍에서 제법 괜찮은 핸드를 이미 만들었기에, 해당 벨류를 모든 경쟁자에게 청구하는 경우가 대부분일 것이다.

2. 드라이 보드일수록 cbet을 할 것. 이번에도 역시 cbet의 가장

큰 목적과 그 맥을 함께한다. cbet은 대부분의 경우(2/3의 확률로), 그를 팟에서 몰아내기 위함이다. 상대방이 FD 또는 UD처럼 그 어느 드로잉마저도 없을 법한 보드인 드라이 보드인 경우에 더욱 타당하게 cbet을 할 수 있다. 이런 마른 보드에서의 cbet이 보드가 젖어있을 때보다 더욱 잘 상대를 밀어낸다. 그러므로 이것을 더욱 정확하고 알맞게 이용하려면 보드의 텍스쳐를 정밀하게 읽는 훈련이 이미 잘 닦여져 있어야 한다. 보드가 드라이인지 웻인지 정확하게 진단할 수 있는 힘을 기르자. 대부분 드라이 보드의 알맞은 cbet 양은 p/4~p/2이 부드럽다. cbet의 가장 기본인 2/3의 확률로 상대를 밀어내는 목적과 긴밀하게 연결되어 있는 수치임을 확인하라. 하지만 주의해야 할 것이 있다. 메마른 보드에서 상대방이 강하게 되레 응전해 온다면 필시 그는 이렇게 메마른 상황에서 만들 수 있는 몬스터 핸즈(예를 들면 셋)를 들고 있는 경우가 많다. 상대가 고품질의 드로잉과 넛츠로 폴라라이징을 구사할 정도로 영리한 플레이어인가? 그리고 지금 막 설명한 '드라이 보드에서의 p/3벳'은 고급편에서는 오히려 정반대로 배울 것이다. 특정한 드라이 보드에서는 부드러운 p/3보다 1p 이상의 강벳이 추천되는 상황을 구별하는 법을 공부할 것이다. 지금은 "드라이 보드에서는 '자주' cbet할 것"만 기억하자(양과는 아무런 관련이 없다). 지금은 A-7-2r와 7-3-2r의 차이에 대해 공부할 단계가 아니다. 그리고 방금 말한 p/4~p/2의 부드러움은 flop cbet에만 적용되는 사항이다. 턴과 리버는 다른 느낌의 액션이 필요할 것이다. 지금의 3330장은 플랍의 cbet만을 다루고 있다.

3. 후수일 때 cbet을 자주 할 것. 많은 사람이 보드의 텍스쳐에만 cbet의 흐름을 이해하려고 한다. 하지만 플랍에서의 cbet은 우리가 후수를 쥐고 있을 때 그 의미가 달라질 수 있다. 특히 우리가 선수가 아닌 후수일 때 우리가 플랍에서 벳한다면 이것은 빌런에게 계속해서 턴에서도 첵을 강요하라는 무언의 압력을 제공한다. 그가 지니고 있는 핸즈의 강약과는 아무런 관련이 없다. 설령 그가 몬스터를 지니고 있을지라도 우리가 여전히 턴에서도 벳할 수 있기에 그가 턴에서도 계속 첵을 검토하도록 유발하는 것. 실제로 그가 턴에서도 첵하는지와는 무관하게, 일단 '첵을 검토한다'는 것 자체가 장기적으로 보았을 때 우리의 +EV로 작용한다. 우리의 어그레션이 아직 턴에서도 끝나지 않는 경우가 대부분이므로, 더더욱 우리의 '후수 cbet'은 빌런에게 턴에서도 충분히 첵을 하기에 유연한 플로우를 조성한다. 그러므로 우리가 플랍에서 후수를 잡고 행했던 cbet은→턴과 리버까지도 모든 카드를 확인하며 팟 사이즈를 컨트롤할 수 있게 도와준다. 우리가 플랍에서 행한 cbet이 <u>빌런으로 하여금 턴에서의 첵을 강요케</u> 하고, 이는 우리가 갑자기 태도를 바꿔서 턴에서도 역시 첵 백(Check Back: 같이 첵을 내려 액션 플로우에 빈칸을 남기는 수비형 액션)을 내림으로 인하여 추가적인 리스크 없이 쉽게 리버를 눈으로 확인하여 에퀴티를 확정하는 시간을 벌 수 있다. 이것은 대단한 의미를 지닌다. 왜냐하면, 모든 종류의 드로잉이 실패인지 성공인지 확실하게 확인할 수 있는 유일한 구간이 바로 리버인데, 그 확인 작업이 끝나고 나서도, 심지어 여전히 한 번 더 벳할 기회가 여전히 주어짐은 <u>플랍에서의 후수+cbet</u>으로부터 물려받은 것임을 잊지 말자. 심지어 이젠 리버에서 빌런이 벳

해 온다면, 그리고 우리는 드로잉에 메이드하여 더욱 팟을 불리고 싶다면 콜이 아닌 레이스로 올려 감아칠 수도 있다. 또는 상대방의 리버 벨류벳에 콜하지 않고 쉽게 폴드하여 탈출할 수도 있다. 후수를 쥔다는 것이 이렇게나 게임을 유리하게 풀어가게 도와준다. 후수가 있다면 플랍에서 cbet을 긍정적으로 검토하라.

4. 프리플랍에서 주도권(어그레션)을 계속 가지고 왔을 때에만 cbet해 볼 수 있다. 이것은 플랍에서 어그레션을 가지고 왔을 때 언제나 cbet해야만 한다는 의미는 아니다. 어그레션이 있다면 최소 조건은 만족이란 이야기다. 어그레션에 대한 자세한 이해(『홀덤의 정석: 초급편』 2430장 참조)가 확립되지 않은 빌런들은, 간혹 프리플랍에서 히어로가 오픈한 이후 콜로 수비(C2B)했던 주제에 난데없이 플랍에서 먼저 벳해 오는 경우가 있다. 동크벳인데, 프리플랍에서 '콜'처럼 수비형으로 나약한 모습을 보여줬던 빌런이 먼저 리드해 나가면 히어로는 굳이 마지널(나약한) 핸드를 지니고 무리하게 따라갈 필요가 없다. 쉽게 보내주면 된다. 반대로 이것을 노리고 선수를 쥔 채 동크벳을 날리는 플레이어가 눈에 들어온다면 그가 동크벳했을 때 우리는 콜/폴드하기보단 레이스/폴드하면 그만이다. 그러면 우리는 강력한 에쿼티를 지니고 있을 땐 빅 팟을 걸고 싸우게 되므로 대만족이다. 또는 와이드한 빌런에겐 플로팅을 걸어볼 수도 있다.

5. '선수플랍첵(Check to the Raiser).'은 필자가 테이블에서 종종 혼잣말로 머릿속에서 되뇌이는 문장이다. 선수플랍첵. cbet을 포지션 없이 하는 것만큼 맛없는 게임을 풀어나가고 싶지 않다. 실제

로 필자의 게임 기록 일지를 살펴보면 큰 팟을 이기거나 매우 위험하게 큰 출혈이 일어남을 미리 방지했던 건 전부 '선수를 쥐고 플랍에서 첵'했기 때문이었다. 이게 정말 정말 정말 큰 비결 중의 하나라고 필자는 자찬한다. 어그레션이 없는 선수는 거의 언제나 첵하자. 한마디로 말하면 동크벳하지 말라는 뜻이다. 어그레션이 있든 없든, 선수를 쥐고 플랍에 진입했으면 그 어떤 핸드를 만들었든지, '선수 플랍첵'은 일단 잘못된 액션이라 평가되기 어렵다. 특히 아직 뭘 해야 할지 모르겠고, 상대의 성향에 대한 판단이 서지 않은 상태라면, 게다가 어그레션마저 우리에게 없었다면 선수플랍은 거의 무조건 첵이다. 에쿼티가 있건 없건, 넛츠가 되었든 중요하지 않다. 핸즈와는 무관하다. 프리플랍에서 어그레션이 없었다는 조건과 선수로 액션해야 한다는 조건, 이 두 가지가 '참'이라면 언제나 첵이 대부분 정답이다. 실제 GTO 응용 소프트웨어들도 선수플랍첵이 정답률은 95% 언저리에 육박한다. 예외적으로 플랍에서 선수로 cbet이 가능한 경우는 이미 프리플랍에서 공격적 액션(벳 또는 레이스)을 하여 어그레션이 있는 경우에 한한다. 이것도 언제나 그 경우 cbet을 해야 하는 것도 아니고, '할 수 있는 최소 조건'이 완성된 것이다.

6. cbet은 몇몇 빈도로 반드시 실패한다. 당연한 이야기지만, 1/3의 빈도로 cbet은 반드시 실패한다(극단화). 실패란 상대방이 우리의 cbet에 방어한 모든 케이스를 가리킨다. 레이즈를 맞는 것도 포함된다. 이것은 상대방이 cbet에 대한 강한 공부가 되어있을 때, 그 숫자는 더욱 탄탄해진다. 더욱 자주 실패할 수밖에 없다. 그러므로 한두어 번 cbet이 실패하여 콜당했다고 해서 굳이 주눅 들거나 자

신감을 잃을 필요는 없다. 1/3의 실패는 당연한 것이다. 결과를 의연하게 받아들이자.

7. 레인보우 보드와 모노톤 보드: 레인보우 보드는 위의 2번에서 서술했던 '드라이 보드'와 매우 비슷한 이유로 씨벳이 추천된다. 반대로 모노톤 보드는 그와는 정반대의 이유로 씨벳이 추천되지만, 벳의 양을 아주 적게 줄여서 살짝 찔러보는 느낌의 cbet이 더 낫다. 아무튼 프리플랍에서 어그레션을 선보였다는 것은 프리플랍에서 나약하게 콜로 방어한 플레이어보다 '더 NFD를 만들 권리가 확보된 Ace'를 가지고 있을 확률이 더 높아서 그렇다.

8. 브로드웨이 보드(Broad Way: A~T까지 고등급 카드로 구성된 보드): 처음에 이것을 넣어야 할지 말아야 할지 매우 고민하였다. 여전히 씨벳을 추천하긴 하지만…, 이 전략으로부터 우리가 기대할 수 있는 최적의 효과는 이런 보드에서의 작은 cbet으로 대부분 99 이하의 포켓페어와 MLP(Medium Low Pocket Pair)를 타깃팅하여 폴드시킬 수 있다는 점뿐이다. 브로드웨이 보드에서 포켓 77은 큰 힘을 발휘하지 못한다. 또는 미디움 갭 커넥터[Medium Gap Connector(MGC): T8-] 그리고 대부분의 미디움 수딧 커넥터[Medium Suited Connector(MSC): T9s-] 이하의 핸드를 플레이하는 플레이어들에게 폴드를 받아올 수 있다. 필자가 처음에 이것을 넣기를 망설였던 이유는 예외적인 조건이 꽤 많았기 때문인데, 어쨌든 작은 cbet으로도 MLP/MGC/MSC를 걸러내려는 의도로만 조심해서 쓰인다면 그것만으로도 꽤 괜찮은 EV가 되므로 서

술하기로 결정하였다.

9. 페어보드에서는 페어가 된 카드의 등급을 확인하고 씨벳을 결정해야 한다. 해당 카드의 등급이 현재 빌런에게 더 유리한 레인지에 있는가? 아니면 우리의 포지션에 더 있을 만한 등급의 카드인가? 위 3122장의 '넷 어드벤티지' 예시를 기억하는가? 그때의 4-3-3 보드를 기억하는가? 이런 보드에서 '3'의 카드가 더욱 있음직한 포지션에 히어로가 있다면 망설임 없이 cbet을 감행해 볼 만하다. 너에겐 확실히 없겠지만 나에겐 있을 수도 있는 보드이므로 우리의 용기에 어색함이 없다. 넷 어드벤티지다. 종종 이런 4-3-3 보드에서 33을 실제로 가지고 첵을 내리는 경우가 있다. 이것은 다소 아쉬운 결정이 될 수 있다(빌런의 성향에 따라 다르긴 하지만: 극단화). 있든 없든 늘 한결같은 액션 상자를 구성함이 좋다. 블러프로 크게 베팅한다면 콰즈를 만들었을 때도 크게 벳해야 한다.

10. 만일 우리의 cbet에 대항하여 상대방이 언제나 콜/폴드만 액션해 오고, 거의 CR(첵레이즈)로 저항해 오지 않는다면 거의 언제나 그런 상대에겐 씨벳으로 공격하는 것이 수학적으로 옳다. 그런 빌런에겐 cbet의 빈도를 높여라(특히 우리나라에서 이게 주효할 수 있다. 필자의 우리나라 경험에는 CR을 하는 사람이 거의 없었다). 반대로 플랍에서 거의 언제나 cbet해 오는 플레이어를 상대한다면 단순히 콜/폴드로 대응하기보다 CR로 반격하는 비율을 늘려주는 것이 적절한 대응 전략이라 볼 수 있다.

11. cbet을 되도록이면 자제해야 하는 경우는 EP Vs. EP이다(이

문장은 상당히 위험하지만, 독자 여러분들의 사고회로에 이 문장이 주입됨으로 발생할 손실이 이득보다는 적을 것이라 판단하여 넣기로 결정하였다. 상당한 극단화, 조심해서 풀이). 필자는 텍사스 홀덤으로 하나의 가정을 먹여 살려야 하는 가장이므로 공격적인 플로우보단 유순한 운영의 액션 플로우를 훨씬 더 선호하는데, 만일 본인이 필자와 비슷한 성향을 가지고 있다면 이 11번은 무시해도 괜찮을 것이다. 서로가 타이트한 레인지로만 싸운다는 것을 서로가 잘 알 것이기에, 웬만한 벳으로는 쉽게 눕히지 않을 것 또한 서로 알고 있다. 아무것도 없더라도 플랍에서의 cbet에 콜만 하더라도 충분히 상대에게 위협이 된다(콜이 CR보다 더 두려운 상황을 나중에 읽게 될 것이다). 이런 EP들의 싸움에서는 평범한 TPAK만으로는 승리를 예견하기가 쉽지 않을 수 있다. 그래서 4BP(4bet Pot)에서는 선수의 cbet이 평소보다 더 낮게 벳하는 경향이 있다(예를 들면 p/4~5). Cbet이 껄끄럽되, 어그레션은 여전히 포기하기 싫다. 그래서 대부분 작게 cbet됨이 관측된다. 넛츠더라도(이런 상황에서도 여전히 상자게임의 시각은 유념되어야 하기에). 반대로 <u>cbet하기 최적의 포지션은 EP Vs. BB이다.</u> 인공지능 GTO 베이스에 의하면 빌런의 오픈레이스에 단순히 프리플랍에서 플랫(C2B)하는 빈도(레인지)가 제일 높은 포지션은 BB이다. 따라서 BB의 프리플랍 콜은 것은 매우 자연스럽고 흔한 액션이므로, 이것은 플랍 이후부터는 BB는 연약한 cbet에도 자주 폴드할 수밖에 없음을 뜻한다(왜냐하면, 레인지가 와이드 하기 때문). 그러므로 BB가 단순히 프리플랍에서 C2B하였다면 대개 BB를 상대로 cbet하는 것은 자연스럽다.

12. 당연히 수학 이외의 사실도 cbet의 빈도에 적지 않은 계산 근

거가 되어야 한다. 일반적인 싯앤고의 테이블이다. 당신이 프리플랍 주도권(어그레션)을 가지고 있고 플랍에서 1:1이 된 상황이라면 거의 80%의 빈도로 플랍에 컨티뉴에이션 벳을 하는 것이 좋다 (어그레션이 없다면 당연히 첵해야 한다. 선수플랍첵은 거의 언제나(95%) 적용된다). 그러나 실력이 낮은 테이블에서는 최악의 액션(콜)을 남발해대는 피쉬들이 우글거리기 때문에 타이트하고 조금은 더 신중해서 cbet하도록 하자. 만일 테이블 전체의 수준이 낮다면 거의 언제나 합리적인 에쿼티가 나오는 모든 보드에서는 망설이지 말고 cbet을 적극적으로 검토해야 한다.

13. 에쿼티를 실현시키는 쇼다운 벨류가 그 자체로도 좋다면 작은 팟으로 쇼다운에 도달하려 시도하고, 이에 대해 만족하는 것이 영명하다. 자체로 쇼다운 벨류가 좋은 상황에서는 굳이 턴이나 리버에서의 cbet을 자제하라는 의미다. 예컨대 JJ를 들고 MP에서 오픈한 경우다. 버튼이 C2B하였고, 나머지는 전부 폴드하였다. 플랍이 열렸다. 플랍은 Q-8-4r. 대부분 초심자들은 이런 보드에 실망한다. 그 이유는 보드에 내가 가진 J보다 높은 Q가 출현했기 때문인데, 사실 이것은 전혀 걱정할 필요가 없다. 초심자들은 '상대방에게 Qx가 있을지도 모른다' 등의 태도를 보이지만, 사실 이 상황에 대한 정확한 판단은 'Qx을 제외하면 나는 전부 다 이길 수 있다'여야 한다. 왜냐하면, 상대방이 3bet을 하지 않았기 때문에 현재 상대방은 우리보다 연약한 레인지를 갖고 있다고 봄이 합리적이다. 이렇게 보드가 메마르면 보드와 힛되는 것은 쌍방이 힘들기에, <u>지금 우리 손에 있는 JJ는 상대방에게 Q이 없다는 것을 안 순</u>

간 그 자체로 이미 이기고 있음을 확인시켜 주는 강력한 핸드다. 쇼다운벨류가 크다고 진단한다. A가 없는 이런 드라이 보드에서 JJ으로 원오버 보드를 마주친다는 것은, 아마 상대방의 레인지를 대부분 이기고 있다고 보아야 한다. 상대방의 한 핸드만 보지 말고, 박스 전체를 바라보아라. 심지어 양측의 상자에서 Q의 콤보 개수는 분명 우리(MP)가 버튼(0)보다 많다. 바로 이럴 때, 벳이 아닌 첵으로 밸런싱을 실어줄 좋은 기회다. 쇼다운 벨류에 만족하는 것이다. cbet 대신에 첵을 내리자. 벳을 하고 싶은가? 그렇다면 포지션을 바라보라. 우리는 선수다. 첵이 더 많은 근거를 지니고 있다. 오히려 상대방이 실제로 Q를 만들었더라도, 여전히 킥커 때문에 벳은 어렵다(킥커가 좋았다면 C2B가 아닌 3Bet이란 상자를 프리플랍에서 보냈을 것이다. Q 페어를 맞추고 킥커까지 좋은 핸드라면 KQ+ ~ KJs+ 일 것이기 때문). 강력하게 리드하고 싶지만 우리의 포지션이 아쉬운 지금, 첵을 선언하여 어그레션 대신 밸런싱을 가져가자. 포지션이 이렇게나 무섭다. MP의 첵에 오히려 빌런이 벳해 올 수도 있다. 그러나 거의 블러프일 것이다. 그 경우 MP(JJ)는 폴드보단 침착하게 콜로 끊고, 천천히 에퀴티를 실현하려 뒤따르는 행보가 가볍다.

14. 위험보상비율에 따르면 블라인드가 높아져서 팟이 획득할만한 가치가 높아질수록 더 공격적으로 플레이해야 한다. 따라서 블라인드가 높아지면 더 자주 cbet해야 한다. 특별한 악조건, 예를 들어 상대가 여러 명이거나 상대가 굉장한 매니악(절대 폴드하지 않는 미치광이)이 아니라면 일반적으로 cbet은 나쁜 판단이라 보기에

어렵다. 그래도 여전히 플랍선수첵은 기억할 것.

15. 4BP에서 우리의 cbet은 아무리 적은 양이라도 일단 하는 것이 추천된다. 아마도 p/4 정도가 적절할 것이다. 몇몇 프로들은 p/5, 심지어 p/6도 사용한다. 이유는 극명하다. 우리의 4BT 레인지가 상대방의 콜링레인지(C4B)보다 더욱 강하고, 벳을 멈추면 어그레션이 쉽게 뒤집혀버리는 벼랑 끝 스팟이 대부분이기 때문이다. 이런 4BP에선 두려워도 리드(Lead)를 멈춰선 안 되는 쪽으로 방향을 잡자. 이를 뒷받침하려면 평소 자신의 4bet 레인지를 타이트하게 관리해 뒀어야 할 것이다.

16. cbet의 여부는 보드와 포지션의 관계가 결정한다. 이것이 cbet 빈도의 거의 8할 이상을 담당한다고 필자는 느낀다. 보드의 텍스쳐는 플레이어의 각 포지션에 할당된 레인지를 검토해 봄이 절반이고, 남은 절반은 보드가 얼마나 미끄러운지(Wet Board vs. Dry Board)의 여부이다. 남은 2할은 상대의 성향이라든가, 게임의 특징(토너먼트냐 캐시냐 하는 정도)의 차이가 차지한다. cbet의 성공 확률은 히어로의 실력이라기보단 빌런의 레인지에 결정되므로, 실패했다고 하여 자신감을 잃지는 말자.

17. cbet의 두 번째 목적은 플랍에서 핸드를 맞추고, 메이드한 핸드에 합당한 벨류를 얻어내기 위해 cbet하는 것이다. 문제는 멀티웨이 팟(Multiway Pot: 헤즈업이 아닌 다수의 경쟁자가 얽혀있는 팟)이다. 경쟁자가 많다면 평소보다 더욱 깐깐한 잣대로 현재 핸드

를 평가해야 할 것이다. 왜냐하면, 평소보다 더 강한 핸드로만 벨류를 청구해야 적절하다. 피쉬가 우글거리는 테이블이라면 '배당이 좋으니까' 콜하는 플레이어가 넘쳐날 것이다. 우리의 좋은 고객들이다. 최소 탑 투페어[Top Two(탑투)라고도 불린다. 보드에서 가장 높은 투페어] 또는 그 이상을 맞췄을 때만 cbet하여 벨류를 청구할 수 있다.

18. 보드를 맞추지 못하고 미스했더라도 cbet이란 포지션과 현재의 보드와 잘 맞물리며 수긍 가는 환경이라면 주저해선 안 된다. 우리가 현재 가지고 있는 핸드만 바라보고 액션해선 안 된다. 액션 상자 전체를 생각해야 한다. 상대는 여전히 우리의 핸드를 <u>확실히</u> 모른다. 떨 필요가 전혀 없다. 우리의 상자가 해당 보드에 빌런의 상자보다 더 조화로이 얽혔다면 실제 우리에게 배정된 핸드와는 무관하게 여전히 일정하게 cbet해야 한다. 그러나 예외가 있다. 바로 위에서 설명한 16번에서 나온, '2할의 경우'를 고려해야 한다. 만약 쉽게 팟을 포기하지 않는 sticky[스틱키: 좀처럼 쉽게 폴드하지 않는 성격. 매니악은 고집이라기보단 광기(狂氣)]하다면 cbet을 자제하고 첵에 밸런스를 주기에 좋은 상황이다(물론 스틱키와 교전 중, 플랍에서 꽉하고 메이드됐다면 이제는 오히려 지체 없이 팟 사이즈를 키워야 한다. 스틱키는 당신을 도와서 팟 사이즈를 빌드하는 데 적극 협조할 것이다). 메이드되지 않은 대부분의 경우(2/3)는 첵의 빈도를 늘려서 밸런스를 지키는 그 예외적인 타이밍으로 이용하자.

19. 와이드한 빌런일수록 우리에게 플로팅을 걸기 위해 단순

C2B을 할 가능성이 크다. 이럴 때 히어로의 포지션이 좋다면 무리하여 플랍에서 cbet하지 말고, 침착하게 뒤따라 첵을 내린 후 공짜로 턴과 턴에 대한 빌런의 액션을 확인해 보는 것이 나쁜 플레이라 보기에 어렵다. 반대로 우리가 꽤 에퀴티가 높은 핸드를 가지고 있다면 <u>반드시 벳해야 하는 환경이다.</u> 그러나 에퀴티는 많으나 그 질이 낮다면 팟 컨트롤을 위해서라도(예를 들어 2V), 팟의 사이즈를 늘리지 않은 채로 첵백을 통하여 턴을 허용하고, 이어서 빌런의 턴에 대한 대응를 먼저 확인하는 것은 대단히 유려(流麗)한 대처다.

20. 만일 빌런이 타이트한 성향이라면 우리의 모든 cbet이 성공할 가능성이 높다(극단화). 단지, 우리는 '작은 팟을 자주' 이길 것이고, 상대는 '드물지만 큰 사이즈의 팟을' 이길 것이다. 그러므로 타이트한 rock을 공격하려면 작은 스몰 벳이 최적이다.

3400장.

중급 예제

모든 핸드를 이기고자 밀어낼 필요는 없다.

중급 예제

 아래의 모든 예제는 SRP(Single Raised Pot: 누군가 투벳으로 오픈한 이후 C2B로 짧게 끊고 헤즈업이 일어난 평범한 팟)에 관한 예제이다. 비하인드 스택(아직 베팅되지 않은 테이블 위에서 대기 중인 칩)이 몇인지는 크게 중요하지 않다(중요할 수도 있는 예제도 섞여있긴 하지만). 다음은 실전에서 일어날 법한 예제를 필자가 직접 만들어 보았다.

예제 1)

보드:

내 핸드:

 원래 이 예제는 고급편의 가장 첫 예제였지만, 슬슬 중급편에 이런 접근을 시작하는 것도 나쁘지 않을 것 같아서 훔쳐 왔다. 여느 중급자들은 이런 보드를 종종 불편해한다. 초급자들은 우리가 셋을 가지고 있으니 행복해하지만, 어느 정도 경험이 있는 중급자들은 상대방의 드로잉이 쉽게 메이드될 수 있는 위의 상황 중 역전당한 뼈아픈 경험이 그들을 붙잡는다. 그래서 조급해질 수 있다. 이런 보드에서 상대의 모든 드로잉이 메이드되기 쉽고, 거의 모든 레인지에 드로우가 있을 테니 "내가 셋이 있어도 상대가 드로우에 성공하면 어떡하지…?" 하는 고민을 하곤 한다. 하지만 재미있는 사실은, 오히려 숙련자들은 초급자들과 마찬가지로 이런 보드에 행복해한다. 하지만 그 행복의 근원이 조금 다르다. 숙련자들은 오히려 이 보드를 아주 좋은 찬스로 평가한다. 그 이유는 우리의 33이 상대방으로부터 벨류를 받아올 수 있는 거의 모든 종류의 핸드를 전혀 블락하고 있지 않아서다. 상대방이 가지고 있을 만한 핸드 중 우리의 벨류벳에 콜해 줄 수 있는 모든 종류의 핸드는 Qx, Jx, 2V+GS, 1P+1V, FD, 1P+FD, 2P… 거의 모든 종류의 괜찮은 핸드는 33에 의해 블락되어 있지 않다. 그러므로 지금의 33은 JJ나 QQ보다 훨씬 더 많은 벨류를 받아올 수 있는 최적의 벨류 핸드라고 진단해야 한다. QQ와 JJ는 상대의 TPGK(탑페어 굿킥커: 예를 들어 KQ)나 1P+FD(예를 들어 JTs) 등, 미소가 퍼지는 핸드들을 거의 다 블락하고 있지만, 33은 아니다. 33은 블락하고 있는 핸드가 전혀 없다. 그러므로 지금의 33은 '대부분의 상대 핸드들'로부터 벨류를 받아오기에 적절한 카드다. 물론 상대방의 레인지에는 여전히 JJ, QQ도 있다. 하지만 그 정도 리스크는 감수하지 않으면서 이 게임을 분석하는 것은 의미가 없다. 셋 오버 셋(Set over set: 셋이 셋에 지는 경우)은 되도록이면 배제하자.

예제 2)

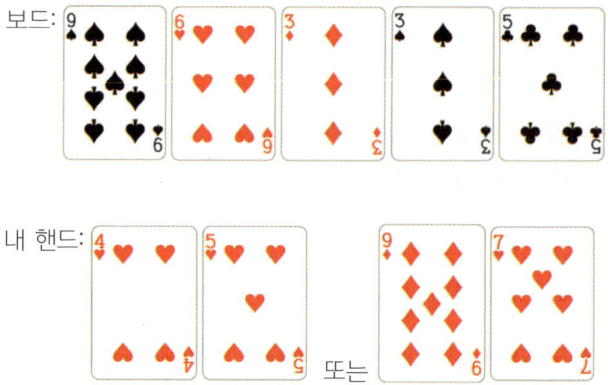

보드:

내 핸드: 또는

상대방이 '폴드할 핸드들' 중 우리가 블락하고 있는 경우에 블러프를 거는 것은 실패할 확률이 높다. 상대방의 레인지에 폴드할 수 있는 핸드들을 우리가 블락하고 있지 않을 때, 블러프를 시도하는 것이 적절하다. 위의 보드에서 45나 67 또는 97 같은 핸드를 들고 있을 때(심지어 수딧된 문양을 블락하고 있지 않은 경우: 왜 이럴지 스스로 생각해 보길), 블러프를 평소보다 아주 조금은 더 자제해야 함이 적절하다. 이런 보드에서 상대방이 가지고 있는 핸드는 2V, 오버페어 또는 몬스터(예를 들면 풀하우스)뿐인데, 결국 몬스터를 가진 경우에는 폴드하지 않을 것이 분명하기에 우리는 오버페어를 폴드시킬 목적으로만 블러프하는 게 되고 만다. 이 무슨 무모한 계획인가? 만일 상대방이 아무것도 없는 단순 투오버(예를 들어 KQ)이라면 현재 우리의 원페어(예를 들어 9페어)로도 충분히 승리할 수 있으므로, 쓸데없이 벳할 이유가 없다. 포지션도 없으면서 함부로 날뛰면 안 된다. 혹자는 바로 이런 경우에도 어떤 추가적인 이득을 위하여 벨류벳한다고 주장할 수도 있다. 그러나 그것은 '벨류벳'에 대한 의미를 정확하게 이해하고 있는 이라 보기에 어렵다(또는 아예

상당히 높은 경험과 실력을 지닌 하이롤러일 수 있다). 지금은 투오
버(예를 들어 AQ)는 이런 보드에서 우리의 벨류벳에 어차피 콜해 주
기 어렵기에 리버 벨류벳은 어색한 액션이라 평가하자. 물론 상대방
의 레인지에 여전히 미디움 페어류들도 많지만, 그 핸드들을 상대가
가지고 있다면 우리의 첵에 그대로 첵백하여 현재 가지고 있는 쇼다
운 벨류로 만족하고, 그 자체로 승부에 임해 올 것이다. 리스크를 안
고 싶지 않은 것은 우리뿐만이 아니다. 우리의 첵 레인지를 보호할
때 지금처럼 97이란 핸드를 첵에 넣는 것은 매우 자연스럽다. 만일
우리가 97 같은 핸드로 상대방을 폴드시킬 목적으로 벳한다면 아마
상대방의 J9~98 정도를 폴드시키겠다는 계획이 되는데, 이것은 무
리다. 9x가 이런 보드에서 그런 벳에 폴드할 리 없다고 봄이 지배적
이다. 우리의 핸드보다 더 약한 핸드가 드문 지금 상황에서 벨류벳
은 참아야 한다. 혹시 스스로를 '타깃팅'하고 있지 않은지…?

예제 3)

보드:

히어로(0번 자리): A♦ K♠

히어로(O)의 오픈에 빌런(BB)이 C2B해 오고 플랍이 펼쳐진 상

황이다. 히어로의 버튼 레인지와 빌런의 빅블라인드 레인지 중 어느 누군가가 확실하게 이기고 있는 보드라 평가하기엔 적절하지 않다. 히어로는 이런 보드에서 평소보다 조금은 더 많은 양으로 cbet 할 수 있지만, AKo란 핸드로는 첵이 더 정답에 가까울 것이다. 왜냐하면, AK는 지금 이 자체로 쇼다운에 불만이 없다. 팟이 작을 때 최대한 쇼다운에 도달하려고 노력해야 한다. <u>모든 핸드를 이기고자 밀어낼 필요는 없다. AK의 특수성이다.</u> 그냥 쇼다운에 도달하여 만족하자. 서로 미스했을 확률이 있는 이런 보드라면 AK는 이미 대부분 이기고 있다고 볼 수 있다. 만일 현재 보드에서 히어로가 cbet한다면 이것은 히어로가 MPP(TT 또는 99 정도)를 가지고, '턴과 리버를 차단하려 애쓰는 액션'으로 보일 수 있다. 미들 포켓페어가 베리언스를 줄이려고 행한 벳이란 느낌으로 읽혔으면 한다. 예를 들어 지금의 벳은 TT~77핸드를 가지고 빌런의 QTo를 밀어내려는 의도였다고 하면 충분히 합리적인 cbet의 의도를 가진 액션이라 볼 수 있다. 그러나 지금 히어로가 가진 핸드는 AK이다. AK은 그 자체로 이런 보드에선 쇼다운 벨류가 없다고 보기엔 어렵다. 만족하진 않지만 없지는 않은 것이다. 지금 문제는 히어로의 액션을 묻고 있다. 이것은 이미 빌런은 플랍에서 첵을 선언했다는 뜻이 된다(테이블 액션 순서를 기억할 것). 여기서 히어로가 무리하여 cbet 하지 않고 빌런에게 첵백을 선언한 이후, 얌전히 함께 턴으로 간다면 유순한 플로우로 쇼다운까지 무난하게 도달하는 나뭇가지를 선택하게 된다. 아무런 싸움 없이 쇼다운에 도달하는 그 상황이 현재 히어로의 AKo에 나쁠 것이 없다. 플랍친화형으로 구분되는 AKo의 유연한 운영이 가져오는, 추가적인 이점을 현명히 이용하자.

예제 4)

플랍:

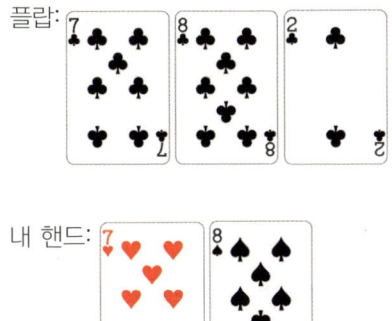

내 핸드:

필자는 팟벳을 주장한다. 특히 선수(先手)라면 첵보단 벳을 검토
했으면 한다. 상대의 높은 클로버는 우리의 강력한 벳에도 콜을 피
하기 어렵다. 특히 클로버를 포함한 오버페어는 콜을 피하기가 거
의 불가능하다고 봐야 한다. 지금 우리가 이미 지고 있는 유일한 경
우는 빌런이 이미 플러시에 성공한 경우가 유일하다고 볼 수 있다.
심지어 이미 플러시를 완성했다고 해도 여전히 4아웃츠의 풀하우스
의 반격 에퀴티가 히어로에게 남아있다. 게다가 이런 에퀴티는 최
고급 품질의 에퀴티다. 어그레션을 뺏기지 않기 위해서라도 필자는
벳을 추천한다. 문제는 어그레션이 없고 선수인 상황이다. 그렇다
면 첵이다. 선수플랍첵은 여기서도 여전히 위력을 발휘한다. 하지
만 히어로에게 어그레션이 있다거나 포지션이 좋다거나 어느 둘 중
하나라도 있다면 벳을 더 추천해 주고 싶다. 이때 Ac를 가지고 있
는 빌런만이 레이즈(또는 첵레이즈)가 가능하다고 예상함이 타당할
것이다. 또는 클로버를 포함한 JJ+ 이상이 레이즈해 올 수도 있다.
하지만 우리는 투페어다. 걱정하지 말자. 우리의 핸드에 8과 7이
있으니 셋은 배제하여도 큰 무리가 없다. 빌런의 포지션에 따라 다

르겠지만, 22를 의식하진 말자. 행여 빌런이 가지고 있을지도 모르는 8x 또는 7x한테서 벨류를 받기에는 그 층이 너무 얇으나 그 둘을 제외한 거의 모든 종류의 핸드(특히 모든 종류의 AcX)로부터 벨류를 너무나도 쉽게 받아올 수 있는 보드다. 팟벳에 가까운 금액을 청구했으면 한다. 벳의 양이 너무 지나치다고 생각하는가? 만일 이 보드에서 '콜할 수 없는 핸드(예를 들어 클로버가 전혀 없는 아무런 두 장의 높은 카드)'들은 그 어느 양을 벳하더라도 어쨌든 콜해 오지 않을 것이다. **어차피 콜해 오지 않을 핸드한테서 벨류를 받으려 해서는 안 된다. 그들은 어차피 얼마가 벳해 오든 폴드할 것이기에, '폴드할 핸드를 타깃팅한다'는 것은 성립하지 않는다. 벨류벳이란 언제나 콜해 올 만한 핸드들만 엄선한 이후, 그들을 조준하여 금액을 책정하는 행위이다.** 이 차이를 명확하게 이해해야 한다. 그 들은 p/7 이하의 질질 끌려오는 양에만 간신히 콜해 줄 수 있다. 우리가 강력한 지금의 탑투페어를 만들었을 때, 이런 맥빠지는 타깃팅으로 강하게 EV를 가져올 수 있는 기회를 포기해선 안 된다. 우리의 타깃팅은 명확하게 '오버페어' 또는 'Ac를 포함한 2V'이다. 쉽게 턴과 리버에 추가적인 클로버를 허용하지 마라. 클로버가 없는 2V 따위는 과감히 타깃팅에서 배제하라. 영점조준을 Tc+에 맞추고 방아쇠를 당겨라.

　위에서 표기한 예제 1과 매우 비슷한 상황이다. AA는 분명 77보다 더 상위의 핸드이지만, 이런 경우 더 많은 칩을 받을 수 있는 것은 AA가 아닌 77이다. 덱에서 A는 넉 장뿐이다. 만일 히어로가 지금 AA를 가지고 있다면 덱에 남은 Ace는 오직 한 장뿐이다. 우리가 가지고 있는 두 장의 Ace가 상대방이 가지고 있을 만한 좋은 핸드(A9+)를 구성하는 재료를 전부 블락하고 있다. AA는 오히려 아쉬워해야 맞다. 실제로 우리에게 AA가 있다면 상대방은 우리의 벳에 콜해 줄 수 있는 핸드가 많이 없다. 그러므로 우리가 셋과 같은 매우 강력한 핸드를 만들었을 때, 상대방 또한 이에 걸맞은 '꽤 괜찮은 핸드'를 함께 따라 만들어줘야 팟의 크기를 불릴진대, 우리의 AA는 그 층을 얇게 만들고 있어서 아쉬운 상황이다. 텍사스 홀덤에서 크게 득점을 낼 수 있는 과정은 두 플레이어 중 한 명이 완벽하게 다른 상대를 압도하는 경우보다 두 플레이어가 동시에 비슷한 세기의 강패를 만들었을 때 터진다. 우리가 위와 같은 드라이 보드에서 셋처럼 강력한 핸드를 만들었다면 상대방 또한 매우 강력한 핸드를 만들어주기를 기대하는 것이 타당하다. 벳보다 첵을 내려 우리의 첵이 갖는 무게를 증가시키고, 상대방이 조금 더 추격할 수 있게끔 기회를 주는 것이 합리적이다.

예제 6)

보드:

빌런: (BB)

히어로(4):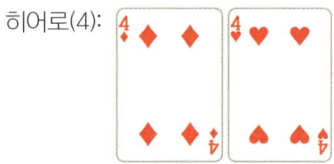

예제 1 그리고 5와 매우 비슷한 상황이다. 레인지와 베팅뿐만이 아닌, 핸드도 폴라라이징될 수 있음을 보여주는 예제다. 빌런이 이런 보드에서 가지고 있을 수 있는 핸드는 상당히 폴라라이징되어 있음을 확인하라. 어중간한 세기의 힘의 핸드들은 이미 플랍과 턴의 벳에서 걸러졌을 것이다. 아직까지 플랍과 턴의 히어로의 벳에 폴드하지 않고 두 번이나 콜로 저항했다면 지금 빌런의 상자 안에는 Qx와 같은 트립스, 52s 스트레이트, 아니면 미들 파켓 페어 등, 콜을 검토해 볼 만한 적절한 힘을 지닌 핸드들 뿐이다. 3BP이 아닌 SRP(Single Raised Pot)이므로, 당연히 AA/QQ는 배제한다. 한마디로 현재 히어로가 가지고 있는 44는, 지는 경우가 없는 넛츠라고 보아도 무리가 아니다. 심지어 모든 Q와 A를 블락하고 있지 않아서 빌런이 히어로의 벨류벳에 전부 페이해 줄 확률이 매우 높다. 바로 이런 경우 오버벳을 필자는 강력하게 권한다. 빌런은 도망칠 수가 없다. 이러한 보드에서 Q가 있다면 쉽게 리버의 2.2p 벳(결코 지나친 양이라 생각하지 않는다)에 폴드하겠는가? 드로잉이 있었던 보드라고 보기에도 어렵다(오히려 더 좋다. 우리는 풀하우스이므로). 완전하게 상대에게 강력함이 있거나 아예 없다. 상대의 핸드에 폴라라이징이 느껴지는가? Q 또는 아무리 낮게 잡아줘도 AK이었거나 또는 아무것도 전혀 없는(예를 들어 JT) 핸드들만 득실득실하다. 종종 미디움 포켓페어가 있을 수도 있지만(예를 들어 99), 어차피 그런 핸드는 지금 우리가 아무리 조금 벳한다 하더라도 리버의 A 때문에 더더욱 콜해 오기가 어렵다. 한마디로 어차피 벨류를 받아낼 수 없는 핸드를 타깃팅하여 작은 벨류를 조준해 오는 것보다 차라리 과감하게 Qx를 겨냥하여 매우 큰 벨류를 겨냥함이 수학적으로 타당하다. 오버벳하라. 이러한 과감함이 장기적으로 더 큰 EV를 창출해낼 것이다. 상대방의 레인지 중 유일하게 우리가 지는 핸드는 AQ이다. 4번이 오픈했는데 BB가 AQ으로 3BT을 안 했을, 작은 확률을 두려워 말자. 지더라도 쿨러(Cooler: 피할 수 없는 불운의 패배)다. 지금의 리버에선 과감하게 오버벳해도 좋다. 만일 AQ를 가지고 있다면 리버에는 상대방 또한 벨류를 생각할 것이므로 어그레션이 우리에게 쏠려있더라도 여전히 벨류를 놓치기 싫어 우리에게 '마지막 벳'했을 것이라 보아야 자연스럽다. 그러나 지금 빌런은 벳해 오지 않았다. 우리가 이기고 있다고 여겨도 좋다. 벳하라. 그것도 강하게.

보드:

히어로(D):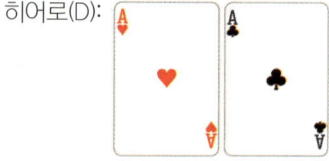

빌런: (BB)

　빌런의 레인지는 그다지 볼품이 없다. 하지만 3242장의 넛 어드 벤티지를 기억하는가? 필자가 이 핸드를 특별히 따로 가져온 이유는, 현재 보드에 깔린 카드의 레벨이다. '5'란 카드는 버튼보다는 BB에 더욱 많이 포진되어있는 핸드다. 물론 히어로(D)에게도 5x 상자가 어느 정도 들어있지만, BB에게 더 많은 것이 분명한 사실이다. 이 경우엔 BB에 앉은 플레이어의 성향을 자세히 익스플로잇해서 접근해야 한다. 쾌즈를 배제하는 것은 수학적으로 대개 합리적이지만, 만일 빌런이 실제로 쾌즈를 만든 다음, 해당 빌런이 보이는 특수한 행동이 관찰된다면 선수를 강요당한 히어로는 벨류를 청구하기가 어려워질 수 있다. 하지만 뒤집어서도 생각해 보아야 한다. 현재 빌런에게 확실하게 5x가 없다면 현재 히어로는 Jx, 그리고 모든 포켓페어로부터 벨류를 받아옴이 가능해진다. 99는 논외로 한다. 여러 가지 이유가 있지만, 99 같은 MPP(Medium Pocket Pair)는 버튼의 투벳에, BB에서 3bet으로 반격하기 아주 좋은 핸드인데, 빌런은 프리플랍에서 그러한 반격이 없었다. 아무튼 현재의 AA는 모든 핸드로부터 벨류를 받아오기에 탁월하다. 벳을 하긴 하되, 만일 상대가 상당한 딥 스택을 가지고 역으로 올인으로 치고 나온다면 폴드를 매우 낮은 비율로 생각해 볼 수 있다(토너먼트라면 더더욱).

cbet 예제

cbet 예제 1)

보드:

빌런(BB): ?

히어로(2):

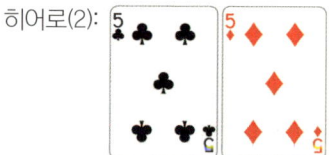

BB는 선수플랍첵했다. 정상적인 빌런이다. 이때 히어로의 cbet 의 여부를 묻는 질문이다. 대답은 cbet해야 한다. 히어로의 '2번 레인지'는 현재의 보드와 훌륭한 조화를 이룬다. 반면에 빌런의 버튼 레인지는, 현재 보드와는 잘 맞물린다 보기에 어렵다. 만일 여기서 히어로가 첵하면 턴에서 나오는 카드는 그 무엇이 되든 간에 '빌런에게 이로운 기회만을 제공'하는 카드가 될 뿐이다. 바로 이런 때를 두고, 우리에게 확실한 레인지 어드벤티지가 있다고 말할 수 있다. 그러므로 이런 플랍에선 당연히 cbet해야 한다. 첵을 생각해 볼 수도 있지만… 첵을 내리기 좋은 핸드라면 쇼다운 벨류는 살아있으면서 벨류를 청구하기엔 조금 지나치다는 느낌을 가진 핸드로 첵 레인지를 구성해야 할 것이다(KK 또는 APNK 정도). 그러므로 현재 가지고 있는 55에 주목하기보다는, 포지션+포지션에 할당된 레인지+상대의 성향을 보고 cbet의 여부를 결정하자. 핸드가 아닌 보드를 보는 것이다. 현재 히어로가 실제로 어떤 핸드를 가지고 있는지는 사실 중요치 않다. 히어로의 상자 전체를 보아라. cbet의 양은 약하게 해선 안 된다. 현재 BB 레인지엔 다이아몬드 FD가 있으며, 브로드웨이 GS가 충분히 가능하므로 쉽게 턴을 허용해선 안 된다. 3p/5~3p/4 정도로, 의미가 있는 양으로 분명하게 추궁해야 한다. 만일 지금 히어로에게 AA 같은 몬스터가 주어지더래도 여전히 같은 양으로 벳해야 한다. 핸드에 따라서 플레이가 달라지면 안 된다. 포지션과 보드에 따라 플레이가 결정되어야 한다. 핸드가 결정하는 것이 아니다. cbet의 강도는 절대 메이드 핸드의 강약에 따라 바뀌어선 안 되며, 보드의 텍스쳐와 포지션에 따라감을 잊지 말자.

cbet 예제 2)

Board:

빌런(BB): ?

Hero(2):

cbet이 추천될 것처럼 보이는 보드다. 만일 레인보우라면 거의 언제나 cbet해야 한다. 그러나 지금은 아쉽게 투톤 보드다. cbet과 첵을 반반의 빈도로 나눠서 액션함이 알맞을 것이다. 굳이 벳하겠다면 그 양이 클 필요는 없다. 상대의 위치를 가늠해 보는 프로빙벳 느낌으로 찔러보는 의도로 행하면 적절하다. p/3 ~ p/4 정도면 알맞다. 일단 BB의 상자보다 히어로의 상자(2)가 더 해당 보드에서 더 조화롭다고 볼 수 있다. 따라서 첵이 조금은 더 추천되지만, 빌런의 성향을 보고 굳이 더 벳에 마음이 간다면 현재 빌런에게는 현재의 보드에서 계속 싸움을 이어나갈 수 있는 핸드 또한 그리 많지 않아서일 것이다. 다시 말하면 여기에서는 거의 웬만한 cbet에 빌런은 저항을 포기할 것으로 예상할 수 있고, 이런 보드에서도 여전히 빌런이 저항해 온다면 그것은 대개 몬스터일 수 있기 때문에 레이즈를 맞으면 쉽게 폴드할 각오가 끝마쳐져 있어야 한다 (cbet 양을 의도적으로 작게 하여 탈출구를 남겨놓는 것도 합리적인 이유가 될 수 있다). 게다가 현재 히어로에겐 FD를 블락하고 있는 스페이드가 단 한 장도 없다는 점 또한 벳보단 첵이 추천되는 이유가 된다.

cbet 예제 3)

보드:

히어로(O):

빌런: (BB)

그 자체로 쇼다운 벨류가 있는 경우가 있다. 드라이 보드의 AK이 그런 경우가 많다. 페어가 깔린 드라이 보드나 아니면 투페어가 깔린 보드에 A를 한 장이라도 손에 들고 있는 경우다. 쇼다운으로 갔을 시 승리할 수도 있는 경우가 많아서 쇼다운에 도달만 하더라도 만족하는 느낌의 핸드를 '쇼다운 벨류가 있는 핸드'라고 서술한다. 플랍 2-2-8t에서 불필요하게 싸움을 걸어선 안 된다. 상대방이 넛 어드벤티지가 있는 보드임을 확인하라. 보드는 서로가 썩 마음에 드는 보드라 보기에 어렵지만, 우리에겐 쇼다운 벨류가 있기에 최대한 쇼다운에 안전하게 도달하는 것으로 전체 운영 전략을 잡아야 한다. 그러기 위해선 팟 사이즈를 가능한 작게 만드는 것이 현명한 준비 작업이다. 이미 턴까지 아무런 액션 없이 왔다면 지금의 Ace high는 충분히 승산이 있는 좋은 핸드다. 빌런의 낮은 포켓페어(33~55 정도)를 주의하며 계속 팟 컨트롤에 들어가자. 사이즈를 키워주지 않아야 한다. 깊은 생각 없는 우리의 벳에 BB는 갑자기 '2'를 당차게 주장하며 CR해 올 수 있다. 턴까지 온 상황이라면 이런 느낌의 플로우는 더더욱 짙어진다. 이젠 '2'뿐만이 아니라 '8'마저 걱정해야 한다. 불행 중 다행은, 히어로가 가지고 있었던 나약한 킥커 '4'가 보드의 투페어로 인하여 희석되었다. 이젠 AK과도 똑같은 대접을 받는 A4가 되었다. 보통은 페어가 카운터피트(『홀덤의 정석: 입문편』1520장 참조)당하여 킥커가 주요한 힘 싸움으로 떠오르는데, 이젠 오히려 킥커가 카운터피트되어 나약한 Ace가 최고의 Ace와 어깨를 나란히 한다. 우리의 나약한 A4가 AK과 동급으로 판정되어 쇼다운에서의 똑같은 대접을 받게 된 지금, 대체 왜 감사한 마음으로 쇼다운에 가기보다 벳으로 상대를 밀어내려 하는가? 불필요한 기개다. 쇼다운에 도달하여 에퀴티를 실현하는 것으로 만족하는 태도가 절실하다. 의외로 지금 A4는 상대방의 레인지 중 상당수를 제압한다. 포켓페어를 제외한 모든 레인지를 이기고 있다. 모든 조건이 첵을 가리킨다.

cbet 예제 4)

보드:

빌런(버튼: O): ?

히어로(5):

　첵을 추천한다. 5번의 오프닝 레인지보다 버튼의 투벳콜링(C2B)레인지에 7이 더 많다. 빌런이 우리보다 더 편안한 보드라고 해석한다. 벳보다 첵을 통해 벨런싱을 주기에 지금의 KQ는 매우 좋은 타이밍이다. 만일 우리가 벳한다면 이것은 5번 자리에서 '7'이 나올 수 있다는 주장이 되는데, 이것은 다소 억지스럽다. 따라서 빌런과 히어로는 서로 알고 있다. 우리의 올바른 액션은 첵임을. 우리에게 어그레션이 있었더라도 이런 보드에서는 첵이 대부분 정답임을 서로가 암묵적으로 동의한다면 빌런은 자연히 우리의 첵 이후 벳해 올 수 있다. 어그레션을 가져가려는 자연스러운 움직임이다. 바로 이때 히어로의 백도어가 좋은 핸드들(예를 들어 아무 높은 등급의 하트 한 장)로 레이즈를 해볼 수 있다. CR이다. 빌런은 CR 맞을 각오로 플랍에서 프로빙하진 않았을 것이므로, 지금의 CR은 꽤 유효한 결정이다. 심지어 히어로가 와이드하다면 87s도 충분히 우리의 레인지에 있을 수 있다. 이 예제를 통하여 독자 여러분께 전하고 싶은 메시지는 플랍 cbet하기가 어려운 보드라면 첵을 내린 후 CR로 전환하는 것도 하나의 유효한 선택이 될 수도 있음을 알리는 것이다. 우리의 첵에 빌런이 벳해 오면 하트가 없는 핸드는 부담 없이 폴드한다.

cbet 예제 5)

보드:

빌런(3): ?

히어로(0):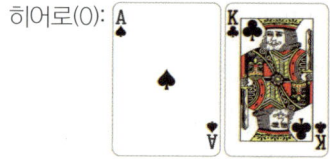

빌런이 먼저 첵을 내렸다. 분명히 빌런은 3번에서 오프닝을 통하여 어그레션을 가져갔다. 문제는 보드다. 양쪽 다 만족할 만한 카드들이 눈에 보인다. 그러나 3번의 빌런은 지금 첵으로 어그레션을 우리에게 넘겨주었다. 강력한 HPP(High Pocket Pair: AA/KK/QQ) 빌런에게 있을 수도 있지만, 그러려면 preflop에서 뭔가 한바탕 소동이 일어났어야 한다. 왜냐하면, 히어로도 만만치 않은 AK을 가지고 있기 때문이다(그러나 지금은 3벳팟이 성립되지 않은 SRP이라 가정한다). 여전히 빌런의 레인지는 히어로보다 강하다(핸드는 히어로가 강해도 레인지는 빌런이 더 좋다는 뜻). 플랍에서 빌런이 첵했으므로 레인지가 조금은 약화되었지만, 아직도 빌런의 레인지는 완전하게 캡되어 있다고 보기엔 어렵다. 그의 상자엔 KK

가 남아있기 때문이다. 히어로는 버튼에서 3BT로 빌런의 레인지를 한 번 더 좁혀서 레인지 캡을 시도했었어야 됐는데, 맥빠지는 C2B로 그 기회를 날려버렸다. 그 때문에 빌런이 숨어있을 법한 덤불의 좌표는 여전히 무한하다. 바로 이것이 이번 예제의 주제다. 프리플랍에서 3BT로 빌런의 레인지를 어느 정도 좁혀놨어야 추적이 가능한데, AK로 3BT를 포기하는 바람에 빌런의 레인지를 캡시키는 것에 실패했다. AK는 상대방의 레인지를 캡시키기 매우 좋은 특별한 핸드다(AK의 특수성은 고급편에서 깊이 다룬다). 초급편의 도미네이션을 공부했다면 충분히 그 이유에 대하여 스스로의 통찰만으로도 도달할 수 있을 것이다. 다행인 점은 히어로는 페어를 맞추긴 했다는 사실이다. 그리고 이 원페어는 꽤 강한 편에 속한다. 냉정히 생각해 보면 지금 히어로의 핸드(레인지가 아니라) 꽤 강하며, 이미 그 자체로 메이드라 보아도 좋을 정도로 에퀴티가 높다. 이런 보드에선 턴에서 추가로 나올 카드마저 빌런에게 도움이 되어 우리(AK)가 역전당하는 카드는 거의 없다고 보아도 좋다. 그러므로 빌런의 첵에 우리의 벳은 나쁜 선택이라 보기에 어렵다. 첵도 여전히 괜찮긴 하다만, 첵은 턴을 확인한 이후 포지션 플레이를 히어로로 하여금 가능케 하기에 첵 또한 완전히 틀렸다 말하기엔 지나치다. 꼭 하나를 집기엔 애매한 상황. 포커에는 반반의 정답도 충분히 있을 수 있다고 필자는 주장한다. 여전히 우리는 후수의 권리를 누릴 수 있다. 그러려면 첵백(check back)을 내리고 턴을 허용하면 된다. 사실 우리가 반팟 정도 벳한다면 빌런은 웬만해선 콜로 응해오기 어렵다. 그러므로 일단은 첵을 내리고, 턴에서도 여전히 상대방이 먼저 찔러오지 않으면 그때부터 천천히 slow cbet해도 절대 늦지 않다. 왜냐하면, 턴에서 행여나 세 번째 스페이드가 나온다 할지라도 우리의 As가 그 두려움을 달래주고 있지 아니한가? 우린 보험이 여러 개다.

cbet 예제 6)

히어로(SB):  3벳

빌런(O): C3B

플랍: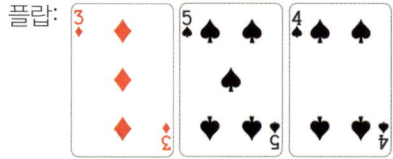

고급편에서 이런 3BP를 더욱 자주 다룰 예정이다. 그중 중급편에 넣기에 적절하다고 보이는 쉬운 예제 하나를 슬쩍해 왔다. 이런 낮은 보드는 SB와 BTN 모두 자기가 더 잘 어울린다며 늘 티격태격이다. 하지만 지금은 액션 플로우에 관련된 이야기를 다루기 위하여 차출해 왔다. 현재 히어로(SB)는 이미 3벳을 프리플랍에서 행하여서 본인의 핸드가 브로드웨이(A~T 사이의 고등급 카드들) 쪽으로 기울었음을 빌런에게 노출한 상황이다. 하지만 콜러인 입장인 버튼의 빌런은 55, 44, 33 심지어 스트레이트마저 전부 살아있다. 이미 프리미엄 쪽으로 레인지가 기울어버린 히어로에겐 에어(Air: 보드와 조화를 놓친 핸드)만이 가득하다. 이런 보드에서 레인지 어드벤티지가 히

어로에게 있을 리 없다. 그러니 당연히 첵이 머릿속에 가장 먼저 떠오른다. 문제는 '사전 대응 태세'다. 우리는 첵을 내리기 전에 빌런은 거의 언제나 벳해 올 수 있음을 각오하라. 머릿속으로 초급편의 최소 방어 금액이 얼마인지 계산하며 첵을 내린다. 우리의 첵이 충분히 예상되는 액션이므로 빌런은 자연스럽게 벳할 것이며, 그 금액의 한계선을 가늠하자. 만일 우리의 예상외로 빌런이 함께 첵다운한다면 이 자체로 쇼다운으로만 가도 히어로에겐 충분히 쇼다운밸류가 좋아서 불만이 없다. 따라서 지금은 첵이 더 유순한 액션.

cbet 예제 7)

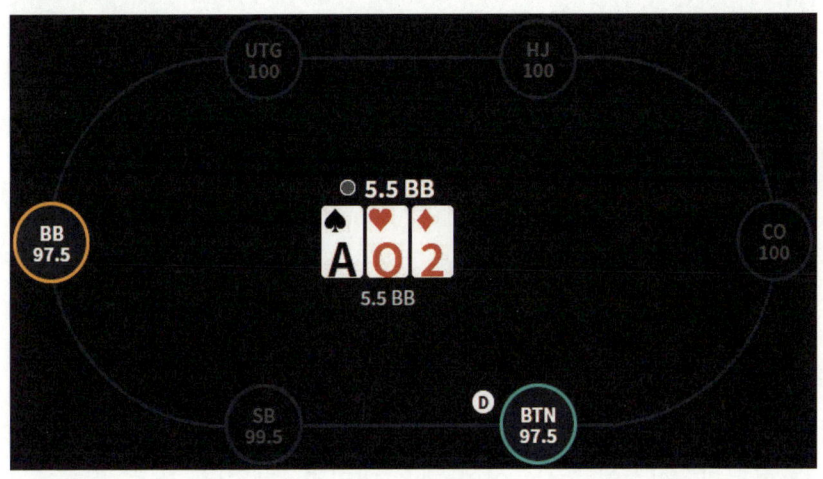

지금부터는 필자의 개인적 해설보다는 위자드를 통하여 인공지능이 추천해 주는 해설을 함께 읽어보자. 6인 캐시게임으로 설정하였다. 여섯 명 전부의 스택이 100bb로 같다. 버튼이 2.5bb로 오픈하였고, BB가 C2B로 방어를 완료한 상황이다. 플랍은 A-Q-2r. 위자드는 다음과 같은 액션 플로우를 추천한다.

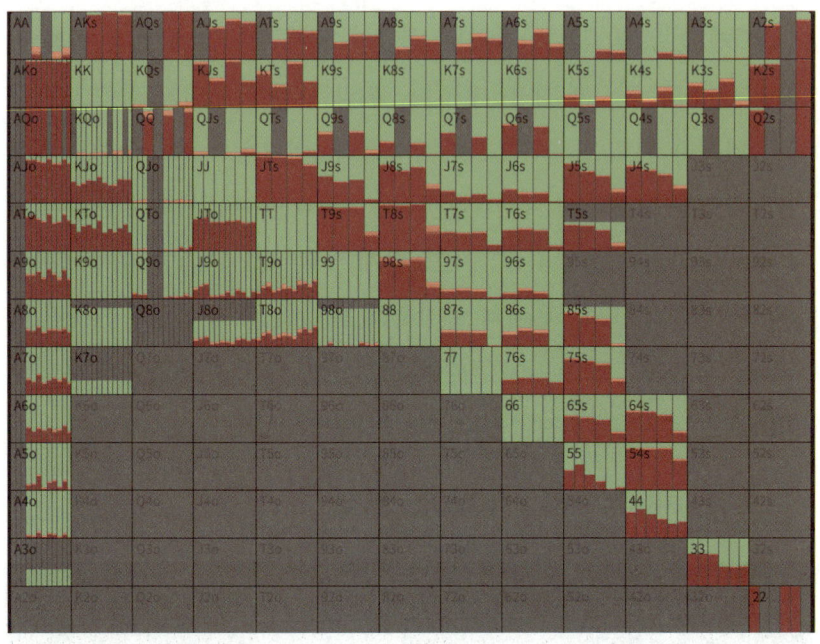

　이 차트를 보고 왜 어그레션이 없는 선수 포지션의 BB에게 첵이 아닌 벳이 많이 보이는지 의아해하는 독자분이 있을 수 있다. **선수 플랍첵**의 예외가 드디어 나타난 걸까? 실제로 붉은색(벳)이 적잖게 보인다. 뭔가가 이상하다.

　그렇다. 지금 위 차트는 BB의 차트가 아닌, 버튼 플레이어의 액션 차트다. 선수인 BB는 이미 첵을 내리고, 그 이후 버튼 플레이어에 대한 분석을 이제 막 시작하려는 것이다. 독자분들은 이제 이렇게 '당연한 수순'은 과감히 쳐내야 한다. 답이 슬슬 '정형화'가 되기 시작해야 한다. 이쯤 반복했으면 우리 모두는 플랍선수첵을 알고 있다. 만일 BB의 액션 순서를 건너뛰고 바로 버튼의 레인지에 대해 설명을 시작했다면 BB는 플랍에서 이미 첵한 것임을 자연스럽게 받아들여야 한다. 이런 식의 무의미한 반복을 앞으로(특히 고급편에선) 일일이 설명하지 않을 것이다. 이것은 '전략의 고착화'와는 비슷하지만 분명하게 다른 영역에 포함된다. 전략의 고착화는 95%의 배제가 아닌 100%의 배제다. 전략의 고착화는 하나의 토픽에 대해 두 번 정도 다시 검토해 보는 것 자체를 완전히 금기하자는 태도다. 플랍선수첵의 빈도에 대해 추후 3620장에서 다루겠지만, 평균적으로 5% 내외다. 특별히 BB의 액션에 대해 언급하지 않고 바로 버튼의 액션에 대해 설명한다면 'BB는 플랍선수첵했음'을 부드럽게 넘겨짚을 수 있어야 한다. 강하게 금기하는 것이 아니다. 플랍이 열리면 BB부터 액션을 개시한다. BB는 프리플랍에서 어그레션이 없었다. 포지션도 선수이다. 선수플랍첵. 정형화된 정답. 선수플랍첵이 이제는 대부분 당연하다. 그 이후의 버튼 액션에 대해 더욱 깊이 들어가 보자. 우선 액션 차트를 빠르게 보는 법은 다음의 순서를 따르면 된다.

1. 포켓페어의 대각선만을 ＼ 방향으로 훑어볼 것.
2. 플랍에 깔린 석 장의 카드와 셋이 되는 포켓페어를 찾을 것.
3. 해당 포켓페어로부터 ＋ 자의 모든 레인지를 확인할 것.

모든 포켓페어는 이미 초급편에서 공부했다시피, 왼쪽 위의 AA부터 오른쪽 아래의 22까지의 13개의 칸을 가리킨다. 플랍 A-Q-2r와 셋을 이루는 AA, QQ, 22는 벳이 강하게 추천된다. 놀랍게도 AA 중 몇몇은 여전히 첵을 추천한다.

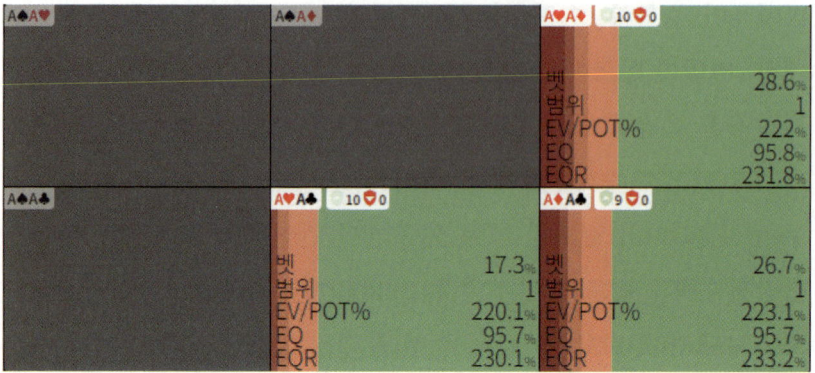

위 그림은 이전 위의 액션 차트 중 'AA'의 액션 분포만 가져와서 크게 확대한 것이다. 포켓페어 AA는 총 6개의 콤보 중 하나일 수밖에 없다. 예외는 없다. 여섯 개의 각 칸은 'AsAh, AsAd, AhAd, AsAc, AhAc, AdAc' 중 하나를 표현한다. As는 이미 보드에 깔려버렸으므로, As를 포함하는 AsAh/AsAd/AsAc는 더 이상 플레이어의 손에 있을 수가 없다, 그러므로 검은색으로 색칠하여 머릿속에서 지워버리자. 진짜 중요한 것은 지금부터다.

바텀셋 22는 거의 모든 콤보로 매우 강한 강도로 적갈색의 벳(오버벳)을 추천하고 있으며, 탑셋인 AA는 매우 약한 밀킹(Milking: 살짝 쥐어짜내는 듯한 양)만이 추천되고 있다. <u>대체 왜 위자드는 제일 강한 탑셋인 AA는 오히려 밀킹을 추천하고, 가장 약한 바텀셋인 22에게 팟벳/오버벳을 추천하는가? 이 한 개의 질문이 중급편의 캐시게임 항목 중, 거의 1/3 가까이를 '관통'하고 있다.</u>

해답은 블락커에 있다(그리고 블락커는 고급편에서 지긋지긋하게 자주 다룰 게임의 중요 요소다). 이미 이전 예시들로부터 블락커를 두어 번 정도 다루었지만, 지금 여기에 또 나왔다. 만일 히어로에게 AA가 있다면 이것은 빌런이 가지고 있을 수 있는 핸드 중 거의 대부분의 강력한 핸드를 봉쇄한다. A-Q-2r에서 C2B를 외친 플레이어의 레인지에서 제법 강력한 핸드를 뽑으라면 APNK(Ace Pair No Kicker), 셋(22), A2(투페어) 정도가 유일하다. 이들 중 히어로가 Ace를 무려 두 장이나 블락하므로 남아있는 Ace는 한 장이 유일하다. 빌런 또한 좋은 핸드를 가지고 있을 확률이 크게 낮아졌다. 좋은 핸드를 구축할 수 있는 재료가 시중에 단 한 장밖에 풀리지 않았으므로. 이것은 히어로가 가지고 있는 핸드가 '지나치게 좋아서', 빌런 또한 '콜하기에 괜찮은 핸드'를 갖지 못하게 하는 결과로 이어진다. 반대로 히어로가 22를 가지고 있을 때를 떠올려보라. 이렇게 되면 빌런의 다른 모든 콤보가 활짝 열린다. 지금 빌런이 만약 꽤 괜찮은 핸드(예를 들어 AJ)를 가지고 우리의 벳을 마주한다면 폴드를 고려할까? 당연히 콜한다(황소들은 첵레이스도 가능하다). 그러니까 22가 AA보다 더 상대로부터 큰돈을 따내기에 좋은 핸드다. 상대방 또한 좋은 핸드를 만들 수 있는 A를 최대한 많이 허용해 주며, 여전히 제압하기에 최적의 핸드는 셋. 그 셋 중에서도 블락커가 가장 낮은 22야말로 이 보드에서는 최고의 벨류핸드다.

3500장.
실전 토너먼트(Tournament)

'자신의 통제가 허용된 선택의 범위' 내에서 끝까지 최선의 전략으로
저항하는 그 모습을 필자는 비판적으로 평가할 자격이 없다.

3500.
실전 토너먼트(Tournament)

3500장부터는 텍사스 홀덤의 오프라인 토너먼트의 전개에 대한 자세한 소개가 주를 이룬다. 이미 『홀덤의 정석: 입문편』 마지막 장에서 밝혔듯이, 원래 토너먼트는 고급편의 핵심 주제였다. 애초의 고급편 전체가 오직 토너먼트에 대한 공략만을 다루고 있었는데, 토너먼트에 대한 설명을 원하던 독자분들이 꽤 많았기에, 이 열망을 반영하고자 중급편으로 앞부분을 잘라서 옮겨오게 되었다.

필자는 친구가 그리 많지 않고, 타인을 쉽게 신뢰하지 않으며, 함께 마음을 터놓고 대화하는 사람이 거의 없다. 필자와 가장 가까운 사람은 아내이며, 그 이외의 사람과는 거의 아무런 친분이 없다. 심지어 부모님과도 대화를 잘 나누지 않는다. 이렇게 대놓고 필자의 인간관계를 솔직히 밝히더라도 섭섭해하는 이는 아마 한 명도 없을 것이다. 실제로 핸드폰에 저장된 사람의 숫자를 다 합쳐도 20명이 되지 않는다. 자연히 『홀덤의 정석』을 통해서 연락을 시도해 온 독자 여러분들을 필자는 두려워했다. 지금도 여전히 두렵다. 사람들과 떠드는 것은 좋아하지만, 어떤 '관계'를 쌓아감을 좋아하지 않는다. 그래서 유튜브라든지 그런 '양방향 소통'이 가능한 방법보다는, 독백형식의 서적 출판을 더 추구했다. 생각나눔 출판사를 통하여 여러 번 필자의 이름이나 연락처를 물어오는 요청을 거절해 왔고,

어쩌다 출판사를 통하여 넘겨받은 서신과 이메일을 읽은 것이 전부이다(이마저도 전부 다 받은 것은 아니리라). 물론 답장은 거의 하지 않았지만, 필자가 받은 요청 중 토너먼트에 대한 뜨거운 관심은 필자에게 깊은 인상을 남기기에 충분했다. 이것이 고급편의 토너먼트 중 일부분을 중급편으로 끌어오는 계기가 되었다. 이 책,『홀덤의 정석: 중급편』의 마지막에 다다르면 필자의 연락처를 따로 달아 놓았으니, 이제 출판사를 통하여 의견을 받지 않아도 될 수 있어 다행이다.

3510.
폴드 에퀴티(Fold Equity)

폴드 에퀴티란 '폴드로 인하여 지킬 수 있는 남아있는 내 스택양 대(對) 콜하고 졌을 때 지불해야 하는 양과의 비'를 말한다. 더 쉽게 말하면 '폴드함으로써 지킬 수 있는 금액이 매우 큰 상황'일 때, 폴드 에퀴티가 좋아서 폴드를 고려할 수 있게 된다.

초급편에서 여러 번 써먹었던 극단화를 통한 현실적인 예를 들겠다. 팟이 100원인 상황이다. 빌런이 1억을 벳해 왔다. 바로 이런 경우가 폴드 에퀴티가 굉장히 높다고 볼 수 있다. 폴드가 매력적이다. 간단히 말해 폴드를 선택함으로 히어로는 1억 원을 지키는 셈이 된다. 물론 콜을 하여 승리를 한다면 1억 1백 원을 얻게 되겠지만(그리고 폴드함으로 이 이득을 볼 수 있는 기회 또한 포기하게 되는 것이지만), 더 이상의 추가적인 손해(혹은 리스크, 이 둘을 같은 느낌으로 읽기를 지금부터 시작해 보자. 조금 이후 왜 리스크와 손해가 같은 느낌인지를 알게 될 것이다)를 떠안지 않아도 된다. 1억 원에 대한 리스크를 잘라낼 수 있다. 넛츠가 아니라면 콜하지 못 할 것이다. '−100원을 받아들이는 것'이 '100,000,000원을 통째로 리스크에 휘말리도록 허용하는 것'보다 더 나은 선택이다. 폴드를 선언한 후, 빌런이 정크(Junk: 쓰레기 핸드, 매우 나약한 패)를 까보이며 우리를 놀려대도 상관없다. 왜냐하면, 우리의 손해는 겨우

100원이기 때문이다. 이 시점에서 중급자들이 인정했으면 하는 새로운 명제가 등장한다.

결과와는 무관하게, 리스크를 껴안았다면
이미 손실은 실현된 셈이다.

빌런은 블러프를 시도하고 성공하였으므로 리스크는 안았지만, 실제 손실이 발생하지는 않았으므로 하나의 이득을 보았다고 혹자는 해석할 수 있다. 이것은 단기적인 시각에서는 '분명한 사실'이지만, 장기적인 시각에서는 '분명하게 거짓'이다. 특히 팟오즈보다 높은 양으로 블러프를 친다면 이것은 틀림없는 손해로 귀결된다. 이 '분명한 사실'을 거부해선 안 된다. 대부분의 사람은 성공적으로 블러프로 팟을 훔쳐 왔다는 기분 좋은 사실에만 주목한다. 당연히 그것이 제일 자주 일어나는 상황이고 우리에게 짜릿한 도파민을 가져다주지만, 이는 장기적으로 분명한 사실이 아니다. 기억하라. 블러프가 반복되면(아니, 블러프와는 무관하게 벳이라는 액션이 반복되면) 누군가는 콜한다. 이것은 상대방이 '저놈이 블러프일지도 모르니까'라는 유치한 감정싸움에서 비롯된다기보다는, 상대방도 언젠가는 좋은 핸드를 갖게 되는 자연의 섭리 때문에 그렇다. 수학적으로 상대방은 언젠가 콜한다. 이 자연의 이치를 곰곰이 생각해 본다면 결국 '리스크를 떠안는 행위'는 반드시 언젠가는 상대방의 콜과 부딪친다는 사실을 우리는 알 수 있고, 그것은 리스크를 떠안는 행위 자체가 결론적으로 언젠가는 콜로 연결되며, 만일 팟오즈보다 높은 가격으로 공갈을 쳐왔다면 이 액션은 장기적으로 손해로 결산

됨을 우리는 받아들여야 한다. 수학적 로스(Loss: 손해)이다. 리스크 대비 얻는 것이, 리스크보다 작았다. 결과와는 무관하다. 수지타산이 성립되지 못했다. 그러니 100원을 얻기 위해 1억을 리스크에 묶는 빌런의 위험한 행위는, 그에겐 사실 손해이다.

흡사 카지노의 여타 테이블 게임을 생각해 보자. 카지노에서 손님이 돈을 제일 많이 잃는 게임은 바카라다. 이 바카라란 게임도 단 1판만 빠르게 찍고 승리한 후 완전하게 그만둔다면 승리자가 될 수 있다. 그리고 그 단 한 판이 유일한 승리자가 되는 방법이다(이마저도 여전히 승률은 5할 아래여서 의미가 없다). 우리 모두는 이미 안다. 바카라를 지속적으로 하면 반드시 진다는 사실을. 리스크를 안는 순간, 결과와는 무관하게 패배라는 사실을 인정해야 한다.

세상의 모든 것은 리스크 없이는 진행이 불가능하다. 텍사스 홀덤 또한 리스크를 떠안지 않고 진행시키는 것은 당연히 불가능하다. 매 순간과 모든 결정이 언제나 리스크다(심지어 넛츠에도 '콜을 받아 오지 못할 리스크'가 있다). 그러나 '폴드 에퀴티'의 용어는 그런 전제엔 해당되지 않는 용어다. 폴드 에퀴티란 용어는 '팟을 포기함이 리스크보다 훨씬 더 큰 이득을 주는 경우'에 한하여만 제한적으로 사용한다. 그러므로 벳이 1억 원이라 하더라도 현재의 팟이 10억 원이 넘는다면 이때는 폴드 에퀴티가 매우 낮아지기 때문에 콜을 고려해 볼 수 있다. 초급편의 SPR을 기억하는가? 지금 이 상황은 폴드보다는 콜이 매력적이다. 자연히 히어로는 핸드가 약하더라도 승부에 대한 포기를 쉽게 선언하지 않을 것이다.

폴드를 통하여 지킬 수 있는 칩이 많다.

폴드를 통하여 얻는 것이 크다.

이것을 폴드 에쿼티가 크다고 표현한다.

폴드를 통하여 지킬 수 있는 칩이 매우 낮다.

폴드한다 할지라도 이미 너무 많은 칩이 투자되었고,

<u>토너먼트이기 때문에</u> 폴드하여 남은 칩으로 운영해 나가는 게 큰

의미가 없다.

이것을 폴드 에쿼티가 낮다고 표현한다.

이 폴드 에쿼티를 이해해야만 하는 이유는 토너먼트에서 찾을 수 있다. 토너먼트야말로 폴드 에쿼티가 가장 극대화하여 다가오는 게임이다. 거의 난무한다고 보면 된다(여전히 캐시게임에서도 통용될 수는 있다).

3000장의 켈리 크라이티리온을 기억하는가? 그때와 마찬가지다. 동전 던지기를 한다고 해보자. 100원을 걸고 이기면 원금 100원과 승리금 110원, 즉 210원을 받고, 지면 100원을 잃으며 끝나는 게임이다. 이 경우 평균회귀법칙에 따라 이런 도박을 지속적으로 오래 한다면 수익은 확실하게 보장되어있다. 하지만 이 게임에는 함정이 있다. 그 함정이란 '지속적으로 오래 할 수 있다면'이란 제약에 있다. 두 번의 기회는 없다. 처음에 허용된 최소한의 벳도 반드시 100원 전체를 걸어야만 하며, 일부분만 벳하거나 콜하는 것은 허용되지 않는다. 패배하면 그것으로 끝난다. 추가적인 자본 투입은 허용되지 않는다. 이렇다면 독자 여러분 중 절반은 첫판의 승부가 끝나자마자 완전히 탈락한다. 그들에게 둘째 판이란 있을 수 없다. 이 게임을 더 이상 지속 할 수 없이 완전히 끝난다. 첫판에 패배하여 100원이 날아감과 동시에, 두 번째 기회는 주어지지 않으며 영원히 끝난다. 토너먼트와 흡사한 구조처럼 느껴지지 아니한가? 여러분은 50 대 50의 확률싸움에서 단 한 번이라도 진다면 그것으로 탈락한다는 조건을 상기해야 한다.

그리고 토너먼트에서 이런 조건을 우리가 아닌 상대에게 최대한 상기시켜야 한다! (물론 소리 지르며 윽박지르지는 말자) 이 지엄한 사실은 사실 상당히 무서운 압력이다. 이 압력을 우리가 아닌 상대에게 선사해야 한다. 그러기 위해선 상대보다 칩이 많아야 한다. '네가 콜하고 이 승부에 참여하면 이길 때 가진 모든 칩의 두 배가 되겠지만, 만약 지면 그것으로 끝난다. 그래도 콜할 테냐?'라는 압박은, 칩이 많은 자만이 내지를 수 있는 기개(氣槪)다. 너는 분명히 나보다 더 나은 오즈와 에퀴티가 있다. 하지만 그 대가로 목숨에 대한 리스크(토너먼트의 탈락)를 걸어야 한다고 압력을 가하면 결심에 망설여진다. 그리고 이 중 몇몇 플레이어들은(특히 ICM의 타이밍만 잘 맞으면), 놀랍게도 이득(Chip +EV)을 포기하는 결과로 이어진다. 칩의 관점에서 본다면 이윤이 분명한 그 게임이 목숨(상금)을 걸자 상당히 위험한 도박이 되어버렸다. 바로 이것이 토너먼트의 근간이다. 이것이 토너먼트에서 가장 많은 엣지를 긁어오는 핵심 운영 전략이다. 상대가 가지고 있는 팟에 대한 에퀴티를 '폴드 에퀴티'를 이용한 협박으로 포기하게 만드는 것은 토너먼트 운영의 근본이자 뿌리다.

5%의 확률로 죽음을 맞이하며, 95% 확률로 가진 전 재산을 두 배 늘려준다는 게임이 있다면 5%의 위험 정도를 감수하고 시도하는 사람이 있을 수 있다. 그리고 성공한 사람 중, 몇몇은 추가로 더 시도하여 재산을 늘리려는 그룹도 있을 수 있다. 하지만 이 위험이 겨우 5번 정도만 반복된다면 그 사람의 생존율은 이제 77%에 불과하다. 자, 이제 질문을 다시 한번 뒤집어보자. 가진 전 재산의 32배를 불려주는 대신, 23%의 확률로 죽음을 맞게 되는 게임에 본인은 시도할 마음이 있는가? 만일 '아니오.'라 말했다면 왜 5% 게임 때는 시도했던 건가? 아니, 위험도가 0.001% 됐다면 그 정도는 여전히 시도하는 게 옳다고 믿는 건가? 생명의 값어치를 팟오즈에 얽혀있는 금전에 비교하긴 어렵지만, 분명히 위험도에 대한 이해를 다각화시켰으리라 믿는다.

불운한 한 방의 배드빗으로 토너먼트의 생존과 탈락은 갈려나간다. **지속적으로 리스크를 감수하는 것은 장기적으로 손해임을 받아들여야 한다.** 이 폭탄은 언젠가는 100% 터진다. 그것이 언제인지와는 철저하게 무관하다. 당신이 리스크를 견뎌내고 생존했다 할지라도 그와 같은 승부가 여러 번 반복된다면 그대의 생존율은 이미 저하되었다고 보아야 한다(극단화). 이래서는 운영이 불가능하다. 운영이라고 부르기에도 민망하다. 이딴 식의 운영은 누구라도 가능하다. 그냥 올인을 지르고 상대가 눕히기를 바라거나 또는 운이 좋아서 이기기를 바라는 식의 운영은, 이미 충분히 우리가 정상적인 작전을 다 이행하고 난 뒤 모든 것이 실패한 이후 절망적인 상황 속 최후의 순간에만 누르는 발사 버튼이 되어야 한다.

그렇다면 이 폴드에퀴티를 가장 무식하게 최대한으로 리스크를 겪어가면서 공격적으로 운영하는 액션은 바로 동크벳이다. 그중에서도 가장 리스크가 심한 것이 리버 동크벳인데, 리버에서 오버벳을 동크로 날리면 상대방을 강하게 추궁하는 공격적인 운영이 된다. 양날의 검이다. 필자는 초급편에서 베리언스를 없애거나 줄이기 위한 유일한 방법이 벳이라고 표현한 적이 있는데, 이 표현을 이제 다시 재서술할 수 있게 되었다. 보드가 완성되기 전, 상대방에게 먼저 오버사이즈에 의한 동크벳으로 추격을 차단하는 것은 가능하다. 왜냐하면, 오버레이스로 플로팅(아래의 3610장에서 곧 나온다.)을 막는 것이 가능해지기 때문인데, 반대로 위험도 또한 올라가는 위험한 액션으로 캐시게임에서는 팟 하나를 주워오는 것이 위험비 보상에 맞지 않기에 추천되지 않는다. 토너먼트에서만 예외적으로 상대를 보아가며 쓸 수 있는 공격적 액션이다. 슬슬 토너먼트의 여러 추가적인 개념들을 천천히 접해보자.

3520.

푸쉬 또는 폴드(Push or Fold)

실제로 대부분의 월드클래스 프로들은 남아있는 잔여 스택량이 10bb 또는 그 이하가 됐을 때, 이제 히어로가 할 수 있는 액션은 푸쉬(올인)나 폴드뿐이 없다는 것에 동의한다. 문제는 양이다. 몇몇 플레이어들은 5bb까지도 견딜 만하다고 주장하는 반면, 몇몇 플레이어들은 15bb부터 슬슬 기회를 봐야 한다고 주장하기도 한다. 재미있는 사실은, 양측의 주장은 둘 다 폴드 에퀴티가 두려워서 나오는 주장이다. 5bb 측은, 최대한 콜리젼(바로 다음 장 3530장에서 설명한다)을 피하기 위하여 조금이라도 더 정확한 한 방으로 더블업을 노리는 집단이고, 15bb를 지지하는 집단은 아예 쉽게 콜할 수 없는 양일 때 조금 더 적극적이고 공격적인 운영으로 상황이 더 나빠지는 것을 사전에 차단하며, 스택을 지키자는 집단이다. 콜리젼 자체에 반대하는 그룹이다. 폴드에퀴티파라고 풀이할 수 있다. 현실은 이 두 방법 중 어느 하나가 다른 하나보다 더 우수하다고 생각하기엔 어렵다.

푸쉬나 폴드를 시작해야 하는 명확한 스택량에 대한 수학적인 기준점은 사실상 없다. 아니, 더 정확하게 말하면 있긴 있지만, 그 선이 상황에 맞춰 매우 다르게 변화무쌍(變化無雙: 결코 같은 한 쌍이 존재하지 않을 정도로 끊임없이 변화함)하기에, 그 뚜렷한 경계선의 좌표를 다수의 독자에게 한 문단의 글로 딱 짚어서 제공하는 것이 상당히 어려운 것뿐이다. 그렇지만 모든 수학적인 요소를 빼놓고, 뜬구름 잡는 무성의한 설명을 쓰기도 싫었다. 한마디로 요약하면 현재 토너먼트의 평균 스택 사이즈와 토너먼트의 페이아웃(상금)의 양이며, 더 정확히 말하면 현재 플레이어가 앉아있는 테이블의 상황이다. 기억하라. 토너먼트 필드의 전체 상황보다 현재 본인이 앉아있는 테이블 상황이 훨씬 더 중요하다. 내 테이블에서만 이기면 된다. 우승은 그렇게 찾아오게 되어있다.

유효 스택 사이즈가 대략 10bb이거나 그 이하가 됐다면(반복한다. 이 양은 일정하게 정해져 있지 않다: 극단화), 우리는 이제 푸쉬/폴드 단계에 접어들었다고 생각해야 한다. 각오해야 한다. 피하지 마라. 이 시기는 대략 중간 블라인드나 높은 블라인드일 때 대부분이지만, 가끔씩 크게 칩을 잃어버려서 초반부터 이 상황을 감내해야 할 때도 있다. 10bb 이하의 스택 사이즈가 되면 더 이상 정상적인 포커를 플레이할 여유가 없으며, 이제 유일한 옵션은 푸쉬(올인)이거나 폴드하는 것이다. 10bb일 때 림프하거나 스몰레이즈를 하는 것은 일반적으로 최선의 방법이 아니다. 유효 스택 사이즈(Effective Stack Size: 『홀덤의 정석: 초급편』 2340장 참조)란, 해당 핸즈에서 당신이 따거나 잃을 수 있는 칩 수의 최대치이다. 따라서 당신이 푸쉬/폴드 영역에 들어섰는지 판단하기 위해서는, 당신의 스택 사이즈뿐만 아니라 상대의 스택 사이즈도 봐야 한다. 예를 들어 우리가 20bb를 들고 버튼에 앉아있는데 SB의 플레이어가 4bb이고 BB의 플레이어가 7bb를 가지고 있다면 우리가 따거나 잃을 수 있는 최대치가 7bb이므로, 유효 스택 사이즈는 7bb이다. 고로 이 상황에서 이미 모든 플레이어가 푸쉬/폴드 영역에 들어선 것이라고 볼 수 있다.

 '10bb에는 푸쉬/폴드'라는 불문율은 상당히 극단화가 많이 들어간 표현이기 때문에, 상황에 따라서 늘어날 수 있는 것을 기억해야 한다. 예를 들어서 당신이 버튼에 13bb를 가지고 99라는 핸드를 가지고 있는데, 만약 레이즈를 작게 한다면 블라인드에 앉은 루즈한 여러 상대가 플랫콜(C2B)을 할 것처럼 느끼는 상황이다. 이때 차라리 먼저 13bb를 올인해 버리는 것이 완전하게 나쁜 선택이라 말하기에 어렵다. 오히려 전혀 나쁜 선택이 아닌 쪽에 가까울 수도 있다(플레이어의 숫자 등 여러 조건에 따라 정답이 변화무쌍하겠지만 대체로 그렇다고 봄이 자연스럽다).

 혹은 빅블라인드에 앉은 선수가 굉장히 어그레시브해서 내가 스몰블라인드에서 림프를 하면 반드시 레이즈를 할 것 같다면 당신이 10bb를 가지고 스몰블라인드에서 KK로 침착하게 림프하는 편이 더 나은 움직임일 수 있다(이 문장은 상당한 극단화가 들어간 표현이다. 자체적으로 조심히 해석하길 바란다). 스택 사이즈로 푸쉬/폴드(PoF) 구간에 진입했는지를 알 수 있지만, 정확히 몇 bb의 스택으로, <u>어떤 핸드들(레인지)로</u> 올인해야 하는지 고정적으로 알 수는 없다. 하지만 이런 결정을 도와주는 차트들도 있다. 아래의 3570장에서 다룰 것이다. 조금만 참아라.

스택이 위험해진 상황이다. 이 와중에 빌런이 벳해 왔다. 이때 플랍을 확보키 위하여 현재 히어로의 스택 중 35% 가까이를 희생시켜야 한다면 차라리 여기서는 올인이나 폴드 중 하나를 선택해야 한다. 왜냐하면, 이것은 이미 상대에게 2:1 이상의 팟오즈로 압박하는 것이며, 상대가 나약하게 폴드하더라도 우리는 이미 35%의 스택을 아무런 리스크 없이 얻게 된다. 손해가 없는 것이다. 토너먼트 중 35%란 매우 중대한 양이다. 그러므로 그 어떤 플랍이 나오더라도 해당 팟에 커밋(Committed: 각오)될 게 뻔하기 때문에 콜을 선택하느니 차라리 지금 프리플랍에서 올인하여 조금이라도 상대가 우리의 3BT에 폴드할 확률을 올리는 것이 낫다. 좀 높은 단계의 토너먼트에서는 이미 다수의 플레이어는 이 '암묵적 규칙'을 이미 다들 알고 있다고 가정하라. 이러한 암묵적인 룰을 어디에서 명확히 읽은 적이 없더라도 대부분의 Sit and Go(SnG)의 프로들은 자신의 칩 스택이 약 1,000 칩인 상황에서 상대의 350 만큼의 베팅을 콜하는 것은 맞는 판단이라 보기에 어렵다는 것을 직관적으로 알고 있다.

3530.
콜리젼(Collision: 충돌)

캐시게임에선 존재하지 않지만, 오직 토너먼트에서만 존재하는 대표적인 개념 중 하나가 바로 콜리젼이다(물론 캐시게임에서도 단순 기록을 위하여만 쓰일 순 있다). 사전적 의미는 '충돌'을 뜻하며, 이 충돌이란 뜻 때문에 토너먼트에서 주로 차용된다. 아마 의미적으로 비슷한 단어는 '승부'를 들 수 있다.

가장 대표적인 콜리젼의 예는 AK vs QQ을 들 수 있다. 텍사스 홀덤에서 매우 유명한 콜리젼으로, 대표적인 코인 플립(Coin Flip: 동전을 던져서 둘 중 한 명만 살아남는 외나무다리의 승부) 상황이다. 프리플랍에서 막강한 두 핸드가 서로 올인에 들어가면 둘 중 한 명은 상당량의 칩을 상대에게 뺏기거나 칩이 적은 한쪽은 가진 모든 칩을 뺏기고 탈락하게 된다(무승부가 날 수도 있지만: 극단화). 이렇게 단 일합(一合)의 승부로, 둘 중 어느 한쪽이 극심한 데미지를 불가피하게 겪게 되는 '충돌 과정'을 콜리젼이라 정의한다.

토너먼트에서는 콜리젼(충돌/승부)을 되도록이면 피해야 한다.

이 문장에서 가장 눈여겨보아야 할 단어는 콜리젼이 아닌, '되도록이면'이라는 단어다. 결코 '언제나 피해야 하고, 피하기 위하여 모든 수단을 다 동원해야 한다'는 느낌이 아니다. 위 3510장에서 말했던 폴드 에퀴티에 의하면 **상대가 가지고 있는 에퀴티를 포기하게 만드는 것이 토너먼트의 가장 큰 엣지**라는 설명을 기억할 것이다. 폴드에퀴티는 토너먼트에서 엣지를 긁어오는 핵심 요소이지만, 콜리젼은 캐시게임에서 쓰이기 부적절하다. 왜냐하면, 자본이 떨어져도 새로운 자본을 언제든지 투입하는 것이 늘 가능하므로, '콜리젼'으로 해석함이 부자연스럽다. 또 다른 이유도 있다. 토너먼트의 칩을 얻는 것은 상금을 얻는 것과 직접적 연관이 성립한다고 보기엔 어렵다(물론 상금에 대한 확률은 올라가지만, 그것이 상금을 탔다는 의미와는 여전히 거리가 있다: 극단화).

자신이 가진 전부(또는 적지 않은 칩)를 위험에 맡기는 콜리젼에서 승리할 경우, 당연히 적지 않은 보상이 주어진다. 극단적으로 말해, 여러분이 토너먼트에서 남아있는 칩이 겨우 1bb뿐이라 해도, 겨우 서너 번의 콜리젼만 뛰어넘는다면 어느 순간 20bb 근저리에 쉽게 안착될 것이다. 20bb는 충분히 운영이 가능한 스택으로, 더 이상의 추가적인 콜리젼은 필요하지 않을 정도로 안정적이다.

이 안정적인 스택량은 최소 16bb 이상(또는 6.725M 이상의 언저리. M에 대해선 나중의 3541장에서 설명한다)의 양을 가리킨다

(극단화). 자신의 스택을 이 안정권에 올려놓는 길엔 크게 두 가지가 있는데, 첫 번째는 천천히 쌓아올리는 방식이고, 두 번째 길은, 한두 번의 대형 승부(콜리젼)로 칩을 올리는 방법이다. 당연히 콜리젼을 통하여 정면으로 승부를 거는 방법은 최후의 방법으로 남겨둬야 한다. 선제적으로 선택하기엔 부적절하다. 왜냐하면, 스택이 많다면 최대한 길고 안전한 운영으로 승리함이 가능한데, 굳이 먼저 휘발성 높은 작전을 먼저 선택할 이유가 없다. 어차피 스택이 내려가기 시작하면 본인이 원하든 원하지 않든 승부에 나서는 타이밍은 불가피하게 찾아온다. 그때 가서 휘발성이 높은 작전으로 승부해도 절대 늦지 않다. 중급편 Intro의 동전 100회 던지기 게임이 기억나는가? <u>스택 전체를 걸고 싸우는 것은 어쩔 수 없는 상황에서 최후의 저항 수단으로만 가동됨이 타당하다. 횟수가 쌓이면 언젠가는 부러진다.</u>

이 세상 모든 것엔 우주의 물리법칙이 적용된다고 필자는 생각한다. 물리법칙엔 여러 가지가 있지만, 그중에 필자가 텍사스 홀덤의 스택 성장에 대한 설명을 위한 차출해 올 공식은 '거리=시간X속력'이다. 만일 독자 여러분들이 현재 가지고 있는 뱅크롤이 1억 원이라고 한다면, 그리고 이 1억 원을 100억으로 늘리고 싶다면 크게 두 가지 방법을 생각해 볼 수 있다. 하나는 단기간에 매우 빠르고 높은 속력으로 100억이라는 거리에 도달하거나, 둘은 시간을 풍부하게 부어주어 느리지만 안전하게 뱅크롤(거리)을 100억으로 늘리는 방법이다. 이 물리학 공식에서 콜리젼은 '높은 속도'와 치환된다.

단기간에 큰 거리를 달려야 한다면 콜리젼(속도)을 확 늘려서 사고위험(실패율)을 전부 뚫으며 달려야 한다. 대승부가 여러 번 일어난다. 그리고 그 승부 중 단 한 번도 지면 안 된다. 전부 승리하는 모험을 해야 한다. 승리만 한다면 많은 시간과 비용이 절약될 것이다. 이론적으로는 단기간에 해당 뱅크롤(또는 스택)에 도달하는 것이 가능하다. 하지만 그 와중에 함께 떠안아야 하는 것은 실패율이다. 자연히 이 과정을 시도한 수천 명의 승부사 중 소수만이 살아남는다. 자연의 이치다. 이런 자연의 이치를 사실 세상 모든 이는 이미 알고 있다. 그래서 그들은 선택한다. 콜리젼을 낮추고, 위험을 회피한다. 그러려면 속도를 줄여야 한다. 웬만해선 사고가 나지 않는 안전한 속력까지 줄인다. 사고율을 0%로 만들면 스택의 성장률 또한 0%가 되므로, 사람들은 '성장 Vs. 위험' 사이의 어디엔가 적절한 균형점(GTO)을 찾는다. 이것을 대한민국의 고속도로로 치환하면 '100km/h'라는 정수(整數)로 표현된다. 고속도로에서 달리는 자동차에 속도와 사고율 사이의 어떤 경제학적 최적의 속도를 100km/h라 집은 것이다. 이 수치를 일반 운전자들에게 배포한다. 고속도로 위의 차량마다 질량이 제각각이므로 그 산출된 위험도가 차량마다 그 격차가 크기 때문에 각 자동차의 위험도와 속도의 그래프 중 최적의 조건으로 달리는 평균적 속도를, 각 차량의 질량에 따라 제각기 다르게 결정하고 배포한다. 그 임계치를, 우리 법은 '고속도로 제한속도'로 규정하고 있다.

홀덤도 마찬가지다. $25,000 뱅크롤을 $1,000,000으로 늘리고 싶다. 한 번에 $100/$200짜리 테이블에서 위험하지만 빠른 속도로 키우는 방법과 $5/$10의 느리지만 사고율을 낮추며 늘리는 방법이 있다. 아니면 극단적으로 $25,000어치의 미국 복권(당첨금 몇 천억)을 몽땅 살 수도 있다. 물론 이 경우 리스크(위험률)는 최고로 올라간다. 자살행위다. 이런 방법은 곤란하다. 다행히 캐시게임에서는 자신이 잃을 수 있는 최대의 양을 조절할 수 있다. 불의의 사고(콜리젼)에 의한, 자신이 겪을 수도 있는 최대의 데미지를 조절할 수 있다(자연히 이득률도 그에 비례하여 감소하겠지만).

자, 이제 토너먼트에 이 물리공식을 끌어와 보자. 토너먼트에서 오래 생존하고 싶다면 콜리젼(속도)을 낮춰야 한다. 대승부에 얽히지 않을수록 좋다. 재미있는 것은 상대방도 이 점을 인지하고 있다 (대부분의 프로들은). 그래서 되려 상대방에게, '나는 콜리젼이 두렵지 않다'는 듯 공격적인 운영을 통하여 이득을 볼 때도 있다. 어그레션이다. 상대방에게 폴드 에퀴티를 강요하는 플레이는 토너먼트에서 어울리는 압박이다. 짧게 한마디로 요약하면 아마 다음과 비슷할 것이다.

모든 토너먼트의 최후의 우승자는 그 토너먼트를 가장 길게 플레이해 온 사람이다.
우승하고 싶다면 가장 <u>길게</u> 플레이할 준비가 되어있어야 한다.

3540.
스택 사이즈(Stack Size)

토너먼트 시, 칩이 많다는 건 그냥 쿨러(Cooler: 불운의 배드빗)에 대한 보험이 하나 더 생겼다는 의미로 읽혔으면 한다. 칩이 많아서 조금 더 공격적인 운영을 펼치는 플레이어들이 있는데, 이 작전은 상당한 경험이 쌓인 플레이어들에게 어울린다. 단순히 콜리전을 한 번 더 겪을 '안전벨트' 내지는 보험(保險) 정도로 생각해도 괜찮다. 그 추가적인 보험을 가지고, 다른 플레이어들보다 조금 더 오래 버틸 시간을 샀다고 생각해도 좋다. 하지만 스택은 마치 얼음 같다. 가만히 있으면 녹는다. 블라인드가 차오르기 때문이다. 녹기 전에 계속해서 새로운 얼음을 긁어모아야 한다.

상금의 양과 칩은 직접적 관련이 있다고 보기에 어렵다. 탈락하지 않을 권리 정도다. 아직 탈락하여 본인의 순위가 확정되지 않았거나 다른 모든 플레이어를 탈락시키지 못했다면 현재 가지고 있는 토너먼트의 칩을 현금화하는 것은 불가능하다. 그렇다고 해서 토너먼트의 스택 사이즈가 아무런 의미가 없다는 뜻이 되지는 않는다. 사실 스택 사이즈는 '플레이 전략'에는 지대한 영향을 미친다. 예컨대 이제껏 팟에 자주 참여하지 않은 타이트-어그레시브한 플레이어라도 스택 사이즈가 17~25bb 부근으로 떨어지면 조금은 더 와이드하게 레인지를 조정하기 시작한다(이것은 의미 있는 테일러링이다). 종종 몇몇 플레이어는 스택 사이즈가 줄어들었으므로 더더욱 수비적이고 타이트하게 좁히려는 경향을 보이는데, 정반대로 해야 한다. 칩이 많으면 더 확실한 기회를 잡을 수 있는 시간이 더 많다고 풀이해야 한다. 유리함이다. 반대로 칩이 적으면 이젠 기회가 없으므로 전투에 임해야 한다. 칩이 많다면 아직 콜리젼을 겪지 않아도 되는 유리함이 크다. 이 유리한 위치를 서로 차지하려고 플레이어들은 전쟁에 뛰어든다.

실력이 낮은 토너먼트에서 자주 볼 수 있는 케이스 중 하나는, 토너먼트 초반에 아주 큰 팟을 잃은 플레이어가 10-20bb 정도 남았을 때, 더 이상 승부를 포기하고 될 대로 되라지 하며, 마구잡이 액션을 펼치는 것을 우리는 종종 발견한다. 그들은 자신의 상황을 정상화시키려면 빠르게 다시 승부를 보아서 운에 의한 더블업을 기대하며 아무 카드로나 올인하는 것이 유일한 방법이라고 느낀다. 당혹감에 빠져있으며, 방금 내 큰 스택을 뺏어간 플레이어를 마음속으로 저주하고 있다. 이런 종류의 플레이어가 포착되면 꽤 넓은 레인지로 아이솔레이션(이 사람만 남겨놓기 위한 레이즈)을 할 준비를 해야 한다. 이 플레이어가 엄청나게 넓은 레이지로 올인을 반복하고 있다는 걸 확인했다면 대략 99+ / AJs+ 정도면 콜하거나 리레이즈 올인하기 괜찮을 것이다.

실력이 낮은 토너먼트에서 자주 발견되는 또 다른 케이스는 빅스택이 된 후 스타일에 과도한 변화를 주는 플레이어들이다. 흡사 '깡패 칩리더'라고도 불리는데, 그들의 특징은 다음과 같다. 종종 초보들은 드디어 자기가 빅스택이 되고 나면 이제 자신이 테이블을 지배해야 한다고 느끼고, 상대방에 대한 존중을 전혀 하지 않은 채로 아무 핸드로나 레이즈를 하거나 포스트 플롭에서 모든 팟에 베팅/블러프를 건다. 소위, '칩질'을 해대기 시작한다.

필자는 종종 테이블에서 사색(잡생각)에 잠길 때가 있는데, 이런 플레이어들이 하루아침에 국가의 권력을 장악하게 되면 폭군 또는 망국의 군주가 됐을 것이라는 상상을 한다. 권력이 있든 없든, 상과 벌을 공정히 하여 사회적으로 탄탄한 체제를 유지하여 건강하고 공정한 사회를 후대에 남길 생각보단, 그냥 순간의 단물을 즐기고 놀겠다는 태도로 보인다. 이런 플레이어들과는 최대한 엮이지 않는 것이 좋다. 이전 필자가 했던 말 중, 포커룸에서 가장 빨리 큰돈을 잃는 부류가 누구였는지 기억하는가? 바로 이런 멧돼지들이다. 그들은 칩리더에 오른 이후, 놀랍도록 빠르게 스택을 수집할 것이며(심지어 바로 다음 핸드에 크게 찍히는 경우도 있다), 다른 사람들에게 '한때 내가 칩리더였소' 하며 자신의 과거를 전설처럼 미화하며 넋두리를 늘어놓을 수도 있다. 필시 그들의 핸드폰 사진첩 안에는 '자랑스러운 나의 스택' 사진들이 넘쳐날 것이다. 그들에게 일반적인 프리플랍 레이즈를 하고, 플랍에서 컨티뉴에이션벳을 한다고 해서 이들이 폴드할 것이라 기대해서는 안 되며, 되레 이들은 큰 오버벳이나 오버레이즈로, '감히 칩리더에게 말대꾸?!' 할지도 모른다. 이런 플레이어들을 상대할 때는 아주 강한 핸드를 가졌을 때만 팟에 참여하라. 그들은 기꺼이 페이해 줄 것이다. 심지어 페이해 주며 자랑스러워 할지도 모른다.

3541.
M Vs. BB

본인의 스택량을 매우 민감하게 받아들이는 플레이어들이 있다. 인정하기 싫지만 필자도 이런 경향이 있는데(사실 매우 큰데), 필자는 필자가 가지고 있는 스택의 양을 매우 정확하게 알고 싶었다. 그 정확한 방법을 논하기 전에, 토너먼트 중 본인이 현재 가지고 있는 칩의 양이 얼마나 큰지를 알고 싶을 때 그 척도(尺度)를 가늠하는 큰 두 가지의 방식을 먼저 짚고 넘어가도록 하자.

하나는 bb이며, 다른 하나는 M이다. 그리고 미리 강조하겠는데, M은 토너먼트(또는 SnG)에만 국한된 측량법이다. 현대의 포커는 주로 bb 방식으로 하나의 스택을 가늠한다. 이 bb 방식은 스택 사이즈를 측정하는 매우 직역적이고 빠른 효과적인 방식이다. 자연히 몇 bb가 아직 남았는지를 토대로, 향후의 전략에 빠른 적용이 가능하다. 현실적이다. 일반 캐시게임에서도 추후의 복기를 위하여 이 방식이 쓰인다. 필자의 개인 일지에도 토너먼트가 아닌 캐시게임은 이 bb로 기록되었다. 물론 토너먼트와 싯앤고의 핸드 복기는 M으로 기록되었다.

반면 M은 현대 포커에서 잘 쓰이지 않는다. 하지만 필자는 개인적으로 bb보다 M을 더 선호한다. 특히 SnG(싯앤고)라면 거의 언제나 M을 쓴다. 필자의 기억이 맞다면 아마 Dan Harrington의 저서

『Harrington on Holdem』에서 자세한 내용을 거의 십 년보다 더 오래 전에 읽었던 기억이 나는데, 이것이 필자가 읽은 최초의 M-ratio에 관한 설명이었던 것으로 기억한다. 그 M-측량법을 실제로 댄 해링턴이 개발했는지는 필자는 모른다. 인터넷의 몇몇 기록은 Paul Magriel 이 최초로 고안해내어 그의 이름을 따서 M이라 불렀다고 한다. 어떤 것이 진실인지 필자는 모르며, 크게 중요치는 않다고 생각한다.

bb 방식으로 하나의 스택을 가늠하는 방식은 매우 간단하며, 누구나 그 즉시 사용할 수 있다. 예를 들어 블라인드 250/500과 50 의 앤티를 지닌 레벨을 플레이하고 있는 경우, 1bb는 단순히 빅블라인드의 금액인 500을 가리킨다. 앤티와 스몰블라인드는 전혀 고려하지 않는다(그리고 이 부분이 필자가 bb를 선호하지 않는 가장 큰 이유다). 이 상황에서 우리가 만일 50,000의 스택을 가지고 있다면 우리의 스택은 100bb로 계산된다. '100bb'는 매우 건강한 양의 스택이다. 통상적으로:

- 50bb+ = 안전
- 50bb ~ 25bb = 운영
- 25bb ~ 14bb = 긴장
- 14bb ~ 8bb = 위기
- 8bb 이하 = 끝

정도로 요약된다. 이 구간에 대한 요약은 필자 개인이 대충 어림잡아 명명한 양이고, 명확하게 선이 그어져 있다거나 반드시 지켜야 하는 어떤 규제 같은 것은 없다. 단지 본인이 가지고 있는 스택 비(比), 현재 버튼이 지나갈 때마다 반드시 지불해야만 하는 양을 교(較) 하여, 본인에게 현재 주어진 스택이 얼마나 건강한지 그 건강도를 가늠하는 비교 척도로 참고하면 좋다. 느낌만 헤아리면 성공이다.

그렇다면 왜 필자는 bb가 아닌 M을 더 선호하는 것일까?

필자는 현재 인터넷에서 쉽게 검색되는(또는 댄 해링턴/폴 마그리엘이 개발한) M측량법 그대로를 실전에 적용시킬 수 없었다. 아니, 정확하게 말하면 적용시키기엔 합리적이지 않았다. 하지만 M을 산출하는 공식은, 필자가 텍사스 홀덤을 스스로 연구하고 공부하는 과정에서 바라보았던 시선과 너무나도 똑같은 의견이었기 때문에 이 방식을 받아들이는 것이 필자에겐 너무도 쉬운 일이었다. 그냥 받아들일 것도 없이, 기존에 필자가 생각했던 스택의 양을 계산하던 방식 그대로여서 손댈 것도 없었다. 수학엔 국경이 없더라.

bb 개념의 가장 큰 이점은, 아직 포커를 전혀 모르는 사람도 매우 쉽고 빠르게 스택의 사이즈를 알 수 있다는 것이다. 단순 나눗셈만 할 줄 알면 된다. 이것은 ESPN 등 대규모 방송에서 텍사스 홀덤을 중계하여 아직 포커를 모르는 사람이라도 매우 쉽게 '24bb를 지니고 있는 사람은 18bb를 지니고 있는 사람보다 더 많은 칩을 가지고 있다.'라는 해설을 가능케 해준다. 이해하기에 매우 쉽고 직역적인 비교를 통하여 모든 시청자로 하여금 가볍게 수긍하고 동감(同感)을 받아오는 데 어려움이 없다. 그러나 M은 그것이 어렵다. 포커를 깊게 들어가 자잘하게 산출해 본 이들만 알고 있고, 그중에서도 소수만 이 까다로운 계산을 구태여 쓰는 방식이다. '빅블라인드와 앤티'라는 기본 개념을 이미 알고 있는 시청자들에게만, 그리고 그들 중 이미 CPR(Cost Per Round)에 대한 이해가 확립된 시청자들에게만 먹히는 해설이다.

bb를 통한 스택량 산출작업을 가만히 생각해 보자. 무언가 약점이 보이지 않는가? bb는 정말 단순히 말해 Big Blind의 금액으로 현재의 스택을 나눈 값이다. 한 번의 오르빗 또는 라운드(『홀덤의 정석: 입문편』 참조)를 감당하기 위한 최소 금액은 사실 1bb가 아니다. 한 번의 라운드를 감당하려면 1bb + 1sb + 그리고 테이블에 있는 플레이어의 숫자와 앤티 금액을 곱해야 정확한 한 라운드에 들어가는 비용이 산출된다. 보이는가? bb 방식은 '폴드만 한다면 정확하게 몇 번의 라운드를 앞으로 더 견딜 수 있는가?'라는 질문에 답이 되지 못한다. 이 질문은 스택량의 수명을 정의하는 핵심 질문 그 자체인데, 여전히 정확한 대답이 되지 않는 것이다.

예를 들어 조금 전의 예인 250/500/50의 예를 들어보자. 이 블라인드 스트럭쳐에 따르면 현재 테이블에 총 5명이 앉아있다고 했을 시, 15000의 스택을 가지고 있는 플레이어는 30bb라고 부른다. 하지만 이 상태에서 해당 플레이어는 30라운드를 견디는 것이 당연히 불가능하다. 왜냐하면, 중간에 여전히 빠져나갈 스몰블라인드와 앤티들이 산출 공식에 포함되지 않았기 때문이다. 5명이 앉아있을 시의 30bb와, 9명이 앉아있는 테이블의 30bb는 분명 다른 느낌이라는 사실을 받아들여야 한다. 버튼이 테이블을 한 바퀴 도는 속도가 다른데, bb는 두 스택을 여전히 같은 스택처럼 묘사한다. 정확하지 않은 측량에 필자는 가려움을 호소한다.

자, 방금 우리가 bb 방식으로 측량했던 정확히 똑같은 예를, 이번엔 M 측량법으로 측정해 보자. 여전히 테이블에 남아있는 플레이어의 숫자엔 변화를 주지 않았다(주어도 상관없다. 어차피 곧 플레이어의 숫자를 변형한 표를 통하여 자세히 비교할 것이다). 그대로 다섯 명이다. 그러므로 앤티 50을 5로 곱하면 250이며, 여기에 스몰블라인드(250)와 빅블라인드(500)을 다 합치면 정확하게 1,000이다. 이 '1,000'이란 값을 Cost Per Round(CPR)이라고 지칭한다. 한 라운드를 견디는 데 필요한 비용(CPR)이 1,000으로 계산되었다. 이 CPR(1,000)로 현재 우리가 가지고 있는 스택(15,000)을 나누면 된다. 15,000/1,000=15. 현재 우리의 스택은 15M이란 사실을 알게 되었다. 15M이란 매우 건강한 양이며, 이 정도의 스택량으로는 거의 모든 작전을 다 진행시킬 수 있다. 이것이 M을 통하여 스택량에 대한 건강도를 진단해 보는 방법이다. 이 공식은 <u>정확한</u> 현재의 스택량을 우리에게 가르쳐준다. 현재 토너먼트의 빅블라인드 스트럭쳐와 현재 테이블(토너먼트 전체가 아닌, 우리가 현재 앉아있는 이 특정 테이블의 환경마저)의 특수성 또한 놓치지 않은 채 정확하게 반영되었다. 이 M 수치가 보여줄 '정확함'은, 각 빅블라인드의 레벨에 따라 다르게 측정되지 않을 것이며, 모든 빅블라인드 레벨이나 구간별로 반복적으로도 정확하며, bb 방식에 비해 압도적으로 민감하다.

이제 정확히 똑같은 상황의 스트럭쳐에 다른 플레이어 숫자를 적용시켜 보자. 이번엔 5명이 아닌 풀링 9명이다. 앤티 50에 현재 플레이어 9를 곱하면 450이 된다. 450+SB(250)+BB(500)=1200. 현재 CPR은 1,200으로 잡힌다. 우리의 현재 스택 15,000을 1,200으로 나누면 12.5M이 된다. 현재 테이블에서 내 스택이 갖는 위치가 정확하게 재정립되었다. 이전의 15M보다는 조금 더 위험한 지역에 있으므로 조금은 더 액션을 취해야함이 느껴진다. 반면에 bb측량법은 여전히 무덤덤하게 현재의 스택은 30bb라며 위험도가 달라진 환경의 변화를 짚어주지 못하고 있다. 알람이 작동되지 않은 것이다.

M은 M만이 가지고 있는 약점이 있다. 가장 큰 약점은 사뭇 복잡한 계출 과정에 있다. 위의 특정한 예는 필자가 인위적으로 조작한, 계산이 매우 쉬운 케이스인데, 대부분의 M을 산출하는 사칙연산 작업을 머릿속으로 하는 것은 제법 어려운 일이다(적어도 필자에게는). 번거롭다는 것 자체가 계산 과정 중 오류가 쉽게 일어날 리스크가 일어난다는 것이며, 이 자체로 약점이 된다(계산 오류에 대한 리스크를 안는 것도 약점).

bb의 측량법은 매우 단순하여 그냥 현재 내 스택을 1bb로 나누는 셈 한 방에 내 스택의 건강도가 딱하고 잡히는데, M은 매우 번거로운 계산을 통해서만 구할 수 있다. 그렇다면 왜 이런 수고로움과 리스크마저 감내하며 필자는 M을 쓰는가?

왜냐하면, M은 bb에 비해 압도적으로 그 미세함이
더 정교하기 때문이다.

M은 스택의 건강도, 있는 그대로를 말한다. 이것은 수학 그 원천으로, 스택의 건강도를 진단할 때 오차가 일어날래야 일어날 수가 없다. 심지어 몇몇 테이블은 다른 몇몇 테이블에 비해 더 많은 플레이어가 있거나(토너먼트에 대한 경험이 붙는다면 한 테이블에 5명이 앉아있는 와중 다른 모든 테이블에는 9명이 앉아있는 기형적인 상황도 겪게 된다. 물론 플로어는 빠르게 재수습에 들어가겠지만, 여전히 이 기형적인 상황 때문에 액션이 멈추는 일은 발생하지 않을 것이다) 더 적은 숫자의 플레이어가 있을 때도 있지만, M은 그 미세한 차이마저 계산에 공식에 집어넣어 정확하게 본인의 좌표를 잡아준다. 산출해내는 과정은 수고스럽지만, M은 정확하게 지금 내가 가지고 있는 이 스택이 얼마나 안전한 양인지, 위험한 양인지 정밀하게 알려준다.

그러나 인터넷에 범람되어 있는 기존의 M-zone은 그대로를 필자는 쓰지 않는다. 다음 장에는 인터넷 포럼에 자주 포스팅되어 이미 모든 사람이 널리 알고 있는 M에 대한 내용을 매우 짧게 소개하며, 필자가 실전에 사용하는 자체적으로 교정한 M 또한 그 바로 다음 장에서 소개한다. 어느 산출법을 쓸지는 개개인의 결정이다. 텔레비전을 포함한 다수의 대중이 보는 곳에선 직관적인 bb를, 프로를 준비하여 매우 미세한 차이를 놓치고 싶지 않은 플레이어는 통찰에 기반한 M을 쓰면 좋지 않을까? 다시 한번 강조한다. 고착화를 지양하며, 생각이 열려있어야 한다.

3542.
기존의 엠존(M-Zone)

인터넷엔 기존의 M존에 대해 다음과 같이 소개되어 있다.

- 20M+ : Green(안전)
- 20M ~ 10M : Yellow(평범)
- 10M ~ 6M : Orange(긴장)
- 6M ~ 1M : Red(위험)
- 1M 이하 : Black(끝)

모든 스택은 저 다섯 구역 중 하나로 분류되다 위에서부터 건강한 순서대로 색깔을 붙여 각 구간을 명명한 것 같다. 자세한 것은 독자들께서 직접 검색을 통하여 더욱 자세한 정보를 얻을 수 있지만, 위 정보는 실전에 쓰이기에 사뭇 부적절하다고 말할 수 있을 정도로 필자는 추천하지 않는다.

필자가 위 내용 그대로를 추천하지 않는 이유는 위대로만 하면 지나치게 공격적으로 운영이 될 것을 실제로 필자가 느낀 적이 있어서 그렇다. 가령 3M과 5.9M을 같은 구간에 포괄하는데, 이것 하나만 보더라도 실제 이런 액션은 그 우악스러움이 짝이 없다. 다듬어지지 않아서 무딘 것처럼 느껴진다. 실전에 필터링 없이 적용하기엔 상당히 거북하다.

필자가 가장 좋아하는 온라인의 텍사스 홀덤 진행은 Sit-And-Go 방식의 토너먼트다(『홀덤의 정석: 입문편』 1846편 참조). 실제로 필자의 연말정산에 의하면 이 SnG를 통하여 가장 많이 수익이 난 것을 객관적인 지표로 발견한 사례가 있어 담당 회계사와 함께 놀란 적이 있다. 이 SnG 방식에서 가장 중요한 승부처가 바로 Push or Fold가 다가오는 구간이다. 이 구간이 도래하면 한 순간의 판단으로 머니인을 하느냐 못하느냐가 갈린다. 자연히 섬세하고 정교한 계산이 필요한 타이밍이다. 인터넷에 소개된 M존은 쓸 수가 없으며, bb는 그 정교함이 아쉽다. 그래서 필자는 필자가 만든 M존을 사용한다. 그게 훨씬 더 피부에 와닿았다.

필자가 가장 원하지 않는 것은 'M이 bb보다 낫다. 또는 bb가 M보다 낫다' 하는 등의 '서열화'다. 둘은 전혀 다른 방식이며, 어느 것이 더 낫다고 하기에 애매하다. 게다가 M은 캐시게임에서는 그 의미가 많이 퇴색되어 쓰이지 않는다(캐시게임은 블라인드가 일정하며, 앤티 또한 없는 경우가 많기에). 이 둘은 수평적 관계라고 필자는 생각한다. 물론 콜라는 사이다보다 맛있다고 말할 수도 있지만, 그 둘의 서열을 분명하게 가리고자 할 필요는 없다고 필자는 생각한다. 물론 우열을 확실시하는 수직적 문화가 평행적 문화보다 더 우수할 때도 있고, 더 필요한 환경도 있다. 그러나 전략의 고착화를 지양한다면 지금 이 한 경우에 한하여 평행적 사고방식이 더 추구되는 시점이라 필자는 자평한다(극단화). 굳이 둘을 비교하자면 M

은 제곱미터처럼 정교하게 밀리미터까지 내려가서 꽉 잡은 수치이고, bb는 빠르고 직관적이며 사람들이 쉽게 이해하기에 편한, 아파트 면적을 나타내는 '평수'처럼 쓰인다. 제곱미터는 평수에 비해 분명히 더 미세하게 정확하다. 하지만 사람들의 피부에 쉽게 와닿지 않는다(물론 적응이 되면 제곱미터가 더 편하겠지만). 하지만 아파트의 평수는 심지어 홀덤을 모르는 사람에게도 매우 쉽게 그 수치를 가늠하는 데 어려움이 없다. 프로를 준비한다면 평수보단 밀리미터 단위의 엠을 한 번 공부해 봄이 어떨까?

『홀덤의 정석』 M존

이번 단원의 제목만 놓고 보면 무슨 탈모약 광고처럼 읽힌다. 사실 『홀덤의 정석』 M존이라 거창하게 이름은 써놨지만, 내용은 크게 다르지 않다. 한 스택량을 5구간으로 나눈 것까지는 같지만, 그 다섯 구역을 나누는 기준점만 다르다. 기존의 M존은 평범 구역 위에 '안전' 구역이 따로 있지만, 필자는 안전 구역을 아예 배정하지 않았다. 그럴 필요가 없었다. 운영을 할 수 있다는 것 자체가 이미 안정권 안에 진입되어 있단 뜻이어서 그랬다. 필자가 소개하는 M존은 다음과 같다. 아래의 기준점 평가에 도움이 된 Chever10, Ginobili20, Forever21, WQ10R14, Mutation에 감사의 말을 전한다.

- 7.0M~11.25M+: 운영
- 5.1M~7.25M: 긴장
- 3.25M~5.33M: 위험
- 2.0M~3.5M: 승부
- 2.15M 이하: 끝

일단 11.25M 이상부터는 스택량은 큰 의미가 없다. 모든 정상적인 플레이가 가능하다. 실제로 15M이 있든 9,999M의 스택이 있든, 오프닝 레인지에는 아무런 차이가 없다. 뭐 엄밀히 따지면 아예 아무런 차이가 전혀 없는 것까지는 아닌데, 실질적인 플레이에 차이가 생겨나는 것은 13.25M 즈음이다. 이것도 오프닝 레인지에는 거의 차이가 없고, 3bet bluff 레인지에서부터 매우 미세하게 그 차이가 서서히 시작되므로 11M보다 높다면 심리적으로 부담을 전혀 느끼지 않아도 된다.

아무튼 오프닝 2bet을 신중히 결행해야 하는 시점이, 위에서 설명한 11.25M 이하의 '긴장' 단계부터 시작된다고 보아도 좋다. 그리고 바로 이때부터 우리의 오픈 이후에 누군가가 3bet 셔빙을 걸어온다면 콜을 검토할 각오가 되어있어야 한다. 몇몇 빌런은 우리(히어로)가 빌런의 3bet 셔빙에 굴복하여 팟을 포기할 것이라고 여기며 히어로를 절벽 끝으로 몰아넣는 거친 심리전을 생각해 볼 수 있지만, 사실 콜에 대한 검토를 시작해야 하는 가장 큰 이유는 수학에 있다. M으로 스택량을 측정할 때, 2bet은(min raise인 2bb로 오픈했다는 가정하에) 0.8M보다 같거나 살짝 못 미치는 양이 된다(2bet≈0.8M: 심각한 극단화. 5명일 때와 9명일 때와 매우 달라진다. 곧 아래에서 다루게 될 것이다). 이 부분은 워낙 널뛰기가 심해서 절대로 기억할 필요가 없다. 물론 2020년부터 전 세계적으로 유행하기 시작한 'Big Blind−Ante: BB인 플레이어가 앤티를 혼자서 전부 포스팅하는 블라인드 스트럭쳐. 빅블라인드는 1bb만큼을 앤티로 포스팅하고, 추가로 1bb만큼을 스스로의 빅블라인드 명목으로도 포스팅하며, 다른 모든 이들은 앤티의 의무를 면제받는다'에 의하면 이 수치는 더욱 낮아진다. 빅블라인드−앤티 기준상, 2bb의 최소 레이즈는 대략 0.8M과 비슷하다. 추후 고급편에서 왜 오픈 레이스를 2.375bb~2.625bb로 가져가는 것이 가장 무난하고 합리적인지(1.2M의 오픈 레이즈에 지닌 합리성), 그 심층적이고 매우 깊은 수학적 분해에 들어갈 것이다. 지금은 불필요하다.

여전히 종종 'Big Blind-Ante' 구조의 토너먼트에선 이 M 계산이 정확하지 않을 것이다. 하지만 그런 토너먼트에서도 일일이 1M에 대한 정확한 계산을 따로 해주기만 한다면 수학적으로 여전히 M은 위력적이다(이것이 M의 가장 큰 강점이다. 곧 설명한다). 세미파이널 테이블(준결승 테이블) 위로 올라가면 사실 언제나 이 긴장 구간에 있다고 생각해야만 한다. 16M보다 많은 여유량의 스택은 거의 찾아오지 않는다고 보아도 좋다. 만일 세미파이널 테이블(준결승 테이블)에서도 18M을 넘기는 스택을 소유하고 있다면 거의 언제나 토너먼트의 칩리더라고 생각하여도 무난하다. 위험 구간에 있다면 여전히 정상적인 플레이는 오프닝까지만이다. 프리플랍에서 스택량이 9M보다 낮다면 일단 오픈한 이후에 누군가가 저항해 오고 플랍까지 허용됐다면 이젠 확실하게 선택해야 한다. 어중간하게 싸우는 것도 포기하는 것도 아닌, 주저하거나 망설이게 되면 눈 깜짝할 새 벼랑 끝까지 몰린다. 그러니 그 이전, 그러니까 지금 단계에서 단호히 선택해야 한다.

종종 건강한 15M+ 스택을 가지고 있다가 어느 순간의 불행한 배드빗 한 방으로 승부 구간까지 몰려온 상황이 있을 수 있다. 승부 구간에서는 글자 그대로 승부를 걸고 빨리 본인의 스택을 최소 4.4M 이상으로 올려야 한다. 필자의 경험에 의하면 2.5M 이하의 스택은 거의 누구에게나 '칩에 의한 압박(폴드 에쿼티에 의한 협박)'이 안 통한다. 약빨이 안 듣는 단계다. 이제는 먼저 승부를 걸더라도 상대방은 Ace high 이상만 된다면 웬만하면 콜할 것이다.

3544.
M의 정밀도 그리고 M의 위력

　　M 측량법이 갖는 유리한 이점에 대해 조금 더 알려면 불가피하게 bb 측정법과 비교해야만 한다(물론 이런 관점을 필자는 원하지 않지만). 아래는 다섯 개의 토너먼트 블라인드 스트럭쳐를 필자가 임의로 인터넷에서 갹출해서 작성/완성한 도표이다.

B	C	D	E	F	G	H	I	J	K	L
	BB	SB	Ante		CPR	Plyr #		bb	현재 스택	M
ㄱ	1000	500	200		3300	9		37.0	37000	11.2
ㄴ	600	300	100		1800	9		28.3	17000	9.4
ㄷ	1600	800	250		4650	9		18.8	30000	6.5
ㄹ	200	100	25		525	9		13.0	2600	5.0
ㅁ	2000	1000	200		4800	9		7.3	14500	3.0

　　토너먼트(또는 SnG) 게임 이름을 'ㄱ, ㄴ, ㄷ, ㄹ, ㅁ'으로 정의한다. ㄹ은 대형 토너먼트가 아닌 SnG(싯앤고, 『홀덤의 정석: 입문편』 1846장 참조)에서 쓰이는 스트럭쳐다. SnG를 중심으로 수익을 내는 SnG 전문 플레이어가 되고 싶다면 지금 필자가 ㄹ로 가져온 저 200/100/25 구간이 해당 플레이어의 최종 수익률(ROI: Return on Investment)에 가장 지대한 영향을 미칠 것이다. 추후 전업 플레이어에 대해 논하겠지만, 만일 진실로 카드 플레잉을 직업으로 삼는다면(특히 캐시게임보다는 SnG 전문 플레이어가 되고

싶다면), 저 '지긋지긋한' 구간을 확실하게 마스터링해놔야 한다. 사실 ㄹ 때문에 이 3544장을 썼다고 보아도 무방할 정도로, M은 온라인 싯앤고에 특화된 측량법이다.

 설명을 계속 이어나간다. 현재 스택은 필자가 임의로 아무렇게나 써넣은 것이고, 왼쪽의 bb는 현재 스택을 bb로 치환했을 경우 표현되는 측량치다. 오른쪽의 M은 현재 스택을 M으로 표현했을 경우의 측량치다. 당연히 실전 게임에서는 C, D, E 칼럼(BB/SB/Ante)에 관한 정보만 공개된다. CPR을 계산하는 법은 bb 측정법에선 아예 쓸 일이 없다. CPR처럼 정교함이란 것 자체가 오직 M의 계산을 위한 항목이다. bb측량법에서는 CPR은 아무런 쓸 일이 없다. 이 다섯 개의 토너먼트(또는 SnG)는 전부 다 아직 한 명도 탈락한 플레이어가 없는 상황인 풀링(9인)인 상황에 기반되어 작성된 표다. 이 똑같은 표를 이번엔 플레이어의 숫자만 바꾸어 새로 써보자.

B	C	D	E	F	G	H	I	J	K	L
	BB	SB	Ante		CPR	Plyr #		bb	현재 스택	M
ㄱ	1000	500	200		2300	4		37.0	37000	16.1
ㄴ	600	300	100		1300	4		28.3	17000	13.1
ㄷ	1600	800	250		3400	4		18.8	30000	8.8
ㄹ	200	100	25		400	4		13.0	2600	6.5
ㅁ	2000	1000	200		3800	4		7.3	14500	3.8

 플레이어의 숫자가 바뀌니 CPR의 숫자도 변화하였다. 당연히 bb 측량치는 아무런 변화가 없다. 그도 그럴 것이 bb는 현재 테이블 내에 잔존해 있는 플레이어의 숫자를 반영해 주진 못한다. 이게 가장

<u>큰 bb의 약점이다.</u> 그리고 대부분의 플레이어는 이점을 간과한다. 그러나 만일 9명의 평범한 SnG가 그대의 주 수익원(Bread and Butter)이라면 3등과 4등을 결정짓는 순간의 레인지는 bb가 아닌 M으로 설정하라고 필자는 추천한다. 더 정교하기 때문이다.

플레이어의 숫자를 9명에서 4명으로 낮추었다. M은 전체적으로 현재의 스택이 사실은 조금 더 안전하다고 감정해 준다. 변덕이다. 그러나 이 변덕이 우리는 행복하다. 특히 ㄹ의 5.0M에서 6.5M의 차이는 하늘과 땅 차이다. 5.0M과 6.5M의 차이가 얼마나 큰지(특히 SnG에서) 이해하지 못하는 플레이어는 아직 SnG(소형 토너먼트 또는 대형 토너먼트)에 대한 이해가 깊지 않은 플레이어라고 보아도 무리가 아니다. 물론 캐시게임에서 훌륭한 성적을 내는 플레이어라면 M 자체를 몰라도 아무런 지장이 없다. 반복하지만 M은 토너먼트/SnG에서만 쓰이는 측량법이다. 본인이 캐시게임을 마스터하고 싶다면 M은 몰라도 아무런 상관이 없다. 물론 M을 모른다고 해서 토너먼트에서 성적이 언제나 나쁜 것 또한 아니다. 하지만 M으로 스택량을 파악하는 것이 확실히 해로운 일이 되지는 않을 것이다.

초대형 토너먼트에서는 SnG에 비해, M이 갖는 의미가 조금은 더 약하다. 왜냐하면, 토너먼트에서 한 테이블에 잔존해 있는 플레이어의 숫자가 5명으로 줄어드는 경우는 거의 없다(특히 온라인에서는 아예 없다). 온라인 토너먼트에서 한 테이블에 앉은 플레이어의 숫자가 가장 적은 순간은 준결승 테이블의 5명이다. 4명이 앉은 온라인 토너먼트 테이블은 결승 테이블을 빼면 존재하지 않는다. 그러나 소형 토너먼트(SnG)에는 이 '생존자 4명' 테이블이 존재한다. 아니, 존재하는 정도가 아니라 이 4명 구간이 상당히 중요하다. 입상과 탈락을 결정짓는 구간이 바로 최종 생존자 4명이기에 그렇다. 자, 조금 더 극단적으로 헤즈업 테이블의 상황을 나타내는 아래의 도표를 확인해 보자.

B	C	D	E	F	G	H	I	J	K	L
	BB	SB	Ante		CPR	Plyr #		bb	현재 스택	M
ㄱ	1000	500	200		1900	2		37.0	37000	19.5
ㄴ	600	300	100		1100	2		28.3	17000	15.5
ㄷ	1600	800	250		2900	2		18.8	30000	10.3
ㄹ	200	100	25		350	2		13.0	2600	7.4
ㅁ	2000	1000	200		3400	2		7.3	14500	4.3

가장 위의 풀링 도표에 의하면 ㅁ은 3.0 적색 구간이었다. 그런데 지금은 어떠한가? ㅁ은 4.3M이다. 3.0으로부터 4.3은 거의 50%의 정밀도 상승 차이를 보여준다. bb로 계산했다면 얻지 못했을 정교함이다. ㄱ의 차이도 심하다. 가장 눈여겨봐야 할 것은 단연 ㄹ이다. 5.0M과 7.4M은 Push or Fold 레인지가 아예 다르게 적용되어야 한다. 그러나 염두에 두어야 할 것이 있다. 이것은 헤즈업 테이블이다. 상대가 단 한 명만 남은 지금은, 스택 사이즈에 기반된 레인지와 이미 나에게 주어진 핸드에 기반한 레인지를 둘 다 검토해야 한다. 그 둘을 통합한 플레이가 필요한 시점이다. '잔존 플레이어 2명'은 이미 결승 테이블의 파이널 헤즈업이 시작된 상황임을 잊지 말자.

그대가 bb로 본인의 스택량을 빠르고 직관적으로 알고 싶다면 그 방법이 적절하다. 필자도 빠르게 내 스택량을 어림잡기 위할 땐 즉시 bb를 쓴다. 또는 다수의 대중에게 정보를 알리려면 bb가 M보다 분명히 더 적절할 것이다. 그러나 깊고 정밀한 액션을, 오직 스스로를 위하여 다듬고 싶다면 M은 분명히 bb보다 정확한 수치를 나타내준다. 목적에 따라 다르게 사용하면 그뿐이다. 당연한 이야기를 조금만 더 하자. M을 모른다고 하여 포커를 못하는 것이 되지는 않는다. 특히 캐시게임에 혁혁한 실력을 뽐내는 실력자들은 M 그 자체를 모르고 있는 경우가 많다(알 필요도 없고). M을 비웃거나 지양하는 자는 필자와 매우 다른 전략의 고착화에 대한 시선을 갖고 있는 플레이어일 것이다.

Independent Chip Model(ICM: 독립적 칩모델)

캐시게임의 칩은 일정한 가치를 갖는다. 카지노의 $1짜리 칩은 $1의 가치를 지닌다. 당연하다. 정형화되어 있으며, 선형적이다. 그러나 이 것과 반대로 SnG와 토너먼트에서 칩의 가치는 비선형적(non-linear) 이다(헤즈업은 예외). 중급편의 가장 첫 장 3000장의 길동이의 예에서, 우리는 선형적과 비선형적이 무엇인지에 대하여 짧게 읽은 바가 있다. 여기에서 서술한 '비선형적'이란 칩이 가지고 있는 가치가 일정하지 않 고, 시간이나 조건이 달라짐에 따라 그 가치 또한 변하는 것을 두고 비 선형적이라 기술한다.

9명이서 하는 싯앤고(또는 소형 토너먼트)를 생각해 보자. 초반에 는 모든 플레이어가 똑같은 바이인(현금)을 내고 똑같은 양의 스택 으로 게임을 시작한다. 예를 들어 $25의 바이인으로는 2000의 스타 팅 스택(Starting Stack: 시작 칩)을 준다. 게임이 시작되자마자 발 급받은 2,000의 칩은 $25와 같은 가치를 지닌다. 문제는 끝나고 나 서다. 토너먼트가 끝나면 우승한 플레이어는 해당 테이블의 모든 칩 을 기어이 전부 모은다. 1등을 한 것이다. **1등을 한 플레이어는 테 이블 내의 모든 칩을 다 모았지만, 그렇다고 상금 전부를 싹쓸이하 지는 못한다.** 카지노가 가져가는 개최 수수료 때문만이 아니다. 개 최 수수료는 이미 참여함과 동시에 지불이 완료되었다. 여전히 '순수 상금' 전체를 가져가지 못한다. 왜냐하면, 2등 또는 3등의 상금도 총 상금액에서 지불되어야 하기 때문이다. 이것은 2등이나 3등을 한 플레이어는 게임 내에서 분명 모든 칩을 잃었음에도 여전히 상금을 받았다는 의미가 된다. 이것은 결국 토너먼트 칩은 캐시게임 칩과는 뭔가 다른 가치를 지니고 있다는 걸 의미한다. 이렇듯 현재의 싯앤고(또는 토너먼트) 스택을 현금적 가치(토너먼트 상금의 에퀴티)로 치환하여 각 토너먼트의 칩을 마치 상금처럼 읽히게끔 쓰는 알고리즘이 있는데, 이를 독립적 칩모델(Independent Chip Model)이라고 부른다. 즉, 아직 상금화하지 못한 현재 진행 중의 토너먼트 스택을, 실제 현금의 단위로 치환해서 표현하여 자신의 실질적인 스택량을 마치 상금처럼 유추 및 가능할 수 있도록 만들어둔 척도라고 판단하면 정확하다. ICM은 탈락하지 않고 아직 토너먼트에 숨이 붙어있는 와중에도 쓰일 수 있어서 그 유용함이 대단하다.

이 ICM 때문에 토너먼트에서는 캐시게임에서 필요로 하는 최소 에 퀴티보다 더 많은 엣지를 가지고 플레이해야 한다(더 높은 EV가 필요함). 예를 들어 9명 싯앤고 토너먼트의 맨 처음 핸드에서 올인을 하여 다른 누구 한 명이 콜해 왔다고 하자. 정확히 승률이 50%가 나오는 코인플립(5:5) 상황이 일어났다. 캐시게임에서는 이 플레이가 장기적으로 0.0EV가 된다(카지노 수수료가 없다면). 그러나 ICM에 의하면 싯앤고에서는 **두 플레이어 모두 다 –EV**를 가지게 된다. 코인플립을 이긴 플레이어는 칩의 양은 2배로 불어나지만, 그에 상응하는 토너먼트 에퀴티(현금가치) 또한 그에 비례해 2배가 되지 않는다. 5:5의 승부에 목숨을 걸고 리스크를 짊어졌는데, 그에 따른 보상 또한 2배가 되지 않았다. 이점이 매우 중요하다. 본질적으로 보자면 두 선수 모두 다 두 배가 안 되는 보상을 얻기 위해 50:50의 도박에 전체 토너먼트 에퀴티를 걸게 된 상황이다(왜냐하면, 탈락하면 끝이므로). 물론 줄어든 에퀴티가 어디로 사라지거나 한 것은 아니다. 그렇다면 그 에퀴티는 어디로 갔을까? 남은 에퀴티는 전부 구경하고 있던 다른 7명의 플레이어에게 분배되어 퍼져 나갔다. 이 올인 싸움에서 두 명 중 한 명이 탈락하게 되기 때문에, 구경하던 7명의 플레이어가 머니인을 할 가능성이 조금씩 늘어났으므로, 리스크를 짊어지지 않았던 다른 7명의 플레이어는 가만히 앉아서 아무것도 하지 않은 채 추가적인 상금에 대한 에퀴티(단순히 한 팟에 얽혀있는 핸드에 대한 에퀴티가 아니다: 상금 전체에 대한 에퀴티를 가리킴)를 누리게 되었다.

ICM은 토너먼트 시작부터 헤즈업에 이르기 전까지 적용되는데, 상금에 가까워질수록 어떻게 플레이해야 하는지 더 분명히 알려주게 된다. ICM의 영향력이 가장 크게 발휘되는 순간은 버블이다. 버블이야말로 가만히 있는 다른 플레이어들한테 에퀴티를 나눠주는 경우가 빈번히 일어난다. 버블 근처에선 아무것도 하지 않고 매우 타이트하게 폴드만 하고 있어도 상금에 대한 에퀴티가 늘어난다. AA 빼고 전부 다 폴드하는 플레이어도 있다.

버블의 올인 전쟁에 가담하지 않는 플레이어들은 어부지리로, 별 위험 없이 토너먼트 상금에 대한 에퀴티를 누리게 된다. 따라서 버블 구간에 진입한 이후 올인할 때는 일반적인 상황보다 훨씬 더 많은 우위(엣지)를 점하고 있어야 한다. 놀라운 사실은 그렇기 때문에 오히려 역설적으로 더 넓은 레인지로 올인하는 게 가능해지는데, ICM에 의하면 올인에 콜함으로써 이익을 볼 수 있는 레인지는 극도로 좁기 때문에 대다수의 플레이어가 KK+가 아니면 콜을 받지 못한다(심지어 몇몇 플레이어는 AA도 던지는 걸 본 적이 있다. 새틀라이트 토너먼트에서, 이 부분은 곧 나올 아래의 3552장을 참조하라.)

ICM은 토너먼트에서 핵심적인 역할을 하며, 이에 친숙해지는 것은 아주 중요하다. 만일 필자처럼 대형 토너먼트보다 작은 토너먼트(예를 들면 싯앤고)를 매우 선호하는 플레이어라면 ICM에 대한 공부를 매우 디테일하게 해야 할지도 모른다. 무슨 말이냐 하면 싯앤고에 대한 게임을 하면 할수록 본인의 의지와는 관련 없이 거의 언제나 이 ICM을 의식하게 되고, 은연중에 이에 대한 수치나 공식이 자연스레 암기가 된다(컴퓨터가 아닌 사람이 수행하는 거라 여전히 완벽하진 않겠지만, 크게 상관은 없을 것이다). 따로 시간을 내어 테이블에 앉아서 공부할 필요가 없어질 정도로 이 수치는 거의 언제나 머릿속에서 떠오를 것이다. 감각이 익는 것처럼 말이다. ICM을 배우는 방법은 ICMizer 같은 프로그램을 이용할 수 있다. 이 프로그램을 사용해서, 당신이 토너 후반을 리뷰하고 분석하여, 어디서 실수(수익률에 관련된 리크)가 나오는지 알아낼 수 있다. ICM 프로그램을 이용해 후반 전략을 가다듬는다면 당신의 수익률은 크게 개선될 것이다. 하지만 ICM은 포지션이나 <u>현재</u> 버튼의 위치, 블라인드 시간의 관련성, 그리고 테이블에 앉은 사람들의 성향이나 외교적 마찰 등에 따른 관계 등을 계산하지는 못한다(이후 FGS라는 기능이 도입되며, 버튼의 위치 등이 계산에 들어가게끔 업데이트되었다. FGS는 곧 3551장에서 다룬다).

3551.

ICMizer

토너먼트와 싯앤고를 다룰 때 말하지 않을 수 없는 컴퓨터 프로그램이다. ICMizer는 ICM을 정확하게 계산해 주는 컴퓨터 프로그램이며, Valentine Kuzub에 의하여 개발되었다. ICMizer를 이 책에 인용할 수 있도록 필자를 흔쾌히 도와준 그에게 개인적으로 감사한다. Thank you Val! :) 이 책의 가장 마지막에 필자의 연락처가 있으니, 추가 할인 20%를 주는 프로모션 코드가 필요한 독자분들은 연락해 주시면 된다. 굳이 필자가 아니더라도 이미 ICMizer를 구매한 플레이어들은 이 프로모션 코드를 아직 한 번도 구매하지 않은 신규 유저에 한하여 제공할 수 있다. 굳이 필자가 아니어도 괜찮다. 이미 ICMizer를 사용하는 다른 누군가를 알고 있다면 정중하게 부탁해 보자.

정확도가 상당히 날카롭지만, 포커의 레인지를 어느 정도 이해하는 사람이 플레이한다는 전제하에만 제대로 동작하는 프로그램이란 점도 기억하자. 레인지 자체를 모르고 그냥 아무 생각 없이 올인을 일삼는 플레이어에게 ICMizer는 어울리지 않는 무기이다(아마그 어느 무기도 어울리지 않을 것이다). 사람의 두뇌로 ICM을 라이브 테이블 위에서 정확히 암산하는 것은 불가능한데, ICMizer 내부에는 이것을 '감'으로 짚어내는 훈련을 도와주는 기능이 탑재되어 있다(당연히 이 부분은 유료다). 하지만 종종 특정한 상황 속에서 알맞은 ICM을 알려주는 기능을 잠깐 동안 사용하는 것은 무료로도 얼마든지 가능하다. 토너먼트(또는 소형 토너먼트, 예를 들면 싯앤 고)를 주력으로 온라인 속 그라인딩을 꿈꾸고 있는 유저라면 거의 선택이 아닌 필수적으로 사용하게 될 것이다. ICMizer를 통하여 본 격적으로 여러 스팟들을 공부해 보자.

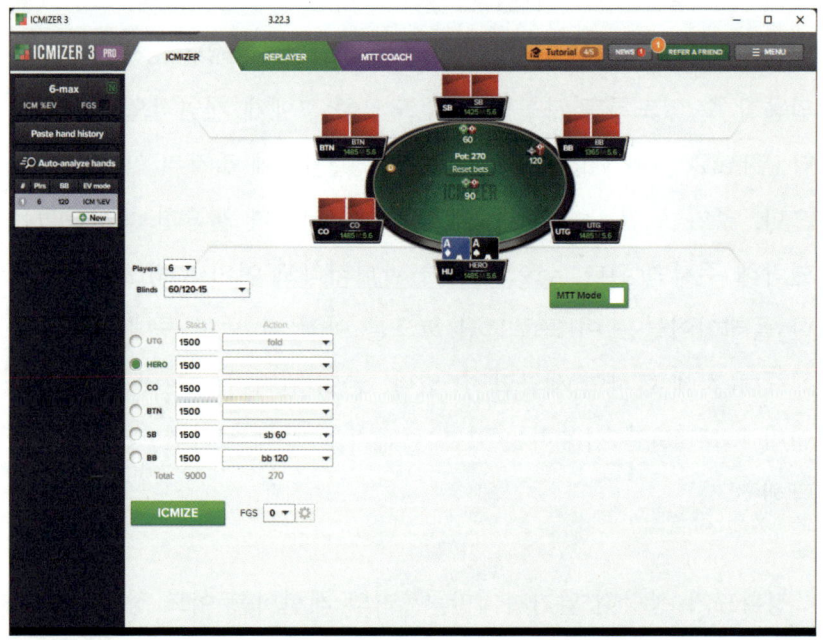

이게 첫 인터페이스다. ICMizer(아이씨마이져)는 인터페이스가 깔끔하고, 모든 버튼의 기능이 쉽게 이해된다. 특별한 시간을 내어 서 각 버튼이 가지고 있는 기능 및 특색을 따로 공부할 필요 없이 매 우 편리하며, 즉시 실전에서 사용함에 아무런 문제가 없다. 현재 이 테이블은 6링이지만, 왼쪽 위의 '6-max'라고 쓴 버튼을 클릭하면

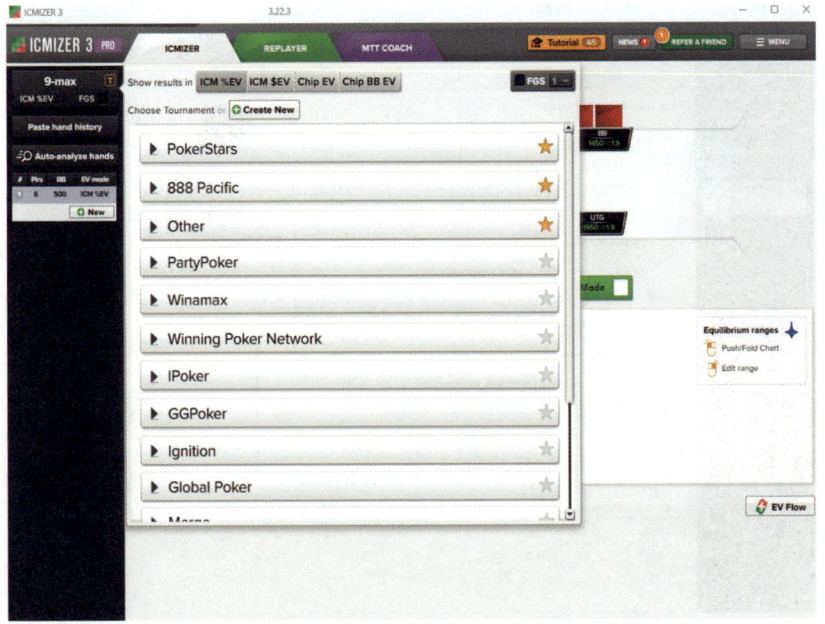

　이렇게 수많은 현존하는 현금 포커 웹사이트들 목록들이 나온다. 이 중에서 본인이 현재 참여하고 있는 토너먼트를 선택하면 자동으로 해당 토너먼트에서 쓰이는 상금 분배표가 적용된다. 일일이 써 넣지 않아서 편할 것이다. 당연히 해당 포커 웹사이트가 추징하는 레이크도 이미 계산에 전부 포함돼서 나오기에 편리하고 날카로운 정교함이 보장된다.

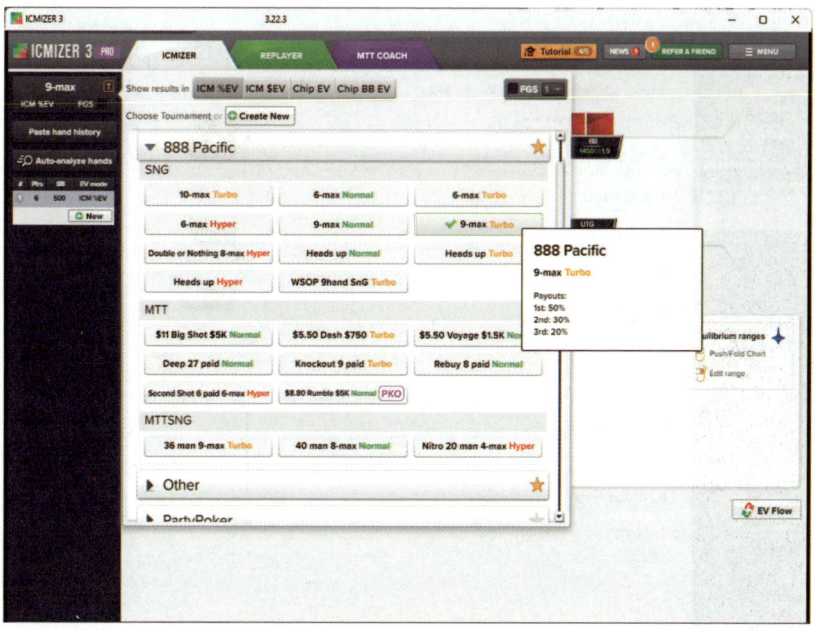

   실제로 필자가 온라인에서 SNG를 공부하며 가장 자주 많이 쓰고 다루어왔던 것이 '9-max Turbo' 게임이었다. 대규모 토너먼트가 아닌 9명이 참가하는 이 작은 SNG에서 ICMizer를 통해 얼마나 본인의 Push or Fold(위의 3510장 참조)가 수학적 정해(GTO)에 가까웠는지를 평가해 준다.

   바로 조금 이전 장에서 필자는 ICMizer는 여전히 ICM의 포지션이나 현재 버튼의 위치와 블라인드 시간의 관련성, 그리고 테이블에 앉은 사람들의 다른 성향이나 외교적 마찰 등에 따른 관계 등을 계산하지는 못한다고 하였지만, 최근(정확히 언제부터 FGS가 적용되었는지는 잘 모르겠다)의 ICMizer에는 이 오차를 줄여주는 새로운 기능이 포함되어 있다. FGS(Future Game Simulations)이라 불리는 기능인데, 이 기능을 선택하면 현재 히어로의 위치와 버튼까지의 거리도 현재 히어로의 레인지에 적절히 반영해 주는 기능이라고 생각하면 된다(물론 칼처럼 정확하지는 않겠지만). 그러므로 현재 히어로의 포지션에 해당되는 알맞은 FGS 수치를 찾아서 선택하면 된다. 이 수치는 FGS의 바로 옆에 작은 체크 표시로 자동으로 설정되어 그 선택이 추천되니, 이미 추천되는 선택을 내려주면 긴 설명이 필요 없을 것이다.

ICMizer는 단순히 현재 팟 비, 히어로의 스택량(팟오즈)에 따라서 언제 푸쉬해야 하나, 그리고 언제 푸쉬를 참아야 하는지 그 타이밍을 알려주는 단순한 기계가 아니다. ICMizer는 팟오즈뿐만이 아닌, 현재 싯앤고 토너먼트에 적용되는 상금의 분배 라인을 적용하여 알려준다. 이것이 바로 ICM이 갖는 핵심 취지다. 곧 나올 아래의 3570장에서 소개할 순수 PoF(Push or Fold) 차트보다 실제 상금을 따내기 위한 용도로 ICMizer는 적합한 무기이다. 상금이 액션에 영향을 미치는 격차가 얼마일지는 아래의 3570장을 통하여 참조하도록 하고, 지금은 ICMizer을 조금 더 들여다보도록 하자. 다음은 필자가 만든 작은 실험이다.

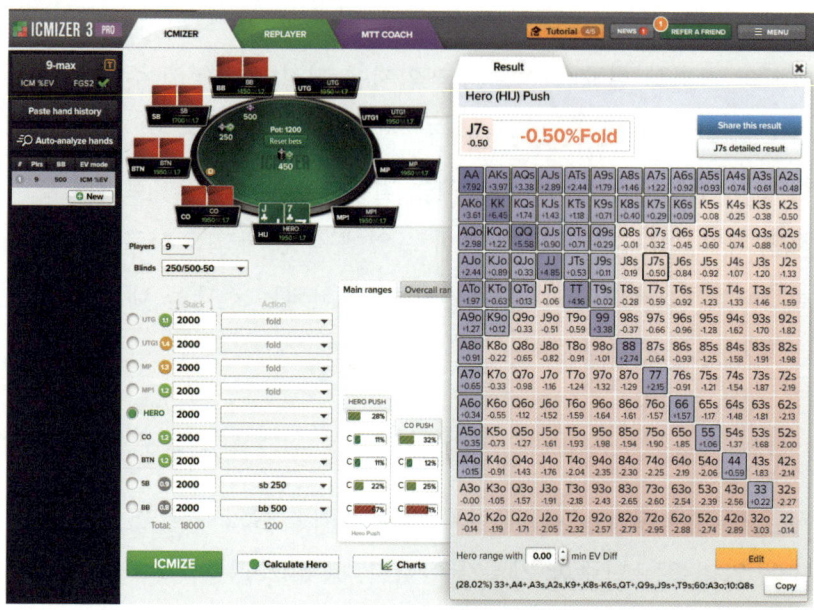

지금 해당 ICMizer의 진단서에는 총 9명의 플레이어 중 이미 4명의 플레이어가 폴드하고, 다섯 번째 앉아있는 히어로의 레인지를 보여주고 있다. 해당 진단서에 따르면 현재 히어로가 가지고 있는 J7s는 올인보다는 폴드가 적절하다고 말해 주고 있다. 그러나 다음의 표본을 보자.

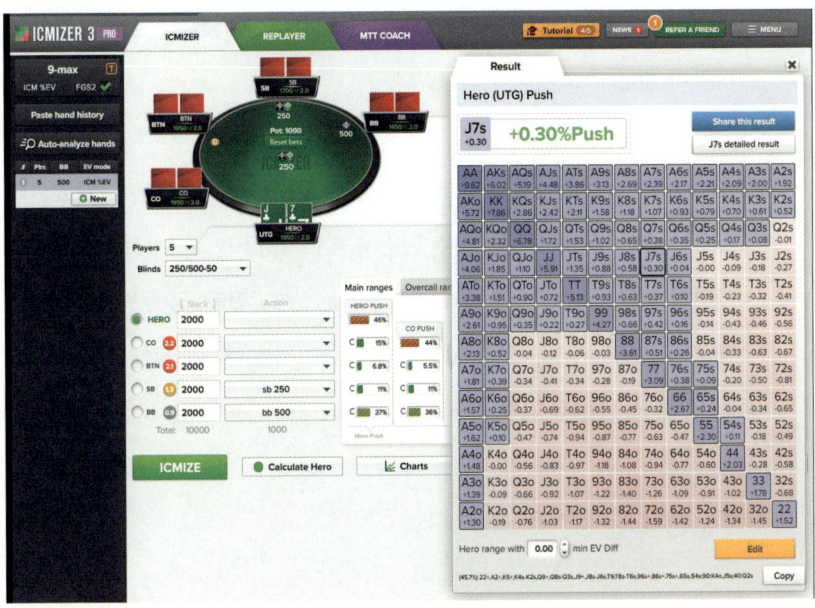

표본 가와 정확하게 같은 양의 칩과 블라인드 레벨이 주어졌음
에도 이제 J7s는 셔빙(프리플랍 올인)이 타당하다고 진단한다. 표
본 나에 나와있는 ICMizer의 오른쪽 진단서의 +0.30%Push와 표
본 가에 나와있는 -0.50%Fold를 비교 확인하라. 왜 표본 가에서
는 폴드를 주장하고, 표본 나에서는 푸쉬를 주장하는 걸까? 세 가
지 이유가 있다.

1. 두 테이블의 토너먼트 전체 통화량이 달라졌다. 첫 번째 테이블은 9명의
   플레이어 중 9명 전부가 살아남아서 테이블 전체 칩의 통화량(토너먼트
   전체 통화량)은 2,000x9=18,000인 상황이다. 이 상황에서 현재 팟에 걸
   려있는 1M(1200)을 얻기 위해 감수해야 하는 리스크를 계산한 바다. 즉,
   토너먼트 전체 통화량 중 6.67%를 얻기 위하여 얼마 정

도의 리스크를 감당하는 것이 합리적인가에 대한 가치가, 표본 가와 나가 다르기 때문에 그 차이가 나타났다.

2. 표본 가와 나의 버블팩터(Bubble Factor)라고 불리는 수치가 달라졌다. 이 것도 이유가 된다. 이것은 아주 단순하게 말하면 버블이 더욱더 가까이 다 가왔기 때문에 실제 플레이에 변화를 주는 강도(强度: 굳센 정도) 또는 영 향력에도 차이가 발생했다고 이해하면 된다(버블팩터의 계산 수순은 자세 히 알 필요가 없다. 아주 짧게 요점만 파악해도 충분하다). 3명까지가 입상 인 싯앤고에서 9명이 살아남은 환경과, 5명이 살아남은 환경은 다르다고 하는 바를 이해했으면 성공이다.

3. 두 표본의 팟의 크기와 현재 히어로가 감당해야 하는 리스크의 양(칩 양)이 미세하게 다르다. 그리고 이런 상황에서 이 미세함은 매우 중요하다. 분명 히 빅블라인드와 스몰블라인드와 앤티가 갖는 '블라인드 스트럭쳐 구조'는 두 표본이 정확히 같다(500/250/50). 심지어 플레이어의 스택량과 이펙 티브 스택마저 정확하게 동일하다. 그러나 두 번째 표본의 테이블에는 겨 우 5명의 플레이어로부터 앤티를 걷었기에, 생존자의 숫자가 적어져서 앤 티가 적게 걷혔다. 여기서부터가 중요하다. 그럼 테이블 플레이어는 숫자 는 그대로 두고(5명으로 강제 조정), 앤티(블라인드는 그대로 냅두고)의 스 트럭쳐 양만을 첫 번째 표본과 똑같이 강제로 설정하여 같은 팟오즈가 계 산되도록 강제적으로 조건을 재설정한 후, 다시 비교해 보자(초급편에서 여러 번 반복했던 극단화를 통한 비교법이다). 첫 번째 테이블은 앤티로 걷힌 금액이 450이었다(한 명당 50씩, 총 9명으로부터). 그리고 두 번째 표본에도 앤티가

450이 되도록 강제적으로 재설정해 보자. 플레이어의 숫자가 이제는 5명
으로 바뀌었으므로 앤티는 90으로 강제로 재설정하여 똑같은 450이 걷히
도록 유도했다. 자, 이제 다음의 진단표를 확인하라.

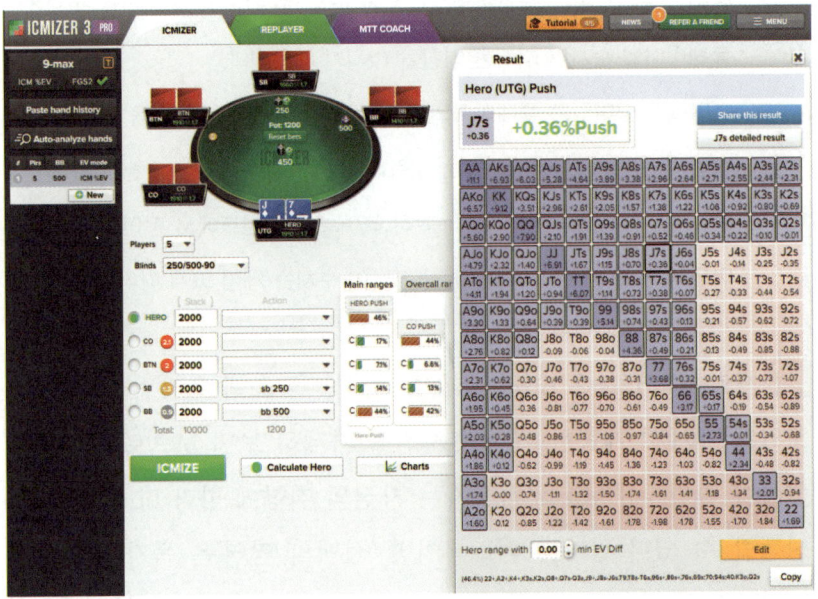

차이가 거의 없어졌다. 물론 아주 미세한 차이는 여전히 보인다.
왜냐하면, 모든 플레이어의 스택이 앤티로 인하여 1950이 아닌
1910이 되었기 때문이다(겨우 0.08bb 차이). 이 차이는 거의 사람
이 느낄 수 없을 정도라 필자는 스스로 자평한다. 이 짧은 시험으로
우리가 얻을 수 있는 결론은 다음과 같다.

1. 표본 가와 나는 수학상 다른 액션이 추천된다.
2. 그러나 표본 가와 나가 잔존한 플레이어의 숫자가 달라지더라도(버블팩터
   유의), 팟오즈가 동등하다면 비슷한 PoF를 차트가 추천된다(극단화).

3. 즉, 2020년 이후부터 유행하기 시작한 Big Blind-Ante 토너먼트 계열에서
   는 플레이어의 숫자는 사실 중요하지 않지만, 각각의 플레이어로부터 앤
   티를 갹출(醵出: 걷어오는)해야만 하는 전통적 방식의 토너먼트에서는 현
   존해 있는 테이블 플레이어의 숫자가 매우 중요하다. 왜냐하면, 팟오즈에
   플레이어의 숫자가 지대한 영향을 미치기 때문이다.
4. 그러므로 남아있는 플레이어의 숫자에 따라 자신의 스택량을 민감하게 계
   산해 주는 M 방식이, 그렇지 않은 bb 방식보다 조금은 더 정교한 진단서
   를 구할 수 있는 측량법이다. 특히 라이브 토너먼트에서 7 이하의 플레이
   어의 테이블에서 플레이해야 한다면 이 수치는 제법 크게 다가올 수 있다.

실제로 ICMizer은 bb 방식과 M 방식, 두 스택 측량법 모두를 프
로그램 내에서 제공한다(위의 사진을 자세히 보면 M으로 표기되어
있음을 확인). ICMizer 사용자는 자신의 취향에 따라 bb 또는 M을
선택할 수 있다(필자는 되도록이면 '선택의 영역'은 독자 여러분께
남겨놓고 싶어 하는 버릇이 있다. 필자는 남에게 무언가를 강요함
을 극단적으로 혐오하는 성격이다). 분명하게 기록해 두고 싶은 바
는, M은 ICMizer에서도 쓰이는 검증된 측량법이다. ICMizer마저
도 M이 갖는 의미를 어느 정도 인정해 주고 있다고 필자는 자평한
다. 선택은 여전히 여러분의 몫이다.

아울러 대부분의 온라인 포커룸에서는 현재 라이브 테이블에
ICMizer의 결과를 실시간으로 적용하는 것이 허락되어 있지 않다.
이것은 반칙이며, 필자는 이러한 행위를 매우 경계하며, 절대로 해
서는 안 된다고 경고한다(이미 입문편에서 윤리에 대하여 여러 차

례 강조). 이 논점은 전략보다는 윤리에 더 가까운 이야기로써, 중급편보다는 입문편에서 확실히 굳혀놓고 싶었으나, 입문편에서 ICMizer를 다루는 것은 무리라고 판단했다. 전략의 고착화가 지양되는 회색의 경계선이 윤리라는 강력한 격자를 만나자 예외적으로 뚜렷하게 그 흑과 백의 경계를 드러내 주고 있다.

3552.
AA를 프리플랍에서 폴드시킬 수 있는 상황

사실 이 질문은 텍사스 홀덤이란 게임이 생겨나기 전(스터드류 게임이 성행)에는 없던 질문인데, 텍사스 홀덤이란 게임이 새로이 생겨나고, 스타팅핸드에 대한 개념이 자리잡히자마자 생성된 유명한 질문이다. 단지 '겁쟁이인지 아닌지'를 물어보는 질문 정도였는데, 1990년대 후반 WSOP 토너먼트가 미국 유명 텔레비전 방송사 ESPN의 전파를 타면서 텍사스 홀덤이 유명해졌고, 이 과정에서 텍사스 홀덤이란 게임이 특수를 누리며, 그 분석이 매우 쉽게 설계된 특이한 게임 시작 핸드 구조(당시엔 매우 특이한 게임 구조였다고 한다)에 대한 분석이 종종 이루어졌었다. 분석해야 하는 카드가 단두 장밖에 없는 상황에서, 최고의 시작 카드란 당연히 AA임을 누구나 쉽게 수긍할 수 있었고(이마저도 다른 의견이 나왔을 때가 있긴 했지만), 아무튼 그 최고의 시작 핸드 AA를 프리플랍에서 폴드하는 것이 가능한가에 대한 질문은, 사실 상당히 유명한 질문이다. 누구라도 한 번쯤은 고찰해 봤을 그 질문에 대해 더 깊이 들어가 보자.

당연히 AA를 프리플랍에서 폴드시키는 것은 정말 극단의 최극단적인 상황인 경우일 수밖에 없다. 수학을 쓰지 않고(ICMizer을 배제한 채로) 설명을 이어나가 보도록 하자. 실제로 ICMizer는 8명의 플레이어가 프리플랍 잼잉을 걸어오는 미친 순간을 계산하는 것은 불가능하다고 한다. 그래도 괜찮다. 이런 극단적인 상황은 오히려 다음의 비(非)수학적인 해설이 차라리 독자들에게 현실적으로 다가 갈 거라고 필자는 예상한다. 감성과 낭만이 과학보다 더 나은 방법 이 되는 예외적인 타이밍이다.

예를 들어 WSOP 메인 이벤트의 파이널 테이블이다(이런 가슴 뛰 는 배경이 분명 이해를 도울 것이다). 생존자는 본인을 포함해 9명 이 남아있다. 세상 모든 이와 카메라가 이 테이블에 주목한다. 안타 깝게도 현재 본인의 스택은 매우 숏스택(3bb 미만, 게다가 2bb는 이미 빅블라인드와 앤티로 걸려있는 상태)이며, 그대를 제외한 남 은 모든 플레이어가 전부 다 정확히 999999bb의 스택을 가지고 있 다. 갑자기 난데없이 6번 자리부터 올인하기 시작한다. 전부 다 한 명도 남김없이 쭉 올인, 이내 9명의 선수 중 8명 전부가 프리플랍 에서 올인을 저지른 이 기절초풍할 상황에 우리의 BB 포지션에 들 어온 핸드는 AA였다.

자, 행복함을 느끼는가? 고민이 먼저 드는가?

이런 극단적인 경우에 한하여 AA 폴드를 심각하게 고려해 볼 수 있다. 왜냐면, 여기에서의 한 핸드를 쉼으로 인해서 '거의 확실하게' 얻는 것은 WSOP의 메인 이벤트 2등(또는 매우 낮은 확률의 1등) 이다. 이 확실함을 절대 얕보지 마라. 지금은 콜을 선언해서 이긴다 할지라도(그 확률마저도 35% 언저리에 불과, 아래 참조), 여전히 3 등 이하의 성적으로 대회를 마무리 지을 확률이 크다. 대부분 이렇게 극단적으로 칩이 쏠려있다면 3등은커녕 이미 9등이 확실시된 상황임을 받아들여야 한다.

AA는 8명의 무작위 핸드를 든 플레이어들을 상대로
34.7%에 불과한 승률을 지닌다.

그러므로 2등 이상의 성적은 현실적으로 불가능함을 받아들여야 한다(3000장의 길동이를 생각하라). 현재의 절망적인 상황에서 2등이란 기적임이 틀림없다. 현재 '그 기적의 성적 2등'을 확실하게 굳혀주는 비용은 겨우 AA의 폴드다. 그게 전부다. 현재의 비참한 스택으로 9등이 되는 것은 매우 당연한 자연의 이치인데, 무려 2등을 할수 있는 확실한 기회가 들어왔다. 그 조건은 '한 핸드를 폴드'할 것. 그게 전부다. 그것으로 2등이 확정된다. 자신이 포기해야 하는 양은 지금 겨우 내 앞에 걸려있는 1bb밖에 되지 않지만, 이번 한 판을 양보함으로 확실하게 WSOP 2위 이상의 성적을 확정 지을 수 있다면 이 폴드는 분명한 +EV이다. 이것이 바로 지금 ChipEV와 ICM이 추천해 주는 $EV의 차이를 정확하게 느낄 수 있는 상황이다.

　이렇듯 AA가 preflop에서 갖는 에퀴티와 승률은 절대적이지만, 이 절대적인 힘을 가진 핸드도 주변의 상황에 따라서 다르게 풀이함이 얼마든지 가능해진다. 다시 한번 강조한다. 생각이 열려있어야 한다. 전략을 고착화해선 안 된다고 필자는 반복하여 주장한다. 토너먼트는 어그레션과 어느 정도 위험을 감수하고 팟을 차지하는 것도 중요하지만, 그것이 자신의 탈락과 직결되는 상황에서라면 상황을 조금 다르게 인식할 필요가 있다. 특수성이다. 무수한 999999의 백점(白點) 중 단 하나의 흑점(黑點)이 눈에 보이는 장면이다.

3560.
토너먼트의 도전

3560장 이후부터는 토너먼트의 모든 단계(phase)를 초반, 중반, 버블, 후반, 파이널 테이블, 헤즈업으로 나누어 전체적인 전개와 개요에 대한 설명을 시작한다. 모든 토너먼트에 해당 구간 설정이 언제나 적용되진 않을 것이다. 중반이 아예 없을 수도 있다. 자연히 비정상적으로 길거나 짧은 토너먼트는 분명히 존재하며, 몇몇 토너먼트는 필자가 곧 소개할 '평균적인 상황'과 아예 완전히 다르게 전개될 수 있다. 모든 것은 참가자 수와 블라인드 스트럭쳐, 레벨 시간, 바이인 금액 또는 주최 측의 명성처럼 승부에 영향을 끼치는 바가 작은 여러 개의 요소가 모여서, 복합적으로 해당 토너먼트의 수준을 결정지을 것이다.

토너먼트의 게임 시작 '블라인드 제1 레벨'부터 그 끝 파이널 헤즈업까지, 공통적으로 적용되는 철칙은 사실 그리 많지 않지만 분명히 있다. 그중 하나가 바로 그 어떠한 경우에도 자신의 스택을 4bb(또는 1.85M) 아래로 내려가도록 방관해서는 안 된다는 사실이다. 만일 독자께서 정상적인 게임을 하다가 운이 없거나 기타 다른 여하의 이유로 어쩔 수 없이 숏스택(2.15M)까지 내려갔다면 휘발성 작전(Volatile)은 더 이상 옵션이 아닌 의무가 된다. 풀악셀을 밟아야 한다. 속도를 최대로 올리고 위험한 약을 과감히 집어삼켜 리스크를 껴안아야 한다. 칩이 조금이라도 더 떨어지기 전에 반드시 콜리젼을 발생시켜야 한다. 무슨 수를 써서라도 4bb 이하의 스택(특히 1.85M 이하)엔 도달하면 안 된다. 2M 근처라면 이젠 정말 승부를 보아야만 한다.

토너먼트 분석은 대단히 방대한 양이었다. 실제로 기존의 고급편은 오직 토너먼트만 다루고 있었는데도 다른 모든『홀덤의 정석』시리즈 전체를 더한 양보다도 더 많았다. 그 방대한 내용 중 기초적인 부분만이라도 중급편에서 덜어낼 수 있게 되어 기쁘게 생각한다. 시작해 보자.

3561.
제 1구간

우선 '구간'을 나눠야 한다. '한 구간은 어디부터 어디까지다.' 하고 마치 자로 잰 듯, 정확하고 분명하게 나눌 수는 없다. 각 구역의 특징이나 평균 스택(에버리지: Average)의 예상 지점에 대한 이해가 확립된다면 현재 진행되고 있는 게임이 대략 몇 구간 정도인지 가늠해 보는 것이 쉬워질 것이다. 정확하지 않아도 아무 문제 없으니 안심하라. 구간으로 나눈 점은, 구간마다 주로 일어나는 특징들을 이해하는 것이 목표의 전부다. 아래의 모든 그래프는 M이 아닌 bb로 표기되었다. M은 '한 테이블'에 집중된 자료이며, 전체적인 토너먼트의 필드를 계산할 때는 bb가 더 어울린다. 다음부터 나올 그래프들은 정확할 필요가 없다. 그래프는 전체적인 감각만 안다면 충분하다. bb로 표기되었으므로 직역적으로 빠르게 그래프를 읽는 것이 가능할 것이다. 아울러 『홀덤의 정석』에서는 대문자 BB란 빅 블라인드에 앉아있는 플레이어를, 소문자 bb란 스택량에 쓰이는 단위를 표기하는 데 쓰인다.

1 구간 시작

- 토너먼트의 시작부터,
- <u>스타팅 스택</u>이 49bb 이하로 내려갈 때까지
- 또는 블라인드의 레벨 5~6 이상의 단계까지

토너먼트의 시작부터, <u>스타팅 스택</u>이 49bb 아래로 내려가기 이전의 단계를 1구간이라 명명한다. 예를 들어 설명하겠다. 길동이는 라스베이거스에서 텍사스 홀덤의 토너먼트를 플레이하고자 한다. 그는 현금을 지불하고 지정된 자리에 착석한다. 토너먼트 진행자가 게임의 시작을 알리며 전광판의 시계가 움직이기 시작하며 딜러들은 첫 카드를 딜링한다. 바로 이때를 1구간의 시작점으로 읽는다. 30,000칩이 주어지고 블라인드는 25/50/0이다. 스타팅 칩은 이로써 30,000으로 설정되었다. 현재 빅블라인드 양 50으로 이 30,000을 나눗셈하니 600이다. 이것은 모든 플레이어가 자그마치 600bb(또는 400M)를 가지고 시작하는 셈이다. 즉, 현재의 스타팅

칩은 600bb이다. 스택은 통상적으로 100bb 이상만 되더라도 매우 건강한 양의 스택이며, 구상하는 모든 작전을 다 실행하는 것이 가능하다는 점을 생각할 때, 이 600bb는 과히 충분한 양이라 볼 수 있다. 배려하는 것이다. 주최 측은 지금 참가자들로 하여금 쉽게 불운의 한 방으로 탈락하는 이변을 방지하고자 충분한 기회를 플레이어들에게 제공하려 풍성한 스택을 플레이어에게 제공했다고 볼 수 있다. 물론 레벨별로 할당된 시간(Level Duration)이 얼마인지에 따라 다르지만, 이 정도면 매우 넉넉한 게임을 풀어가는 데 아무런 지장이 없다. 지금은 스타팅 스택(30000)이 600bb이지만, 이 스타팅 스택이 600bb이 아닌 49bb 이하로 떨어질 때까지를 제1구간이라 정의한다.

　토너먼트의 초반은 '본인이 착석한 테이블의 어그레션을 파악'하는 데 모든 초점을 맞춰야 한다. 이것이 이후의 구간으로 진입할 수 있느냐 없느냐를 좌우하고, 종종 4구간 이후에 지금 눈여겨봐 두었던 플레이어를 다시 마주치는 경우도 의외로 많다. 그때 우리가 모아두었던 정보를 이용해서 계속해서 싸움을 이어가야 한다. 거의 대부분의 토너먼트 중, 첫 번째 레벨은 딥스택(풍부한 시작칩)이 주어진다(아닌 토너먼트도 있다: 극단화). 이런 딥스택 토너먼트는 초반에 탈락하는 플레이어는 거의 없다고 보아도 좋다. 쿨러(피하기 어려운 불운)를 만난다 할지라도 전체 스택이 통째로 넘어갈 정도의 불운은 일어나기 어렵다고 생각하여도 좋다.

　종종 현금이 많은 부자들을 맞닥뜨릴 수 있다. 특히 리바인이나 리엔트리가 허용된 토너먼트에선 그들이 처음에 박아박아 식으로 초반에 더블업을 노리거나 아니면 스택을 전부 날리고 리바인을 통하여 빠르게 남들에 비해 딥스택을 확보하려는 작전을 짜온 플레이어들도 있다. 주로 돈은 많지만 아직 우승 기록이 없어서 명성에 목마른 사람들에게 이런 현상이 보이는데, 장기적으로 보았을 때 이것이 득이 되진 않는다. 물론, 필자도 리바인을 안 할 때가 아예 없는 것은 아니다. 즐기고 싶은 목표만을 가진 날과 장소라면 충분히 즐김이 타당하다. 필자는 카지노에서는 술을 거의 안 마시지만, 종종 맥주를 마시며 최대한 게임을 '즐기고' 싶은 날은, 대화에도 자주 참여하고 리바인도 기꺼이 분위기에 맞춰 할 때가 있다. '목표'에 따라 의사를 다르게 결정하면 그뿐이다. 돈을 따야 하는 큰 게임은 이미 끝났고, 스트레스를 풀러 즐기러 왔다면 굳이 EV만 찾을 필요가 없는 날에는 말이다. 왜 리바인이 −EV인지는 고급편에서 다룬다. 물론 세 번째 바이인(Buy in)과 세 번째 맥주는 그 어떠한 경우에도 없다. 바이인은 목표 여하를 막론하고 두 번이 최대다. 철칙에 예외는 없다.

베가스의 기준으로는 일반 장기 토너먼트에서 평균적으로 1시간에(오프라인 기준, 『홀덤의 정석』은 언제나 오프라인이 기본) 20~45핸드 정도를 플레이할 것이다. 그 누구도 정상적인 속도(프리플랍은 20초, 포스트플랍은 45초~2분 미만으로만 생각한다면: 극단화)를 준수하며 플레이한다면 플로어가 액션을 보채며 카운트를 시작하는 끔찍한 일은 일어나지 않으니 안심하라. 만일 하나의 블라인드 레벨 시간(Level Duration: 레벨 듀레이션이라 읽는다)

을 1시간이 아니라 20분이라고 짧게 잡을 경우, 1구간(통상 블라인드 레벨 5~6 정도)에서 플레이하게 될 예상 핸드 수는 40핸드~70핸드 정도가 된다. 아래의 표를 확인하여라.

블라인드 레벨별 주어진 시간 (Level Duration)	제1구간 동안 플레이할 총 핸드 예상 핸드 수
20분	40핸드~70핸드
30분	70핸드~100핸드
40분	100핸드~130핸드
1시간	130핸드~150핸드

당연히 이 표는 외우거나 기억할 필요가 없다. 단순히 감(感)을 잡는 것이다. 토너먼트의 규모에 따라 1구간의 끝은 대략 어디쯤인지 감으로 아는 것이 중요하다. 1구간이 끝나는 시점을 5레벨 정도로 잡는 이유는 적어도 이 단계까지는 가야 숏스택과 딥스택이 생기며 플레이어들의 **스택량이 자연스레 분산되기** 때문이다. 즉, 스택의 가벼운 분산 작업은 완료되며, 비로소 평균 스택과 숏스택을 구분짓는 것에 의미가 생기기 시작한다. 칩리더는 아예 없다고 생각해도 좋다. 아직 아무런 의미가 없다. 신경 쓸 필요가 없다. 종종 1구간~4구간 사이에 칩리더라고 자랑하고 다니는 플레이어를 볼 때가 있을진대, 경험이 없을 땐 누구나 그렇다. 미소로 응대해 드리자.

최근 우리나라에서 술집 분위기의 작은 카페에서 필자도 텍사스 홀덤을 해본 적이 있다. 사람들이 그렇게 많지는 않은 적막한 분위기의 카페였는데, 딱 한 가지의 매우 서운한 규칙이 있었다면 생각할 시간이 매우 타이트하게 주어졌단 느낌을 받았다. 물론 우리나라의 '빨리빨리' 정신을 필자도 이해 못 하는 바가 없는 것은 아니지만, 딜러가 나서서 시간을 세어가며 액션을 보채는 환경에 필자는 적지 않은 당혹감을 느꼈던 적이 있다. 베가스에선 시간을 얼마나 쓰던 플로어가 직접 시간을 카운트하는 일 자체가 잘 일어나지 않는데, 우리나라에선 거의 필자의 차례가 되었을 때마다 카운트가 들어가곤 했다. 모든 액션을 진짜 10초 이내로 내려야 했다(극단화가 전혀 없는, 있는 그대로의 실제 숫자다). 10초 내로 액션이 없다면 그 즉시 딜러가 10초 카운트를 시작했다. 결승 테이블에 올라가니 이제 플로어는 차라리 필자가 빨리 탈락했으면 하는 시선으로 필자를 바라보았다. 나중엔 미안한 느낌마저 들었다. 이내 최후의 파이널 헤즈업까지 가니까 모든 결정을 7초 안에 내려달라는 핀잔을 들었다. 평소 잡생각이 많으며, 행동이 매우 느린 편에 속하는 필자에겐 이것이 조금 섭섭한 추억으로 남아있다. 다행히 라스베이거스는 플레이어에게 충분한 여유를 선사한다. 마치 국가 간의 주차장 문화와 비슷하다. 미국 주차장은 한 칸 한 칸이 널찍널찍해서 자동차 사이즈가 크더라도 스트레스를 받지 않으며 여유로이 주차하는 것이 가능하지만, 우리나라의 주차장은 협소하다. 심지어 자동차의 사이드미러(귀를 접어서)를 접어서 들어가야만 할 정도로 타이트한 환경이 필자는 종종 답답하다고 느껴질 때가 있다(장점도 물론 있겠지만).

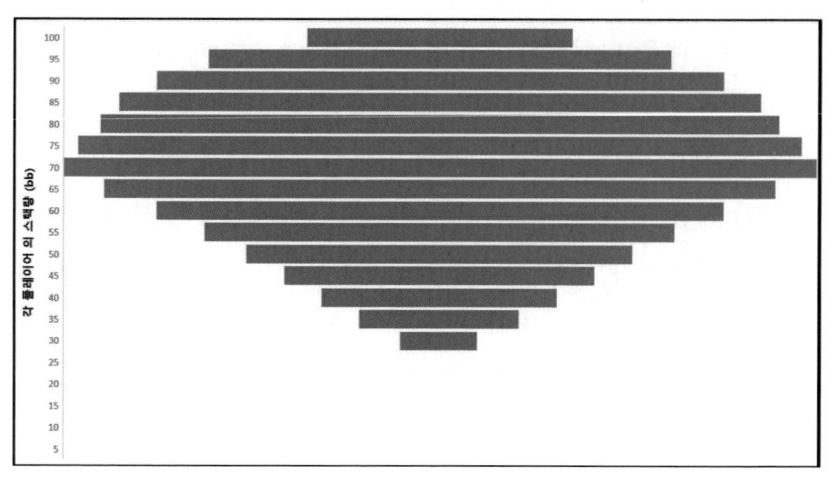

제1구간 중간 지점

- 평균 스택: 80bb~110bb
- 가장 작은 스택(숏스택): 25bb~35bb
- 칩리더 스택: 400bb+

아직 2구간에 접하진 못한, 1구간의 중간 지점이다. 이르다고 생각할지 모르지만, 충분히 탈락자가 있을 수 있다(토너먼트의 수준과 필드에 따라 다르다: 극단화). 필자의 경험 중 가장 빠르게 토너먼트를 탈락한 기억은 토너먼트의 두 번째 핸드, 아직 버튼을 받아보기도 전에 탈락했던 적이 있다. 양쪽 다 AA로 프리플랍에 올인후, 플러시로 졌었다. 말 그대로 '3분 컷'을 당했던 기억이 난다. 다시 한번 강조하지만, 칩리더의 스택을 지금 부러워할 필요는 없다. 지금 시점에서의 칩리더는 아무런 의미가 없다. 중반에도 아무런 의미가 없고, 적어도 18명 이하의 세미파이널 테이블 정도엔 들어야 칩리더가 의미를 갖기 시작한다.

제1구간 끝(제2구간 진입 직전)

- 평균: 50bb~60bb
- 숏스택: 17.5bb
- 칩리더: 250bb+

제2구간이 진입되기 직전의 그래프다. 이제 비로소 분산이 매끄럽게 일어난 것처럼 보인다. 평균 스택은 1구간이 끝나가며 55bb까지 줄어든다(매우 자연스러운 현상이다). 평균 스택량이 내려감에 따라 M 수치 또한 크게 내려간다. M 수치가 내려가니 드디어 슬슬 탈락자의 숫자가 늘어난다. 탈락자가 남기고 간 칩으로 인해 평균 스택 총량은 올랐지만, 블라인드의 수면(水面)이 올라가는 속도가, 새로운 칩이 시장에 풀리는 속도(새로운 바이인으로 인하여 외부에서 들어오는 칩 + 탈락하는 플레이어들이 테이블에 남기고 가는 칩)보다 빠르면서 각 테이블의 평균 M 수치가 이를 따라잡지 못하는 형국이다. 평균 M은 빠르게 낮아지고 있는 반면, 탈락하는 유저의 숫자는 아직 적으므로 평균 스택량이 뒤처짐에 발현된 현상이다. 칩리더의 스택도 이전만큼 큰 리드를 벌이기가 어렵다(여전히 아무런 의미가 없다). 초반의 '박아박아 군단'이 더 이상 박아댈 수 없는 단계가 도래한다. 왜냐하면, 곧 리엔트리 및 리바이인의 제한이 시작된다. 2구간 진입은 더 이상의 새로운 리엔트리나 바이인(Buy in)이 허락되지 않는 시점이라 요약해도 좋다(언제나는 아니다).

아직 블라인드 레벨은 여전히 낮기에, 수많은 사람이 끊임없이 아이오핸즈(바로 위 3131장 참조)로 팟 참여를 사양치 않을 것이다. 그러나 필자는 슬슬 아이오핸즈의 플레이를 자제해야 하는 시점이 곧 다가온다고 조언한다. 한 방에 큰 더블업을 노리는 전략은 장기적으로 반드시 실패한다(『홀덤의 정석: 중급편』의 3000장 Intro의 동전 던지기를 기억하라. 콜리젼을 잊지 말자). 헤즈업을 만들려는 스퀴징(또는 아이솔레이션)에 실수가 있어선 안 된다. 강패를 가지고 많은 빌런을 달고 대형 팟을 조성하려는 욕심을 부리지 마라. 중간 세기의 간당간당한 에퀴티를 가지고 있는 모든 핸드를 되도록이면 싼값에 쇼다운을 실현시키며, 한 팟의 크기를 작게 만들어 최소의 가격에 쇼다운에 도달하려는 태도로 임하자.

1구간의 최종 목표는 사람들이 투기식으로 던져대는 칩들을 받아먹는 것이다. 정보를 모으는 것 또한 중요하다. 이 두 가지가 1구간의 최종 목표다. 불필요하게 큰 위험을 감수할 필요가 없다. 오히려 우리가 압도적으로 유리한 에퀴티로 싸워도 불운의 한 방으로 가장 자주 탈락하는 구간은 2구간인데, 그 '마의 2구간'은 아직 시작도 안 했다. 더군다나 지금 운이 좋아서 더블업, 아니 콰드러플업을 하여 칩리더가 되어도 아무런 의미가 없다. 리스크에 따른 이득이 적다. 반드시 기억하라. 지금은 정보를 수집하는 단계지, 승부를 걸 때가 아니다. 승부는 나중에 언제라도 걸 수 있다(아니, 아예 본인이 원하지 않더라도 걸어야만 하는 단계가 반드시 온다).

그렇게 구상하는 바를 실현하려면 팟 사이즈를 최대한 작게 만드는 스킬이 생존에 직결된다. 그러려면 후수를 잡고 싸워야 한다. 또다시 강조한다. 포지션은 사기다. 어쩔 수 없이 선수를 강요받았다면 불가능하진 않겠지만, 실질적 실행에 조금 차질이 생긴 것뿐이다. 플랍 텍스쳐를 잘 읽고, 매우 작은 양의 cbet을 자주해야 한다 (아직도 필드에는 약한 cbet에도 쉽게 폴드하는 나약한 플레이어들이 많이 남아있다). 플랍 이후엔 되도록이면 첵을 선언하여 어중간한 에쿼티로 큰 팟이 조성됨을 방지함이 현명하다. 지금 우리가 가장 피해야만 하는 상황은 우리보다 더 센 핸드와 쇼다운까지 싸워가며 모든 베팅 구간마다 빈칸을 남기지 않으며 쇼다운에 도달하는 암울함이다. 대부분의 인공지능도 반 팟 이상의 벳을 주저하는 것으로 관측된다. 전체적이고 평균적인 액션 목표는 '안전'이다.

1bb의 가치가 중반 이후 커지면 그때는 포스팅한 빅블라인드를 쉽게 포기하지 않고 BB의 플레이어들이 반격하겠지만, 지금은 그냥 편하게 포기하는 것이 대부분의 경우 오답이 된다고 보기에 어렵다. 실력이 낮은 토너먼트에서는 포커에 관한 스킬이 아직 낮은 플레이어들이 비교적 많기 때문에, 특히 토너먼트 초반 단계에서는

당신의 핸드가 아주 약간 유리한 것 같다고 느껴지는 상황에서 굳이 팟을 계속 키워야만 하는 강요는 전혀 없다. 스킬의 차이가 있다는 것은, 곧 미래에 더 좋은 기회를 많이 얻을 수 있다는 것을 의미하기 때문이다.

종종 무조건 참기만 하는 플레이어를 만날 때도 있다. 이것은 분명하게 효과적이지만, 분명하게 써서는 안 되는 작전이다. 400M이 넘는 지금 상황에서 KK+로만 플레이하는 것을 ICM의 관점에서 평가했을 시, 그래도 틀린 작전이라 부르기엔 어렵다. 그러나 이렇게 되면 일정량 이상의 칩을 가져와야 수지타산이 맞는 핸드(AA/KK)들조차 작은 팟만 가지고 오게 된다. 산술학적으로 풀링(플레이어 아홉 명이 앉은 테이블) 기준으로 버튼이 한 바퀴 반 돌 때마다, 한 번쯤은 플레이해 봄직한 핸드는 받게 되어있다(9핸드 중 한 번이라면 VPIP는 1/9=11.1%). 다음은 그런 액션을 추천하려는 의도라기보다는 11.16%의 VPIP는 대략 이런 포진을 띤다는 사실을 환기하려 차출해 온 자료다.

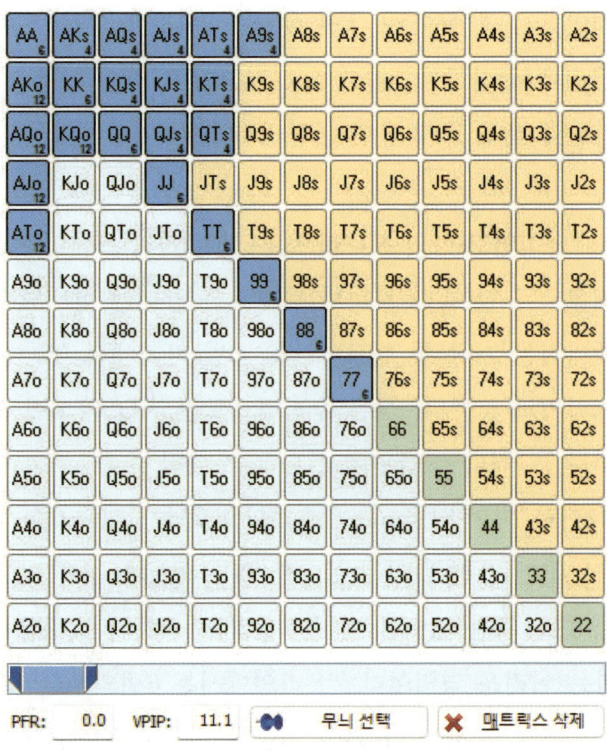

PFR: 0.0   VPIP: 11.1   무늬 선택   ✗ 매트릭스 삭제

선택된 레인지에 **148**/1326 핸드 (11.16%)가 포함되어 있습니다.

77+, A9s+, KTs+, QTs+, ATo+, KQo

문제는 폴링으로 버튼이 무려 세 바퀴(3M) 돌았음에도 아직 단
한 번도 참전하지 않고 참고만 있는 플레이어가 있다면, 그리고 하
필 그가 지금 오프닝하여 우리에게 공격해 왔다면 이번 한 번만은
눈감아 주자. 우리의 KK-핸드는 그의 참을성을 존중해 주며 죽어
주어도 괜찮다. 아직 1구간이기 때문이다. 갈 길이 멀다. 진 적이
없는 강한 이미징을 갖는 것은 생각보다 강력한 위력을 중반 이후
갖게 된다. 그와 부딪치지 마라. 그리고 이렇게 특별한 빌런이 오픈
해 온 경우 오히려 KK가 더 위험할 수 있다. KK는 AK을 블락해

주고 있지만, AA를 블락해 주진 못한다. 이것에 대한 흥미로운 실험을 고급편에서 다룬다. 물론 KK는 상당히 강력한 핸드며, 이것으로 탈락한다 해도 그것은 단순 쿨러로 봄이 지당하다.

다음은 극단적인 가상의 시나리오다. 만일 시작 스택이 999,999bb가 주어지고, 1구간(특히 토너먼트 시작을 알리는 안내방송이 끝나자마자 주어지는 가장 첫 핸드)에서의 6번 자리에서 AQo을 필자는 종종 폴드할지도 모른다. 물론 수학적으로는 'AQo의 6번 오프닝'은 꽤 적절하다. 그러나 고급편에서 더욱 자세히 다룰, 오프라인 토너먼트의 '테이블 이미징(Image)' 효과와 EV의 상관관계를 나타내려 이렇게 극단적인 조건에 의해 폴드할 수도 있는 느낌을 갖도록 서술하고 싶었다. 필자는 테이블 이미지가 꽤 중요하다고 주장한다(과학적인 증명은 어려운 영역이다). 온라인에서는 6번의 AQo 오픈은 수학적으로는 타당한 것이 사실이지만(수학적 chipEV가 테이블 이미징보다 더 중요하므로), 오프라인에서는 테이블 이미징의 효과가 온라인에 비해서 더 크다고 필자는 생각한다. 왜냐하면, 사람의 시선에 빌런의 실제 모습이 확실하게 투영되기 때문이다. '단 한 번도 포스트플랍의 헤즈업에서 진 적이 없는 강력한 플레이어'가 갖는 강력한 이미지의 장기적인 가치가 6번에서 AQo의 EV에 묻어있는 단기적인 가치보다 더 중하다고 여긴다. 특히 스택이 무려 999,999bb가 주어진 지금은 장기적이고 전체적인 운영에 도움이 되는 이미지가 작은 한 팟을 이겨오는 것보다 더 도움이 될 것이다. 반대로 싯앤고에서는 칩이 절박하고 간절하므로 잘라 먹듯 전투에 임하는 게 더효과적이며(ATo으로도 오픈해야 한다), 이렇게 길고 장기적인 토너먼트라면 이미지가 갖는 무게가 이전보다는 분명 더 중요할 것이다.

　그러나 대부분은 방금 위에서 서술했듯, 풀링에서 3M을 참으면서 한 판도 참전하지 않는 바위(『홀덤의 정석: 초급편』 참조) 플레이어는 사뭇 만나는 것이 어려울 것이다. 종종 레이스가 보일 것이며, 크고 작은 다툼이 일어나는 게 다반사다. 우리도 어느 정도는 맞서 싸워야 한다. 그것이 초반일지라도. 그 이유는 다음과 같다. 못하는 플레이어일수록 칩을 빨리 잃어버릴 가능성이 높은데, 다른 강한 플레이어가 이들의 칩을 채가기 전에 우리가 최대한 먼저 이들과 접전을 벌여놔야 한다. 실력이 낮은 플레이어들과 쇼다운에 갈 때마다 결과와는 무관하게 성공했다 만족하라. 콜리젼만 피한다면 그런 실력이 약한 플레이어들과 헤즈업되는 팟이 많을수록 쉽게 중반/후반으로 진출할 수 있다.

3562.
제 2구간

더 이상 새로운 엔트리는 허용되지 않는다. 마지막으로 가까스로 바이인하여 이제 막 새로운 들어오는 플레이어의 스택이 50bb 정도로 가늠된다면 바야흐로 제2구간이 시작되었다고 생각할 수 있다. 버블이 되려면 아직도 멀었다. 보통 <u>버블이 결정되는 것은 스타팅 스택이 3.75M 정도로 낮아졌을 때</u>다. 예를 들어보자. 같은 토너먼트다. 길동이가 지금 막 새로 바이인하여 30,000의 칩을 발급받고 테이블에 배정받았다. 현재 블라인드 레벨은 얼추 300/600/100 언저리다. 이것은 스타팅 스택(30,000)이 50bb(또는 16.67M) 정도 되었음을 의미한다. 이 정도가 제2구간에 접어들었다고 풀이한다

제2구간이 끝나는 지점은 대략 버블로부터 20%가 남은 시점이다. 예를 들어 200명부터 상금을 탈 수 있는 버블이라고 부른다면 239명의 생존자가 남은 시점(당연히 정확할 필요는 없다.)이 비로소 제2구간이 끝나고 제3구간이 시작되는 시점이라 볼 수 있다. 제2구간은 토너먼트 중 가장 많은 핸드를 플레이하는 구간이다. 구간 1과는 비교도 안 될 정도로 길며, 대개 그 두 배 이상을 플레이해야 한다. 그러나 2구간은 1구간과 다르다. 1구간과 가장 큰 차이점은 지금 피쉬들의 칩을 빨리 줍지 않으면 안 된다는 사실이다. 지금은 싸워야 한다. 왜냐하면, 지금 피쉬들의 칩을 확보해 놓지 않으면 나

중에 칩들은 전부 상대하기 어려운 솔리드나 샤크에게 가기 때문에 같은 칩이라도 더욱 어렵게 뺏어올 수밖에 없다. 쉽게 스택을 올릴 수 있는 찬스의 문이 아직도 열려있다. 기회를 놓쳐선 안 된다.

제2구간 중간 지점

- 평균: 40bb~50bb
  - 숏스택: 〈12bb
- 칩리더: 150 bb+

제2구간은 매우 휘발성이 높은 단계이다. 당연히 자주 공격해야 하고, 자연스레 이 단계에서 가장 자주 탈락할 것이다. 대부분의 플레이어는 50%~70%의 언저리의 확률로 2구간에서 탈락한다. 가장 흔히 탈락하는 구간이 바로 2구간이다. 2구간에서 그런 빈도로 탈락하는 것은 매우 자연스러운 일이며, <u>그래야만 한다.</u> 당연히 1구간보다 2구간에서의 공격성을 높게 설정하는 것은 말할 필요도 없다. 놀라운 사실은 아직까지 대부분의 플레이어가 이 제2구간을 안전지향적으로 플레이한다는 것이다. 그들은 아직 블라인드가 그리 높지 않음을 알고 있으며, 그러므로 지금은 굳이 무리할 필요가 없다고 인식하는 것일지도 모른다. 이러한 접근은 나쁜 태도로 보기엔 어렵지만, 그 시기가 적절치 않다. 지금은 움직여야만 한다. 지금은 아직도 블라인드가 낮기 때문에 오히려 더 싸워두기가 편한 것이라고 해석되었으면 한다.

이런 생각은 어떤가? 아무리 작은 목표를 가지고 있다 하더라도 (예를 들어 버블까지만 도달하는 것) 결국은 어그레션으로 일정 칩을 긁어모으지 못한다면 버블을 뛰어넘는 것은 불가능하다. 이것은 명백한 사실이다. 한 판도 이기지 않으면서 또는 한 두어 판 매우 작은 팟을 가져오면서 버블을 뛰어넘는 것은 분명히 불가능하다는 사실을 인정해야 한다. 싸워야 함을 받아들여라. 많은 플레이어가 이 제2구간을 매우 안정적으로 플레이한다. 그렇기에 우리는 그것에 맞춰서 우리의 생각을 고쳐야 한다.

필자는 방금 싸우기 시작하라고 충고하였지만, 무턱대고 상대의 벳에 콜로 응수하라는 뜻으로 해석됨을 경계한다. 콜보다는 벳이다. 콜을 삼가고 벳을 늘리자. 그들이 만일 매우 큰 벳을 리버에서 조여온다면 거의 블러프가 아니라 해석함이 타당하다. 분명히 이 점을 노리고 크게 블러프를 걸어 재미를 보는 도적(『홀덤의 정석: 초급편』 2734장 참조)들이 출몰할진대 크게 개의치 마라. 그들은 반드시 자연적으로 진압된다. 누군가로부터 콜당하여 자연적으로 진압될 것이다. 불필요하게 총대를 메고 콜리전을 벌이지 마라. 작은 팟에 크게 블러프를 거는 무모한 그들을 용서하라. 폴드해 주는 것이다. 상대가 블러프가 아닐 것이라고 인정해 주는 마인드도 괜찮다 (최적의 태도는 아니지만). 쓸데없이 위험을 감수하고 싶지 않아 하는 이의 마음을 올바르게 이해하도록 하자. <u>블러프 캐치는 토너먼트에서 주로 칩을 늘리는 용이한 수단이 아니다.</u> '3BP(3bet 팟)' 또는 'EPoP(Early Position Opening Pot: EP 오프닝 팟)'처럼 빅팟 대부분의 경우, 그들은 강한 카드를 가지고 있다. 받아들여야 한다. 블러프의 빈도도 물론 섞여있겠지만(플레이어의 성향과 경험에 따라), 거의 대부분 강한 핸드라고 보는 것이 자연스러운 해석이다.

제2구간은 제1구간의 플레이어들보다 타이트한 플레이어만 살아남아 있을 것이다. 우리의 어그레션은 바로 이렇게 타이트한 플레이어들을 공략하게끔 설계되어있다. 타이트한 플레이어들이 살아남았다면 이젠 공격의 시작이다. 우리의 액션보다 더 공격적으로 플레이하는 플레이어들은 루즈(와이드)하다고 표기해 두는 것이 적절할 수 있다(극단화). 그리고 이런 플레이어들끼리는 추후의 5구간에서 놀랍도록 다시 자주 마주치게 될 것이다. 그때 착실히 프로파일링해 둔 측이 조금은 더 유리하게 싸움을 이어나갈 수 있다. 결국 우리의 스택이 11.8M 이하로 들어가면 이젠 우리도 위험해짐을 인정해야 한다. 싸워야 할 땐 싸워야 한다. 망설여선 안 된다. 제2구간이다. 지는 것을 두려워 마라.

빌런들도 어차피 폴드를 잘 안 할 것이기에 우리보다 강한 핸드를 폴드하는 경우는 일어나기 어렵다고 판단해야 한다. 그렇기에 벨류벳에 망설이지 마라. 대부분의 경우 16.6M 이상의 스택 사이즈는 타이트하게 플레이하는 것이 대부분 정답이다. 하지만 두 포지션에서는 예외다. O 그리고 BB. 이 두 포지션은 15M+에겐 주요 싸움 거점이 되므로 이 기회를 잘 살려야 한다.

이미 위에서 서술했듯, 제2구간에서는 공격적으로 싸워야 하는 시점이라는 점을 기억해 보라. 이 명제에 동의했다면 자연스레 우리의 주무기는 3bet이다. 우리는 더 공격적으로 3bet을 때릴 것이므로 더 강한 압박을 상대에게 주는 것이 가능하다. 3BT을 행한 플레이어에게는 레인지가 캡되어 있지 않으므로 우리 핸드의 강함에 한계가 없다고 해석받을 수 있다. 우리는 거의 대부분의 3BP(3 Bet Pot: 3Bet 된 팟)에서 cbet해야 한다. 이미지가 와이드하게 망가지더라도 여전히 cbet해야 한다(조금 극단화). 슬슬 이미지를 포기해가며 chipEV를 늘려야 하는 시기가 온 것이다. 3BP는 결국 어그레션 싸움이다. 그러려면 스타팅 핸드 레인지 자체가 처음부터 타이트해야 한다.

평균 카드 플레이어의 라이브 토너먼트에서 캐시인에 성공하는 비율은 7%~18% 정도다. 실력이 좋은 플레이어는 라이브 토너먼트에서 14%~25% 정도 캐시인에 성공한다. 정말로 실력이 월등한 프로 라이브 토너먼트 플레이어는 24%~35% 정도 캐시인을 할 것이다(작은 토너먼트 기준). 문제는 그들의 탈락률 67%다. 놀라운 사실은, 저 67% 탈락 중 5% 정도(전체의 3.5%)는 버블이다. 5%~10% 정도의 탈락은 매우 이른 단계(1구간)에서 일어난다. 그리고 50%~67.5%의 탈락은 바로 2구간에서 일어난다. 2구간에서의 탈락은 매우 자연스러우므로 탈락을 두려워할 필요가 없다.

제 3구간

각 플레이어의 스택 (bb)

제3구간 시작 지점

- 평균: 27.5bb
- 숏스택: ⟨12bb
- 칩리더: 100bb+

아직 고통은 끝나지 않았다. 제3구간 역시 계속 싸워야 한다. 제2구간이 끝나는 지점은 대략 버블로부터 20%가 남은 시점이다. 이후부터 버블이 터지기 직전까지를 제3구간이라 명명한다. 자연히 버블이 다가올수록 상금에 대한 생각이 머릿속을 떠나지 않는다. 프리플랍에서 나약하게 C2B를 선언하는 것 대신 더욱 자주 3bet

해야 하며, 공격적으로 리드해야 한다. 하지만 우리를 공격해 오는 플레이어들 또한 제법 타이트한 레인지로만 싸워 올 것이기에, 망설임 없이 때에 따라 팟을 포기할 수도 있어야 한다. 만일 우리의 스택이 중간 정도라면(13M~) 조금 더 타이트하게 열어도 좋다 (레인지: 11.4%, 정도: 77+, A9s+, KTs+, QTs+, JTs, ATo+, KJo+). 언제나 최소 미니멈 레이즈(2bb~2.2bb)로 오픈하는 것을 추천한다. 프리플랍에서 블러프를 섞을 필요가 전혀 없다. <u>우리의 레인지는 빌런으로부터 콜을 받는 것에 조준되어 있다.</u> 그러므로 오직 강한 패로만 오프닝 레인지 상자를 구성함이 이치에 맞는다. 그래서 레이즈 양도 최소로 맞춘 것이다. 상대로부터 콜을 받으면 기분이 좋아야 한다. 그래도 여전히 콜리젼이 두렵다. 콜리젼은 피하기도 벅찬데, 쓸데없이 블러프까지 액션 상자 안에 넣어줄 이유도, 여유도 없다. 여러분이 매우 타이트하고 강한 핸드로 아주 짜게 오픈하더라도 이제 칩이 급해진 누군가는 틀림없이 싸우러 나올 것이다. 모두 다 도망칠까 두려워 마라. 폴라라이징같이 쓸데없는 화려한 겉멋은 집어치워라. 특히 BB에 있는 플레이어에겐 4.5:1이라는 오즈 때문에 거의 모든 정상적인 카드로 콜해도 에퀴티가 나쁘지 않은 경우가 많다. 하지만 다시 한번 기억할 것은 토너먼트에선 1:1의 50% 승률 싸움도 −$EV가 된다는 것이다. 게다가 버블이 멀지 않은 지금은 콜리젼이 일어나는 것 자체가 상당한 −$EV다. 콜리젼의 결과와는 아무런 관련이 없다. 콜리젼이 일어나는 그 순간 −$EV다. 당연히 수학적으로는 명백한 +chipEV일 수 있다. 그러나 우리의 목표가 상금이라면 chipEV보단 $EV가 더 중요하다. 상대가 ICM을 이해하고 있는 플레이어인지를 슬슬 유추해 보자.

중간 스택(~11M)들에게 너무 계획 없이 3bet하지는 말자. 그들의 타이트한 레인지는 리버에서 아주 잔인하게 공격해 올 수 있다. 불필요하게 빅스택이랑 싸우지 마라. 애버리지 스택보다 많을 때엔 무리하지 않는다. 칩이 늘어났다는 건 단순히 콜리젼을 한 번 무료로 겪을 권리라고 생각해도 좋다. 일반적으로 블라인드가 이만큼 커지고 나면 숏스택을 가진 플레이어의 수가 많아진다. 당신이 숏스택이 되고, 슬슬 압박을 받기 시작하게 된다면 당신이 첫 타자로 올인할 수 있는 기회를 최대한 잡아야 한다. 반대로 당신이 딥스택이라면 타이트하고 약한 플레이어를 타깃으로 잡고, 그 플레이어가 BB가 됐을 때 스틸링을 목표로 한 오픈 레이즈를 즐겨 하고, 루즈하고 실력이 별로인 플레이어를 상대와는 신중하게 쇼다운 도달만 성공해도 만족이다. 절대 싸이코(『홀덤의 정석: 초급편』 2733장 참조)와 큰 팟을 두고 목숨 건 맞다이를 까면 안 된다. 미친놈과 외나무다리 콜리젼을 벌이는 것만큼 어리석은 짓은 없다.

이펙티브스택이 아직 11.25M 이상인 상태에서, 상대가 스틸레이즈를 우리에게 시도해 올 때 우리는 리스틸 셔빙(올인)을 할 수 있어야 한다. 단, 이 경우 상대에게 폴드할 수 있을 만큼 충분한 스택이 여전히 뒤에 남아있는지 확인하여야 한다. 상대에게 폴드 에퀴티가 남아있지 않을 때 이런 플레이를 해서는 안 된다. 리스틸의 타깃은 레이트포지션에서 자주 오프닝을 시도하는 플레이어다. 이런 오픈 레이즈를 자주하는 플레이어들 상대로 MLP, ATs, AJo, KQo, KTs 정도로 리스틸 올인 잼잉을 갈겨줄 수 있다.

낮은 수준의 토너먼트에서는 플레이어들의 콜링레인지가 일반적인 기준보다 더 넓은 경향이 있다. 그러므로 수준이 낮은 토너먼트에서의 버블 구간 전략은, 약간은 더 타이트하게 올인 레인지를 조정해야 한다. 상대는 괴롭힘을 당하고 싶지 않다는 유치한 이유로 굉장히 나쁜 콜을 할 가능성이 높다(ICM적으로 나쁜). 그러니 너무 자주 올인하는 것은 콜리젼의 위험이 너무 높다. 너무 자주 올인하지 말아야 할 또 다른 이유는, 낮은 실력의 토너먼트 플레이어들이 사실 포스트플랍을 천천히 플레이하기보다 아예 프리플랍 올인 승부에 응하는 쪽이 더 감정적으로 속 편하기 때문이라고 필자는 생각한다(극단화). 그들은 간혹 포스트플랍을 어떻게 플레이해야 할지 잘 모르고, 자신이 없어서 그럴 수도 있으며, 따라서 플랍 이후에 어려운 결정에 시달리기보다 그냥 상대의 올인에 '아, 난 이제 모르겠다' 식 콜을 하고 겜블을 받아들이는(콜리젼 때문에 더욱 어리석은 결정이지만) 쪽을 선호한다. 그러므로 천천히 플랍을 공개해 주고, 서서히 빌런에게 압력을 가하는 편이 실력이 낮은 토너먼트에서는 훨씬 더 효과적이다. 우리의 스택이 상대 스택을 커버할 수 있을 때는 매우 루즈하게 셔빙해야 하며, 우리의 스택을 커버하는 놈이 뒤에 있다면 매우 타이트하게 셔빙하자.

제3구간 중간 지점

- 평균: 22.25bb
- 숏스택: 〈10bb
- 칩리더: 90bb+

　전체적으로 스택량이 낮게 주저앉았다. 칩리더는 이제 대부분 100bb 이하를 갖고 있을 것이다. 평균 스택 또한 22.25bb이다. 숏스택(Short Stack: 현재 토너먼트 필드 전체에서 가장 칩이 적은 플레이어)은 12bb에서 10bb로 더욱 낮아진다. 참가자들의 참을성(tolerancy)이 더 강인해졌기 때문이다. 버블이 다가오고 있음을 모두가 염두에 둬서 그런지 '조금 손해 보더라도 콜리젼은 피하고 싶다'라는 공포가 군중을 서서히 잠식한다. 참을성이 욕망을 제어하는 시점이다. 딥스택들은 그 공포를 이용한다. 드넓은 레인지로 상대를 커버할 수 있는 양의 칩을 가지고 있다면 가차 없이 벼랑 끝으로 상대를 몰아붙인다. 테이블에 있는 모두는 이 상황을 정확하게 이해하고 있다. 하지만 상황을 이해하여도 어느 누가 나서서 총대를 메고 빅스택과 부딪치고 싶진 않다. '내가' 제물이 되지 않는 것이 더 낫기에 그냥 그 꼴을 보고만 있기로 한다. 제2구간에서 공격적으로 플레이하지 못한 스스로를 자책하기도 한다.

'한 번 살아남을 수 있는 권리'가 너무나도 귀해지기에 '한 번 살아남을 수 있는 권리'를 가진 자와 '두 번 살아남을 수 있는 자'의 자세, 심지어 태도와 표정까지 다르다. 두 집단의 분위기와 입장이 180도 대척된다. 이때 우리가 숏스택이 되었다면 현 테이블에서 가장 약한 플레이어(이미지)가 빅블라인드가 됐을 때를 노려야 한다. 그때 승부를 거는 것도 나쁘지 않지만, 거의 대부분 안전하게 운영하는 쪽을 선택하길 추천한다(그것이 ICM 상으로도 이득이고, 수학적으로도 +EV이다). 미들 스택이라면 절대 불필요한 어중이떠중이 오픈은 자제해야 한다. 한 번 오픈한 이후로 턴까지 베럴링했는데도 죽지 않는 상대방을 자주 만날 것이다. 이길 각오로만 프리플랍에서 오픈해야 하는 시점이다. 이런 마음가짐은 상대 또한 마찬가지다. 즉 프리플랍에서 오픈 후 플랍에서 상대를 맞닥뜨렸다면 그 상대는 필시 <u>쉽게 죽지 않는 강도(强度)의</u> 핸드임이 대부분이다. 이 말은 블러프를 하기보다는 첵 위주의 유순한 플로우를 쓰며, 불필요한 벳을 줄여야 한다(단순히 벳을 줄이라는 뜻은 아니다). 쓸데없이 팟 사이즈를 키우지 마라. 에퀴티에 자신이 있을 때에 한하여 키워도 좋다. 팟이 커지면 콜리젼이 일어날 수 있다. 그리고 팟에 참여하지 않은 다른 모든 플레이어는 '제발 누군가가 올인하고 콜하여 둘 중 아무나 탈락했으면 소원이 없겠다'라는 표정으로 기도할 것이다. 그러므로 팟 사이즈를 작게 만든다는 마인드로 접근해야 한다. 상대를 존중하고 서로 만족했으면 얌전히 쇼다운으로 가자. 그런 마인드와 자세가 절실한 구간이다. 만일 일정 부분 이상 팟이 커지고, 어그레션을 상대에게 뺏기는 순간, 빌런이 강하게 밀고 나오면 어중간한 핸드로 매우 고통스러운 결정을 내려야만 한다. 그런 지옥 같은 환경을 미리 불식시키자.

다시 한번 강조한다. 어중간한 핸드로 절대 오픈하지 마라. A9o 같은 핸드들은 슬슬 플레이를 지양하자. 수딧커넥터 같은 아이오 핸즈는, 이미 진작에 제3구간이 시작하면서 슬슬 그 의미가 퇴색된다. 쉽게 말해 매우 간단하고 심플한 '원페어의 싸움'을 펼쳐야 한다. 짧고 분명하게 끊어쳐라. 어렵게 싸움을 만들지 말고, 탑페어를 만들었으면 리드벳(Lead Bet)을 멈추지 마라. 그리고 상대방이 올인으로 저항해 오면 TPAK 이상은 피하지 말고 싸워야 한다. 이런 비좁은 환경에서 TPAK를 쉽게 포기해선 안 된다. 그러려면 타이트한 레인지로 최대한 좋은 킥커를 준비해야 한다. 타이트하게 오픈하는 당신의 프리플랍 레인지가 바로 이때 빛을 발할 것이다.

버블(Bubble)

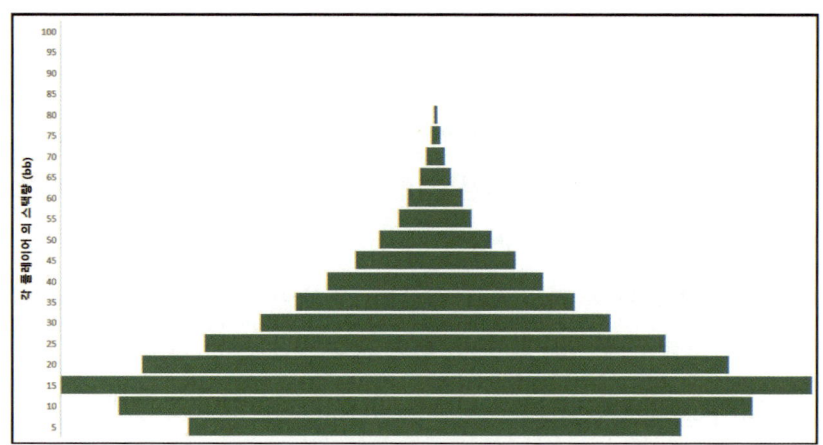

제3구간 끝지점 (버블 직전)

- 평균: 16.25bb
- 숏스택: 〈5bb
- 칩리더: 80bb+

스택의 평균이 거의 벼랑 끄트머리로 밀려난다. 간신히 15bb(또는 그 이하)가 평균이 된다. 만일 아직도 4테이블 이상이 동시에 돌아가고 있다면 일부러 고의로 자기 테이블의 플레이 속도를 늦추려는 분위기가 감지된다. 최대한 플레이 속도를 지연시키는 것이다. 자기가 앉은 테이블의 액션 속도가 줄어들면 그만큼 플레이해야 하는(감당해야만 하는) 핸드의 숫자가 줄어들고, 그사이 자기가 앉지 않은 다른 테이블에서 탈락자가 나와 어부지리로 입상을 고대하는 사람들이 생겨난다. 심지어 딜러에게 천천히 카드를 셔플링하라고 핀잔 주는 플레이어도 있을 수 있다. 이를 방지하기 위해 주최 측에선 핸즈 언 핸즈(Hands-on-Hands, 『홀덤의 정석: 입문편』 1820장 참조)를 조금 일찍 도입할 수 있다. 하지만 이런 시간 지연 플레이에 대한 고찰은 『홀덤의 정석』에선 하지 않기로 한다. 요즘은 타임 기기와 타임 칩을 도입하여 이렇게 의도적으로 플레이 시간을 최대한 지연시키려는 움직임을 차단코자 설치해 둔 여러 가지 장치들이 많다. 하지만 필자는 이 '시간 지연 작전'에 대해서 크게 반대하거나 찬성하는 어느 한쪽을 지지하는 입장이 아니다. 이것은 플레이어의 선택이며, 필자는 이것이 결코 눈꼴사나운 장면이라 여기지 않는다. 승부의 세계는 냉정하다. 지금 시간을 끌기 시작하는 그 플레이어는 분명히 어떠한 규정도 위반하지 않았다. '자신의 통제가 허용된 선택의 범위' 내에서 끝까지 최선의 전략으로 저항하는 그 모습을 필자는 비판적으로 평가할 자격이 없다. 끝까지 포기하지 마라. 법치(法治)를 해치지 않는 선에서.

100명이 입상 기준일 때, 생존자 120명 상황이면 슬슬 버블에 신경 쓰는 분위기가 되고, 107명이면 거의 모든 플레이어의 액션에 버블이 실질적인 영향을 끼친다. 102명이 남으면 정말로 빅 레이다운(big lay down: 매우 강한 핸드를 폴드하는 결정)이 관찰되기 시작한다. 바로 이때 '테이블 바깥의 요소'가 '테이블 안 플레이에 영향을 끼치기 시작'한다. 그것은 바로, '최소 입상 금액의 양이 각 플레이어에게 과연 어떤 의미를 지닌 금액일지'가 중요해진다. 이게 무슨 의미일지 한번 생각해 보자. 필자는 이들을 '돈무병 환자'라 부른다. 돈을 무서워하는 병이다.

빅스택들은 오히려 이런 공포심리를 최대한 이용하여 드넓은 레인지로 무자비 셔빙과 묻지마 잼잉으로 압박해 올 수 있다. 이것은 꽤 현명한 방법이며(칩의 격차에 따라 그 액션의 평가는 달라지겠지만), 상대방도 이런 플레이를 충분히 구사해 올 수 있다는 생각을 미리 해둬야 한다. 인지하는 것이다. 만일 길동이가 5.2M~8M 이상의 스택을 유지하고 있다면 3bet 리셔브 올인으로 칩리더의 기를 꺾고 리스틸에 성공해 올 수도 있다. 그리고 이 경우 빅블라인드 1bb+앤티 1bb+스몰블라인드 0.5bb+빅스택의 오프닝 2.2bb=4.7bb란 엄청난 금액(거의 1.8M을 넘을 수도 있는 엄청난 양)을 단 한 번의 셔빙으로 얻어올 수 있다. 본인의 스택이 매우 간당간당하여 3,5M까지 밀려났다 할지라도 두려워 마라. 싸워야 할 땐 싸워야 한다. 심지어 콜당하여도 아직 끝난 게 아니다. 여전히 에퀴티는 0%이 아닐 것이다. 운이 좋아 이기면 순식간에 안정권 10M 이상을 확보하는 케이스가 많다. 탄탄대로다. 그러나 만일 이 한 방의 승부에 진다면 그에 따른 대가는 탈락뿐이다. 그 즉시 탈락하며 버블이 된다.

필자는 플레이해 온 총 토너먼트가 약 25게임 정도라고 가정했을 시, 약 1게임 정도는 버블이 되었다. 이것은 필자 개인의 대략적 기록이며(필자는 토너먼트를 그리 많이 하진 않아서 표본의 숫자로 쓰기엔 분명 부족하겠지만), 이것을 여기에 밝히는 이유는 버블을 지나치게 두려워해서는 안 된다는 점을 강조하고파서다. AK 또는 QQ를 오프닝도 해보지 않은 채 쉽게 폴드해선 안 되며, 받을 수 없을지언정 먼저 공격해 나가는 데는 여전히 나쁘지 않은 핸드들이다. 버블이 되었다고 해서 크게 서글퍼할 필요는 없다. 실제로 필자가 기록한 대부분의 버블 핸드는 AK과 QQ+였다. 의연한 기질이 있으며, 차분히 결과를 받아들일 준비가 되었다면 버블을 두려워할 필요가 없다. 자연의 섭리와 그 이치, 그 일부분이다. **결정이 중요하고, 결과는 중요하지 않다.**

버블에서는 일반적인 기준보다 조금 더 신중하고 보수적인 방식으로 플레이해야 한다. ICM을 이해하지 못하는 상대에게 ICM에 기반한 플레이를 하지 마라. 그들에게 ICM(또는 버블을 의식하라는 듯한 말)에 대한 강의를 시작할 필요가 없다. AQo 따위의 핸드로 올인 잼잉에 콜하는 그들은 바보일 수 있지만, 버블까지 살아남은 사람들만 모여있으니 진짜 바보가 아직까지 앉아있는 경우는 단한 번도 보질 못했다. 올인은 평소보다 조금 더 타이트하게 해야 한다(플레이어의 스택량에 따라 달라지겠지만, 전체적인 방향을 살짝 나타내는 표현으로 읽혔으면 한다). 4M보다도 낮은 양의 스택을 지닌 플레이어라면 이유 여하를 막론하고 반드시 올인 또는 폴드이다. 중간이 있을 수 없다. 이것은 AA를 받았을 때 또한 마찬가지다(상자게임을 기억할 것). 반대로 우리의 스택을 커버할 수 있는 딥스택의 올인에, 우리가 콜할 수 있는 핸드는 오직 AA 또는 KK뿐이다. AK 또는 QQ마저도 콜하기엔 시원치 않다(먼저 찌르는 올인은 가능하지만, 상대가 찔러오는 올인에 받아내는 것은 어렵다는 뜻. 3146장 갭 콘셉트를 기억할 것). 만일 우리의 스택이 여전히 평균 스택보다 많다면 굳이 KK도 콜하지 않고 아예 상대방의 잼잉에 폴드할 수 있다(지금의 상황에 한하여 KK는 맞고 틀리고의 문제가 아니라 선택의 문제라고 필자는 생각한다). 그 승부에 임하고, 만일 패배한다면 졌을 경우 여전히 나에게 주어진 잔여 스택을 미리 한번 계산해 보고, 그 잔여 스택으로도 여전히 남은 모든 핸드를 폴드만 하며 버텨도 버블을 뚫을 수 있다고 판단되면 필자는 KK으로 비로소 콜한다(심각한 극단화).

앞서 살펴봤다시피 버블일 때 ICM의 영향은 무엇보다도 크다. 아마 ICM이 가장 증폭되어 다가오는 순간일 것이다. ICM 때문에 당신은 간신히 더 높은 에퀴티를 가진다 하더라도 가능한 올인 싸움을 피해야 한다(콜리전 회피). 버블일 때 올인에 콜을 하려면 굉장히 큰 격차가 있어야 한다(갭 콘셉트를 다시 상기할 것). 이것은 의외로 ICM에 의하여 상대의 올인에 콜을 해서 이득을 볼 수 있는 핸드는 굉장히 제한되어 있기 때문에 반대로 당신은 더 넓은 레인지로 공격해야 한다는 아이러니한 결과로 도출된다. 한마디로 정리하면 상대방과 쇼다운을 가지 않고 그전에 제압하는 것이 최적의[가장 옵티멀(Optimal)] 전략이다. 욕심을 부리지 마라. 지금은 폴드 에퀴티다. 빌런의 남아있는 잔존 에퀴티만 차단해도 훌륭한 플레이다. 버블 단계에서는 당신의 핸드를 플레이하는 것이 아니라 상황, 스택 사이즈 그리고 상대를 플레이하는 느낌으로 가는 것이 훨씬 더 효과적이다. 왜냐하면, 홀카드(당신의 시작 핸드)는 결국 쇼다운에 가야만 '쓸모'가 있기 때문이다.

당신의 현재 스택 사이즈에 따라서
이 버블 구간을 다르게 접근해야 한다.

빅스택: 당신이 빅스택이라면 굉장히 어그레시브(공격적이고 리드하며)하게 플레이해야 한다. 현재 테이블에 숏스택이 남아있는 상황이라면 당신은 미디엄스택들을 공격함으로써 엄청난 압박을 줄 수 있다.

미디엄스택: 빅스택과의 싸움을 최대한 피해야 한다. 빅스택과 붙게 된다면 최대한 팟을 작게 유지하고, 오직 상당한 엣지를 가지고 있을 때만 큰 팟을 플레이한다. 숏스택에게는 공격적으로 플레이하라.

숏스택: 칩이 말라서 탈락하는 것은 최대한 방지한다. 올인으로 선공할 수 있는 적절한 상황을 잘 찾아내야 한다. 당신과 칩 상황이 최대한 비슷한 사람을 찾아내서 공격하라. 서로 절망적인 양이라면 먼저 용기를 내는 것이 매우 효과적이다. 이런 경우를 '외로운 미녀의 팟(Lonely Beauty's Pot)'이라 불리는데, 상당히 아름다운 미녀가 의외로 아무 남자에게도 선택받지 못한 경우가 있다. 이때 누가 됐든 먼저 그녀에게 손 내밀면 그녀는 남성의 조건이 뭐가 됐든 간에 일단 손을 잡아주는 경우가 생긴다. 지금이 그때다. 용기를 내야 한다.

ICM에 의하면 칩을 많이 가지고 있을수록 그 개별적인 가치는 상대적으로 떨어지는데, 이 말은 즉 빅스택과 올인 싸움을 붙어서 따내는 칩보다 미디엄/숏스택과 올인 싸움으로 따내는 칩이 더 큰 금액적 가치를 가져온다는 얘기로 풀이될 수 있다(생존자의 탈락을 조금이라도 유도하여 내 ICM이 더욱 좋아졌으므로). 한마디로 정리하면 1,000,000에 붙어있는 100짜리 칩과 500에 붙어있는 100짜리의 칩은 다른 같은 가치를 지녔다고 ICM은 주장하는 것이다. 당신이 또 다른 숏스택과 올인 싸움을 붙어서 이기는 경우 그를 탈락시키고 버블을 확정 지을 수 있지만, 빅스택과의 결전을 통해 대승을 거두더라도 여전히 버블은 확정되지 않으며, 버블의 불편함은 여전히 해소되지 않고 남아있다. 빅스택 빌런은 여전히 테이블에 계속 앉아있다. 본인만 리스크를 떠안은 셈이다. 이것은 콜리젼 승리를 하고서도 히어로에게 있어 버블이 해소되지 않아 큰 불만이다. 심지어 바로 다음 핸드에 오히려 히어로가 갑자기 탈락할 수도 있다(실제로 이런 일이 필자에게 일어난 적도 있다).

위와 같은 일반적인 버블 전략에 비해서 수준이 낮은 저렴한 토너먼트에서의 버블 플레이는 좀 더욱더 신중하고 보수적인 방향이 되어야 할 것이다. 다음과 같은 이유 때문이다.

- 상대는 ICM에 대한 지식이 없어서 대화가 통하지 않는다.
- 우리가 실력이 더 좋으므로 ICM이 권하는 소소한 엣지들을 반드시 전부 누려야만 할 필요는 없다.
- 상대들은 특히 '버블 단계'에서 굉장히 치명적인 실수들을 할 것이다. 예를 들어 숏스택이 이미 절벽에 몰려있는 게 보이는데도 쓸데없이 빅스택끼리 싸움이 붙는다든지 하는 식으로 말이다.

스타크래프트 또는 롤 같은 경쟁이 당연한 게임을 오랫동안 해온 플레이어라면 다음을 충분히 이해할 것이다: 상대방은 이미 유리한 위치를 선점하는 데 성공했고, 이제 그 유리함을 계속 이용하여 우리와 더욱 큰 격차를 벌리려 한다. 이러한 전략적 판단이나 접근은, 승부의 세계에선 매우 당연하고 자연스러운 이치다. 경험이 많은 플레이어들은 애초에 승부의 세계에서 '평등'은 없음을 받아들인다. 승부의 세계에 공평은 있을지언정 평등은 없다. 왜냐하면, 입장을 바꿔서 그들이 유리한 고지를 가지고 있다면 당연히 그들도 그렇게 했을 것이기 때문이다(그리고 그렇게 해야만 한다). 이것은 당연한 자연의 섭리에 관련된 부분이다. 이러한 점을 받아들이지 못하고, 징징거리며 빅스택들의 무자비한 액션에 궁시렁거리며 불만을 토로하다 이내 짜증을 이기지 못하고 '콜!'을 선언하고 패배하는 플레이어들을 우리는 만난다. 초급편에서 필자는 '우리는 우리가 조종할 수 있는 부분까지만 최선을 다해야 한다'고 강조한 바가 있다. 지금도 마찬가지다. 저들의 유치한 궁시렁은 분명히 우리가 어떻게 해볼 수 있는 영역에 있지 않다. 우리는 우리가 할 수 있는 것에만 초점을 맞추자. 그들을 무시하고, 우리에게 가장 큰 이득이 되는 플레이에만 집중하라. 그들이 궁시렁거리며 콜하며, 고통을 받아들이길 거부하며 차라리 깔끔하게 죽음을 선택할 거라면 본인을 제외한 다른 플레이어들끼리 그 콜리젼이 일어나는 데 우리는 불만이 없다. 핸드만 익스플로잇하는 것이 아닌, 토너먼트 필드 자체도 익스플로잇하는 것이다. 그들은 미들 스택임에도 빅스택의 올인에 AKo를 폴드하지 않을 것이며, JJ를 쥔 채 '죽어도 좋다'는 표정으로 결연히 콜할 것이다. 그리고 둘 다 QQ에게 패배하며 버블이 된다.

그러므로 실력이 낮은 토너먼트에서의 버블 전략은 다음과 같다.

빅스택: 역시 공격적이긴 해야 한다. 그러나 높은 실력의 토너먼트에서처럼 끊임없이 다른 플레이어들을 괴롭히고 '버블 단계를 지배'해선 안 된다. 게임 내 흐름에 특별한 주의를 기울여야 한다. 너무 자주 올인을 하게 되면 상대방들은 훨씬 가볍게 콜할 것이다(ICM을 이해하지 못하는 플레이어들이 많기 때문). 특히 실력이 약한 플레이어들은 압박받는 것을 굉장히 싫어한다. 호전적인 성향이 많아서라기보단 통증을 견디는 참을성이 연약하기에 나름대로 유치한 이유를 들먹이며 콜할 것이다. 빅스택의 전략적으로 당연한 플레이에 그들은 야유를 보낼 것이며, 나약한 그들의 참을성이 스스로의 명줄을 옥죄게끔 내버려둬야지 히어로의 스택을 굳이 그들과 뒤엉키게 만들 필요가 전혀 없다. 그리고 그런 피쉬들과의 접전은 이미 1구간과 2구간에서 충분히 겪었어야 했다. 버블이 다가오면 콜리젼을 피하는 것이 최고의 접근이다. 그들은 빅스택들이 협박해 오면 그런 '약자 멸시'는 당연한 자연의 섭리라는 것을 받아들이지 못한다(또는 거부한다). 반대로 우리가 너무 자주 푸쉬하게 되면 상대는 ICM상으로 굉장히 좋지 않은 콜을 한다. 서로가 −$EV지만, 그들은 이런 대화가 불가능한 집단이다[예를 들면 당신이 올인했을 때 다른 숏스택들은 이미 폴드했는데도 미디엄 스택 플레이어가 난데없이 마지널한 핸드(AJs)로 콜해 버린다든지]. 이렇게 되면 언더독의 에퀴티만 잃는 게 아니라 탑독의 에퀴티 또한 함께 손상 입는다는 것을 잊지 마라. 에퀴티는 결코 사라지지 않는다. 남은 그 에퀴티는 토너먼트 전체 필드에 생존해 있는 모든 이가 함께 누리며 나눈다. 고래 싸움에 새우들이 행복해한다.

미디엄스택: 루즈-패시브(Passive: 리드하기보단 뒤에서 따라가며 콜하는 것을 좋아하는 성격)한 상대가 저항해 왔다면 조심해야 한다. 이런 성향의 플레이어가 버블 근처까지 살아남았다면 그는 필시 함부로 싸워선 안 되는 상황임을 이미 인지하고 있는 플레이어일 확률이 높다. 그러나 상대가 타이트-패시브하고 리스크를 피하는 타입이라면 굉장히 공격적으로 플레이해도 좋다.

숏스택: 여전히 먼저 올인할 만한 적절한 상황을 기다려야 한다. 어쩔 수 없이 일반적인 상황보다 더 보수적으로 플레이해야 하는데, 이는 실력이 낮은 토너먼트 플레이어들의 콜링 레인지가 높은 토너먼트보다 더 와이드하기 때문이며(C2B 레인지가 더 와이드하다는 뜻), 빅스택을 갖고 있는 상대들도 여전히 잘못된 판단을 종종 한다. 만일 스택이 2.8M 이하로 갔으면 무조건 그 라운드(1M이 돌기 전에)에 한 번 승부해야 한다. 왜냐하면, 칩이 이보다도 낮으면 단순히 에퀴티 때문에 아무 두 장의 카드(Any Two: 애니투라고 부른다)로도 콜해도 여전히 수학적으로는 이윤이 맞기 때문에 다음 라운드에서는 빌런의 콜을 피할 수 없을 것이다(ICM 배제: 극단화). 그리고 3.75M 이하라면 운 좋게 스틸에 성공해도 여전히 계속 스틸해야만 할 것이다. 그러느니 차라리 누군가와 부딪쳐서 과감히 더블업에 시도해야 한다. 토너먼트 전반에 걸친 대전제를 잊지 않도록하자. 절대 칩이 마르도록 가만히 앉아서 기다려선 안 된다. 싸워야 할 땐 싸워야 한다. 맞은편 절벽으로 뛰어야 할 땐 용기를 내야 한다. 패배를 두려워 마라. 엑셀을 밟았거든, 끝까지 밟아라.

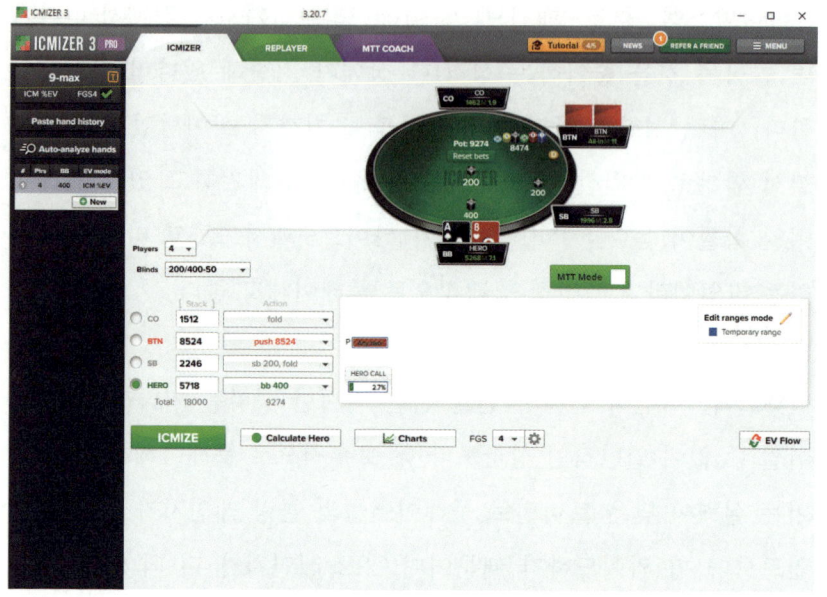

　9인 싯앤고의 ICMizer 상황이다. 대규모 토너먼트는 아니지만 큰 차이는 없을 것이다. 입상은 3명까지고, 현재 생존자는 4명이다. 하드 버블(Hard Bubble: 딱 버블이 되는) 그 상황이다. 칩리더는 모든 플레이어에게 묻지 마 셔빙을 네 핸드째 연속 퍼붓고 있다. 이런 식의 묻지 마 셔빙에 대항하기에 꽤 좋은 핸드 Ax가 히어로에게 들어왔다. 그러나 ICMizer는 '알아도 참으라'며 히어로를 말린다. ICM도 아는 것이다. 버튼은 현재 'Any two(아무런 두 장의 카드)'로도 막 셔빙 쳐도 수학적으로는 그런 광란의 액션이 옳다고 인정해 주고 있다. '아무런 두 장의 카드로 셔빙한다'는 빌런의 레인지를 우리 모두 '알더라도', 히어로는 여전히 상위 2.7%의 핸드(TT+, AKs)로만 콜할 수 있다고 ICM은 말한다. AKo도 콜하기엔 충분치 않다. 흔히 AKo로 올인에 콜하는 플레이어들이 있는데, ICM을 이해하고 있는 플레이어가 아닐 것이다. 날강도가 아무런 무기 없이 맨손으로 쳐들어 왔어도 두 눈 뜨고 도둑질당하는 걸 보고만 있으라 한다. 콜리전이 이렇게나 무섭다. AKo는 찌를 수는 있어도 받기에는 부담스러운 핸드이다. 갭 콘셉트가 기억나는가? AKo는 '드로잉 핸즈'로 분류한 필자의 의도를 이해하는가? 목숨을 드로잉하고 싶은가?

버블 플레이의 핵심은 스택 사이즈의 유심한 관찰이다. 바로 이것 때문에 필자는 bb보다 M을 선호한다(정밀함을 선호하기에). 상호 간의 레버리지에 대한 정확한 이해가 핵심이다. 마지막으로 버블은 언제나 일어날 수 있다는 것을 기억하자. 의연하고 겸허히 받아들여야 한다. 상황을 조종하려고 정신적으로 고통받을 필요가 전혀 없다. 본인이 버블된 사실에 대하여 스스로의 선택과 결정에 미련을 갖거나 후회를 갖지 않았으면 한다. 이 받아들이는 과정을 거부하면 장기적으로 오히려 ROI(Return on Investment: 투자 금액비 이익률)은 더 낮게 잡히게 된다. 장기적으로 보았을 때 버블을 지나치게 두려워하는 것이 오히려 극후반(6구간 또는 7구간) 도달률을 방해하고 있다는 것을 뒤늦게 깨닫게 될 것이다: 이 점을 고급편을 원하는 독자들에게 짚어주고 싶었다. 독자 여러분들이 지금 이 사실을 깨닫는다면 이 길을 조금은 덜 돌아가게 되는 것이라 필자는 기쁘다. 아무리 사랑하고 아끼는 이라도 언젠가 시간이 차면 누구나 하늘로 떠나가듯, 이것은 필연적으로 발생하는 자연의 이치다. 언젠가 우리 모두는 적어도 한 번은 버블이 된다. 영원히 피하는 것은 불가능하다. 그대에게 이 불운의 사고가 하필 지금 발생한다 하더라도 절망에 빠질 필요는 없다.

3565.
제 4구간

버블이 끝나면 바로 제4구간이 시작된다. 버블 단계와 그래프는 비슷할 것이다(탈락한 건 겨우 한 명이기 때문). 한 명은 그래프에는 반영되지 않을 정도로 작지만, 이후의 여파는 가히 지대하다고 말할 수 있다. 특히 바이인이 큰 국제 대회에서 여러 사람은 박수를 치고, 버블이 된 이는 당당히 손을 흔들며 자리를 떠난다(필자도 이런 낭만을 즐긴다). 제4구간에선 사실 어려울 게 별로 없다. 상금 규모가 도약하는 양도 그리 크지 않으므로 평범한 운영이면 충분하다. 버블이 터지는데 걸리는 시간이 유난히 길었다면 이미 대부분의 플레이어가 숏스택일 것이다(그리고 칩리더는 60bb도 안 되는 경우가 있다). 이것은 4구간(버블 다음 단계)의 진행 시간도 매우 짧아진다는 것을 의미한다. 제5구간이 순식간에 시작될 수 있다. 그렇게 버블이 쉽게 터지지 않고 질기게 버텼다면 제4구간은 길어봤자 10~20핸드, 만일 버블이 쉽게 터졌다면 30~70핸드처럼 길게 플레이할 수도 있다.

위 3520장에서의 'Push or Fold' 전략이 가장 최적으로(optimal) 사용되는 구간은 사실 제4구간이다. 이미 버블은 터졌고, 현금을 즉시 확보할 수 있음이 확실시된 이때, 미련 없이 숏스택의 플레이어들은 도박을 시작한다. 승부의 대회전(大會戰)이 시작된다. 고위험의 더블업에 과감히 도전하여 더욱 장기적인 싸움을 준비하려는 부지런한 이들과 함께 눈이 맞아 광란의 춤사위가 시작된다. 다들 액셀에 발을 올려놓는다. '아예 빠르게 게임을 정리하거나 화끈하게 더블업하여 더욱 롱런할 수 있는 스택을 준비하자는 심리'가 군중을 강하게 휘어잡는다. 광기(狂氣)가 급속도로 퍼져 나간다. 호흡이 편해지며, 다들 이제는 '승부를 원한다'는 표정으로 가득하다. 당연한 이야기지만, 이미 버블이 터지고 나면 그 이후에는 빅스택이더라 하더라도 숏스택에게 압박을 주는 게 이전만 못 해진다. 왜냐하면, 숏스택이나 미들스택이라면 더 이상 참으며 기다려야 할 이유가 없어서고, 오히려 숏스택일수록 아예 빠르게 더블업할 기회를 노리고 있기에 상대방이 조금이라도 '자, 너 아까부터 날 괴롭혔지? 이제 한번 승부해 볼까?' 하며 콜하기 쉬운 분위기가 조성된다.

탈락 직전의 수많은 빈사 상태의 플레이어들이 버블이 확정되고 난 이후 집단으로 도박을 시작한다. 결전을 피하지 않으며, 그 누구와도 나란히 손잡고 외나무 승부를 볼 것이기에 수많은 사람이 올인을 내지르고 콜을 일삼는다. 무수한 콜리전이 발생하며, 마치 우주 밤하늘의 천공 위에서 거대 별자리와 대은하가 불꽃을 흩뿌리며 충돌하는 것을 상상하면 된다. 수많은 사상자가 대량으로 발생한다. 칩리더와 꼴찌의 순위가 시시각각 뒤집힌다. 곳곳에서 탄식과 절규가 터져 나온다. 멀티웨이 올인팟에 동시 다발적으로 환호성을 내지른다. 플로어는 뛰어다니며 탈락자들에게 등수표를 배분하느라 분주하다. 칩의 숫자는 그대로인데 사람들의 숫자는 크게 줄어드니, 평균 스택량이 빠르게 올라간다. 자연스러운 수학적 현상이다. 숏스택 플레이어들은 이미 탈락해 없어졌으니 5bb 미만의 플레이어들은 벌써 정리당하고 상금을 정산받으러 줄 서서 기다리는 중이거나 아니면 더블업에 승리하여 숨을 헐떡이며 의자 위에 널브러져 있는 광경이 목격될 것이다.

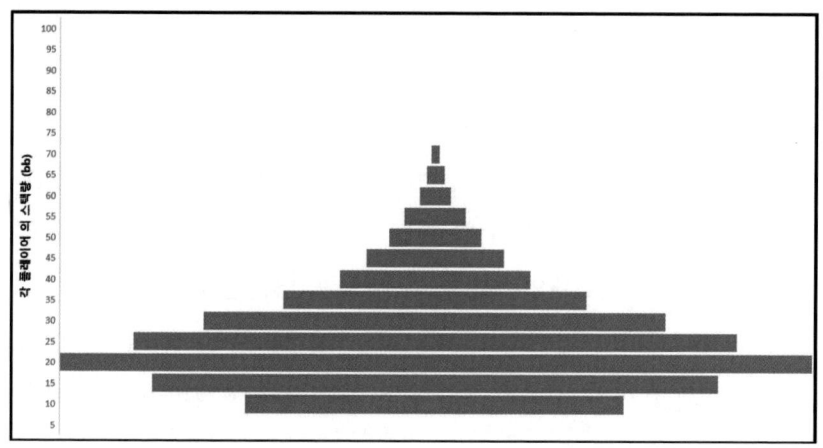

제4구간 중간 지점(버블이 터지고 꽤 시간이 흐른 이후)

- 평균: 23.5bb
- 숏스택: ⟨10bb
- 칩리더: 72.5bb+

아직도 승부의 대회전 행렬에 뛰어들지 못한 10bb 근처의 플레이어는 여전히 더블업의 기회를 엿보고 있다. 그래도 상관없다. 평균 스택량이 빠르게 올라가므로 아무것도 안 하고 가만히 기다리면 숏스택이 되는 건 순식간이다. 눈에 띄는 사실은 칩리더의 스택이 제2구간에 비해서 많이 낮아졌다는 것이다. 칩리더는 이제 70bb 근처에 있는 경우가 많다(당연히 극단화). 제4구간에서는 많은 플레이어가 탈락의 위험에 크게 신경 쓰지 않는 성향이 관찰된다. 특히 버블이 끝난 이후에 3bet으로 리셔빙하여 프리플랍에서 팟을 스틸해 오는 방법이 유행한다. 이 작전은 대표적으로 다음의 플레이어에게 잘 통한다.

- 루즈하게 자주 오픈하지만 콜로 잘 대응하지는 않는 플레이어(멧돼지)
- 돈무병(현재 상금 규모나 바이인 금액 따위를 무서워하는 병, 즉 돈을 무서워하는 병) 환자
- LP에서 자주 오픈하는 이

제 5구간

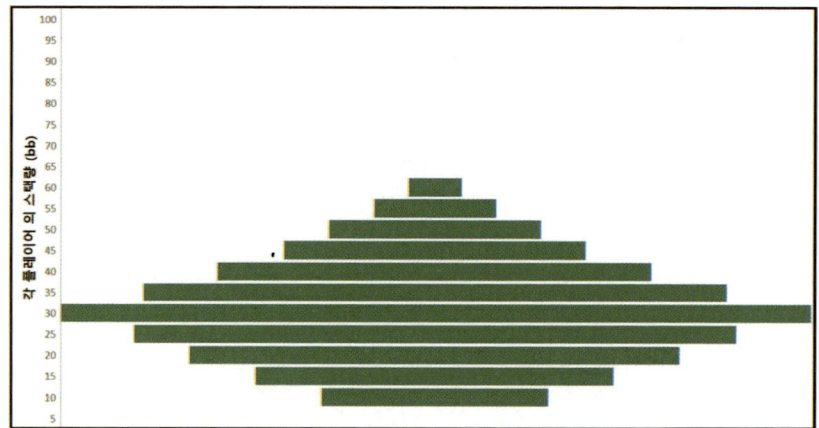

제5구간 시작 지점

- 평균: 27bb
- 숏스택: ⟨15bb
- 칩리더: 60bb+

　비로소 정상적인 그래프다. 플레이어와 스택의 분산이 적절하게 일어난다. 숏스택은 15bb 언저리다. 이보다 더 낮은 '비정상 사이즈'의 스택은 이미 진작에 더블업 승부에 임하여 이기거나 탈락한 경우가 대부분이다. 플레이어가 더 탈락함에 따라 자연스레 평균은 27bb 정도로 올라간다. 칩리더는 이제 65bb 이상을 간직한 경우가 거의 없다. 이제 그 누구라도 세 방만 크게 찍히면 탈락하는 스택 사이즈가 되었다. 전부 고만고만하다. 칩리더는 아직도 큰 의미가 없다. 단 세 번의 배드빗이 탈락으로 이어지는데, 어떤 의미를 지니고 있을 리 만무하다. 그냥 목숨줄이 남보다 한 두어 개 더 많은 빌런이라 보면 된다.

토너먼트에서 제일 긴 구간이 2단계와 5단계이다. 필자가 가장 싫어하는 구간이 바로 5구간이다. 거의 10레벨(혹은 그 이상)을 할 수도 있을 정도로 토너먼트에서 매우 긴 분량을 할당받는다. 150핸드 정도에서 많게는 300핸드, 그보다 더 많은 400핸드를 바로 이 5구간에서 플레이해야 될지도 모른다(토너먼트 레벨의 시간에 따라 매우 달라지겠지만: 극단화). 2단계와 5단계는 버블을 기준으로 매우 비슷하게 진행되는 과정이라 생각하라. 단지 5구간에서는 2구간보다 ICM이 더 큰 영향을 끼친다고 해석할 수 있다. 이 5구간의 결과가 당신의 '토너먼트 커리어 전체'의 ROI에 매우 큰 영향을 미친다고 한다(이 문장은 아래 3701장의 다른 플레이어로부터 인용된 문장이다). 큰 페이 점프(Pay Jump: 등수에 비례하여 상금이 올라가는 수치)가 엮여있는 구간은 아니지만, 단 한 번의 실수로 파이널 테이블에 가지 못한다거나 우승을 하는 데 결정적인 핸드를 잡게 될 수도 있는 구간이다(필자의 경험에 의하면). 빅팟을 조성할지 안 할지의 여부는 거의 플랍에서의 에퀴티가 결정한다. 보드를 세심히 읽어야 할 것이다.

토너먼트 레벨 사이사이에 쉬는 시간이 주어질 것이다. 빠르게 화장실에 가라. 지금 용변이 마렵지 않더라도 의무적으로 가라. 여자 화장실의 대기 줄은 심각하게 길다고 생각하실지 모르지만, 의외로 포커 플레이어들 대다수는 남성이기에 남자 화장실의 줄이 훨씬 더 길다(베가스의 Rio 카지노 기준, 2022년 이후로 Horse Shoes로 장소가 바뀐 것으로 기억한다. 자세한 것은 스스로 검색해 볼 것). 그렇기 때문에 임시로 여성 화장실을 남녀 공용으로 바꿔서 그 수요를 맞추기도 한다. 쉬는 시간 시작 30초 전, 이미 몇몇 사람들은 화장실로 가서 줄을 서려고 달리기 시작한다.

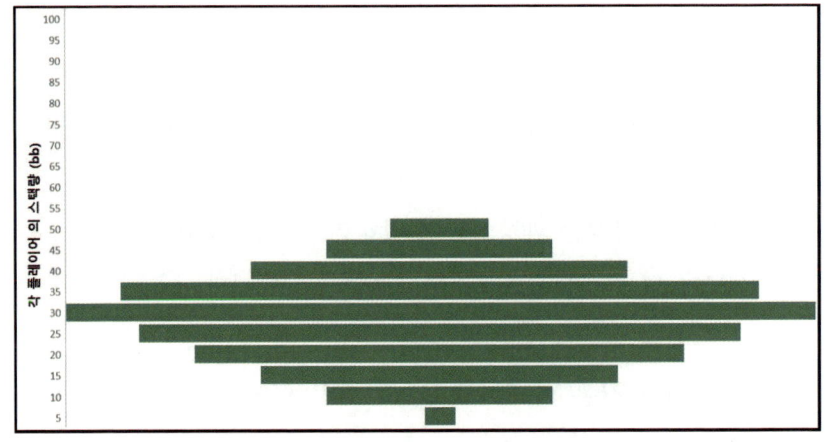

제5구간 중간 지점

- 평균: 32bb
- 숏스택: 〈15bb
- 칩리더: 50bb+

그래프의 분산이 더욱 매끄러워졌다. 평균은 30bb보다 조금 더 많은 지점으로 잡히며, 숏스택은 여전히 15bb 근처다. 아마 심리적으로 15bb를 대부분의 플레이어가 '마지노선'으로 지정한다고 필자는 생각한다. 눈여겨봐야 할 것은 칩리더의 스택이다. 겨우 50bb 안팎이다. 이 정도면 미디엄스택의 플레이어와 경합을 펼친다 하더라도, 쿨러(피할 수 없는 불운의 콜리젼)를 두 번만 맞으면 바로 탈락할 수 있다. 여전히 칩리더의 의미가 그리 크지 않지만, 제5구간의 중간 지점부터 슬슬 의미를 갖기 시작한다. 왜냐하면, 곧 파이널 테이블(제6구간)이 다가오기 때문이다. 제5구간에서 필자가 가장 플레이하기 어렵다고 느껴지는 스택 사이즈는 바로 8M~ 언저리이다. 게다가 이 8M 스택이 EP인 경우 더더욱 그 플레이가 쉽지는 않은데, 왜냐하면 몇몇 플레이어들은 푸쉬&폴드가 이 8M에서 시작되는 것으로 인지하는 경우가 있어서 그렇다. 빌런에게 3BT 잼잉을 맞을 각오하고 오픈해야 한다.

나약한 플레이어가 빅블라인드일 때를 노려야 한다. 솔직히 이젠 누가 그 테이블에서 가장 연약한 성미를 지녔는지 모를래야 모를 수가 없다. 이미 모든 이는 그게 누군지 알고 있는 상황이 많다. 서로 그 플레이어와 헤즈업을 하려고 안달이 나있다. 5구간은 그런 구간이다. 2구간과 비슷하다. 그 나약한 플레이어와 후수를 잡고 싸울 수 있는 기회를 간절히 원할 것이다. 이것은 해당 플레이어의 실력과는 무관하다. 전체적으로 중반전에서 대부분의 플레이어가 10M~16M 사이의 스택에서 운영의 실수가 잦곤 하는데, 이건 매우 자연스러운 현상이므로 안심하라. 대부분의 플레이어가 큰 블러프를 제5구간에는 하지 않는다. 그러니 무리해서 블러프를 캐치하려 들 필요가 전혀 없다. 테이블 숫자가 확연히 줄어들면 블러프 빈도가 매우 낮아진다. 이 심리를 역이용해서 블러프를 주무기로 삼는 자들이 나올 텐데, 그들의 도발에 휘말려서 우리의 플레이가 흐트러져선 안 된다. 그들은 굳이 우리가 아니어도 누군가로부터 언젠가는 죽게 되어있다.

제5구간은 이미 이전 토너먼트의 구간에서 한 번쯤 같은 테이블에 배정되어 만나보았던 플레이어들을 종종 다시 만나는 경우가 많다. 서로가 어느 정도 상대의 스타일을 알고 있다. 몇몇 플레이어들은 돈무병(돈을 무서워하는 병) 증세를 보이기도 하는데, 당연히 싸울 수 있는 상황에서 무난하게 파이널 테이블(final table: 결승 테이블)에 진출하고픈 마음에 조금 더 타이트하게 레인지를 관리하느라 최대한 싸움을 피하려는 경향을 보이기도 한다. 그것이 돈무병이다. 바로 그들이 우리의 타깃이다! 다음의 상황들은 조금 더 와이드하게 오픈할 수 있는 조건이다.

- 내 뒤에 있는 모든 플레이어가 대충 16.5M 이상의 스택일 때(3bet으로 잼잉하기엔 애매한 스택)
- 우리가 EP/MP이고, SB에 빅스택의 플레이어가 있을 때(후수를 끼고 싸울 수 있다.)

3567.
제 6구간(파이널 테이블: Final Table)

제6구간은 파이널 테이블이다. 보통 이 경우 칩리더는 50bb 안 팎이지만, 토너먼트마다 그 경우가 상이하다. 비슷한 경우는 거의 없다. 왜냐하면, 토너먼트마다 참가자 숫자라든가 참가 금액, 심지어 토너먼트의 지역이 영향을 미치기도 한다. 대부분의 칩리더는 40bb에서 80bb 사이의 스택으로 파이널 테이블에 진입한다. 더 이상 생존자들의 분포도를 나타내는 그래프는 의미가 없다. 이미 파이널 테이블이기 때문에 생존자는 많아 봐야 10명이다. 10명의 그래프는 큰 의미를 찾기가 힘들다. 파이널 테이블은 최소 60핸드(파이널 헤즈업 이전까지) 정도를 플레이하게 되며, 통상 130핸드는 플레이해야 할지도 모른다. 대부분 250핸드를 넘기기 이전에 파이널 헤즈업(최후 두 명의 생존자)으로 좁혀진다.

파이널 테이블의 평균 스택량은 30bb 정도 되며, 칩리더는 55bb 정도이다. 숏스택은 10bb 미만이다(극단화). 레인지와 팟오즈 계산은 여전히 중요하긴 하지만, 그것보다 훨씬 더 중요한 새로운 테이블의 요소가 등장한다. 프로파일링이다(3300장의 '다섯 가지 특징'을 참조할 것). 이제 각 플레이어가 가지고 있는 리크 또는 약점이나 특징을 수집하고 기억해야 한다. 생존자는 본인을 제외하면 겨우 8명이나 9명뿐이니 그다지 어려운 작업은 아닐 것이다. 파이널 테이블과 파이널 헤즈업은 프로파일링이 매우 중요해지며, 이를 토대로 스탠더드에서 비켜난 플레이(익스플로잇: 약점 포착)를 누가 얼마만큼 더 잘하는지가 매우 중요하다. 물론 가장 중요한 것은 운이지만, 운을 우리 마음대로 조종하는 것은 불가능하니 아예 논하지 않도록 하자. 파이널 테이블에서도 공격성이 살아있는 사람은 대개 경험이 많거나 프로인 경우가 많다. 경험이 적은 플레이어는 종종 돈무병(돈을 무서워하여 우승보다 돈에 집착하여 상금을 중심으로 결정을 내리는 병)에 걸려있다.

3568.
제 7구간(파이널 헤즈업: Final Heads Up)

2등과 1등의 상금 차이는 꽤 크기 때문에 헤즈업 승률은 장기적인 관점에서도 중요하다. 아마 ROI(Return on Investment: 수익률)의 수치를 가장 크게 좌지우지하는 것 1위로 MIR(Money-In Rate: 입상률)을 꼽을 수 있겠고, 2위가 바로 플레이어의 헤즈업 실력이리라. 첫째로 짚고 넘어갈 점은, 헤즈업에서 ICM은 더 이상 아무런 역할을 하지 않는다. 탈락하는 사람은 없고, 양 선수 모두 2등 상금은 확보해 놓은 상태다. 이 말은, 헤즈업 플레이는 좀 더 캐시게임에 가까우며, 모든 엣지를 놓치지 않도록 해야 한다. 이제 칩의 기댓값과 실제 현금의 기댓값은 동일하다. 많은 플레이어가 본인의 칩을 지키려고만 생각한다. 하지만 그것은 헤즈업 이전까지여야 한다. 헤즈업에서는 내가 잃는 모든 칩이 상대의 칩이 되고, 상대가 잃는 모든 칩이 내 것이 된다. 레이크도 없다. 계산은 간편하다. 전력을 다해 싸워야 한다. 테이블에서 일어나는 모든 액션이 테이블에 있는 모든 플레이어에게 언제나 영향을 끼치고 있으며, 단한 핸드도 영향을 받지 않는 플레이어는 없다. 환경은 간결해졌다.

레인지 구상이나 GTO 같은 건 집어치워라. 무조건 그 한 사람의 약점을 포착하는 데만 집중해야 한다. GTO는 상대방 또한 '완벽의 포커'를 구사할 것이라는 전제를 깔고 만든 공식이다. 지금은 이 세상 모든 사람을 다 이기는 천하무적의 시스템보다 테이블 맞은편에 앉은 그 한 명을 꺾는 단순한 시스템이 훨씬 더 절실하다(『홀덤의 정석: 초급편』의 가위바위보 게임을 읽어보라). 빌런의 성향에 모든 것을 맞춰서 대응해야 한다. 상대보다 더 포스트플랍 운영에 자신 있다고 느껴지면 최대한 팟을 작게 만들고 더 자주 스트릿을 지나쳐야 한다. 그러려면 림핑하는 빈도를 늘릴 필요가 있다. 만일 그 반대로 상대방이 히어로보다 더 강하다고 느껴서 자신이 없을 경우, 적은 핸드로 빠르게 승부를 걸어야 한다. 강렬하고 휘발성이 높은 작전으로 한 두 번의 큰 위험한 절벽으로 상대를 껴안고 함께 굴러떨어지는 작전을 검토해 볼 만하다. 헤즈업이라 해도 포커의 기본을 잊지 마라. 상대방이 지나치게 수비적이라고 느껴지면 자주 벳하자. 상대방이 지나치게 공격적이면 중간 세기의 핸드들은 거의 림프로 처리하고, 극단적으로 강하거나 매우 약한 쓰레기 핸드를 잘 뒤섞어서 폴라라이징 첵레이스로 대응하면 탄력적이다.

헤즈업 플레이에서 핵심적인 두 가지 요소가 있다. 공격성(aggression: 어그레션)과 포지션이다. 헤즈업에서는 항상 공격적으로 플레이해야 한다. 페어를 이미 프리플랍에서 들고 있던 게 아니라면 누구라도 플랍에서 뭔가 맞출 확률은 1/3 정도이다. 즉, 대부분의 플랍에서 아무것도 맞추지 못할 것이다(우리와 상대 둘 다). 대부분의 경우, 양쪽 모두 아무 패도 맞추지 못했을 것이기 때문에 대개 어그레시브한 액션의 플레이어가 팟을 자주 이긴다. 헤즈업에서는 플랍에서 하나라도 맞췄다면 대개 베스트 핸드라고 판단해도 괜찮다(극단화: 단순히 공격적인 마인드를 포기해선 안 된다는 조언으로 읽히길 원한다). 아무 페어라도 일단 원페어를 플롭에서 만들었다면 공격적으로 플레이함이 정석이다. 강한 드로우(이를테면 GS+FD+1V) 같은 것 역시 공격적으로 플레이하라. 단, 선수플롭 첵은 여전히 유효하다. 어그레션이 있었다면 강하게 리드함이 타당하지만, 그렇지 않다면 포지션 플레이가 필요하다. 어그레션과 포지션 둘 다 움켜쥐었다면 떳떳하게 리드해도 좋다.

헤즈업에서 포지션은 아주 중요하다. 바둑을 포함한 모든 턴제 게임에서 수순(手順)은 매우 중요하지만, 헤즈업에서야말로 포지션의 중요성이 가장 무거워진다. 헤즈업에서 포지션이란 당신이 버튼(스몰블라인드)에 있으면 항상 포지션이 있는 것[후수 또는 후공, In Position(IP)]이고, 빅블라인드는 없는 것[선수 또는 선공, Out of Position(OOP)]이다.

파이널 헤즈업(Final Heads Up: 오직 두 명만 살아남은 상황)은 9인 풀링에서의 헤즈업과 다르다. 테이블에 인원이 꽉 찼을 때는, 프리플롭 레이즈가 어떻게 이뤄졌느냐에 따라 포스트플롭에서의 포지션이 불확실해지기도 한다. 예를 들어 당신이 6번 자리에서 레이즈를 했을 때 뒤에 수많은 빌런이 남아있더라도 스몰/빅블라인드만 콜한다면 당신은 후수를 확보한 후 포스트플롭에 진입할 수 있다. 반면 같은 자리(6)에서 레이즈를 했더라도 이번에는 1번과 0번이 콜했다면 당신의 포지션은 선수가 강요되어 불리하다. 선수와 후수를 누가 가져갈지 모른 채로 액션할 수밖에 없다. 그러나 파이널 헤즈업에서의 포스트플롭 포지션은 예상이 필요 없다. 확실히 드러나 있기 때문이다. 둘째로, 헤즈업에서는 대개 둘 다 매우 와이드한 레인지로 플레이할 수밖에 없는데, 서로의 레인지가 넓을 수밖에 없는 지금이야말로, 상대방의 액션을 보고 나서 그에 맞춰 반응하는 것이 허용되는 '후공의 권리'란 그야말로 게임 운영의 황금열쇠다.

비단 파이널 헤즈업뿐만이 아니라 텍사스 홀덤 그 전체에서 포지션이란 것이 대체 얼마나 중요한지 다시 한번 여기에서 강조하고 싶다. 포지션이 갖는 최대 이점이란 보드가 열리고, 해당 보드에 대한 상대방의 액션을 먼저 확인하고 난 이후 이에 대해 대응하는 것을 가능케 해준다. 대응이 가능하다는 것은 상대방보다 조금이라도 더 나은 결정을 내릴 '기회'가 주어진다는 것을 의미한다. 이것은 팟 사이즈를 상대방보다 더욱 쉽게 컨트롤할 수 있게 된다는 의미 또한 성립한다. 대단히 유리한 이점이다. 내가 매우 좋은 핸드를 가지고 있을 때, 팟 사이즈를 키우고 싶어 하는 이때, 상대방이 이미 벳해 주었다면 레이스로 더욱 키우려 시도해 볼 수 있고, 상대방이 첵하였다면 여전히 우리가 벳하여 팟의 성장을 멈추지 않을 수 있다. 적어도 시도할 기회가 나에게 남아있다고 풀이함이 가능하다. 반면에 팟 사이즈를 키우고 싶지 않다면 상대가 첵했을 때 함께 첵하면 팟 사이즈는 그대로일 것이며, 상대방이 벳하였더라도 침착하게 콜로 끊는다면 다음 카드를 보는 데 필요한 비용을 해당 스트릿에서 정확히 계산하는 것이 가능하다. 이게 매우 크다. 하지만 선수를 강요당한 채 플랍으로 진입하게 되면 위의 모든 이점을 상대가 가져간다. 한마디로 정리하면 후수를 가지고 있을 때 베팅 스트릿(프리플랍, 플랍, 턴, 리버)은 원래 4개지만, 이 4개를 대략 6개 정도로 원할 때(본인이 강패일 때) 늘리거나 아니면 원할 때(약패를 만들었을 때) 3개 정도로 줄일 수 있는 권리가 후수에게 주어진다고 풀이하여도 크게 틀렸다 말하기 어렵다. 그 정도로 파괴적이다. 포지션의 이점은 마지막 리버에서 벨류벳할 때도 그 진가를 발휘한다. 보드가 리버까지 완성되고 난 이후, 맥시마이징을 걸고 싶을 때 포지션이 있다면 이 살바 싸움이 매우 수월해질 수밖에 없다. 포지션이 중요한 세 번째 이유는 최악의 상황을 만났을 때 그 피해를 최소화하여 폴드할 수 있는 기회가 거의 언제나 보장된다. 상대방의 벳하겠다는 의사를 확실히 확인한 다음에 폴드할 수 있게 된다.

상대가 당신의 오픈 레이즈에 자주 3bet으로 대항해 온다면 전체적으로 우리의 레인지를 조금 더 타이트하게 좁히면 된다. 이에 맞대응하여 4bet 잼잉을 생각해 볼 수도 있지만, 이것은 이미 상대에 대한 정확한 프로파일링이 끝나있는 경우에 한하여 검토되어야 한다. 만일 당신의 림프에 빌런이 자주 레이즈를 해온다면 이번에 우리가 역으로 우리의 림프레인지에 AA 같은 것을 넣어서 리버스 폴라라이징(Reverse Polarizing)이나 결집형 레인지(고급편에서 다룬다)를 쓸 수 있다. 중요한 건 우리가 포지션이 확보된 버튼일 땐 프리플랍에서 큰 싸움을 걸지 말고, 모든 스트릿을 지나칠수록 이득임을 인지하고 가능한 한 모든 카드를 천천히 열어가며 싸워야 한다. 반대로 포지션이 나쁠 땐 스트릿을 지나치기보단 프리플랍에서 아예 콜리젼을 유도함이 차라리 낫다.

여러분은 포지션이 있을 때 가능한 많은 핸드를 플레이해야 하고, 또 가능한 많은 베팅 스트릿을 지나쳐야 한다. 서로 첵/첵이 나와도 상관없다. 상대방이 먼저 첵했음을 확인한 이후에 우리 또한 첵으로 대응하는 것과, 상대방의 의사를 확인하지 못한 채로 우리가 첵한 후 그제서야 상대방이 첵으로 우리를 따라붙는 것은 천양지차(天壤之差)다. 반대로 선수를 잡았을 때엔 가능한 적은 수의 핸즈를 플레이해야 한다(이것이 예전 9링 테이블에서 스몰블라인드 플레이어는 레이즈 사이즈를 3x처럼 큰 양으로 오픈해야만 하는 설명을 뒷받침한다). 이제 결론을 내보자. 필자가 이렇게까지 길게 설명한 모든 과정을 최후의 단 한마디로 표현하면:

파이널 헤즈업에서의 프리플랍에서는
버튼을 쥔 채로 아무것도 안 한 채 폴드해선 곤란하다.

헤즈업에서 후수를 확실하게 가지고 있는 버튼을 배정받았다면 최소한 콜(림프)은 해야 한다. 칩이 넉넉하다면 오프닝 레이즈가 무난하며, 칩이 너무 적다면 그냥 올인해도 좋다. 헤즈업에서 처음 카드 두 장을 받은 후 핸즈를 확인하고 에쿼티가 낮은 핸드를 받았다고 하여 바로 폴드하는 것은 상당히 구석에 몰려서 셔빙 레인지 바깥에 있는 처참한 핸드라는 극단적인 경우가 아니라면 추천되지 않는다. 뭘 해야 할지 모르겠으면 그냥 림핑이라도 하라. 아무튼 스택이 멀쩡한데도 무기력하게 버튼을 폴드하는 결정은 받아들이기 어렵다. 버튼을 헤즈업 프리플랍에서 폴드하는 것은 대단히 추천해주고 싶지 않다. 아무런 벳을 맞지 않았는데도 단지 내 핸드가 약하다고 하여 버튼을 포기하는 것은 힘이 없는 주장이다. 그렇게 나약하게 버튼을 포기하는 것은 동의하기가 어렵다(예외가 있긴 하지만, 그 예외는 고급편의 헤즈업을 참조하자). 32o나 72o여도 버튼 플레이어는 일단 프리플랍에서 림프 이후, 상대방이 벳해 오면 그제서야 폴드하는 것도 괜찮다. 이는 무기력하게 그냥 폴드하는 것보다 분명하게 다른 차이를 만들어낼 것이다(단, 현재 스택량 고려).

아무리 낮은 포켓 페어라도 포켓페어는 헤즈업에서 굉장히 좋은 핸드다. 텍사스 홀덤에는 총 1,326개의 스타팅 핸드 콤비네이션이 있는데, 이 중 포켓페어는 오직 78개다. 이는 포켓페어를 받을 확률이 78/1326=5.9%라는 것이고, 대략 17판 중에 한 번 떨어진다. 당신이 포켓페어를 받았을 때 상대 또한 더 높은 포켓페어를 동시에 가졌을 확률은 굉장히 낮으므로 안심하라. 예컨대 당신이 22를 받았고, 이때 상대가 더 높은 포켓페어를 가졌을 확률은 6% 언저리이며, 당신이 88을 받았을 때 상대가 더 높은 페어를 받았을 확률은 이제 3%보다도 낮다.

	헤즈업	2명	3명	4명	5명	6명	7명	8명	9명(10인 테이블)
	포켓페어를 딜 받았을 때, 테이블의 다른 누군가도 포켓페어를 딜 받았을 확률								
KK	0.5%	1.0%	1.5%	2.0%	2.4%	2.9%	3.4%	3.9%	4.4%
QQ	1.0%	2.0%	2.9%	3.9%	4.8%	5.8%	6.7%	7.7%	8.6%
JJ	1.5%	2.9%	4.4%	5.8%	7.2%	8.6%	9.9%	11.3%	12.6%
TT	2.0%	3.9%	5.8%	7.6%	9.5%	11.2%	13.0%	14.7%	16.4%
99	2.5%	4.8%	7.2%	9.5%	11.7%	13.8%	15.9%	18.0%	19.9%
88	2.9%	5.8%	8.6%	11.3%	13.8%	16.3%	18.7%	21.0%	23.2%
77	3.4%	6.7%	9.9%	13.0%	16.0%	18.7%	21.4%	23.9%	26.2%
66	3.9%	7.7%	11.3%	14.7%	18.0%	21.0%	23.9%	26.5%	28.9%
55	4.4%	8.6%	12.6%	16.4%	20.0%	23.2%	26.2%	28.9%	31.3%
44	4.9%	9.6%	14.0%	18.1%	21.9%	25.3%	28.4%	31.1%	33.3%
33	5.4%	10.5%	15.3%	19.7%	23.7%	27.3%	30.4%	33.0%	35.0%
22	5.9%	11.4%	16.5%	21.2%	25.5%	29.1%	32.2%	34.6%	36.3%

만일 이런 불행한 사고가 터진다면 그냥 운이 나쁜 것이다. 어쩔 수 없는 부분이다. 헤즈업에서는 우리가 포켓페어를 받았을 때, 상대는 포켓페어가 없을 가능성이 훨씬 높으므로(무려 95% 언저리를 상회) 포켓페어는 프리플랍에서 강하게 플레이해야 한다. 적당한 값을 받아내지 않고 쉽게 플랍을 허용치 마라. 아무리 낮은 포켓페어라도, 여전히 AK과 5:5 대결을 유효하게 성사시킨다. 상대방의 올인에도 쉽게 폴드해선 안 된다[44- 제외/갭 콘셉트를 상기할 것 (찌를 순 있지만 받는 것은 어렵다: 극단화)].

3570.
순수 ChipEV+ PoF 차트

위에서 공부했던 'ICM 차트'란 다음 2가지의 핵심 요소에 기반되었다.

1. 입상 범위
2. 각 포지션과 핸드에 할당된 리스크(현재의 스택 사이즈) 비 팟오즈

그렇다면 첫 번째 '입상 범위'이란 요소를 제외한다면 '감당해야 하는 리스크 비 팟오즈'를 포지션별 최적화로 셔빙 칠 수 있는 레인지가 무엇인지 알 수 있지 않을까? 그러니까 이것을 지금 싯앤고가 아니라 캐시게임으로 치환한다면, 그리고 우리가 PoF(셔빙 또는 폴드)만을 구사하여 캐시게임을 플레이할 계획이라면(당연히 이래선 안 되겠지만. 왜인지는 초급편에서 설명한 바가 있다), 그 플레이의 최적의(옵티멀) 수학적 레인지가 무엇인지 알 수 있지 않느냐는 호기심이다. 이론적으로는 가능하다. 그리고 바로 여기가, 수많은 온라인 사이트들이 서로가 GTO임을 자청하는 시작점이다. 필자를 포함하여, '어떠어떠한 것이 정확한 GTO다'라고 말할 수 있는 사람은 아예 없다고 여기에 밝혀둔다.

그래도 현금과 입상에 대한 우려를 완전히 배제한 채, 순수하게

'칩'을 많이 확보하기 위한 최적의 프리플랍 셔빙 레인지를 궁금해하는 독자들을 위하여 이번 3570장은 집필되었다. 온라인의 GTO 사이트들은 적절한 오프닝 이후의 합리적인 포스트플랍 운영 플레이를 가르쳐주지, 다음의 차트들은 그런 운영과는 거리가 있는 프리플랍부터 셔빙을 저지르는 최적의 정해 차트임을 기억하자. 다음의 차트는 필자가 생각하는(옵티멀이 아닐 수도 있다: 극단화) '프리플랍 셔빙' 차트다.

±2.25M												
AA	AKs	AQs	AJs	ATs	A9s	A8s	A7s	A6s	A5s	A4s	A3s	A2s
AKo	KK	KQs	KJs	KTs	K9s	K8s	K7s	K6s	K5s	K4s	K3s	K2s
AQo	KQo	QQ	QJs	QTs	Q9s	Q8s	Q7s	Q6s	Q5s	Q4s	Q3s	Q2s
AJo	KJo	QJo	JJ	JTs	J9s	J8s	J7s	J6s	J5s	J4s	J3s	J2s
ATo	KTo	QTo	JTo	TT	T9s	T8s	T7s	T6s	T5s	T4s	T3s	T2s
A9o	K9o	Q9o	J9o	T9o	99	98s	97s	96s	95s	94s	93s	92s
A8o	K8o	Q8o	J8o	T8o	98o	88	87s	86s	85s	84s	83s	82s
A7o	K7o	Q7o	J7o	T7o	97o	87o	77	76s	75s	74s	73s	72s
A6o	K6o	Q6o	J6o	T6o	96o	86o	76o	66	65s	64s	63s	62s
A5o	K5o	Q5o	J5o	T5o	95o	85o	75o	65o	55	54s	53s	52s
A4o	K4o	Q4o	J4o	T4o	94o	84o	74o	64o	54o	44	43s	42s
A3o	K3o	Q3o	J3o	T3o	93o	83o	73o	63o	53o	43o	33	32s
A2o	K2o	Q2o	J2o	T2o	92o	82o	72o	62o	52o	42o	32o	22

포지션
SB = 81.0%
0 = 51.4%
1 = 43.0%
2 = 37.6%
3 = 32.7%
4 = 29.4%
5 = 25.8%
6 = 23.4%

±3.05M												
AA	AKs	AQs	AJs	ATs	A9s	A8s	A7s	A6s	A5s	A4s	A3s	A2s
AKo	KK	KQs	KJs	KTs	K9s	K8s	K7s	K6s	K5s	K4s	K3s	K2s
AQo	KQo	QQ	QJs	QTs	Q9s	Q8s	Q7s	Q6s	Q5s	Q4s	Q3s	Q2s
AJo	KJo	QJo	JJ	JTs	J9s	J8s	J7s	J6s	J5s	J4s	J3s	J2s
ATo	KTo	QTo	JTo	TT	T9s	T8s	T7s	T6s	T5s	T4s	T3s	T2s
A9o	K9o	Q9o	J9o	T9o	99	98s	97s	96s	95s	94s	93s	92s
A8o	K8o	Q8o	J8o	T8o	98o	88	87s	86s	85s	84s	83s	82s
A7o	K7o	Q7o	J7o	T7o	97o	87o	77	76s	75s	74s	73s	72s
A6o	K6o	Q6o	J6o	T6o	96o	86o	76o	66	65s	64s	63s	62s
A5o	K5o	Q5o	J5o	T5o	95o	85o	75o	65o	55	54s	53s	52s
A4o	K4o	Q4o	J4o	T4o	94o	84o	74o	64o	54o	44	43s	42s
A3o	K3o	Q3o	J3o	T3o	93o	83o	73o	63o	53o	43o	33	32s
A2o	K2o	Q2o	J2o	T2o	92o	82o	72o	62o	52o	42o	32o	22

포지션
SB = 75.3%
0 = 46.9%
1 = 37.6%
2 = 33.0%
3 = 27.3%
4 = 23.7%
5 = 20.4%
6 = 18.1%

±4.15M

AA	AKs	AQs	AJs	ATs	A9s	A8s	A7s	A6s	A5s	A4s	A3s	A2s
AKo	KK	KQs	KJs	KTs	K9s	K8s	K7s	K6s	K5s	K4s	K3s	K2s
AQo	KQo	QQ	QJs	QTs	Q9s	Q8s	Q7s	Q6s	Q5s	Q4s	Q3s	Q2s
AJo	KJo	QJo	JJ	JTs	J9s	J8s	J7s	J6s	J5s	J4s	J3s	J2s
ATo	KTo	QTo	JTo	TT	T9s	T8s	T7s	T6s	T5s	T4s	T3s	T2s
A9o	K9o	Q9o	J9o	T9o	99	98s	97s	96s	95s	94s	93s	92s
A8o	K8o	Q8o	J8o	T8o	98o	88	87s	86s	85s	84s	83s	82s
A7o	K7o	Q7o	J7o	T7o	97o	87o	77	76s	75s	74s	73s	72s
A6o	K6o	Q6o	J6o	T6o	96o	86o	76o	66	65s	64s	63s	62s
A5o	K5o	Q5o	J5o	T5o	95o	85o	75o	65o	55	54s	53s	52s
A4o	K4o	Q4o	J4o	T4o	94o	84o	74o	64o	54o	44	43s	42s
A3o	K3o	Q3o	J3o	T3o	93o	83o	73o	63o	53o	43o	33	32s
A2o	K2o	Q2o	J2o	T2o	92o	82o	72o	62o	52o	42o	32o	22

포지션

SB = 69.2%	
0 = 42.4%	
1 = 33.9%	
2 = 27.9%	
3 = 22.2%	
4 = 20.1%	
5 = 16.9%	
6 = 14.3%	

±5.25M

AA	AKs	AQs	AJs	ATs	A9s	A8s	A7s	A6s	A5s	A4s	A3s	A2s
AKo	KK	KQs	KJs	KTs	K9s	K8s	K7s	K6s	K5s	K4s	K3s	K2s
AQo	KQo	QQ	QJs	QTs	Q9s	Q8s	Q7s	Q6s	Q5s	Q4s	Q3s	Q2s
AJo	KJo	QJo	JJ	JTs	J9s	J8s	J7s	J6s	J5s	J4s	J3s	J2s
ATo	KTo	QTo	JTo	TT	T9s	T8s	T7s	T6s	T5s	T4s	T3s	T2s
A9o	K9o	Q9o	J9o	T9o	99	98s	97s	96s	95s	94s	93s	92s
A8o	K8o	Q8o	J8o	T8o	98o	88	87s	86s	85s	84s	83s	82s
A7o	K7o	Q7o	J7o	T7o	97o	87o	77	76s	75s	74s	73s	72s
A6o	K6o	Q6o	J6o	T6o	96o	86o	76o	66	65s	64s	63s	62s
A5o	K5o	Q5o	J5o	T5o	95o	85o	75o	65o	55	54s	53s	52s
A4o	K4o	Q4o	J4o	T4o	94o	84o	74o	64o	54o	44	43s	42s
A3o	K3o	Q3o	J3o	T3o	93o	83o	73o	63o	53o	43o	33	32s
A2o	K2o	Q2o	J2o	T2o	92o	82o	72o	62o	52o	42o	32o	22

포지션

SB = 64.7%	
0 = 37.3%	
1 = 31.8%	
2 = 24.9%	
3 = 20.4%	
4 = 16.6%	
5 = 14.6%	
6 = 12.4%	

±6.375M

AA	AKs	AQs	AJs	ATs	A9s	A8s	A7s	A6s	A5s	A4s	A3s	A2s
AKo	KK	KQs	KJs	KTs	K9s	K8s	K7s	K6s	K5s	K4s	K3s	K2s
AQo	KQo	QQ	QJs	QTs	Q9s	Q8s	Q7s	Q6s	Q5s	Q4s	Q3s	Q2s
AJo	KJo	QJo	JJ	JTs	J9s	J8s	J7s	J6s	J5s	J4s	J3s	J2s
ATo	KTo	QTo	JTo	TT	T9s	T8s	T7s	T6s	T5s	T4s	T3s	T2s
A9o	K9o	Q9o	J9o	T9o	99	98s	97s	96s	95s	94s	93s	92s
A8o	K8o	Q8o	J8o	T8o	98o	88	87s	86s	85s	84s	83s	82s
A7o	K7o	Q7o	J7o	T7o	97o	87o	77	76s	75s	74s	73s	72s
A6o	K6o	Q6o	J6o	T6o	96o	86o	76o	66	65s	64s	63s	62s
A5o	K5o	Q5o	J5o	T5o	95o	85o	75o	65o	55	54s	53s	52s
A4o	K4o	Q4o	J4o	T4o	94o	84o	74o	64o	54o	44	43s	42s
A3o	K3o	Q3o	J3o	T3o	93o	83o	73o	63o	53o	43o	33	32s
A2o	K2o	Q2o	J2o	T2o	92o	82o	72o	62o	52o	42o	32o	22

포지션

SB = 60.8%	
0 = 34.8%	
1 = 29.4%	
2 = 21.6%	
3 = 16.9%	
4 = 13.7%	
5 = 12.4%	
6 = 10.4%	

±7.5M												
AA	AKs	AQs	AJs	ATs	A9s	A8s	A7s	A6s	A5s	A4s	A3s	A2s
AKo	KK	KQs	KJs	KTs	K9s	K8s	K7s	K6s	K5s	K4s	K3s	K2s
AQo	KQo	QQ	QJs	QTs	Q9s	Q8s	Q7s	Q6s	Q5s	Q4s	Q3s	Q2s
AJo	KJo	QJo	JJ	JTs	J9s	J8s	J7s	J6s	J5s	J4s	J3s	J2s
ATo	KTo	QTo	JTo	TT	T9s	T8s	T7s	T6s	T5s	T4s	T3s	T2s
A9o	K9o	Q9o	J9o	T9o	99	98s	97s	96s	95s	94s	93s	92s
A8o	K8o	Q8o	J8o	T8o	98o	88	87s	86s	85s	84s	83s	82s
A7o	K7o	Q7o	J7o	T7o	97o	87o	77	76s	75s	74s	73s	72s
A6o	K6o	Q6o	J6o	T6o	96o	86o	76o	66	65s	64s	63s	62s
A5o	K5o	Q5o	J5o	T5o	95o	85o	75o	65o	55	54s	53s	52s
A4o	K4o	Q4o	J4o	T4o	94o	84o	74o	64o	54o	44	43s	42s
A3o	K3o	Q3o	J3o	T3o	93o	83o	73o	63o	53o	43o	33	32s
A2o	K2o	Q2o	J2o	T2o	92o	82o	72o	62o	52o	42o	32o	22

포지션
SB = 55.1%
0 = 33.3%
1 = 25.5%
2 = 19.5%
3 = 15.5%
4 = 12.4%
5 = 10.4%
6 = 9.4%

A4s와 A3s는 3, 4, 5 에는 해당안됨*

±8.65M												
AA	AKs	AQs	AJs	ATs	A9s	A8s	A7s	A6s	A5s	A4s	A3s	A2s
AKo	KK	KQs	KJs	KTs	K9s	K8s	K7s	K6s	K5s	K4s	K3s	K2s
AQo	KQo	QQ	QJs	QTs	Q9s	Q8s	Q7s	Q6s	Q5s	Q4s	Q3s	Q2s
AJo	KJo	QJo	JJ	JTs	J9s	J8s	J7s	J6s	J5s	J4s	J3s	J2s
ATo	KTo	QTo	JTo	TT	T9s	T8s	T7s	T6s	T5s	T4s	T3s	T2s
A9o	K9o	Q9o	J9o	T9o	99	98s	97s	96s	95s	94s	93s	92s
A8o	K8o	Q8o	J8o	T8o	98o	88	87s	86s	85s	84s	83s	82s
A7o	K7o	Q7o	J7o	T7o	97o	87o	77	76s	75s	74s	73s	72s
A6o	K6o	Q6o	J6o	T6o	96o	86o	76o	66	65s	64s	63s	62s
A5o	K5o	Q5o	J5o	T5o	95o	85o	75o	65o	55	54s	53s	52s
A4o	K4o	Q4o	J4o	T4o	94o	84o	74o	64o	54o	44	43s	42s
A3o	K3o	Q3o	J3o	T3o	93o	83o	73o	63o	53o	43o	33	32s
A2o	K2o	Q2o	J2o	T2o	92o	82o	72o	62o	52o	42o	32o	22

포지션
SB = 52.3%
0 = 33.6%
1 = 23.4%
2 = 16.6%
3 = 13.7%
4 = 10.9%
5 = 9.4%
6 = 7.5%

A4s는 3, 4, 5 에는 해당안됨*
A3s는 2, 3, 4, 5 에는 해당안됨*

　　왼쪽 위의 숫자는 현재 스택량을 나타낸다. '빨〉주〉노〉연〉초〉파〉남〉보'로 되어있는 각 색깔은 포지션을 나타낸다(『홀덤의 정석』은 필자가 고안한 아라비아 숫자 체계의 포지션 표기법을 따른다. 그 배경에 대해선 『홀덤의 정석: 초급편』을 참조할 것). 파란색(1)은 파란색을 포함한 상위의 모든(초록~빨강) 것을 포함한다. 하위의 레인지는 상위의 레인지를 전부 커버한다(A4s와 A3s는 예외가 조금 있다). 즉, 남색에 해당하는(예를 들어 8.65M의 86s) 핸드가 들어왔다면 남색(0: 버튼)과 보라(SB)에서는 올인 셔빙을 쳐도 되지만, 이전보다 하위의 포지션(예를 들어 노랑: 4번)에서 86s으로 올인해선 안 됨을 가리킨다(적어도 중급편의 현재 단계에서는).

위 차트들은 M 기반으로 현재 스택량을 측정하고, 그 측정된 스택량에 따른 프리플랍 셔빙 차트다. 당연히 캐시게임에서는 쓰기에 부적절할 수 있다(M은 캐시게임에서는 쓰이지 않으므로). 실제로 캐시게임에서 다짜고짜 차트에 있다고 프리플랍에서 셔빙을 박는 미친 짓을 하진 않을 것이다(정상적인 테이블 기준: 극단화). 캐시게임 $1/$2 테이블 기준, 본인의 가지고 있는 스택이 9M이라 하면 겨우 $27인데, 이 테이블에서 $27달러만 가지고 잔존하는 상황이 실전에서 일어난다고 보기엔 어렵다. 만일 이 정도 금액만 남아있는 캐시게임의 상황이라면 차라리 이 $27를 캐시아웃하여 그날의 패배는 인정하고 퇴근하든가, 추가로 필요한 금액을 더욱 바이인하여 '싸울 수 있는 환경'을 만들어놓고 플레이를 전개시키는 것이 적절하다. 합리적인 캐시게임 인플레이(In-Play) 금액에 대한 최적의 기준은 초급편에서 이미 조금 다뤘던 바가 있지만, 작금의 대한민국 텍사스 홀덤 환경에서는 이런 정보가 필요할 리는 없다. 아울러 이미 'M'은 캐시게임에서는 전혀 쓰이지 않는다고 풀이한 바 또한 기억하자.

이 차트가 토너먼트에서만 쓰일 수 있는 또 다른 이유는 다음과 같다. 자신이 상대하고 있는 빌런들의 레인지와 성향에 대한 진단이나 판단이 아직 서지 않았다고 가정할 때(예를 들어 이제 막 새로운 테이블을 배정받아서 아직 서로에 대한 아무런 정보가 없을 때), 폴드하기에는 아깝고 셔빙 치기에는 부담스러운 그런 어중간한 핸드가 들어온다면 이 차트대로 행하면 꽤 수학적 정해에 가까운 결과를 얻게 될 것이다. 그러나 이 차트는 ICM을 완전히 빼놓았단 사실을 잊어선 안 된다. 만일 버블에 아주 가까운 상황 중 새로운 테이블을 배정받았을 때 본인에게 A7o이 들어왔다고 해서 차트대로 셔빙 치는 액션은 상당히 무리한 액션이라 풀이될 수 있다(현 스택량에 따라 다르게 판정되겠다).

몇몇 수비적인 태도를 지닌 플레이어들은 이 차트대로 캐시게임에서 오프닝 레인지에 적용시키는 경우가 있는데, 이는 그 나름대로 유의미한 선택일 수 있다. 충분히 적절할 수 있다고 해석해도 괜찮을 것이다. 그러나 옵티멀(최적의) 레인지는 분명히 아니다. 단지 프리플랍에서 셔빙을 치지 않고, 평범한 오프닝을 하는 빈도에만 적용시키면 꽤 나쁘지 않은 레인지가 될 것이다(아무런 레인지 없이 마구잡이로 플레이하는 것보단 이게 훨씬 더 낫다. 이 부분은 확실하다). 오프닝하는 양은 바로 3120장에 나와있는 양을 적용시키면 적절할 것이다. 셔빙이 아닌 단순 오프닝만 쓰기에도 무난한 느낌이다. M으로 집계되어 있는 부분을, 각 테이블이 지니고 있는 공격성(어그레션)과 비례/반비례하여 적용시키면 각 상황에 해당하는 알맞은 차트가 선택될 것이다.

이미 고급자라면 차트대로만 하는 플레이는 이제 슬슬 지양해야 하는 시점이 다가오고 있을 수도 있다. 차트의 개인화(테일러링)가 필요한 타이밍이다. 각 테이블의 상황과 뒤에 앉은 플레이어의 레인지와 성향을 고려하여 주어진 레인지를 조금씩 채워 넣거나 빼버리는 테일러링이 필요할 것이다. 레인지의 어떤 핸드들을 조금 더 좁히거나 늘려야 적절할는지는 분명 고급편의 주제일 것이다.

각 차트의 오른편에는 포지션별로 셔빙(캐시게임인 경우에는 '오프닝')하는 레인지의 '총 빈도'가 %로 표기되어 있다. 예를 들어 6.375M의 4번 자리는 13.7%로 셔빙한다는 의미다. 주의해서 읽어야 할 부분은 '13.7%'이다. 몇몇 독자분들은 이 13.7%를 마치 '169가지의 핸드 중 상위 13.7%의 핸드'라고 해석하여 상위 23개의 핸드라고 여길지도 모른다(실제로 이런 이메일도 받은 사실이 있다). 사실 이런 접근은 꽤 그럴듯한 직관에 의존했지만, 안타깝게도 그 직관은 사실이 아님을 분명히 밝힌다. 텍사스 홀덤의 모든 핸드(169가지)의 EV별 랭킹 지수는 『홀덤의 정석: 초급편』「2510장 프리플랍 차트」에서 나왔던 프리플랍의 모든 핸드 순위에 나와있다. 이 순위대로 위에서 13.7%의 핸드를 뽑아서 정렬한 차트가 아니다. 애석할 수도 있지만, 만일 이렇게 된다면 169가지의 카드 순서를 외우고, 그 퍼센티지에 해당하는 레인지만 수치만 외워 홀덤의 모든 레인지를 외우는 게 가능할 것이지만, 안타깝게도 이 직관은 틀렸다.

지금 여기 중급편에서도 사용되었던 PokerStrategy.com의 에퀴랩을 기억하는가? 에퀴랩은 169가지의 전체 레인지에서 퍼센트별로 자동으로 원하는 특정 핸드를 뺄 수도, 넣을 수도 있는 기능이 있다. 이것은 단순히 각 핸드가 가지고 있는 EV의 순위대로만 넣거나 빼주는 것이다. ICM과는 아무런 관련이 없으며, 이 차트와도 관련이 없다.

3600장.

익스플로잇(Exploit: 약점 포착)

이 게임은 '이론상 완벽한 플레이'를 선보여도,
여전히 돈을 잃을 수 있는 구역질 나는 게임이다.

3600.
익스플로잇(Exploit: 약점 포착)

GTO에 대한 설명은 이미 초급편에서 다룬 바가 있다. 이 Game Theory Optimal 이론이 소개되고 난 이후, 대부분의 카드 플레이어들은 이 GTO를 신성시하며, 무조건 그대로만 플레이하려고 했다. 그도 그럴 것이 GTO란 이름 그 자체가 하나의 완벽한 카드게임의 정답이며, 이론상 카운터 칠 수 없는 절대 무적의 포커여서 그랬다. 대부분 플레이어는 최대한 이 '스탠더드에서 벗어나지 않는 선'에서 액션을 펼쳤고, 괴랄하고 복잡하고, 의도치 못한 방향의 플레이를 보이지 않았다. 이 현상은 고착화되었고, 금액이 높은 온라인 포커룸에선 지금도 오직 수학적인 포커만을 친다(물론 예외는 있다). 그리고 지금도 이 상태에 고착화되어 있다. 이젠 인간의 감정은 전혀 스며들지 않은 카드게임이 되었으며, 누가 더 수학문제를 잘 푸는지 누가 컴퓨터 사용을 탐지당하지 않는지가 그 화제의 중심이 되고 말아서 필자는 조금 서글픈 감정을 가지고 있다.

특히 온라인 포커 종류 중 하나의 테이블을 계속하는 것이 아닌, 수십 개의 테이블이 순환적으로 빠르게 재배치되며, 한 핸드가 끝나기도 전에 폴드를 선언하고 바로 다음 테이블로 연속해서 이어가는 방식의 속도감 있는 게임은 필자가 가장 경멸하는 장르다(이 장르를 오히려 더 선호하는 플레이어도 많지만). 플레이어 한 명을 오랜 시간 지긋이 관찰하며 그 한 명의 캐릭터가 가지고 있는 강·약점을 알아본 후 천천히 그를 잠식하는 방식이, 이런 장르의 진행으로는 불가능에 가깝다는 개인적인 불만을 필자는 가지고 있다. 카드 플레이어라기보다 펀드매니서에 너 가까울 것이다.

필자는 팟에 참전하지 않은 채로 빌런들끼리 플레이하는 것을 지켜보는 것을 매우 좋아한다. 이 시간을 기꺼이 즐길 수 있다. 이것을 통하여 어떤 귀중한 정보를 얻을 때도 있지만, 그냥 지켜보는 것 자체를 매우 좋아한다. 하지만 빠르게 순환되는 테이블에선 지켜보는 것이 허용되지 않더라. 바로 새 테이블로 배정받아 움직여야 한다. 이런 식의 포커는 그냥 그 상황에 놓인 수학문제를 잘 푸는 플레이어가 승리할 것이다. 감정과 심리전이란 것이 있을 수가 없다. 이것을 하나의 '게임(스포츠)'이라 정의(定義)함이 거북하다.

바로 이것이 필자가 『홀덤의 정석』 시리즈를 온라인 환경이 아닌, 오프라인을 주 무대로 집필한 이유 중 하나이다. 오프라인 토너먼트는 상대방의 얼굴과 손동작이 시시각각 눈에 들어온다. 그들의 옷차림이라든지 표정들이 기타 여러 시각적 요소로 그 '인물' 또는 '캐릭터'가 어떠한 감수성을 지니고 있는지, 실제로 느끼는 것이 얼마든지 가능하다. 플레이어들은 같은 공간 안에서 서로의 목소리를 들을 수 있고, 시선을 느낄 수 있고, 향기나 술 냄새를 맡을 수도 있으며, 심하면 몸싸움이 일어날 수도 있다. 익스플로잇하기에 이와 같은 환경은 매우 큰 도움이 된다. 익스플로잇이 매우 어렵게 느껴지실 수도 있겠지만, 실은 매우 쉬운 작업이다.

상대방이 자주 콜하는 피쉬라면 그에 맞춰 우리는 자주 벨류벳하면 된다. 간단하다. 스퀴징을 할 때도 마찬가지다. $1/$2의 캐시게임 테이블에서 어느 누군가가 $20달러로 오픈하더라도 여전히 4~5명이 참전한다면 20달러의 스퀴징은 실패한 것이다. 부족하다. 너무 연약한 스퀴징이다. 더 강하게 쥐어짜야 한다. 테이블에 한 명만 남을 금액을 찾아서 벳해야 한다. 그러기 위해서는 15분~30분 정도는 그 테이블의 성향이나 사람들이 받아들이는 금액 흐름을 관찰할 필요가 있다. 이것이 익스플로잇이다. 고착화된 것이 없다.

약 2007년도 즈음 필자가 처음으로 텍사스 홀덤에 푹 빠져 포커에 관련된 서적이나 인터넷 포럼을 읽으며 공부할 때, 세계 최대의 온라인 텍사스 홀덤 포럼 '2+2'에서는 '타이트함이 무조건 최강'이었다. 결국 누가 더 참을성이 강한가의 일명 '참을성 배틀'이 이어질 때, 이것을 격파한 새로운 발견이 바로 익스플로잇이었다. 타이트할수록 익스플로잇당하는 약점 또한 늘어난다는 사실에 착안한 접근이었다. 비록 볼륨(Volume: 플레이하는 핸드 수) 자체가 줄어들었지만, 핸드마다 플레이하는 숫자 또한 적기 때문에 포착한 약점이 적중할 확률과 그에 대한 위력이 비례, 지수적으로 치솟는다. 예를 들어서 AA와 KK만을 플레이하는 바위(Rock)가 있다고 했을 때, 우리는 특별한 노력을 기울이지 않아도 충분히 그의 핸드가 AA 또는 KK라고 추리(익스플로잇)할 수 있다. 그의 핸드를 상상할 필요도 없이 그냥 있는 그대로 읽기만 해도 충분한 적중률을 지닌 추리가 될 것이다. AA 또는 KK. 오직 둘 중 하나다. 이래도 질 자신이 남아있는가? 이제 대응전략을 수립하는 것은 매우 쉬워졌다. 그 냥 상대방의 핸드를 공개시키고 게임하는 거라고 생각하면 된다. AA 또는 KK를 이길 수 있는 보드가 펼쳐졌을 때 맥시마이징 들어 가면 그것으로 익스플로잇은 끝난다. 그러므로 만약 상대로부터 익스플로잇당하고 싶지 않다면 레인지를 어느 정도는 벌려줘서 나약한 핸드도 상자 안에 넣어줘야 한다. 물론 익스플로잇당하지 않기 위해서 레인지를 벌리자는 주장은 옳지 않은 관점이다(이런 식의 성급한 풀이는 곤란하다). 옳은 주장이지만 배경이 잘못되었다.

3610.
플로팅(Floating)

수많은 플레이어가 cbet에 대하여 대응하는 수비법에 대해 고민했던 적이 있다. 여러 가지 방법이 있지만, 그중의 하나인 플로팅을 소개한다. 플로팅이란 아무 에퀴티가 없는 핸드로, 상대방의 cbet에 그냥 아무 생각 없이 콜하는 것을 뜻한다. 이게 대체 무슨 방어법이냐 물어보실 수 있겠지만, 사실 플로팅은 꽤 고급 기술이다. 아무런 사전 정보 없이 그냥 다짜고짜 콜하는 것과는 질적으로 다르다. 상대방에 대한 레인지와 성향 분석이 이미 끝마쳐 있어야만 성립하며, 상대방이 어떤 경우 베럴링[Barrelling: 총기에서 총알이 나가는 금속관(총열)을 영어로 배럴이라고 부르는데, 상대를 공격하는 벳을 일삼는 행위를 배럴링이라고 익살스레 영문에서는 부른다]을 중단하고 첵을 내리고, 어떤 경우 팟을 포기하고 폴드하는지에 대한 명확한 기준이 정립되어 있어야 한다. 그리고 플로팅으로 팟을 이기는 유일한 방법은 <u>훔치는 것뿐</u>이다. 얌전히 쇼다운으로 가면 패배한다. 정상적으로 쇼다운으로 가면 이길 수 없다는 것을 아는 상황 속, 강습하여 낚아채는 수밖엔 없다. 다음의 예를 보자.

솔리드 스타일의 플레이어와 독수리 스타일의 플레이어가 게임 중이다. <u>두 사람은 꽤 서로 오랜 시간 플레이하여 이미 서로의 성향에 익숙하다</u>(중요한 요소). 솔리드는 조금 타이트한 오프닝 레인지를 가지고 있으면서 평균보다 높은 약 75% 정도의 flop cbet 스텟을 지니고 있다. 그런 솔리드가 3번 자리에서 오픈하고, 독수리가 버튼에서 콜한다. 플랍 6-6-3r가 펼쳐진다. 솔리드는 cbet으로 p/2.7(약 팟에 비율 35%보다 조금 더 높은 양)로 리드한다. 바로 이때 독수리는 에쿼티가 낮으며 현재 보드와는 아무런 의미를 찾을 수 없는, 예를 들어 JTo 같은 아무 핸드(Junk: 쓰레기 핸드)로 콜한다. 레이즈가 아니다. 콜이다. 턴에는 9가 나온다. 솔리드는 더 이상의 배럴링을 중지하고 첵한다. 독수리는 잠시 생각한 후, 3p/5의 벳으로 오히려 솔리드를 공격한다. 솔리드는 생각에 잠기고, 이내 폴드한다. 독수리는 핸드를 보여주지 않고 팟을 가져간다.

상당히 비슷한 액션 플로우를 우리네 테이블에서 자주 쉽게 볼 수 있다. 독수리가 잠시 생각에 빠졌을 때, 그가 무슨 생각을 했을지 플랍을 확인한 그의 마음을 한번 상상해 보자. 우선 저 6-6-3r이란 보드는 상당히 메마른 보드다. 저런 로우 페어드 레인보우 보드는 메마른 중에서도 굉장히 메마른 것으로 본다. 심지어 저 페어드된 숫자가 '6'이라면 이는 솔리드(3번 자리)에게 좋지 않은 보드이다. 꽤 타이트했던 히스토리를 보여준 솔리드의 3번 자리에서 오프닝레인지에는, '6' 따위의 핸드가 있을 리 없다. 하지만 독수리는 상황이 다르다. 충분히 있을 수 있다. '6' 심지어 '3'이 버튼의 콜링 레인지에 풍성하다(예를 들어 76s, 33, A3s). 레인지 어드벤티지가 있다고 볼 수 있다. 그러나 오히려 솔리드가 p/2.7로 먼저 찔러왔다. 페어나 기타 다른 의미가 없으면 콜하기에 부담스러운 양이라는 것 또한 틀렸다고 보기에 어렵다. 그러나 지금 독수리는 그 부담을 뚫고 콜해 왔다. 턴에서의 카드는 의미 없는 9. '9'라는 카드는 분명 솔리드에게 도움이 될 수도 있는 카드지만, 그렇다고 독수리에게 도움이 안 되는 카드 또한 아니다. 여전히 독수리에겐 9 또는 6 또는 3 모든 카드가 그의 레인지에 걸쳐져 있다. 심지어 87도 가능하다(87은 분명하게 솔리드의 3번 자리의 오프닝에선 나올 수 없는 콤보 중 하나다). 그렇기에 추가적인 베럴링을 솔리드가 행하기엔 부담스럽다. 베럴링을 계속하면 상대(독수리)에게 '내 핸드는 오버페어'임을 강력하게 주장하는 셈이 되는데, 이 주장이 그에게 먹힐지 생각에 잠긴다. 심지어 이 주장이 먹힌다 할지라도 지금 보드에 있는 '6'은 여전히 오버페어마저도 무찌르게 된다. 그래서 6페어 보드는 솔리드에게 불쾌한 전장이다. 냉정히 말해서 솔리드가 가진 건 현실적으로 다수의 2V다. 리버에서 솔리드가 필요한 고등급의 카드, 예를 들면 A~J가 떨어진다고 하더라도 여전히 독수리의 '6'에게는 계속 제압당하는 것이 현실이다. 그래서 지금은 오히려 A, K, Q 같은 카드가 턴에서 떨어지더라도 여전히 팟 사이즈를 늘리고 싶지 않다. 이제 솔리드는 팟을 더 이상 키우고 싶지 않은 마음뿐이다. 그렇게 복합적인 두려운 마음에 솔리드는 첵한다. 부담을 이기지 못해 첵한 것이다. 독수리도 생각이 여기까지 도달한다. 그래서 독수리는 그런 솔리드가 부담스러워 할 양을 알맞게 조준한다. 턴에서의 3p/5를 독수리는 발사한다. 연약한 드로잉으로는 거의 받을 수 없는, 반 팟이 조금 넘는 양이다. 솔리드는 자신의 포지션을 파악한다. 여기서 콜하더라도 리버에서 여전히 선수를 강요당한 채로 한 번 더 이 고통을 견뎌야 한다. 그럴 자신이 없다. 지금 여기서 포기하면 고통을 두 번 덜 겪어도 된다. 그래서 솔리드는 폴드한다.

이번에는 솔리드의 핸드를 그가 가지고 있을 수 있는 상자 중 아무거나(예를 들어 QJ)로 가정한 후, 계속 솔리드의 관점에서 생각해 보자. 독수리 저놈은 이미 내가 타이트함을 잘 알고 있고, 플랍에서 cbet 빈도가 높다는 사실을 알고 있다. 그래서 플랍에서 아무것도 없더라도 콜했을 것이다. 솔리드는 안다. 독수리에게도 플랍에서 트립스를 만들 확률은 매우 낮다는 사실을. 그러나 <u>솔리드에게 6이 없다는 것을 독수리는 '확신'할 수 있지만, 독수리에게 6이 없다는 사실을 솔리드가 '확신'할 수는 없다.</u> 이 차이가 적지 않다. 만일 실제로 독수리가 6 또는 33과 같은 몬스터를 가지고 있다 하더라도, 독수리는 여전히 솔리드의 벳에 차갑게 콜로만 대응해 올 것이다. 레이즈가 아닌 콜로만 끊는다. 이것이 매우 고통스럽다. '레이즈보다 콜'이 더 괴롭다. 이는 당연한 것이다. '콜'을 선택하여 '콜 상자의 무게'를 증가시키고('미래에 내릴 모든 콜'을 무섭게 만들고), 자신이 후수로 있는 지금의 여유로운 액션 리드를 일찍 끝내고 싶진 않다. 선수인 솔리드가 첵을 내리려 벳이 이루어지지 못한 공배(교전이 이루어지지 않은 황량한 빈칸)를 남기려 해도 계속 빈칸을 남기지 못하게 벳으로 공배를 채워나갈 권리가 여전히 독수리에게 있다. 그 놈은 후수를 쥐고 있기 때문이다. 쫓아가면서 계속 얻어맞을 미래가 두렵다. 이젠 짜증까지 난다. 플랍에서 레이즈하지 않고 콜로 끝냈기에 턴에서도 선공에 대한 부담은 가시지 않았다. 최대한 잔인하게 야금야금, 턴과 리버마저 완전하게 모든 포지션의 이점을 최대한 활용할 기회를 굳이 너무 이른 레이즈로 날려버릴 하등의 이유가 없다. 그 때문에 거의 대부분의 몬스터는 '콜' 상자 안에 다른 연약한 원페어들과 함께 섞어 넣어둔다. 그래서 독수리의 '콜'이 레이즈보다 두렵다. 차라리 레이즈라면 쉽게 여기서 폴드하는 것이 가능한데, 만일 턴에서 J 또는 Q가 떨어져서, '이젠 포기하기에도 애매한 상황'이 벌어지면 대형 사고를 피하기 어려워진다. 심지어 베팅 구간은 아직 두 번이나 남아있다. 독수리의 '플랍 콜' 한 방에 모든 액션트리를 장악당했다. 그래서 독수리는 '레이즈 대신 콜'한다. 이 상자엔 모든 몬스터가 다 들어가 있고, 바로 이것을 플로팅이라 부른다. 그냥 아무런 생각 없이 '콜'하는 것이 아니다. 깊은 생각이 오고 간 것이다. 분명히 '콜' 액션 안에 다량의 몬스터가 들어가 있어야지만 플로팅이 성공한다. 만일 보드가 달랐다면 위와 같은 플로팅이 성공할 수 있었을까? 『홀덤의 정석: 초급편』에서 발췌된 '독수리와 도적의 차이점'을 이제는 이해하겠는가? 플로팅에 대한 이해가 독자분들께 완전히 자리 잡혔길 기대한다.

3620.
동크벳의 미학

『홀덤의 정석: 초급편』의 2742장에서 덩키(Donkey)에 대해 설명했던 적이 있다. 덩키란 분위기 파악을 못 하고 그냥 단순히 자기가 가지고 있는 족보대로만 결정하는 플레이어인데, 이 덩키들이 저지르는 '주도권이 없으면서 레인지도 캡된 플레이어가 난데없이 먼저 지르는 벳'을 동크벳이라고 우리는 초급편에서 공부하였다. 문제는 예외적으로 이런 동크벳이 효과적인 경우도 아예 없는 것은 아니다는 점이다. 다음은 동크벳으로 먼저 치고 나가도 되는 드문 경우이다. 다음의 표를 보아라.

	0	1	2	3	4	5	6
SB	22.9%	16.3%	13.1%	11.4%	10.2%	9.1%	8.5%
BB	4.1%	4.4%	3.7%	2.9%	2.7%	2.3%	1.8%

이 표는 동크벳을 '할 수 있는' 빈도를 보여준다(해야만 하는 것이 아니다!). 예를 들어 3번이 2BT하였고, BB가 C2B 한 상황 중 BB가 동크벳을 할 수 있는 수학적 빈도는 2.9%라고 이해하면 된다(모든 19,600가지의 플롭 중 2.9%). 멀티웨이에서 쓰기엔 부적절하며, 2BT이 아닌 3BT이라면 조금 더 복잡한 표를 다루어야만 한다(고급편에서 다룬

다). 다행히 우리가 주목해야 할 사실은 한 문장으로 명확하다. 평범한 SRP(Single Raised Pot: 평범하게 누군가가 2BT으로 오픈하고, 한 명이 콜로 방어한 상황)에선 거의 언제나 동크벳이 부적절하다는 사실이다. 특히 BB에서 동크벳이 허용되는 빈도는 아무리 높아도 5% 이하라고 보면 된다. 이것은 무려 95%가 넘는 확률로 동크벳보다는 선수플랍첵이 강요된다고 이해하면 된다. 그냥 어그레션 없이 플랍에 진입했고, 포지션도 선수다? 첵이 거의 언제나 답이라고 해석하면 된다.

그럼 그 5% 미만의 '타이밍'이 언제인가? GTO처럼 무작위로 20번 중 1번이라고 해석해도 되는가? 답은 그렇지 않다. 의외로 GTO 위자드 및 GTO 베이스는 이 타이밍에 대하여 분명하게 다음과 같이 지적해 준다. 보드가 명백히 OOP(Out of Position: 선수 또는 선공권자)의 편을 들어주고 있는 경우이다. 어떤 보드를 말하는 것인가? 그 보드란 MMMcnt이다('H', 'M', 'L'의 의미를 복습하고 싶다면 위의 3320장을 참조). cnt란 영문 'Connected(연결된)'에서 파생된 지칭어다. 즉, MMMcnt란 예를 들어 6-5-4t를 들 수 있다(t: 투톤보드). 이런 보드에서는 EP의 오프닝보다 BB의 콜러에게 훨씬 더 많은 유리함이 주어진다. EP에겐 MLP(Middle Low Pocket Pair)가 없으며, 이런 보드에서 스트레이트를 만들 수도 없지만, BB는 현재 모든 것을 다 가지고 있다. EP는 해당 보드에서 셋을 만들기 어렵지만, BB는 모든 종류의 셋이 가능하다. 지금 EP의 상자의 유일한 자랑은 넛 플러시(Axs)를 만들 수 있는 상자가 적어도 BB보단 많다는 것뿐이다. 그러나 이 넛플러시마저도 BB가 갖지 못한 게 아니다. 여전히 BB의 상자엔 넛 플러시마저도 분명히 들어있다.

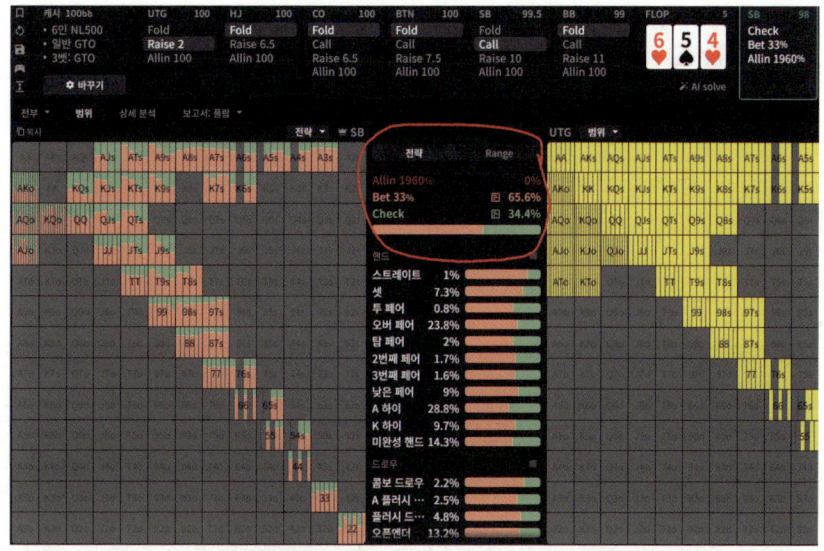

　이렇게 극단적인 보드에 한하여, 동크벳으로 먼저 리드벳하는 것이 가능하다. GTO 위자드는 현재 스팟에서 p/3로 동크벳을 날리는 것이 65.6%로 옳다고 진단한다(바로 위 사진 참조). 특히 백드로잉(모든 백도어 드로잉 종류를 혼합하여 종종 Back-drawing이라고도 부를 때도 있다) 중 고품질의 에퀴티를 갖는 T8hs와 T8ss는 99%로 동크벳해야 한다고 한다.

　동크벳이 허용되는 타이밍은 조금 더 있긴 하다. 그래도 여전히 플랍선수첵이 압도적인 정답률을 갖는다. 지금 우리는 매우 극단적으로 예외적인 상황을 기억하기 위해 조금 길게 공부하는 것뿐이다. 이 극단적인 상황을 제외한 다른 모든 상황은 그냥 플랍선수첵이 맞다. 플랍선수첵은 그냥 평균 90%가 넘는 빈도로 오답이 되지 않는다. 가장 극단적으로는 6번이 열고 BB가 받는 상황에서 BB의 플랍

선수첵이 정답이 되는 빈도는 98%가 넘는다. 아무튼 플랍선수벳을 고려해 볼 수 있는 다른 케이스를 딱 하나만 더 짚어보자. 첫 번째랑 비슷하다. 그것은 백도어로 고품질의 드로잉을 갖으면서(잠재적인 몬스터류 핸드) 상대방에게 레인지 어드밴티지가 없다고 봄이 타당한 경우다. 이때 선수는 동크벳할 수 있다. 여러 가지 조건이 복잡하게 얽혀있지만 비슷한 보드다. 구체적인 다음의 예를 보도록 하자.

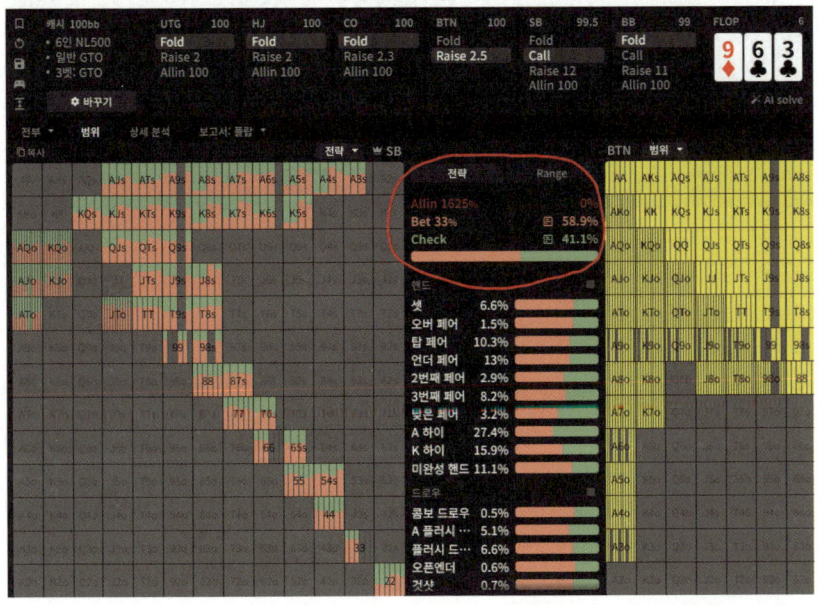

캐시게임 6인 기준이며, 모든 플레이어의 이펙티브 스택은 100bb로 동일한 상황이다. 버튼이 2.5bb로 오픈하였고, 히어로가 SB에서 C2B하였다. 헤즈업이 펼쳐졌다. 플랍 9-6-3t(MMLt)에 대하여 플랍선수벳이 추천되는 비율이 58.9%다. 절반(50%)이 넘는다. 평균적으로 선수플랍벳이 일어나는 비율은 평균적으로 15% 언저리이며, 현재 필자가 직접 인위적으로 만들어온 온 이 수치, 58.9%는 극단적으로 예외적인 케이스다. 위 두 예의 비정상적인 수치는 지금 인위적으로 설정된 상황에 기반된 것임을 다시 한번 강조한다. 이런 억지춘향스러운 상황에서 하필 히어로(SB)가 QJs를 가지고 있다면, 그리고 하필 그 QJ에 대한 문양이 보드에 단 한 장이라도 있다면(FD가 성립된다면) 바로 이렇게 까다로운 조건을 전부 만족하는 경우에 한하여 선수플랍벳이 허용된다고 위자드는 주장한다. 현재 플랍에서 이미 <u>확보된</u> 저품질 에쿼티는 2V이며(그리고 종종 FD를 갖는 콤보일 수도 있다), 고품질의 에쿼티는 FD이지만 플러시를 완성할 수 있는 QJs는 전체 4개 중의 절반('스하다클' 중 '다와 클')만 해당된다. FD(QJcs)를 가진 핸드에겐 71.5%의 벳이 추천되며(이미 FD에 대한 에쿼티가 플랍부터 확보된 케이스이므로), 고품질의 BFD에 해당하는 QJds에겐 이것보다 더 높은 거의 75.6% 육박하는 빈도로 벳을 추천한다(백도어 드로잉 핸즈로 블러프하는 것, 위의 3112장을 기억하는가?).

위 조건을 뚫고 나오는 특수한 케이스를 제외한다면 **거의 언제나 어그레션이 없는 선수는 플랍에서 첵이며, 후수는 MMLtcnt 또는 MMMtcnt만 아니라면 거의 언제나 cbet해야 함**을 알 수 있다. 아예 MMLtcnt 또는 MMMtcnt 같은 보드가 출현하는 빈도가 낮기에 그 상황을 제외한 다른 모든 플랍에서 선수플랍첵을 필자는 강조해 온 것이다. 이 낮은 상황에 국한하여 동크벳이 가능하다고 요약한다. 이런 보드가 출현하면 선수플랍벳하는 것이고, <u>실제로 핸드가 무엇인지는 아무런 관련이 없다.</u> 레인지 어드벤티지가 있다면 일정하게 '액션 상자 전체를 믿고 액션해야 하는 이유'가 여기 또 나왔다.

익스플로이티브식 운영 전략

지금부터는 매우 당연한 이야기를 두루 섭렵해 가며 짧게 요약한 익스플로이티브식 운영 전략의 기초를 소개한다. 굳이 이 모든 것을 다 녹여내서 명심할 필요는 전혀 없다. 독자 개인마다 스스로 각자에게 필요한 부분만 집어서 스스로에게 접목시키면 그것으로 필자는 만족이다. 가령 지나칠 정도로 타이트한 레인지를 가지고 있는 독자 홍길동 군이 "타이트하게 플레이하라"라는 문장을 읽고 **더욱 더** 타이트하게 플레이한다면 그것은 옳지 못한 접목이 될 것이다.

- 와이드한(레인지가 넓은) 상대가 자주 벳으로 공격해 오면 첵 레이즈(CR)로 대항하는 비중을 높여주자.

- 타이트한 플레이어는 쇼다운에 자주 갈수록 유리하다. 그러므로 우리의 성향이 타이트하다면 불필요하게 팟 사이즈를 크게 조성해선 안 된다(극단화: 예외가 너무 많다). 되도록이면 작은 팟을 가지고 쇼다운에 자주 가서 길게 천천히 갉아먹는 싸움을 펼치면 장기적으로 이것은 타이트한 플레이어에게 유리하다. 반대로 상대방이 스탠다드보다도 타이트하다면 플랍에서 거의 언제나 벳하여 그가 빠르게 포기하는 대부분의 에퀴티를 차단하여 우리 쪽으로 뺏어오면 좋다. 만일 타이트한 그가 두려움을 뚫고 CR로 저항한다면 더 이상 무리하게 벳하지 않고 첵/폴드하여 적은 양의 데미지만 환원해 주자.

- 도미네이션(『홀덤의 정석: 초급편』 2520장 참조)을 잘 당하지 않는 계열의 핸드(예를 들어 86s 같은 MGC 또는 MLP)로는 최대한 싸게 플랍을 확보하라. 그래야만 플랍이 열린 이후 크게 에쿼티를 가지지 못한 보드가 펼쳐지면 쉽게 폴드할 수 있다. 프리플랍에서 이런 핸드로 3BF(3bet-Bluff)를 하는 플레이어가 있는데, 이것은 포스트플랍이 매우 친숙한 꽤 고급 숙련자들에게 알맞은 플레이다. 실제로 이런 플랍친화형 핸즈를 3BT 레인지에 넣고 운영하는 전략을 고급편에서 다룬다.

- 포지션이 좋다면 빌런의 리버 첵에 작은 벳으로 스틸을 노려봄이 타당하다. 이런 류의 작전은 특히나 '최대한 합리적이고 보신적인 판단'을 내리는 계통의 상대에게 매우 큰 효과를 장기적으로 발휘한다. 한두 번 정도 이런 스틸이 실패했다고 해서 주눅 들지 말고, 상대방의 FRB(Fold to River Bet) 스탯을 확인해야 한다.

- 보드가 위험하고, 히어로는 셋 이상을 갖췄다. 턴에서의 선공일 시, 4p/5 이상의 강한 벳을 추천한다(극단화). 오버벳도 나쁘지 않다. 거의 대부분의 피쉬들은 드로잉을 만들었을 때 이런 나쁜 팟오즈를 쉽게 포기하지 못하고 콜한다. 리버의 결과와는 무관하게 불합리한 결정을 강요하고, 그들이 이에 콜했다면 그것으로 장기적으로 히어로에게 이윤이 된다.

- 뒷자리에 바위 계열의 플레이어가 있으면 더 <u>자주</u> 열어야 하며, 뒷자리에 매니악(『홀덤의 정석: 초급편』 2732장 참조)이 앉아있으면 더 타이트하게 열어야 한다.

– 피쉬에겐 밸런싱은 필요 없다. 그냥 벳하라. 피쉬는 밸런싱에 대한 이해나 감각이 거의 없어서 대응 전략 자체가 무의미하다. 생각을 많이 하지 마라. 심리전이 필요 없다. 강패를 만들었다면 그냥 벳하라.

– 큰 벳 사이즈를 즐기는 플레이어를 상대로는 더 타이트한 레인지에 기반한 밸류 헤비(블러프보다 밸류 핸드를 많이 넣은 상자)로 3bet 레인지를 구성한다. 그렇게 콜보다 레이즈를 더 많이 섞어서 대응하면 좋다. 단, 상대가 벳 사이즈가 클 뿐만 아니라 매우 타이트한 레인지까지 둘 다 가지고 있다면 그가 바로 Rock(바위)이다. AA/KK를 제외한 모든 핸드를 폴드하자. 그 바위의 타이트한 정도에 따라 다르겠지만, 만일 VPIP가 풀링 기준 6%도 나오지 않는다면 QQ도 폴드함이 옳다. 그 외는 아예 AA/KK를 제외하고 경합을 벌여선 안 된다. 굳이 그를 꺾으려 들지 마라. 그런 플레이어들은 레이크에 의해 알아서 잠식될 것이다.

– 동키나 피쉬를 사냥하는 주무기는 밸류벳이지, 블러핑이 아니다. 피쉬와 동키는 거의 언제나 콜해 온다.

– 상대가 와이드하면 우리의 핸드는 상대적으로 더 타이트해졌다는 의미가 된다. 이는 적은 금액의 팟을 만들고, 더 자주 쇼다운에 가야 이득이 됨을 뜻한다. 무리한 일합의 큰 승부를 허용해 주지 말자.

– 빌런의 레인지 안에 폴드할 수 있는 핸드가 적어도 여덟 종류 이상으로 빠르게 타깃팅이 되어 머릿속에 떠오른다면 블러프가 괜찮게 성공할 것이다.

- 내 벨류벳의 성공률은 상대의 콜링 레인지에 의해 결정된다.

- 피쉬들한테는 어느 특정 보드에서 특정 핸드를 representing(주장)하며 블러프를 시도해선 안 된다. 그들은 우리가 어떤 핸드를 만들었다고 주장하는지 그 의미 해석 자체를 하지 못하는 존재들이다(또는 거부하거나). 따라서 대화 자체가 성립하지 않는다. 텔레비전에 나오는 프로들은 보드와 베팅 라인(액션 플로우)을 귀로만 들어도 대충 어떤 핸드를 해당 플레이어가 내포(주장)하고 있는지 파악할 수 있어서(그리고 상대 또한 파악하고 있음을 서로 알고 있기에) 그런 블러핑이 서로 간에 통하는 것이다.

- 작은 마이크로방에서는 큰 한 방의 스틸 벳이 여러 배럴링의 블러프보다 훨씬 더 효과적이다. 왜냐하면, 피쉬의 기준은 결국은 콜링인데, 그런 피쉬들을 상대로 여러 번의 배럴링의 블러프를 치는 것은 당연히 역효과로 연결될 수밖에 없다. 결국 이것도 똑같다. <u>피쉬에게는 블러프를 걸지 마라.</u>

3640.
양날의 검: 오버벳

초급편에서 오버벳에 대하여 아주 잠깐 다루었던 적이 있다. 중급편에서는 오버벳의 효과에 대해 끝까지 들어간다. 다음의 그림을 살펴보자.

현재 플랍에서 빌런이 가질 수 있는 모든 핸드는 전부 이 막대 위의 왼쪽 끝에서 오른쪽 끝까지 약한 순서대로 정렬되어 있다. 그가 가질 수 있는 가장 나약한 핸드(정크)는, 이 막대의 가장 왼쪽에 있다. 반대로 현재의 플랍에서 그가 가질 수 있는 가장 강력한 패(더 넛츠)는 막대의 가장 오른쪽에 있다. 왼쪽에서 오른쪽으로 핸드의 강도와 세기가 이동하며, 자연스럽게 분산되어 정렬되어있다. 저 많은 핸드 중 어느 지점에 빌런의 실제 핸드가 있을지, 히어로는 알 수 없다. 단지 이 막대 위의 어느 지점 위에는 확실히 그의 핸드가 있다. 이것까지는 확실하다.

'나약하다.' 또는 '강력하다.' 이런 표현은 한 개인의 주관적인 '견해'

에 강하게 영향받는 서술어이기에, 불충분한 묘사임으로 필자가 되도록이면 피하고 싶은 표현이지만, 지금 같은 실험에서는 오히려 이렇게 뭉뚱그린 엉성한 표현이 미약한 서술을 더욱 두텁게 보강할 것이다. 아래의 설명을 조금 더 읽어보면 그 이유를 이해할 수 있다.

이때 우리가 벳한다면 빌런의 핸드 막대는 아래의 그림처럼 변한다.

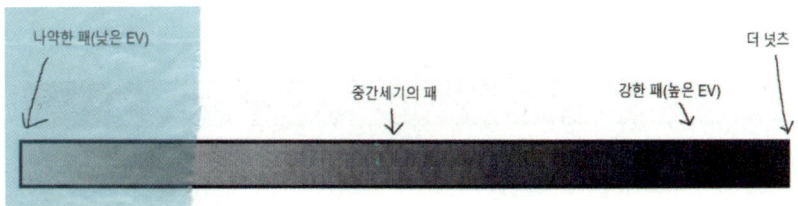

마치 '물'이 왼쪽부터 차오른다고 생각할 수 있다. 우리의 벳에 빌런은 가장 나약한 핸드 순위부터 콜에 응하지 않고 폴드할 것이다. 왼쪽 물결에 잠식된 핸드들은 히어로의 벳에 견디지 못하고 폴드한다. 물론 나약한 핸드로도 되레 블러프 레이즈해 올 수도 있지만(빌런의 성격에 따라 다르다), 지금 이 실험은 콜에 관련된 실험이니 잠시만 '콜'이란 액션 하나만 쓸 수 있다고 가정하자.

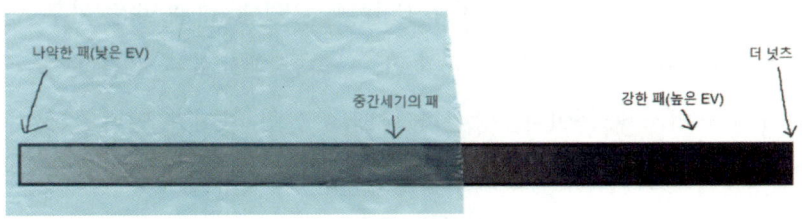

우리의 벳 양이 커지면 커질수록 빌런 또한 폴드해야 하는 '수면' 역시 높게 차오른다. 이 정도의 벳이면 빌런이 가질 수 있는 모

든 핸드 중 중간 이하의 세기에 해당되는 모든 핸드는 더 이상의 진행은 포기하며 폴드한다. '빌런에게 보이는 우리의 이미지'에 따라, '물결'이 차오르는 양 또한 오르고 내리겠지만, 현재 이 그림에 의하면 빌런은 이제 절반 이하의 세기에 해당하는 핸드는 모조리 폴드할 것이다.

만일 히어로가 팟벳에 가까운 또는 오버벳을 한다면 이제 빌런이 콜해 올 수 있는 핸드는 명확하게 '강패거나 더 넛츠'뿐이다. 상식적으로 빌런은 우리의 무지막지한 벳에 나약하거나 중간 세기의 패로 콜해 오지 않을 것이다. 이 실험으로 우리는 팟벳/오버벳이 불러올 효과가 무엇인지 확실히 알 수 있게 되었다.

토너먼트의 초반에는 당신의 핸드가 아무리 강하다 할지라도(특히 AK 같은 핸드로) TPAK(Top Pair Ace Kicker)를 맞춘 이후 오버벳할 이유가 전혀 없다. 왜냐하면, 나약한 핸드로부터 콜을 받는 것이 목표이기 때문이다. 당신과 상대의 실력 차이가 있다면 상대의 칩을 크게 뺏어올 만한 더 좋은 상황이 추후에 언제든지 생길 것이다. 여기서 우리는 실력이 낮은 플레이어와 승부를 할 때 상기해야 할 굉장히 중요한 규칙을 도출할 수 있다. 가령 방금 서술한 AK로 TPAK를 맞춘 경우를 생각해 보라. 이 경우 우리의 벳이 양이 너무 지나쳐 오버벳이 된다면 이제 빌런의 핸드는 무조건 둘 중 하나가 된다.

    A. 확실하게 우리의 TPAK를 압도할 정도로 강한 핸드(예: 더 넛츠)

    B. 물에 잠긴 그 이외의 모든 핸드

이렇게 흑과 백이 분명하게 나뉘는 것은 우리에게 매우 치명적이다. A의 경우, 상대는 <u>100% 폴드하지 않는다.</u> 그리고 이런 나뭇가지로 플로우가 진행된다면 언제나 우리는 상대보다 나약한 핸드로만 빅팟을 다루게 된다. 최악이다. B의 경우 상대방은 웬만하면 폴드할 것이다(미친 매니악/피쉬는 제외하자: 극단화). 지극히 콜을 받아야 하는 당연한 세기의 핸드를 상대방이 가지고 있다 해도, 신중한 성미의 빌런들은 종종 폴드하여 우리의 벨류벳은 실패한다. 이것은 우리가 데미지를 입을 땐 어마어마할 것이며, 우리가 응당 칩을 **뺏어와야** 정상인 경우에는 빌런에게 도망칠 수 있는 기회를 제공한다. 결국 양쪽 다 EV가 마이너스로 치우치는 결과다. 대단한 불만족이다. 이런 오버벳은 실패다.

AK으로 플랍에서 TPAK를 맞추었다는 설정을 더욱 구체적으로 파고 들어가 보자. 예를 들어 K-9-4r 정도의 플랍을 보라. 현재 히어로는 AK을 가지고 있다. 대단히 만족스러운 핸드와 플랍이다. 이 상황에서 우리의 오버벳을 견디고도 빌런이 콜할 정도의 핸드란 99 또는 44, 또는 낮은 빈도의 AK/AA/QQ 그리고 매우 낮은 빈도의 KK뿐이다. 우리의 AK는 단 한 핸드(QQ)를 제외하고, 모두

지거나 비길 뿐이다. 만일 이 이외의 핸드를 빌런이 가지고 있다면 그는 우리의 오버벳에 견디지 못하고 폴드한다고 생각함이 타당하다. 이래선 장사가 안 된다. 아무리 실력이 약한 피쉬라도 플랍에서의 오버벳은 폴드한다. 물론 언제나 그렇진 않겠지만, 폴드할 수도 있게 된 사실을 감히 부정할 수는 없다. 심지어 QQ도 당연히 폴드할 수 있다. KQ 정도는 탑페어를 맞추었으니 콜을 고민할 수 있겠지만, 이러한 보드에서 벨류를 받아오는 것이 당연한 KQ마저도 폴드를 '진지하게 검토해 봐야 할 정도'로 그 평가가 낮아지게 되었다. 이처럼 플랍에서의 오버벳은 장기적으로 EV를 가져온다고 풀이하기엔 어렵다.

즉, 우리의 오버벳이 허무하게 콜당할 때마다
상대는 확실하게 우리보다 강력한 핸드만 콜해 올 것이다.
게다가 턴부터는 그렇게 강력한 핸드와 계속 싸워야 한다.
심지어 지금은 오버벳으로 인하여 팟 사이즈가 더욱 커졌다.

실수 연발이다. 우리가 원하는 것은 상대방이 <u>지는 핸드로 우리에게 콜하거나</u> 또는 <u>우리를 이기는 핸드를 폴드</u>시키는 것인데, 우리의 오버벳으로 인하여 상대방이 '콜해 줄 만한 좋은 핸드들, KQ/KJ/KT'들은 콜을 망설이게 되었다. 우리가 꿈꾸는 가장 이상적인 방향의 정반대 상황만이 '오버벳'으로 인하여 발생된 것이다. 이 모든 것이 플랍에서의 불필요한 오버벳이 불러왔다는 진단을 내릴 수 있다. 그래서 이래서는 안 된다. 행여, 우리의 강한 오버벳으로 상대방의 JT 같은 핸드를 폴드시켰다 가정해 보자. 이러면 혹시나 턴에서 Q가 떨어지고 상대의 GS가 메이드됐을 경우를 디나이(Deny: 상대의 에퀴티 실현을 차단해 버리는 것)했을지라도 여전히 GS가 메이드되지 않았었을 확률이 컸었기에 장기적으로는 분명히 손해다(−EV). 플랍에서의 GS는 에퀴티가 16% 정도밖에 안 되는데, 그 확률이 두려워 그것을 차단하겠답시고 오버벳해선 안 된다. 파리가 두려워 미사일을 쏘는 격이다. 이럴 땐 그런 GS으로부터 <u>팟오즈보다 높은 가격</u>에 콜을 받으면 그것으로 만족하라. 역전을 두려워해선 안 된다. 편하게 반 팟(p/2)으로만 우리가 벳하여도 상대는 GS 따위로 콜하기엔 여전히 부담스러운 가격이니 안심하라. 심지어 2p/5이라도 여전히 우리에게 유리한 흥정이다. 이렇게 '팟오즈에 비해 더 나쁜 가격을 제시하여 쉽게 콜하기엔 껄끄럽고 부담스러운 어중간한 박스를 들이미는 운영'이 우리의 전체적인 캐시게임 운영 전략으로 자리 잡길 고대한다. 팟 사이즈를 조절하는 이런 과정을 '팟 컨트롤(Pot Control)'이라고 부른다. 그러려면 오버벳은 매니악에게만, 또는 리버에서 상대방이 확실하게 도망 못 가는 구석에 그의 마지막 상자가 있다면 그때의 오버벳이 바람직한 결과로 연결될 것이다.

3650.
리버벳

　리버가 열렸다. 현재 우리가 분명히 이기고 있는 것 같다. 상대방의 레인지와 현재 보드는 잘 맞물리지 않는다. 액션 플로우를 기억해 봐도 상대방은 분명 연약한 플로우다. 문제는 우리가 벳해도 상대방의 레인지에 콜해 줄 게 별로 없어 보인다. 바로 이때 우리는 벨류벳을 해야 할지, 아니면 첵을 조금 더 무겁게 해주는 게 맞는 건지 고민이 될 때가 있다. 이런 경우엔 캐시게임이라면 거의 언제나 '벳'이 정답이다(이 문장을 썼다 지웠다를 무려 열 번 넘게 반복한 후 결국 넣기로 했다: 심각한 극단화. 고급편에 들어간 이후에 이 문제를 다시 다루도록 하자. 지금 단계에서는 '벳이 정답'으로 기억됐으면 한다). 우리 핸드는 분명히 강한데, 벨류벳에 성공할지 실패할지 애매한 상황에서 벳이 오답이 되는 경우는 보기 힘들다(캐시게임 기준: 심각한 극단화). 상대의 레인지에 우리의 벨류벳에 콜할 수 없는 핸드들만 보이더라도 망설여선 안 된다. 최대한 벳 상자를 기회가 생길 때마다 무겁게 유지해야 한다. 어그레션이다. 차라리 벳하고 벨류벳에 실패하는 것이 어설프게 블러프를 유도하는 것보다 훨씬 더 장기적으로 좋은 결과를 가져온다. 이것이 자연스럽게 되려면 평소 VPIP를 매우 낮게 잡아줘야 한다. 타이트하되, 어그레시브할 것. 타이트함이 이럴 때도 빛을 발한다. VPIP에 대한 설명은 초급편을 참고하도록 하자.

리버에서 우리의 에쿼티가 안정적일 때 굳이 트랩핑(함정)을 걸거나 슬로우 플레이를 시도하기보다는 벨류벳이 대부분 옳은 선택이지만, 토너먼트에는 이 문장이 지나치게 차용되어선 안 된다. 주의하라. 토너먼트는 생존이다. 콜리젼을 피하기 위하여 '리버벳 상자'보다 '리버첵 상자'를 무겁게 만들어 나쁠 것이 없다. 각 베팅 구간을 하나의 '구멍'이라 생각해 본다면 우리가 선수를 쥐고 있을 때, 모든 구멍을 빈칸을 남기지 않고 벳으로 채우며 지나치는 것이 손해임을 우리는 배웠다. 그러므로 우리가 선수일 때 마지막 구멍(리버)은 언제나 첵이란 액션으로 땜질해 버리면 이익은 줄겠지만 리스크도 함께 줄어들기에 콜리젼 발생률이 감소하는 결과로 나타날 것이다. 포지션이 나쁠 때 베팅이 일어나는 '나쁜 구멍의 수'를 줄여서 만족이다. 콜리젼이 감소되는 효과에 만족한다. 이 시선을 이해하고, 위의 3144장 맥시마이징을 다시 한번 읽어보라.

3700장.

전업을 준비하는
후배님들을 위하여

재능의 부족은 노력을 통해서 어느 정도 보완할 수 있다.

전업을 준비하는 후배님들을 위하여

분명히 밝혀둔다. 『홀덤의 정석』은 여러분들이 전문 카드 플레이어가 되도록 권하는 책이 아니다. 한 사람의 인생을 결정하는데, 이 작은 책 한 권이 그 무거운 결정에 그 어느 쪽으로도 영향을 끼치지 않기를 소원한다. 다만 그 무거운 결정을 이미 확고히 끝낸 이후, 스스로 결정한 그 결정을 최대한 성공적인 결과에 도달하도록 응원하기 위해 3700장은 집필되었다. 만일 아직 해당 결정을 확고히 내리지 못한 독자라면 이 책을 읽고 그 심각한 판단을 결정하는 실수를 저지르지 않기를 바랄 뿐이다.

『홀덤의 정석』이 출간되고 난 이후, 필자는 몇몇 열정이 넘치는 독자분들로부터 질문을 받곤 했다. 그중 인상 깊었던 질문 중 하나는, "저는 전문적인 카드 플레이어(정확히는 그는 '홀덤 프로'라고 말했다)가 되고 싶어요. 저에게 재능이 있는지만이라도 알려주실래요?"라는 질문이었다.

필자는 '실력 = 재능 X 노력'이라고 생각한다.

재능이 월등히 뛰어나면 더 적은 양의 노력만으로도 '같은 실력'을 뽐낼 수 있다. 반대로 재능이 부족하면 같은 양의 결과물을 도출하기 위해 더욱 많은 노력을 쏟아부어야만 한다. 이것은 자연의 섭리다. 그러나 지금 필자가 독자 여러분들께 짚어주고 싶은 것은, 사실 곱셈 기호다. 이것은 재능이 아무리 뛰어나더라도 노력이 '0'이면 결과물 또한 0에 비견된다는 것, 반대로 노력을 아무리 많이 쏟아붓더라도 반대로 재능이 '0'이면 결과는 0에 가까운 결과물이 산출될 것이라는 게 필자의 소견이다.

최근의 젊은 세대를 혹자는 MZ세대라고 일컫는데, 이 유능한 신세대 중 몇몇 재능이 있을지도 모르는 젊은이들이 아예 '나에겐 재능이 없으니 노력 자체가 무의미하다'는 비관적인 신문기사를 읽은 적이 있다. 안타까운 일이다. 그들은 노력을 비웃는다. 필자는 이것만큼은 매우 강하게 질책하고 싶다. 한마디로 정리하면 '재능이 없기 때문에 아예 시작하지도 않는 것이 차라리 이득'이라는 것이 그들의 주장인데, 그런 비참한 패배주의 때문에 시도 의지마저 꺾여버리면 이젠 행여나 남아있을 수도 있는[실재(實在)했을 수도 있었던] 재능마저도 살아남지 못하고 소멸될 것이다. 이것은 필자 개인의 철학이다. 이 철학에 독자 여러분들이 동의하든 동의하지 않든, 이 철학은 분명히 포커에도(또는 이 세상 어디에도) 적용될 수 있다. 노력이란 혹시나 있을지도 모르는 재능을 찾기 위해서라도 해야만 하는 것이라 필자는 믿는다.

재능의 부족은 노력을 통해서 어느 정도 보완할 수 있다(물론 그 한계는 있다). 그러나 노력의 부족을 재능으로 보완하는 것은 완전히 불가능하다. 왜 그럴까? 혹시 『홀덤의 정석: 초급편』가장 첫 장

3000(13페이지)에 필자가 썼던 그 문장을 기억하는가? "우리는 우리가 할 수 있는 것들에만 노력을 집중해야 한다". 재능은 우리가 분명하게 영향을 끼칠 수 없는 부분이다. 위 공식에서 '재능'은 상수(上數: 고정되어 있는 수학적 값)이다. 고정되어 있다. 변하지 않는다(나이가 들면서 낮아질 수도 있겠지만: 극단화). 태어날 때부터 타고나야 한다. 그럼 이제 그 재능을 늘리려고 하는 노력은 됐다. 의미가 없다. 우리는 우리가 할 수 있는 부분인 노력에 집중해야 한다. 왜냐하면, 노력은 상수가 아닌 변수(變數)이니까. 노력만이 우리가 여전히 어떻게 해볼 수 있는 것들이니까.

필자는 이 길이 매우(정말 매우) 어렵고 힘든 일이라 강조해 경고한다(필자의 삶 그 자체가 하나의 증거다). 하지만 그와 동시에 도전을 비웃는 자들의 말에 귀를 기울이지 않았으면 좋겠다는 말 또한 하고 싶다. 혹시 이 책을 읽는 그대가 프로가 되기 위한 적절한 캐릭터(재능의 유무)인지 아닌지를 알고자 한다면 어차피 어느 정도의 노력은 기울여 봤을 것이고, 실제로 이 길에 본격적으로 들어서고 돌아갈 수 있는 '후퇴의 다리'마저 치워버렸다면 그 '최소의 노력'을 기울이던 시절이 매우 행복한 기억이어야만 할 것이다. 왜냐하면, 그 짧은 시간마저 행복해하지 않았다면 앞으로 남은 시간은 불행뿐이기 때문이다.

이토록 위험한 말을 필자가 과감히 책에 쓸 수 있는 이유는 어차피 99.999%의 독자는 이 위험하고 미친 짓에 실제로 동참하지 않을 것을 확신하기 때문이다. 사람은 대개 자신의 현실에 안주하고,

멋있는 미래나 계획을 머리로만 생각하지 실제로 이렇게 위험천만한 행동을 이행하는 독자는, 필자 같은 광적 행동(예를 들면 실제로 책을 쓴다든지)을 서슴지 않고 저지를 수 있는 극소수일 것이며, 실제로 시작한다 하더라도 대다수는 1년을 버티지 못하고 '후퇴의 다리'로 도망칠 것을 아주 잘 알고 있다. 이것은 이미 필자가 라스베이거스에서 실제로 직접 겪은 약 10년의 세월 동안 관찰해 온 수많은 타 플레이어를 통해 증거하는 사실이다.

언제나 이 사실 하나를 기억하라. 굳이 이 게임을 할 필요는 없다. 만일 화가 나거나 지루하다거나 좌절감을 느낀다면 그냥 다른 것을 해도 된다. 아무도 이 게임을 강요하지 않았다. 그 누구도 그대를 협박한 사실이 없다. <u>하지만 프로에겐 이것이 허락되어있지 않다.</u> 프로는 아무리 화가 나도 여전히 12시간 뒤에 또다시 그 정글로 출근하여 바로 조금 전 그대의 자존감을 짓밟고 비웃음을 선사한 상대방의 얼굴을 다시 바라봐야 하는 그 역겨운 행위를 매일 해야 한다. 반드시 해야만 한다. 그렇지 않으면 가족이 굶는다. 바로 이것이 필자가 느끼는, 카드 플레이어라는 직업에 대해 가장 큰 환멸감을 느끼는 이유다. 다시 한번 경고한다: 텍사스 홀덤을 업으로 삼는 것은 대단히 어려운 일이다. 필자는 이 직업에 대해 자부심을 가진 적이 단 한 번도 없었다.

내가 진실로 사랑하는 이 게임을, 전력으로 힘주지 않고 여유로이 즐길 수 있었던 날들이 그리울 때가 반드시 올 것이다. 필자는 이 게임을 진정으로 사랑했고, 늘 '즐길 수 있는 안전한 위치'에 있었다. 그러나 이 게임에서 이기지 못하면 반드시 굶어야만 하는 벼랑 끝으로 스스로를 밀었으며, 뱅크롤이 무너지기 시작하는 불안한 현실이 실제로 닥치면 더 이상 즐길 수가 없어진다. 카드게임을 진지하게 생각하지 않았던 지난날이 그립다. 이건 그냥 게임일 뿐이었는데, 업(業)으로 삼는 순간 더 이상 유희(遊戲)가 아니다.

리그 오브 레전드[League of Legends(LOL)]이라 불리는 컴퓨터 게임을 아는가? 이 컴퓨터 게임의 역사적 최강자는 바로 대한민국의 프로 게이머 이상혁(이하: 이 군)이라 필자는 생각한다. 혹여 그대에게 이 군의 '자질'과 '재능'이 있었다면 그대는 이 군이 이뤄낸 결과와 똑같은 결과물을 도출시킬 수 있겠는가? 필자는 이것이 그대가 이 군의 '재능'만 바라보고, 그가 쏟았던 '노력'은 간과한 오류라고 생각한다. 이 군은 재능뿐만이 아니라 노력 또한 게을리하지 않았다. 공식의 양쪽이 매우 훌륭하니 그 결과물 또한 자연스레 훌륭하다.

모든 스포츠 프로의 목표는 단 하나다.
걸출한 결과물. 이것 이외에는 없다.
필자는 단 한 번도 스스로를 프로라 여긴 바가 없다.
그저 사랑하는 가족들을 먹여 살리기 위한 선택이었을 뿐이다.
오히려 이런 삶을 부끄러워했고, 이것에 대해 사람들에게
감추려 했다(지금은 좀 덜해졌지만 예전에는 심했다).
이 재밌는 게임을 영원히 유희로 남기려면
프로로서의 전업은 다시 한번 재고(再考)해 보라.

프로 카드 플레이어에 대해 어떻게 생각하는지 주변인에게 물어보면 사람들은 화려하고 멋진 호텔에서 으리으리한 스위트룸을 잡고 훌륭한 식사를 서비스로 받으며, 뭔가 크고 웅장한 게임을 치고, 큰 현금다발을 매일 밤 수거해 가는 사람을 상상하고 있는 경우가 많았다. 특히 이런 대답은 미국인보다는 우리나라 사람에게 그 경향이 짙었다. 많은 사람의 이목과 시선이 필요한 인터넷에선 최대한 자극적으로 묘사해야 '마치 듣고 싶었던 대답을 해주는' 사람의 말이 신뢰할 만한 이야기처럼 들린다고 필자는 생각한다. 물론 실제로 그런 으리으리한 삶을 사는 플레이어도 있긴 있다. 하지만 애석히도 필자는 그러지 못했다. 단지 필자가 성공적으로 해낸 것은 다른 사람에게 피해를 주지 않으며, 사랑하는 가족들이 편하게 쉴 수 있는 울타리를 이루었으며, 내 여자와 아들에게 맛있고 건강한 식량을 보급하는 남자의 의무를 확실히 유지해 내고 있으며, 우리 가족의 안전을 지켜주는 국가에 당당히 세금을 신고하는 사회의 건강한 구성원이라는 점뿐이다. 이것만은 당당히 말할 수 있다. 그들의 여유롭고 윤택한 삶이 필자의 땀방울로 인하여 유지가 되므로 필자는 만족한다. 어마어마한 성공을 이루진 못했지만, 이런 확실한 사실만은 떳떳하게 말할 수 있다.

텍사스 홀덤은 필자가 이 세상에서 가장 싫어하는 것 중 하나이다. 동시에 필자가 이 세상에서 가장 사랑하는 것 중 하나이기도 하다. 반복한다. 카드게임을 하는 것 이외에 다른 모든 경제적 수입이 없는 '전문 플레이어'가 되는 것은 이루 말할 수 없이 고통스러운 일이다. 그 얼마나 게임하는 것을 좋아해도, 매일 하루 10시간씩 게임하다 보면 질리게 된다. 특히 $10/$20 이상의 테이블에 앉으면 늘 거기서 거기인 플레이, 그놈이 그놈인 상황만이 반복된다. 잃는 것도 따는 것도 아닌, 대체 이게 무슨 짓인가 하는 생각이 든다. 종종 돈이 많은 VIP 플레이어들이 오기만을 하염없이 기다린다. 그들에게 도파민 놀잇감이 되는 느낌이다. 그들에게 도파민을 지급하고, 그 대가로 돈을 받는 느낌. 이런 식의 손님을 기다리는 시간이 지루해서 혹은 수익을 조금이라도 더 내고 싶어서 액션트리를 조금 선보는, 참을성이 무너지는 순간 그 플레이어는 한달도 되지 않아 파산하거나 지루한 게임을 몇 시간씩 하다 보면 책을 읽거나 영화를 보면서 게임을 하므로 집중도가 낮아서 파산하곤 한다.

포커는 그대의 삶을 실제로 파산(破産)시킬 수 있는
위험천만한 게임이다.

세상 모든 사람이 포커를 잘할 수는 없다. 포커를 커리어로 삼을 수 있을 정도로 유전적으로 유리한 재능을 타고난 사람은 분명히 있다. 본인이 그 부류에 들든 들지 않든, 또는 들어도 모르든, 안 들어도 모르든, 안 든 것을 알았어도 인정하지 않든, 분명한 건 포커가 본인과 어울리지 않을 수도 있음을 인지(認知)해야 한다.

아울러 부정적인 마음가짐은 사실 크게 문제되지 않는다. 부정적인 사람은 항상 불안해하며 어떤 걱정에 시달리지만, 어쨌든 미래를 대비하려는 자세로 인하여 결국은 살아남는다. 그것은 어찌 보면 장점이다. 진짜 문제는 냉소적인 사람들이다. 이들은 해낸 것은 쥐뿔도 없으면서 그냥 열심히 시도하는 남들을 비웃으며 어떤 심리적인 우위를 점하려고 든다. 열심히 시도하는 이에게 어떤 작은 실패나 사고가 터지면 '그것 봐라! 내 그럴 줄 알았지!' 하고 웃으며 혀를 찬다. 마치 난 이미 다 알고 있었다며 그렇게 비웃을 줄만 알지, 자기는 실제로 뭔가 해보려 노력조차 해본 적이 없는 부류들이다.

어릴 적 우리 모두는 선생님이 손들고 발표해 볼 사람 있느냐고 물었을 때, 아무도 손을 들지 않는 어색한 상황을 기억한다. 재차 선생이 학생들에게 다그치면 필자 같은 겁대가리 없는 학생 한 명이 총대를 메들고 미천한 답안이나마 용기를 내어 발표한다. 그리고 선생님은 그 답안이 틀렸다고 말하며, 신고 있던 슬리퍼로 필자의 귀쌈베기를 올려붙였다. 숨죽이고 있던 다른 학생들은 용기를 낸 필자를 키득거리며 비웃었다. 그러나 필자는 틀린 답안이 부끄러웠을지언정 그 시도가 부끄러웠던 적은 없다. 단 한 번도 없다.

그들은 열심히 뭔가를 해보려 시도하는 다른 학생들을 비웃는다. 왜냐하면, 자기는 뭔가를 해내 본 적이 하나도 없기 때문이다. 그들은 늘 부모님의 둥지 속 안전한 곳에만 있었고, 필자는 둥지에서 벗어나 절벽 끝으로 스스로 도약했다. 도전하다 보면 많은 사람을 만나게 될 것이다. 권력이 없어서 세상을 바꾸지 못했고, 배운 게 없어서 좋은 자리에 오르지 못하고, 모은 돈이 없으니 풍족하지 못하니, 이제 마지막 남은 거라곤 뒤틀린 신념으로 타인을 괴롭히며, 우리의 시도를 방해하기 위해 힐난하는 것만이 유일한 인생의 낙(樂)으로 남은 부류들도 만난다. 실제로 롤 같은 컴퓨터게임을 하다 보면 일부러 팀 게임을 져서 '우리 팀의 패배'는 사실 내가 의도하였고, 이것은 나에게 있어 하나의 즐거운 낙(樂)이었다는 부류들을 우리 모두 만난 적이 있다. 그들은 속으로 남들의 실패를 두 손 모아 기도하고, 어쩌다 남들이 성공하면 시기하며 절망한다. 심지어 남들의 실패를 고차원적으로 설계하기 위하여, 뒤를 캐내고 어떻게 해서든 '시도자의 포기'를 받아내려 한다. 타인의 패배에 그들은 행복해한다. 웃기게도 정작 자기 자신은 그런 시도나 노력을 하진 않는다. 왜냐하면, 그들은 실패를 두려워하기 때문이고, 더욱 나아가면 바로 조금 전까지 그런 도전 정신을 비하하고 놀렸던 부류가 바로 자기 자신들이었단 모순을 알기 때문이다. 그들은 아마도 자신들이 도전할 때, 남들도 자신을 뒤에서 비웃을 거라고 믿는 것 같다.

3701.

결국은 캐시게임이다

    우리나라에 별안간 텍사스 홀덤 붐이 불어닥치며, 예기치 못한 방향으로 이 물결이 번져가며 필자가 꽤 놀랐던 사실은 독자들의 토너먼트에 대한 열망이었고, 이 열망은 『홀덤의 정석』 시리즈를 다시 전면 재구성할 정도로 신선한 충격이었다. 다만 필자가 받아본 수많은 이메일 등을 통해 접한 질문들은 토너먼트만을 통하여 하나의 생계를 꾸려나가고 싶다는 문의를 받았던 사실인데, 필자는 그런 정신 나간 짓을 직접 해본 적은 없으므로 자세한 답변을 하기에는 조심스럽다. 필자에겐 토너먼트가 주 수입원(bread and butter)이 분명히 아니었다. 토너먼트는 1년에 평균 5번도 하지 않았다(기록에 의하면). 물론 지금은 아예 할 기회가 없다(우리나라에서 대회가 자주 열리지 않으므로). 캐시게임을 통하여 가정을 부양하는 것은 실제로 필자가 행한 바가 있기에 자신 있게 그 과정과 한계를 자세히 기록해 둘 수 있지만, 토너먼트를 통하여 어떤 하나의 커리어를 이뤄내려 진지하게 시도했던 적은 없었다. 종종 WSOP의 사이드 이벤트나 베가스의 로컬 카지노에서 열리는 작은 게임에 참여한 게 전부다. 이처럼 '토너먼트만 플레이하는 플레이어'에 대하여 필자가 직접 해본 적도 없는 것을 무리하게 상상하여 이 책의 일부분으로 넣어버려서 『홀덤의 정석』이 가지고 있는 현재의 퀄리티를 망치고 싶지 않았다. 정말 이것만큼은 반드시 피하고 싶었다. 사명감에 비견될 수 있는 하나의 강한 의지다.

　그래서 실제 토너먼트를 주 수입원으로 생계를 유지했던 적이 있
는(확실하게 검증된) 전업 토너먼트 플레이어의 답변을 여기에 대
신 인용하여, 그가 느꼈던 전업 토너먼트 플레이어의 삶에 대한 의
견으로 갈음하고자 여기에 실었다. 물론 그는 스스로를 탑 클래
스 토너먼트 플레이어라 지칭하지 않았지만, 적어도 그는 토너먼
트를 통하여 생계를 꾸려가는 점은 확실했다. 이 점은 분명히 검
증되었음을 보장한다. 우리는 wsop.com의 웹사이트를 통하여 왓
츠앱(whatsapp)이란 SNS로 알게 된 사이이다. 코로나 바이러스
가 퍼지고 다수의 로컬 카지노가(당분간 이었지만) 문을 닫았을 때,
wsop.com의 온라인 포커룸이 라스베이거스에서 매우 흥행했던 적
이 있다. 이때를 기준으로 wsop.com에 수많은 유저가 몰려들어 무
분별한 채팅이 이뤄졌던 시기가 있는데, 무분별한 채팅은 정도를 넘
는 방종으로 변모하였고, 이내 wsop.com에서는 '인 게임 채팅 기
능'을 삭제시켰지만, 코로나가 터지기 훨씬 이전에 이 인 게임 채팅
기능이 여전히 켜져 있을 때, 많은 온라인 플레이어들은 이미 서로
의 연락처를 왓츠앱을 통하여 공유했던 적이 있다. 실제로 라스베이
거스 온라인 프로들은 타 지역(주로 리노/뉴저지) 플레이어들을 조
금 경계하며, 나름대로의 어떤 자부심(?)을 가지고 있는 공동 커뮤
니티(단체 대화방)가 있는데(전화번호가 실제로 702로 시작하는지
확인까지 함), 그곳에서 확실하게 히스토리가 검증된 전업 토너먼트
플레이어를 초빙해와 실제로 대화를 나누며 얻은 답변들이다.

이름을 밝히지 않은 채로 책에 본인의 의견을 넣는 것을 허락해 준 베가스 토너먼트 프로의 실제 이야기를 여기에 인용하려 한다. 그(또는 그녀)에게 감사한다. 그에 따르면 토너먼트를 통하여 꾸준히 지속적인 수익을 내는 것은 가능하긴 하지만 일단 100% 온라인일 수밖에 없다고 한다. 종종 세계를 여행하며, 토너먼트를 즐기며 산다는 플레이어들은 사실 다 유튜브나 트위치를 이용한 방송 수익이 대부분이고, 어떤 기업들로부터 스폰서(후원)를 받은 '월급쟁이'라고 그는 말했다. 그들이 토너먼트를 이용해 내는 수익은 대부분 허구일 수밖에 없다고도 했다. 그 근거는 다음과 같았다.

그에 따르면 오프라인 토너먼트는 아무리 많이 참가해도(볼륨을 최대한으로 늘려도) 하루에 12시간이 고작이다. 하루가 24시간이란 것을 피할 수는 없기에 휴일마저 제외하고 전부 뛴다면 남은 모든 시간을 전부 토너먼트를 플레이하더라도 '한 가정을 부양할 수 있을 만큼의 의미 있는 수익'을 오직 토너먼트만을 통해 얻는 것은 불가능하다는 지적이었다. 이것은 볼륨을 더 갈아 넣어야 한다는 것과는 조금 다른 이야기였다. 볼륨을 더 부어 넣는 것은 물리학적으로 아직 가능할 때 노력과 참을성이 부족하여 다른 것들을 조금 더 포기하며 그 부족한 노력과 참을성을 채워 넣는 것이지만, 하루 중 이미 10시간 가까이를 매일 토너먼트에 투자해도 오프라인이라면 당연히 동시에 두 토너먼트를 플레이하는 것은 불가능하므로 물리적으로 가능하지 않다는 주장이었다.

온라인 토너먼트는 조금 차이가 있겠지만, 여전히 토너먼트만으로 만족할 만한 시간당 수익을 내기란 어려웠다고 그는 말했다. 그의 진술에 따르면 온라인 토너먼트로 그라인딩하는 것은 실제로 대단히 어려우며, 한 게임의 결과가 아무리 적게 잡아도 평균 4시간이란 점을 감안했을 때 동시에 6게임을 돌린다고 쳐도 이것은 4시간당 6게임이며(초반에 탈락하는 경우는 제외), 하루 12시간의 플레이 시간을 잡아준다고 해도(휴식 없이) 이는 대략 하루에 18바이인보다 더 많이 하는 것은 불가능하단 점을 지적해 준다. 이것은 평균 토너먼트 바이인이 $25(전업 토너먼트 플레이어 기준으로는 이것은 꽤 큰 바이인이라고 한다)으로 잡는다고 치고, 종종 몇 테이블은 파이널 테이블에 들고 어쩌고저쩌고 다 해도, 실제로 도전했던 모든 하루의 18게임 중 본전 이상을 벌어오는 게임(ITM에 성공)은 약 1/3 정도며, 이 1/3 중(대략 6게임)에서 평균적으로 한 개의 게임(종종 두세 개가 될 수도 있겠지만: 극단화)만이 파이널 테이블에 올라간다는 것이다. 이것은 $450달러(18번의 바이인 $25 기준: 18x25=$450)를 투입하여 실제로 끌어오는 총수익(순수익이 아닌)은 평균 $750 언저리라고 했다. 이것은 하루 순수익이 $300이 되며, 종종 2등 이상의 수익을 내서 한 방에 $2000 이상을 긁어 올 수 있지만, 평균을 구한다면 평균 실질 순수익은 하루 $580 정도였으며, 이마저도 세금 25%를 빼면(온라인은 세금을 피할 수 없다. 피해서도 안 되지만), 하루당 실질적으로 들어오는 순수입은 $430달러였다는 사실을 그는 설명해 주었다. 물론 하루 $430는 분명 적지 않은 양이지만, 이것은 필자 같은 캐시게임 플레이어의 수익과 큰 차이를 보이지 않았다. 그는 일정하지 않다는 점을 매우 강조했다. 필자 같은 캐시게임 플레이어의 스윙에 대한 걱정은 그와 비교 그 자체를 거부할 정도로 토너먼트는 정말 운이 중요한 위험한 게임이라고 그는 거듭 강조했다. 이 정도의 수입으로는 스윙에 대한 리스크가 상당하며(특히 토너먼트는 운에 의한 스윙이 매우 심하다고 한다. 아마 두 번의 기회가 허용되지 않는 차이가 꽤 커서일지도), 꽤 큰 뱅크롤[그는 최소 십만 달러라고 말했지만, 이것이 단순한 과장을 위한 화술(hundreds of thousands)인지 아니면 실제 글자 그대로의 십만 달러인지는 모르겠다] 없이는 분명히 불가능한 일이라고 말했다. 그는 또한 리바인을 안 하는 게임이 없을 정도로 한 번의 큰 수익을 얻기 위해 투자하는 금액이 결코 적지 않다고도 했다(필자처럼 리바인을 거의 안 할 거라는 예상이 무참히 깨지며, 이 부분에서 꽤 놀랐던 기억이 난다).

그래서 결국은 캐시게임이다. 전업 플레이어가 되려면 결국은 캐시게임을 잘해야만 한다고 필자는 생각한다. 이것을 피하면서 카드 플레이를 업으로 삼는 것은 사실상 불가능하다고 필자는 판단한다. 이 게임을 통하여 하나의 가정을 꾸려나가고 싶다면 결국은 캐시게임 실력이 그 근본이어야만 할 것이다. 캐시게임을 못하면서 전업을 꿈꾸기란 마치 베이스기타를 잘 치니 통기타도 잘 치겠지 하고 넘겨짚는 것이다. 하지만 통기타를 칠 줄 안다면 베이스기타도 여전히 다룰 수 있다. 즉, 캐시게임에 소질이 있다면 충분히 토너먼트에서도 미약하나마 어느 정도의 결과를 받을 수 있을 것이다. 물론 아무것도 모르는 생무지보다는 베이스기타라도 잘 다루는 것이 조금은 유리한 것이 사실이지만, 더욱 미세한 사실은 토너먼트를 잘한다고 해서 그것이 캐시게임의 승률과 직결되는 것은 아닐 수 있으며, 전업이 가능한 단계의 수준의 실력을 갖추었는지 판가름할 수 있는 중요 척도는 분명 토너먼트보다는 캐시게임의 수익률일 것이다(이것은 검증되지 않은 필자의 사견이다: 극단화). 특히 세계적으로 이름이 널리 알려진 포커의 거물들은 분명히 캐시게임의 혁혁한 결과로, 그들의 실력을 입증한 바가 많다. 캐시게임을 잘하는 이가 의외로 토너먼트에서만 죽을 쑤는 경우는 찾아보기 힘들다는 것이 중론(衆論)이었다.

짧게 정리하면 토너먼트를 잘한다고 해서 그것만으로 한 가정을 이끌 수 있을지는 미지수다. 그러나 캐시게임을 잘하면 한 가정을 이끄는 것은 분명히 가능하다. 이것은 필자가 몸소 증거하며, 이 증명은 필자뿐만이 아니라 도처에 널려있는 베가스의 프로들이 그 증거 자체이다(필자처럼 프로가 아니어도 분명히 가능하다). 만일 토너먼트만 하는 어떤 특별한 플레이어를 만난다면 아마 그는 토너먼트를 이용하여 어떤 '명성' 또는 '인기'를 쌓은 후, 이를 이용(利用: '이용'이란 표현은 다소 잔인할 수 있지만)하여 여러 방송 매체 쪽으로 스타덤에 올라 방송 수익금으로 생활하고 있는 것이라고 그는 일깨워 주었다. 그것을 '포커를 통하여 창출해낸 수익'이라 부르는 것은 조금 민망하다고 필자는 생각한다.

캐시게임은 언제나 100% 열려있다. 카지노엔 휴일이 없다. 언제나 방문할 수 있고, 본인이 일한 만큼 벌어가는 것이 확실하게 가능하다. 토너먼트는 이게 안 된다. 라스베이거스의 온라인 포커 wsop.com 기준으로 온라인 토너먼트는 주로 이른 저녁 시간 이후에만 편성된다[2018년 이전 기준, 지금(2023년)은 잘 모르겠다. 필자는 지금 우리나라에서 산다]. 즉, 하루에 15토너먼트 이상 플레이한다는 계획은, 적어도 베가스에서는 확실하게 불가능하다. 이것만큼은 인용구문 없이 필자가 확실하게 직접 서술할 수 있다(물론 wsop.com이 아닌 다른 웹사이트, 예를 들어 ACR도 있긴 하지만 그것은 논외로 하자). 물론 대부분의 베가스 카지노는 작은 로컬 토너먼트(주로 오후 6시~7시)를 만들어주고 있지만, 이것은 일주일에 겨우 두세 번이며, 한 번의 바이인 금액이 $80~$120 사이에 불과하다. 일주일에 두세 번이라 함은 한 달에는 겨우 10번 정도라는 것으로 결론되며, 이것만을 통하여 한 가정을 꾸린다는 것은 비현실적일 거라고 필자는 가늠한다(필자는 정확하게 베가스의 물가를 알기에). 종종 엄청나게 큰 대회가 열리긴 하지만, 한 가정의 지붕과 울타리 그리고 아내와 자녀의 먹잇감을 지속적으로 가져와야 하는 가장에겐, 이것은 현실적인 플랜이라 보기에 어렵다. 적어도 쉽지 않은 일이라 평가한다.

3710.
실전 준비

그럼에도 불구하고 이 미친 짓(텍사스 홀덤 캐시게임으로 먹고사는 짓거리)을 여전히 결행하고자 한다면 이젠 준비를 시작하자. 이 단계는 매우 방대하며 중요하다. 일단 현실적으로 라스베이거스로 이민이라든가 그런 법적인 절차와 환경에 대해 일일이 열거하지 않을 것이다. 몇몇 독자들께선 동남아시아나 기타 다른 유럽의 나라로 가는 것이 얼마든지 가능하기에 굳이 필자처럼 라스베이거스의 이민 절차를 일일이 나열하는 지루한 전개를 펼치지는 않을 테니 안심하라. 그 대신 이 세상 그 어디에 가더라도 카드 플레이를 업으로 삼는 이 앞에 놓일 불가피한 절차나 통과하게 되는 과정을 매우 상세하게 최선을 다하여 설명하려 한다.

매일 출근하기 전, 그대는 두 가지를 반드시 설정해야 한다. 목표와 한계가 그것이다. 이 두 가지는 반드시 현실적이어야만 한다. 사실 매일 목표와 한계를 매일 반복하여 정할 필요는 없다. 왜냐하면, 이 두 가지는 언제나 변하지 않고 고정적이기 때문에, 특별히 노력하지 않더라도 이것을 언제나 기억해야 함을 스스로가 자동으로 상기되는 순간이 올 것이다. 그리고 한계를 설정한 이 순간을 잊지 말자. 지금 이 결정은 내린 건, 여러분이 틸트에 빠지지 않고 정상적인 판단을 내릴 수 있는 지금이었다는 사실을. 이 판단은 내가 화가 나지 않고, 정상이었을 때 내려둔 판단이다. 아직 감정의 물결이 닥치기 이전, 올바른 판단력으로 무장된 지금 내린 이 판단을 믿어라. 이때 내린 판단은 나중에 '뚜껑이 열리더라도' 여러분들이 미친 짓을 하지 못하도록 붙잡아주는 원동력이 된다(적어도 필자는 그랬다).

목표를 정할 때, 종종 '$500로 들어가서 $2,000가 되면 나온다' 등의 목표를 세우는 동료들을 보곤 했다. 이것에 필자는 동의하지 않는다. 정확히 말하면 적어도 필자에게는 그런 목표는 적절하지 않았다(초창기에는 필자도 그랬었던 적이 있지만). 몇몇 독자 여러분들에게는 효과를 보일 수 있으나 필자는 그리 강한 정신력을 갖고 있진 못했던 것 같다. 그래서 목표의 어구를 바꿔서 설정했다. 목표는 '금액'이 아니다. '시간'이다. 시간을 목표로 세웠다. 예를 들어 '9시간 동안 틸트되지 않고, 밥을 먹는 한 시간을 제외하며 플랍에 진입할 시 집중하여 게임을 한다' 정도가 필자에게 어울린 적절한 목표로 작용됐다. 예전에 스스로 워싱룰(Washing Rule: 일정 금액을 따내면 캐시아웃하는 약속)을 만들고 지켰던 적이 있다. '시간'이 아닌 '금액'에 대한 목표로 플레이할 때의 이야기이다. 물론 이때의 결과도 그리 나쁘지만은 않았다. 문제는 한 카지노에서 일정 금액 이상을 이겼으면 워싱이 끝난 후 바로 새로운 게임을 같은 카지노에서 시작할 수 없었다. 게임을 계속하려면 워싱해서 빼낸 금액을 다시 그 양을 그대로 재구매해서 바이인(Buy in)해야만 한다. 왜냐하면, 그것이 대부분 카지노의 규칙이다(카지노마다 그 규칙이 다르긴 하지만). 아무튼 새로운 세션을 같은 날에 시작하려면 이제 20분 정도는 차를 타고 더 먼 지역의 카지노까지 이동해야 하는 수고가 여간 번거로운 게 아니었다(당시에는 우버나 리프트 같은 택시 서비스도 없었다). 그래서 종종 워싱이 끝나면 '1시간 30분 동안 밥을 먹는다' 또는 '콤프를 이용해 영화관을 방문했다가 다시 온다' 등으로 치환하였는데, 이것이 나중에는 '배가 고파서 밥을 먹기 위해서라도 억지로 그 목표를 달성하려고' 무리하여 쥐어짜니까 오히려 더 승률이 낮아졌던 기억이 있다. 그래서 '300으로 들어가서 800 이상의 스택이면 나온다' 또는 '800으로 들어가서 2,000이면 나온다' 하는 규칙보다 차라리 시간으로 룰을 만들게 되었다. 하지만 마이너스 상황을 대비한 손실 상황은 반드시 금액으로 정해야 한다. 그리고 이 약속은 반드시 지켜야 한다.

카드플레이를 전업으로 삼고 난 이후 필자가 겪었던 실질적인 삶에 대한 고충은 한두 개가 아니었다. 가장 대표적인 것이 바로 의료보험이다. 대한민국은 세계 최고의 의료복지 시스템을 가지고 있는 국가다. 필자는 18세부터 해군에 입대하여 세계 이곳저곳을 배를 타고 돌아다녔다. 국가의 힘이 두루 미치지 못하는 후진국의 미개척 영역에서 사는 사람들부터, 선진국의 화려한 도시 속 바쁜 삶을 사는 사람들까지 두루 만나고, 그들 모두의 삶을 두 눈으로 직접 보았다. 꽤 세계적으로 넓은 경험을 갖고 있다고 부끄럼 없이 자신 있게 말할 수 있다. 그래서 분명히 밝혀둔다. 대한민국의 의료보험 체계는 단연코 세계 최강이다. 세계 곳곳에 대한 경험이 풍부한 독자라면 이 명제에 극히 공감할 것이며, 감히 이의를 제기하지 못하리라 확신한다. 만일 여러분이 대한민국을 떠나게 되면 이 세상 그 어느 다른 외국과 비교할 수 없는 최강의 의료혜택이 더는 여러분을 지켜주지 못하게 된다. 여러분이 카드플레잉을 업으로 삼으려 조국을 떠난다면 이 위대한 의료보험 체계의 지붕에서 벗어나와야만 한다. 아파도 일부러 병원을 피할지도 모른다. 다행히 필자는 매우 건강한 편이라 살면서 병원을 가본 적이 한 손에 꼽을 정도라 큰 문제를 겪진 않았지만, 결혼을 하게 되면 책임지고 보호해야 할 아내 또는 아기에겐 의료보험은 선택이 아닌 필수일 것이다.

의료보험 외에도, 카드 플레이어가 겪는 고충은 끝도 없이 많다. 그중 하나가 바로 세금이다. 다행히도 이 부분은 과거에 비해 상당히 쉬워졌다. 필자가 본격적으로 카드플레이를 통하여 수익을 얻고, 얻은 수익을 연말정산에 반영하려 할(2013년 정도) 때는 이것을 Gambling Winning(도박을 통한 수익)으로 보고하고, 추후 이점을 전문 회계사(CPA)를 만나서 다시 정정보고하느라 매우 짜증나는 고충을 겪은 적이 있는데, 현재는 이것을 매우 쉽게 해결하는 다양한 방법이 존재한다. 아예 라스베이거스에는 이런 도박 관련 세금 문제만을 심도 있게 다루어주는 전문 CPA(공인 회계사)가 따로 존재하며, 이들을 검색으로 찾는 법은 매우 쉬운 일이다.

라스베이거스는 네바다주에 속에 있고, 네바다주는 Income Tax(소득세)가 없다. 즉, 연방정부(Federal Government)에만 소득세를 내면 되고, 라스베이거스에서 얻은 모든 수익에는 따로 가주 소득세를 지불할 필요가 없으니 다른 주에 비해 유리할 수 있다. 하지만 여러분이 이 세금마저도 완전히 절세(탈세가 아닌 절세) 혜택을 누리고 싶다면 정답은 캐나다다. 캐나다는 도박을 통한 모든 수익에 세금이 전혀 그리고 완전히 없다. 실제로 필자가 베가스에서 만난 대부분의 전문 카드 플레이어들은 캐나다 출신(또는 국적만 캐나다)들이 적지 않았다. 캐나다는 카드플레이뿐만이 아니라 복권, 경마 할 것 없이 모든 도박에 관련된 것은 조세의 대상에서 완전히 제외된다(물론 다른 소득에 대한 세금은 여전히 내야 한다).

필자가 이 두 가지를 전업 플레이어를 위한 의견으로『홀덤의 정석』에 집필하는 이유는 필자가 만났던 대부분의 플레이어들은 연말정산을 게을리하거나 일부러 건너뛰는 플레이어도 있었고, 세금은 잘 냈지만 건강 문제를 겪고 있는 친구도 있고, 심지어 공격적이고 건방진 어투로 인하여 카지노 안에서 원수를 만든 경우도 있다. 그는 언제든 베가스의 뒷골목으로 끌려가 죽기 직전까지 구타당하거나 기타 끔찍한 사건에 휘말릴 수 있다(실제로 그런 불행한 사건도 일어났던 적도 있다). 또는 갱들의 싸움에 휩쓸리거나 문란한 생활로 늘 병원 신세를 벗어나지 못하는 플레이어도 보았다.

베가스의 치안은 서울과 비교 자체가 성립하지 않는다. 전 세계에서 사람(굳이 여성이 아니라도)이 밤 8시 이후 홀로 걸어 다녀도(심지어 몇몇 도시는 무리를 지어서 걸어 다니더라도 위험하다) 여전히 안전한 서울의 치안은, 의심 없이 전 세계 1등권이다. 경찰에 신고하고 상대방을 고소하는 것은 일단 생존한 이후의 문제다. 이 생존 자체가 쉽게 허락되지 않는 것이 원래 이 자연의 냉엄한 표준이다. 서울의 치안은 기형적으로 훌륭한 도시임을 자각해야 한다. 한평생 서울에서 살아온 이에게 이 차이를 설명하는 것이 쉽지 않음에 필자는 절망한다. 잃을 것이 없는 이에게 대체 무슨 보상을 받는단 말인가? 우리나라는 심각할 정도로 사실 안전한 나라임을 다시금 깨달아야 한다. 조국을 떠나 만리타향의 삶을 시작하다 보면 분명히 안전하고 확실한 직업이 없는 것이 서러울 때도 올 것이다. 분명히 온다. 고국의 부모님이 친척들로부터 손가락질받는다며, 견디기 힘들어 연락을 끊을지도 모른다.

이 직업(또는 짓거리)이 가지고 있는 사회적인 위치도 고민해야 한다. 이 글을 읽고 계신 독자분들도 지금은(마치 필자의 청년 시절처럼), 타인의 시선을 크게 의식하지 않을지도 모르지만, 이 생각은 곧 바뀔지도 모른다(마치 현재의 필자처럼). 가령 곧 태어날 아이가 학교에 가서 아빠의 직업에 대해 선생님이 물어본다면 곤혹스러울 수 있다(다행히 사태가 이 지경까지 필자는 도달하진 않았지만). 실제로 필자는 이 직업에 자부심은커녕 부끄러움만이 가득하다. 다행히 '책을 쓰는 작가(作家)'라고 이제는 당당히 대답할 수 있게 되어 기쁘다(완전하진 않지만 엄연한 사실이긴 하니까). 아들이 자란 후, 먼 훗날 녀석에게 아빠의 직업은 사실 작가만은 아니라며, 이 책을 조용히 선물할 계획이다. 유리야 아빠는 너를 사랑한단다. :)

아무튼 홀로 그 모든 것을 감당하며 다른 나쁜 길에 빠지지 않고, 스스로를(신체적으로 그리고 육체적으로) 지키는 일은 매우 어려운 일이다. 베가스는 온갖 유혹과 위험으로 범벅이 되어있는 도시다. 그것을 견뎌낼 자신이 있어야 도전할 수 있다.

3711.
잠, 청결, 포만감

잠의 중요성에 대해 굳이 강조할 필요가 있을까를 고민했지만, 전문 카드 플레이어에게 잠은 정말 매우 중요하다. 정말로 중요하다. 필자의 개인 기록을 살펴보면 수면과 다음 날의 승률이 매우 짙은 상관관계를 가지고 있다는 것이 수학적으로 증명된다. 심지어 크게 잃은 날의 이전 날에 쓴 일지의 공통점은 거의 언제나 깊이 잠을 자는 데 어려움을 겪은 날들이었다. 일지에 아무런 기록이 남아있지 않고, 뱅크롤만 크게 부러진 날은 필시 화가 너무 나서 아예 일지를 쓰지도 않고 바로 침대 위에 곯아떨어진 날이어서 이 부분을 꼭 독자들에게 일러두고 싶었다. 필자는 개인적으로 헤비 슬리퍼(잠이 굉장히 많은 편)인데, 심하게 잘 때는 하루에 9시간을 잤는데도 부족하다. 그리 뚱뚱하지도, 마른 편도 아니어서 특별히 코를 골진 않지만, 아무튼 매일 평균 8시간 15분 정도는 숙면을 취하는 편이다.

잠은 틸트를 방지하는 데도 도움이 되며, 주변의 상황을 명료하게 인식하는 데 매우 큰 도움이 된다. 건강은 말할 것도 없으며, 포커를 할 때는 편안하고 상대적으로 좋은 기분이어야 한다. 그 훈훈한 분위기와 기분을 느끼기 위해 종종 테이블에서 다른 이와 맥주를 마시며 즐거운 대화를 할 때도 있지만, 가장 큰 도움이 되는 것은 '그 전날 깊은 수면'을 취했는지였다. 특히 몇몇 WSOP의 대회에서는 대회가 중간에 끝나고 다음 날 계속 이어서 해야만 했다. 이때 쉬는 시간을 짧게는 10시간밖에 주지 않기도 했는데, 이것이 집까지 차를 타고 이동하면 가는 데 40분, 오는 데 40분, 중간에 샤워하고 밥 먹고 어쩌고하면 8시간 자는 것이 매우 빠듯했다. 특히 태생적으로 필자는 잠을 적게 자면 그냥 '될 대로 되라'는 휘발성 플레이를 일삼는 약점을 가지고 있다. 길게 테이블에 앉아있기 싫고, 빠르게 승부를 보고 싶은 감정이 요동친다. 화도 쉽게 난다. 단지 오늘의 할당량을 채우기 위해서 '시간아 빨리 가라' 하고 앉아있는 셈이다. 이래선 좋은 성적을 기대하기 힘들다. 그리고 이것이 토너먼트를 좋아하지 않는 이유 중 하나이기도 하다.

『홀덤의 정석: 입문편』「1200장 게임의 준비」의 표지(25페이지) 제일 아래에 쓰여있는 한 문장은 "배 속을 든든히 해둘 것, 가디건을 잊지 말 것"이었다. 사람마다 편차가 조금은 있겠으나 경험이 없는 독자 여러분들을 위하여 설명을 해드리면 카지노는 생각보다 추운 곳이다. 도박으로 인하여 퍼지는 집중 때문에 모든 사람이 열기를 내뿜기 마련이고, 이런 사람들이 백 명, 천 명 모인 자리니 자연히 그 열기를 식히는 에어컨이 늘 가동된다. 다른 지역의 카지노에서 사계절을 두루 겪어본 경험이 많지 않아서, 라스베이거스가 아닌 다른 지역에 대해 함부로 말할 순 없겠지만, 라스베이거스와 캘리포니아의 카지노의 기준으로 설명한다면 카지노는 사실 상당히 추운 장소라 자신 있게 말할 수 있다(이마저도 개인차는 반영되지 않았음을 기억하라: 극단화). 실제로 WSOP가 진행되는 카지노 안의 플레이어들은 긴팔이나 스웨터를 입고 있는 경우가 많다. 큰 대회의 중요한 승부에 임하여 열(熱) 발출이 많더라도 스웨터를 여전히 걸치고 있는 케이스가 종종 눈에 띈다. 몇몇 아름다움을 뽐내기 위해 목덜미와 가슴 부분이 노출된 의상을 입은 여성들의 피부를 자세히 들여다보면 추위에 의한 닭살이 오돌토돌 올라온 것이 보일 정도다. 아예 대회장 안에는 옷가지나 기념품을 파는 상점에선 긴 팔 소매 셔츠나 두꺼운 스웨터, 심지어 목도리를 팔고 있다(WSOP는 무려 7월에 열리는 데도 불구하고). 그땐 이런 상품을 팔기 위하여 에어컨을 빵빵하게 틀었던 건가 하는 생각도 든 적이 있다. 특히 몇몇 특정 테이블은 에어컨이 정말 직격으로 방사되기에 건강에 위협이 되는 강추위가 몰아친다. 아무튼 카지노 안은 대체로 늘 춥다. 여름, 겨울 가릴 것 없이 늘 추운 편이므로 쉽게 벗는 것이 가능한 가디건이나 후드티를 가져가면 도움이 된다. 추운 곳에서 덜덜 떨어가며 8시간 동안 앉아있는 것은 그날 하루의 플레이에 위협이 될 뿐만 아니라 그다음 날에도 영향을 미칠 수 있다. 카드 플레이어란 직업이 갖는 또 다른 약점은 '의료보험의 부재'임을 잊어선 안 된다. 아무튼 이런 추위에서 옷을 제대로 입지 않고 있다면 제대로 된 플레이를 기대하기 어렵다.

우리(카드를 업으로 삼은 미친놈들)는 우리가 아닌 이들과의 차이를 조금 분명히 해둬야 할 필요가 있다. 이 준비는 테이블 바깥에서부터 확실히 이루어져 왔어야 한다. 잠도 포함된다. 평범한 일반 직장인의 시간이 8시부터 오후 5시라면 그들은 대개 저녁 5시 30분 이후부터 슬슬 카지노에 도착한다. 우리의 목표는 아침 6시부터 저녁 4시까지 푹(정말 푹!) 자두었다가 저녁 5시 30분 정도에 슬슬 카지노에 도착하는 것을 목표로 한다. 그들은 하루 종일 일하고 온 피곤한 상태로, 우리는 푹 쉰 이후에 맑은 정신으로 게임에 임하는 그림을 그려본다. 테이블 바깥에서부터 이길 수 있는 모든 수단을 다 동원해야 한다. 이것 때문에, 특히 낮에 은행이나 기타 관공서를 방문해야만 하는 날이면 수면 리듬이 깨지고, 게임 플레이에 지장을 받는 날이 반드시 생길 것이다. 그래도 견뎌내야 한다.

요약하자면 만일 생계를 위하여 진실로 이 길에 들어서고자 한다면 '테이블 바깥'에서부터 준비는 이미 시작되어야 한다. 종종 초등학생 때부터 쌓이는 공교육의 교육과정의 하나 중 '숙제'가 있는데, 숙제처럼 집에서부터 다음 날을 위하여 무언가를 준비하는 연습을 어릴 적부터 아이들에게 시켰던 이유가 이런 곳에도 적용될 수 있다고 필자는 종종 생각한다. 피곤하거나, 몸이 아프거나, 배가 고프거나, 추위(혹은 더위) 때문에 100%의 집중력을 발휘할 수 없다면 아직 준비가 되지 않은 것이다.

3712.
카지노 고르기

그럼에도 불구하고 여전히 이 미친 짓을 하나의 직업으로 삼아서 미래를 그려보고 싶다면 가장 첫 번째 작업은 로컬 카지노의 선택이다. 혹시 첫 시작을 '시작 자본의 구성'쯤으로 여길 독자가 있을지도 모르지만, 이 특별한 짓거리는 그와는 사뭇 거리가 있다. 왜냐하면, 이미 카드게임을 본인의 직업으로 검토할 정도로 실력이 우수한 플레이어들은, 시작 자본에 대한 걱정은 <u>이미 없는 단계</u>여야 하기 때문이다. 만일 시작 자본을 모으는 것조차 하나의 '단계'로 여겨진다면 아직은 해당 독자에겐 이 게임을 하나의 커리어로 삼을 수 있는 실력을 갖추고 있다고 보기에 어렵다.

하나의 전문 카드 플레이어가 되는 것을 스스로가 작은 스타트업 벤처기업이 되는 것이라 여길 수도 있다. 이것은 사실이지만, 생활 패턴은 그렇지 않을 것이다. 오히려 전문 카드 플레이어의 삶의 패턴은 평범한 샐러리맨에 더 가까웠다. 필자는 여러 다양한 아르바이트를 했었던 경험이 있는데, 새롭고 큰 도전보다는 늘 작지만 같은 것을 반복적으로 하는 생활에 익숙해져야만 한다는 관점에서 본다면 이는 분명 사업가보다는 샐러리맨의 생활 패턴에 더 가까울 것이다. 적어도 필자의 경우엔 그랬다. 오후에 일어나서 유튜브나 트위치를 보면서 가볍게 운동과 명상을 한 이후 샤워하고 어제의 기록을 한 번 읽어보고, 카지노로 가서 밤새도록 게임하는 것. 그리고 그 생활의 반복. 필자는 사업가의 삶이 어떨지는 모르겠지만, 이런 고정적인 생활 패턴은 아마 샐러리맨에 더 가까울 것이다.

포커(텍사스 홀덤)는 빠르고 단시간 내에 큰돈을 버는 일이 아니다. 작지만 매일, 그리고 꾸준하게. 종종 손해를 볼 때도 있지만, 어쨌든 크게 흔들리지 않고 하나씩 쌓아가는 것이 카드 플레이어의 패턴이다. 아무튼 전문 카드 플레이어의 첫 번째 출발점은 '홈그라운드의 선택'이다. 자신이 늘 '출근'할 카지노를 선택하는 것. 그러니까 첫 직장을 어디로 선택하는 작업이 아무래도 가장 중요한 요소라고 필자는 생각한다. 이것은 해당 카지노와 집까지의 거리, 그 카지노가 제공하는 호텔의 콤프(그 호텔에서만 쓸 수 있는 포인트), 하다못해 주차장 문제 등 여러 기준이 있을 수 있다. 얼마나 강하고 약한 플레이어가 많은지의 테이블 필드의 퀄리티 여부도 중요한 선택의 요소가 될 수 있다. 특히 특정 게임 기준 이상의 하이롤러 테이블을 선호한다면 라스베이거스 기준상 하이롤러 게임은 벨라지오 호텔 또는 아리아가 거의 유일하다고 보아야 한다(베네시안도 괜찮다). 굳이 큰 규모의 게임 $10/$20으로 시작해야 할 필요는 없다. 라스베이거스는 놀랍게도 $0.50/$1.00의 테이블이 존재한다(샘즈 타운 카지노: 필자의 기억이 맞다면 아마 2011년도 기준). 좀 위험한 지역에서 일용직으로 하루를 일하는 사람들이 들리는 도박판이었던 걸로 기억한다. 이 문장이 쓰이는 2023년에도 건재한지는 잘 모르겠다. 아무튼 필자는 $1/$2로 시작하였고, $2/$5를 플레이하면서 원활한 삶이 시작되었다. 그리고 의미 있는 저축도 시작할 수 있게 됐다. 결혼을 하고 책임져야 하는 사람들이 생겨나면 $5/$10의 테이블에서 플레이했으며, 더 큰 꿈을 위해 $10/$20에도 도전하였다. 큰 빅 게임이 아니라 이 정도의 테이블에서도 가족에게 꽤 윤택한 삶을 제공하는 것이 가능하다(다행히 우리 가족 중 사치스러운 사람은 없었다).

아무튼 필자는 규모가 그리 크지도 작지도 않은 로컬 카지노를 하나 선택했고, 그 카지노 근처가 동네 치안이 나쁘지 않다는 것을 확인한 이후 월세방을 구했다. 라스베이거스의 북부나 동부는 치안이 그리 좋은 편이 아니어서 서부나 북서부 근처에 숙소를 두었고, 이는 대단히 만족스러운 결정이었다. 집에서 카지노가 매우 가까웠으니 출·퇴근 시간이 짧아서 기분이 좋았다. 원래 라스베이거스의 카지노는 세계에서 놀러 오는 관광객을 대상으로 장사의 초점이 맞춰져 있는 경우가 대부분인데, 필자가 선택한 그 카지노는 "We Love Locals(우리는 로컬 플레이어를 환영함)"이라는 문구가 직원들의 유니폼에 새겨져 있을 정도로 관광객보다는 베가스의 로컬 플레이어를 소중히 생각해 주는 그런 카지노였다. 전체적으로 게임은 언제나 돌고 있었고, 새벽 5시에서 아침 8시 반 사이를 제외하면 언제나 라이브 게임이 돌고 있었으며, 플레이어 풀이 다소 널널했던 기억이 난다. 대부분의 식사는 호텔의 콤프로 지불하게 될 것이다. 본인의 이름을 등록하고 한 호텔에서 꾸준히 게임을 하다 보면 본인이 모은 콤프를 다 쓸 수 없는 때가 온다. 나중엔 식사로 지출되는 비용은 전혀 없는 단계에 도달할 수 있다(카지노 콤프 프로그램마다 상이하다: 극단화).

10시간의 live cash game session은 평균적으로 600핸드를 넘기지 못한다. 이 600핸드는 사실 상당히 높게 잡은, 현실적이기엔 조금 많은 양임을 기억하라. 평균은 보통 400핸드 후반으로 예상된다(우리나라 독자들은 믿기 어렵겠지만). 반대로 풀링 테이블(9명의 플레이어)이 아니어서 500핸드 이상도 플레이할 수 있지만, 풀링 기준 600핸드는 조금 많은 카운트다. 많아 보일 수도 있지만 사실 그리 많지 않다. 하루 500핸드라면 1주일에 5일(필자는 잠이 많은 편이라 이틀 쉬지만, 대부분의 플레이어는 엿새나 심지어 이레 전부도 일하는 경우도 있다), 이것은 1주일에 2,500핸드(500x5)가 되며, 1년이면 얼추 13만 핸드다. 이 정도면 대부분의 배드빗, 쿨러, 럭키샷에 의한 베리언스를 충분히 겪고 난 이후다. 심지어 배드빗 잭팟을 누릴지도 모른다(필자는 대략 10년의 세월 동안 두 번 받아봤다. 큰 것 한 번, 작은 것 한 번). 이렇게 스윙을 견디는 과정을 필자는 이미 예전 Black Friday(2011년의 온라인 포커 스캔들 사건, 직접 검색해 볼 것) 스캔들이 터지기 전, 온라인에서 여러 번 겪어보았기에 베리언스에 의한 스윙은 두렵지 않았다.

전업플레이어의 운영 전략

당연한 이야기지만, 텍사스 홀덤은 1등 패가 되는 것이 제일 좋고, 그다음으로 좋은 것은 꼴등 패를 갖는 것이다. 2등 패가 되면 가장 많은 칩을 잃게 만든다. 그러므로 어중간하게 2등인 상황에 자주 봉착되는 핸드는 거의 시작에서부터 멀리함이 옳다. 홀덤에서 제일 안 좋은 핸드를 선택하는 기준법은 '어중간한 핸드(마지널 핸드라고 부른다)'로 싸우는 것이라는 진실과도 연결된다. 만약 아마도 간당간당하게 베스트 핸드일 것 같은(간신히 1 또는 2등), 그럭저럭 괜찮은 핸드를 가지고 있다면 강하게 리드하는 상대의 빅 벳(특히 후수+오버벳)에 폴드하는 경우가 빈번히 생길 것이다. 이러니 차라리 우리가 먼저 일정 부분을 벳하여 상대방에게 콜당하는 것이, 우리가 먼저 첵하여 상대방으로부터 벳 맞은 이후에 콜로 쫓아가는 것보다 훨씬 더 나은 그림을 기대할 수 있다. 에퀴타라도 실현시켰다면 다행이다.

우리는 종종 유명 방송에서 나오는 프로 카드 플레이어들을 보며, 그런 마지널 핸드로 오히려 오버벳을 날려 상대로 하여금 히어로 콜을 받아내 매우 큰 팟을 억지로 조성하여 이기는 것을 보곤 한다. 시쳇말로 '만들어 먹는다'고 한다. 이것은 사뭇 카메라가 돌아가는 특수한 방송적 요소가 묻어있는 환경에서는 더더욱 그런 '슈퍼 플레이'를 선보이는 것이 방송적 성공이나 시청률을 위한 플레이가 되어서 더욱 세간의 시선을 끄는 것이 가능하고, 그런 세상의 이목을 끄는 것이 '테이블 바깥의 부수적인 EV'로 연결되기 때문에. 그런 테이블 바깥의 효과를 얻기 위해 '무모할 수도 있는 플레이'가 사실은 +EV여서일 거라고 종종 생각한다.

당연하지만 우리는 그래서는 안 된다. 여기에서 지칭한 '우리'란, 대규모 방송이나 흥행을 위하여 플레이하지 않는 일반적인 플레이어를 가리킨다. 이 말은 무리하게 마지널한 핸드로 빅 팟을 만들어 먹으려 들 필요는 없다는 의미가 된다. 이기고 있다고 생각되는 모든 핸드에 대한 벨류를 언제나 받아내려 하지 않으며, 리스크를 감수하지 않는 선택이 결코 나쁜 운영 전략이라 평가하기 어렵다. 기억하라. 우리는 하루 10시간씩 매일 플레이하는 미친놈들이다. 실제 이 게임에 가족의 밥줄과 연결되어 있다면 이제 그대의 목표는 승부가 아닌 운영이 되어야 할 것이다. 안전하게 쇼다운에 도달하여 주어진 합당한 에퀴티를 실현시키는 것만으로도 만족하는 태도로 이 사업을 영위해야 한다(언제나는 아니지만: 극단화). 수많은 낮은 실력의 플레이어들은 드로우를 쫓기를 좋아하며, 웬만한 벳에는 잘 죽지 않는다. 이것은 그들이 작은 벳에도, 그리고 큰 벳에도 별 차이 없이 콜한다는 뜻이 된다. 그들은 팟오즈에 대한 지식이 거의 없거나 전무하기 때문에 드로우로 콜하기에 비싼 금액을 제시하더라도 여전히 콜한다. 따라서 플랍에서 '우리의 메이드 핸드vs.드로잉처럼 보이는 상대'의 상황일 때에는 팟 벳이나 이보다 큰 오버벳을 삼가고(이러면 3640장의 나쁜 상황이 재현된다), 그냥 평범한 양의 벳인 2p/5~3p/4 정도만 벳하자. 이것은 상대방에게 청구할 수 있는 양심적인 양이고, 그 제안은 적절하였으며, 행여 상대방이 콜하여 그의 무리한 드로우가 운이 좋아서 메이드되더라도 이젠 상대방의 빅 벨류벳에 우리가 폴드할 수 있는 퇴로 또한 제공한다. 애초에 적게 팟을 조성했기에 탈출하는 것도 가볍게 털고 도망칠 수 있다. 상대의 드로우가 턴에서도 여전히 힛(hit: 드로우가 메이드되었다는 뜻)되지 않은 것 같아 보이면 이젠 리버에서는 마음 편히 벨류를 청구할 수 있다. 여전히 오버벳은 삼가길 권한다. '메이드' 수준이 아닌 마지널 핸드 수준이어서 상대를 간신히 이기고 있다고 판단되면 무리하여 벳하지 않고 첵으로 넘기는 것도 훌륭한 판단이 된다. 전체적인 운영에 안정감을 불어넣는 것이 전업 플레이어에겐 중요하다.

턴에서는 상대의 드로우가 맞을 가능성이 굉장히 희박해지지만, 오히려 그렇기 때문에 '한 번만 더 벳을 견뎌내면 이 핸드의 승과 패를 확실히 확인하는 것이 가능해진다' 또는 '한 번만 더 이놈이 날 밀어내려고 하는 건지 확인해 보자'라는 마인드로 드로우를 쫓을 가능성이 크기 때문에 턴에서는 벨류를 얻어내기 위해 약간 더 크게 베팅을 해도 좋다(그들과의 대화에 의하면 그들은 이런 마인드를 가지고 있었다). 게다가 모든 드로우를 가지고 있는 빌런은 리버에서는 벨류벳에 콜하지 못한다(블러프로 올인할 수는 있지만). 리버 벨류벳이 어려운 이유가 여기에 있다. 그러므로 벨류벳이 성공될 수 있는 현실적인 마지막 지점은 턴이므로, 턴에서 다소 강하게 벳할 필요가 있다. 턴에서는 강하게 때려도 좋다.

실력이 낮은 테이블에서의 특징 중 하나는: 상대방의 강한 레이즈를 대부분 존중해 줌이 장기적으로는 타당하다는 것이다. 필자는 거의 KK을 캐시게임 프리플랍에서는 여간해서 폴드하지 않지만, $1/$2나 $2/$5처럼 낮은 실력의 테이블이라면 종종 상대방의 성향을 고려하여 4bet을 크게 맞았을 때, 폴드해 줄 때가 있다. 물론 4BF(4bet bluff)일 수도 있지만, 낮은 테이블에 한정하여 폴드를 섞어줄 때가 있다. 지금 내가 쓰리벳으로 감아친 $55를 포기하며(−$55), 남아있는 $945를 지키기로 결정하는 것이다. 얌전히 −$55를 선택하는 것이다(당연히 언제나는 아니지만). 특히 상대방이 워낙에 탄탄한 바위 같은 성격이며, 하필 EP(Early Position: 얼리 포지션 6번부터 4번까지)에서 포벳을 감행해 온 케이스라면 충분히 그를 존중하여 폴드한다. 이것이 언제나 정답일지는 모르지만, 실제로 KK를 폴드하면서 내 핸드를 상대에게 공개해 주면 상대방도 고개를 끄덕이며 AA를 필자에게 보여주며 테이블에 있던 모든 플레이어가 경탄한 순간들이 즐거운 추억으로 남아있다. 물론 실패하여 웃음거리가 된 재미있는 추억도 분명히 있다. 만일 이런 상황을 관찰하고 있던 독수리나 기타 다른 스타일의 상대방(예를 들어 도적)이 비슷한 상황에서 필자에게 또 4bet을 걸어온다면 이제는 JJ으로도 콜할 때도 있다. 상황에 따른 익스플로잇이다.

굳이 한 팟에 많은 경쟁자가 붙었을 땐 블러프할 이유가 없다. 본인이 원하든 원하지 않든, 블러프를 감행해야만 하는 순간은 반드시 찾아온다. 이것은 본인의 레인지와는 전혀 무관하다(극단화). 이 타이밍은 특히 토너먼트일수록 한 번쯤은 일어나는데, 여러 명이 경합되고 포지션까지 선수인 상황 속의 블러프는 통하기 어렵다. 모든 핸드를 다 이기려 드는 자세부터 고쳐야 한다. 매 판을 다 이기려고 노력하지만 않는다면 블러프를 치기 매우 어려운 상황이 어떤 때인지 분명히 느낄 수 있을 것이다. 이것은 상대방의 오프닝 레인지와 현재 상대의 비하인드 스택 비율(SPR:『홀덤의 정석: 초급편』2350장 참조)를 생각해 보면 '아 더 이상은 아무리 협박해도 굴복하지 않겠구나' 하는 기준이 어디인지 감이 잡힐 것이다.

오프라인은 온라인에 비해서 매우 재밌고 지루하지 않은 환경이다(적어도 필자는 그렇게 느낀다). 우리는 거의 대부분 새로운 플레이어와 경합을 벌이거나 또는 오랜 시간 경합을 벌여왔던 다른 고정 플레이어(Regular: 레귤러. 해당 카지노에 자주 드나드는 고정적 플레이어)와 붙는다 해도, 그것은 그것 나름대로 흥미로운 대결이 될 수 있다. 단, 순간의 감정을 이기지 못하고 답답해하여 독자 여러분들에게 액션을 빨리 재촉하는 플레이어를 종종 만날 때가 있는데, 필자는 누가 뭐라 하든 천천히 해도 괜찮다고 주장한다. 물론 매 핸드를 심각하게 고민해서는 안 된다. 반드시 기피해야 하는 것은 ORC(Open Raise Chart)를 숙지하지도 못한 상황이다. 이것은 아직 독자 여러분 앞에서 오픈한 사람이 한 명도 없고, 독자 여러분이 최초로 팟에 대해 레이즈를 작렬시키는 상황에서 시간을 크게 지체시키는 것을 의미한다. 특별한 계산이 필요 없고, 그저 집에서 준비해 온 대로만 이행하면 된다. 하나의 액션에 30초 내로만 결정한다면 아무도 뭐라 하지 않을 것이다(베가스 기준).

리버에서는(특히 선공이라면) 거의 언제나 벨류벳을 검토해야 한다. 벨류벳하라는 뜻이 아니다. 스스로에게 시간을 주는 것이다. 벨류벳을 검토할 충분한 시간을 스스로에게 허용하자. 이것은 상대로 하여금 '블러프를 쳐볼까 하고 우리가 생각하는 것처럼 보이게' 만들어서 오히려 우리의 벳을 역블러프로 누르려고 공격을 감행해 올 때가 있다. 딱 그만큼의 추가적인 수익이 아무런 리스크 없이 그냥 천천히 시간만 쓰며 생각만 것으로 우리에게 발생한다. 단지 시간만 조금 더 길게 소요했을 뿐인데, 이게 웬 추가적인 수익으로 연결될 수 있다는 것이 놀랍게 느껴질 것이다. 특히 이러한 미세한 어드벤티지가 후수를 잡고 있는 히어로의 포지션과 맞물린다면 그 효과가 극대화되는 경우가 많다.

종종 테이블에서 매우 넓은 레인지로(실제로 그의 레인지를 확인할 방법은 없지만, 단지 이상할 정도로 '자주') 벳하는 플레이어를 만날 때가 있다. 처음 한두 번은 그러한 상대에게 '강패겠거니…' 하고 순순히 팟을 포기해 줌이 자연스러울 테지만, 이러한 현상이 지나치게 자주 관측된다면 우리는 그의 레인지(또는 핸드를 평가하는 그의 기준)에 의문을 품을 수 있다. 바로 이때 첵레이스 블러프를 섞어서 폴라라이징 레인지를 구성하면 적절한 대응이라고 평가한다. 이러한 성향의 플레이어는 벳을 자주 그리고 강력하게 할 수 있어도, 놀라울 정도로 콜을 못하는 경우가 많다. 물론 이론적으로 빌런의 그러한 플레이는 수학적으로 타당하며, 주로 쉽게 손실을 내지 않는 솔리드 성향의 플레이어가 이런 패턴을 자주 보이는데, 다음의 방법들로 그런 솔리드를 제압하자.

1. 솔리드가 뒤에 포진해있다면 그보다는 조금 더 타이트한 레인지로만 경합 도록 하자.

2. 첵레이즈를 즐겨 써야 한다. 나약하게 콜하는 것만으로는 이들의 공격력을 제지시키기 어렵다. 어차피 플랍과 턴에서 도합 두 번 콜할 계획이었다면 차라리 플랍에서 벳 맞았을 때, 턴에서 콜할 양까지 미리 얹어서 레이즈로 되찔러주면 턴에 봉착하기도 전에 우리의 '첵레이즈'에 빌런이 폴드함으로 쉽게 팟을 따내는 경우가 포착될 것이다. 이들은 에쿼티도 낮으면서 너무 자주 벳하기 때문에 우리의 백드로잉이 좋은 핸드로 레이즈하면 아무것도 없이 벳한 모든 경우는 순순히 팟을 포기할 수밖에 없다.

3. 실력이 낮은 테이블에서 가장 강력한 위닝 플레이어는 대개 이렇게 공격 력이 높고 수비력이 낮으면서 타이트함까지 갖춘 플레이어다. 이들은 후 수의 소중함을 이해하고 있다. 굳이 이들을 밟고 올라서서 이기겠다는 마 음을 먹기보다는 독자 여러분들도 이들과 비슷한 성향이 되어야 하고, 되 도록이면 이렇게 비슷한 성향끼리만 경합하는 소모적인 상황이 불필요하 게 조성되지 않도록 관리함이 타당하다.

4. 상대방이 피쉬라는 것을 알아챈 후, 그의 실력을 내리 깔보고 블러프로 물 러남을 강요케 하고 싶어질 때가 있는데, 사실 블러프를 피쉬에게 작렬시 키기란 대단히, 아주 대단히 어려운 일이다. <u>차라리 그런 일을 이루려고 하는 심리 자체를 없애는 게 +EV일 수 있다.</u> 왜냐하면, 애초부터 피쉬들 은 어지간해선 폴드를 하지 않는다. 그런 그들을 블러프로 폴드시키려 드 는 것 자체가 하나의 모순이다.

실력을 늘리는 두 가지 선택

텍사스 홀덤을 실력을 쌓으려면 둘 중 하나의 길을 선택해야 한다. 예외가 없다.

  첫째는 바로 실전에서 터득하는 방법이다. 이 경우 디테일한 이론은 알 필요 없고, 단지 '게임의 흐름을 방해하지 않는 선'까지만 이론으로 배우면 된다. 바로 실전에 투입되어 경험을 쌓으며 배우는 게 가능하다. 이렇게 저돌적인 방법은 두 가지의 단점이 수반된다. 첫 번째 단점은 '배움에 드는 비용'이 극악으로 발생될 수 있으며, 이 경우 뱅크롤 공부마저 되지 않았다면 십중팔구 파산을 피하기 어렵다. 두 번째 단점은, '지금 잘못 배운 지식'이 추후에 옳게 검증된 지식과 충돌을 일으키거나 고치기 힘든 나쁜 습관으로 변하여 플레이어의 근육 속에 단단히 뿌리박혀 추후 수정 작업을 매우 어렵게 만들 수 있다는 것이다. 특히 거칠게 배운 습관들은 두뇌가 그것을 나쁜 습관이라 생각하지 않고 '패배를 통해 습득한 하나의 교훈'이라 여기기 때문에 이 나쁜 습관들을 고치는 것은 대단히 어려운 일일 수 있다(포착해내는 것 자체가 1:1 코칭이 없다면 매우 어려운 일이 될 수 있다). 그러므로 아예 아무것도 모르는 하이얀 백지 상태에서 배움을 시작하는 게 오히려 더 나은 조건이라고 필자는 종종 생각한다. 하지만 이런 저돌적인 방법엔 장점 또한 분명히 있다. 이 고비용방식은 그 즉시 실전에 투입되기 때문에 실전에서 나오는 감각들을 바로 흡수하는 것이 가능하여, 두 번째 곧 소개할 방법보다 더욱 높은 양의 경험치를 매우 빠르게 쌓는 것이 가능하다. 물리 법칙, '거리(결과)=속도(비용)x시간'을 기억하는가? 비용이 늘어났으니 시간을 줄일 수 있다.

실력을 쌓는 두 번째 방법은, 이론을 먼저 충분히 배워놓고 그 탄탄히 쌓아놓은 이론 위에 비로소 경험을 천천히 쌓는 것이다. 이 방법은 확연히 느리다. 그러나 비용이 획기적으로 덜 든다. 실전 카지노로 가기 전, 사전에 공부 자료를 토대로 여러 정보를 습득한 이후 배웠던 이론을 실전에서 차분히 적용시켜 보고, 실전과 이론의 차이도 직접 느껴볼 수 있는 기회도 보장된다. 게다가 실전은 분명 이론이 가르쳐주지 않는 부분이 있고, 이론 역시 실전에서 배우지 못하는 부분이 있는데, 양쪽 길 둘 다 언젠가 적어도 한 번은 가봐야 한다면 이론을 먼저 쌓는 것이 절대적으로 이득이다. 왜냐하면, 첫 번째 방식은 이미 위에서 언급했듯, 각 개인이 경험을 쌓는 중 스스로가 느꼈던 '잘못 배운 지식'이 추후 배우는 수학적 진리와 충돌하는 상황이 일어나기 때문이다. 이 충돌은 피하는 것이 불가능하지만, 이론을 통하여 수학적 진리를 먼저 쌓아놓으면 이것이 나중에 경험과 충돌하는 일은 최소로 줄일 수 있다(극단화). 최소한의 비용으로 무료 유튜브 비디오나 전문 서적 등으로 이론을 충분히 쌓는 데 투자된 비용은, 실전에서 소모되는 비용의 총합보다 분명하게 저렴할 것이다. 이것만큼은 틀림없는 이득이다.

대부분 실수가 용납되지 않거나 실패를 감당키 어려운 전문직 직종일수록 인류사회는 선이론-후경험 방식을 통해서 숙련자를 생산해냈다. 가장 대표적인 직업이 의사다. 그들은 타인의 생명을 다루며, 실수가 일어나면 인간의 생명을 앗아가기에 깊은 이론을 먼저 쌓아둔 의사만 선별되어 실전에 투입된다. 이들은 실전에 들어가기 전에 충분한 이론적 구상을 충분히 선행하며, 다른 선구자의 수술을 함께 집도하며 실전 경험을 완성한 이후에 비로소 홀로 수술하며 더욱 스스로의 노하우를 쌓는 단계에 진입한다. 만일 이론이 전혀 잡혀있지 않은 의사(또는 의사 후보생)가 직접 메스로 환자의 환부를 가르며 의술을 배워나간다면 이것은 필시 금전으로 교환키 어려운 비용이 수반될 것이다. 한 명의 인생에 유죄 또는 무죄를 결정하는 중임(重任)을 맡은 판사 역시, 선이론-후경험 방식으로만 숙련될 수 있는 전문 직종이라 필자는 생각한다.

문제는 텍사스 홀덤이다. 필자가 장담하건대 대부분의 플레이어는 이론을 쌓기 전 이미 경험으로 여러 번 부딪힌 후, 추후 이론을 쌓아 올리는 선경험-후이론 방식이 압도적으로 높을 것이다. 텍사스 홀덤을 마치 의술이나 법률을 공부하듯, 이론을 철저히 먼저 공부하고 나중에 실전에 들어간 케이스는 거의 없을 것이다. 필자 역시 선경험-후이론으로 텍사스 홀덤을 접하였고, 그 사실을 지금도 종종 후회할 때가 없는 것은 아니다.

시행착오

　매 액션이 마치 내 인생 전체가 여기에 달렸다는 각오로 플레이해야 한다(실제로도 그러하고). 몇몇 플레이어들은 '돈을 잃은 상태에서는 절대로 테이블을 떠나지 않으려 한다'. 간단히 말해 아직 승부를 진 상태로는 결정내고 싶어 하지 않는 것이다. 손실이 더 길어지고 더 많이 질수록 더더욱 나쁘게 플레이하며, 레인지는 점점 벌어져만 간다. 나를 제외한 주변 사람들은 이 사실을 정확하게 알고 있다(화를 내기 때문에). 말도 안 되는 핸드로 올인과 콜을 일삼는다.

　필자가 전업을 생각하기 전에 겪었던 큰 손실을 방지하려고 필자에게 스스로 맹세한 것이 있다(그리고 아직까지 이 맹세는 결코 깨진 적이 없다). 그것은 '하루 중 세 번째 바이인은 없으며, 아무리 이긴 위닝 세션이라 해도 네 번째 세션 또한 있을 수 없다'였다(실제로 카지노를 4개 이상 다니지도 않았고). 이것이 필자의 롱런을 가능케 해주었다고 필자는 믿는다(증명할 길은 없지만). 운이 지지리도 없어서 바이인을 연속 두 핸드로 날린 경우(앉자마자 받은 핸드로 날리고, 또 바이인하자마자 바로 날리고)가 기록상 다 합쳐봐야 10번도 되지 않았다. 그리고 대부분 그런 날은 일찍 퇴근하고, 아내와 함께 넷플릭스를 감상하거나 고양이를 쓰다듬으며 휴일을 만끽했다.

필자가 겪었던 가장 큰 문제는 어느 정도 돈을 제법 딴 날은 너무 빨리 세션을 접을 때가 있었는데, 왜냐하면 이미 벌어둔 수익을 잃어버린 뼈아픈 경험 때문에 지금 오늘 여기서 종료하면 그것으로 확실하게 승리를 굳힐 수 있으므로 빨리 접었던 것이었다. 이 문제는 나중의 「3810장 반드시 있어야 하는 것: 친구(코치)」에 다시 나오겠지만, 이것이 잘못된 태도라는 것을 깨닫는 데 꽤 오랜 시간이 걸렸다. 처음엔 이것이 하나의 문제라고 파악하는 것조차 의구심이 들었다.

　　필자가 카드게임을 하나의 커리어로 삼기 이전의 일이다. 가장 폴드하기 어려웠던 핸드가 바로 KTo이다. 물론 지금은 '2렙 카드'라고 기억하여, 2번보다 더 나쁜 자리에선 폴드할 수 있는 스타팅 핸드이다(극단화). 하지만 그 당시 땐 이런 식의 생각이 없어서 그냥 KTo가 들어오면 '플랍을 보고 싶다'란 생각만으로 두뇌가 말을 듣지 않았다. 이것을 견뎌내고 처음으로 KTo를 프리플랍에서 폴드한 그때(아직도 정확히 기억한다. 2010년의 우리나라 광진구의 워커힐 카지노), 필자는 스스로 '내가 성장했구나' 하는 느낌을 받았던 적이 있다. 하나의 약점을 찾아서 보완했다면 이제 새로운 약점이 또 보일 것이며, 그렇게 한 보 한 보 전진하며 나아가면 그뿐이다. 중요한 것은 그 걸음을 멈추지 않는 것에 있다. 약점은 언제나 있으며, 완전하게 없애는 것은 불가능하다고 필자는 생각한다.

3720.
집중력의 위력

어떤 것에 '집중'한다는 건 사실 위대한 행위이다. 집중이란 모든 것을 잊어버리고, 다른 그 어떤 것도 시각화할 수 없으며, 주어진 하나의 특정한 대상에게만 관심을 쏟는 것을 집중이라 정의하겠다. 테이블 위에서 우리는 매 순간 어떤 결정을 내린다. 이상적인 상황이라면 이 결정은 아무런 계산(또는 계획) 없이 내리는 결정이 아니라, 자신에게 주어진 어떤 정보를 토대로 검토해 본 후 그 계산의 결과를 결정으로 도출하는데, 이 계산에 필요한 재료를 얻는 과정에 '집중'이라는 자원이 소모된다. 그러니까 고품질의 집중이 소모될수록 고품질의 정보라는 재료를 얻게 되며, 이것이 고품질의 계산과 융합된다면 조금이라도 더 합리적인 판단을 도출할 수 있게 된다.

유감스럽게도 이 집중력이란 자원은 무한대가 아니다. 한 사람이 쓸 수 있는 집중력엔 한계가 있으며, 이내 한계에 다다르면 깊은 생각을 거치지 않고 그냥 눈에 보이는 대로 판단을 내린다. 집중력이 다한 것이다. 마치 여느 온라인 게임에서 자동 사냥 모드를 켜두는 것처럼 말이다. 자동 사냥 모드를 켜두면 일이 매우 쉽다. 그냥 켜두고 눈으로만 보면 된다. 아니, 아예 눈으로 보지 않고 추후 결과만 확인하는 것도 가능하다고 들었다. 이 자동화된 움직임은 매우 효율적이다. 많은 수고로움이 감소된다. 이로 인해 제아무리 피곤하더라도 이 자동 사냥 모드만 있다면 우리는 계속하여 게임하는 것이 가능해진다. 놀랍게도 우리의 두뇌는 이 자동 사냥 모드에 최적화되어있다. 그러나 텍사스 홀덤을 하나의 업으로 삼은 우리는, 이것을 늘 경계해야 한다.

왜냐하면, 이 집중력이 우리와 빌런의 차이를 만들기 때문이다. 집중력은 불가능을 가능케 할 때가 있다. 사실 집중력이란 '집중하지 않는 힘'에 더 가깝다. 무슨 뜻이냐 하면 특정 대상에게만 관심을 주고, 다른 모든 대상에게서는 일시적으로 관심을 끄는 것이다. 즉, 선택적인 대상에 대한 관심을 끄는 힘을 집중력이라 부르는 것이 얼마든지 가능하다. 집중력은 단순히 보드를 더 정확히 읽고, 상대방의 레인지에서 더욱 정교하게 콤보를 소거시키는 데 필요한 것만이 아니다(물론 그것이 제일 많이 집중력이 요구되긴 하지만: 극단화).

3721.
자동 사냥 모드의 폐해

독자마다 다르겠지만, 자동차를 오랫동안 운전해 온 이들은, 사실 운전 도중 주변 사물에 크게 집중하지 않음에 어느 정도 동의할 것이다. 물론 모든 운전사는 운전 시 전방을 주시한다. 그러나 그 누구도(처음 몇 달을 제외하면) 운전 중 자신의 시야에 가지고 있는 모든 집중력 중 100% 전부를 언제나 할당하지 않는다. 특히 어느 특정 궤도 이상으로 올라서면 그 이상부터는(흔히 시쳇말로 눈감고도 운전하는 지역에선) 그 집중도가 크게 내려간다. 아는 것이다. 늘 같은 골목에서의 우회전과 늘 같은 곳에 있는 과속방지턱 등, 특별히 주의를 기울여야 할 필요를 두뇌는 더 이상 느끼지 않는다. 이 단계를 '자동 운전 모드' 또는 '자동 사냥 모드'라고 일컫는데, 마치 특정 인터넷 RPG 게임에서 일일이 사용자가 마우스와 키보드를 이용하여 게임할 필요 없이 그냥 켜두기만 하더라도 캐릭터가 알아서 자동으로 게임을 플레이하는 경우다.

문제는 사람이란 언제나 되도록이면 이 자동 사냥 모드로 세상 모든 것을 해결하려 드는 게으른 동물이란 점이다. 당연하지만, 처음 새롭게 어떤 것을 할 땐 집중력을 잘 끌어오다가도 계속 비슷한 것이 반복되면 매우 자연스럽게 흥미를 잃게 되고, 흥미를 잃으면 집중력 역시 낮아진다. 텍사스 홀덤에서도 이 자동 사냥 단계까지 오르려면 정말로 많은 경험이 수반되겠지만, 이 자동 사냥 단계가 반드시 실현되는 날이 모든 이에게 온다. 이는 피할 수 없다.

프리플랍에서 3번 자리에서 오픈 이후, 모든 이가 폴드하고 BB만 콜한 상황이다. 플랍이 열렸다. 우리는 BB의 액션은 책임을 이미 안다. 이 정도 필자가 반복했으면 이젠 플랍선수책은 정형화가 끝나있어서 벌써 '자동 사냥 모드'로 실행되어 돌아가고 있어야 한다. 그리고 레인지나 플레이어의 성향에 대한 고찰을 어느 정도 거쳐야 하겠지만, 거의 이런 구도에서는 3번의 cbet이 옳다는 것을 감각적으로 우리는 모두 안다. 물론 플랍의 텍스쳐마다 그 높낮이에 따라 달라지겠지만, 순수 포지션만 놓고 해석하였을 시 현재 3번의 선수(先手: OOP) 씨벳은 정답이 될 여지가 크다. 그렇게 때문에 플랍이 펼쳐지기도 전에 이미 눈은 팟 금액을 세보고 있으며, 손은 벌써 칩을 모으고 있다. 이래서는 안 된다(특히 이 문장을 고급편을 원하는 중급자들께 꼭 짚어드리고 싶다). 이렇게 비슷하게 반복되는 상황 속 우리는 예외를 잡아내려 노력해야 한다. 그 예외적인 상황이 발생하면 그 리크(Leak: 『홀덤의 정석: 초급편』 참조)를 막고자 우리는 집중해야 한다. 하루 10시간의 플레이 중 '3번이 열고 BB가 막는 상황(SRP: 3-BB)'은 아무리 적게 잡더라도 최소 10번은 일어난다. 지금 필자는 우리가 3번에 앉아있고, BB에 앉은 그 플레이어가 방어하러 나오는 그 한 가지 상황만 국한하여 설명하는 것이 아니다. 2번이 막고 SB가 3bet(3BT: SB-2)하고, 6번이 오픈하고 1번이 3bet(3BT: 1-6)하는, 그 모든 '정형적 상황', 그 모든 상황 중 아무런 상황 하나만을 무작위로 잡아서 설명하고 있는 것에 불과하다. 이런 '정형적인 모든 상황'에서 반복적으로 무엇을 해야 하는지 이미 습관적이고 반사적으로 아는 단계까지 도달하는 날이 분명히 온다. 특히 전문 카드 플레이어를 준비하고 있다면 이미 이런 상황에 도달했을 수도 있다. 늘 집중할 순 없겠지만, '리크를 잡아내려는 집중이 필요한 때'에도 집중하는 것이 어렵다면 휴식을 취해야 한다.

3730.
전업 플레이어로서의 감정 조절

『홀덤의 정석: 초급편』에서 이미 틸트에 관하여 다룬 적이 있다. 사람의 정신을 수반하는 게임이 감정(感情)에 연관되어 있지 않을 수는 없다. 이것은 비단 카드게임뿐만이 아니라 롤(League of Legends)이나 스타크래프트처럼 '경쟁'이 끼어있는 모든 것에서 공통으로 적용될 것이다. 그러나 한낱 놀이나 유희에 불과한 이 행위가 하나의 업(業)이 되는 순간, 매우 큰 도전을 직면하게 된다. 감정이 업과 연관되어서 좋을 게 없다는 것을 분명히 알 텐데, 실전에 적용하는 게 매우 어렵다. 필자도 마찬가지였다. 모든 전문 카드 플레이어는 이 틸트(감정 조절에 실패하는 것)와 매우 <u>친해져야 한다.</u> 이것은 절대로 피할 수 없다. 이 사실을 받아들여라. 거부한다거나 부정하려 들어선 안 된다. 반드시 겪을, 피할 수 없는 우리의 미래다.

카드 플레이를 하나의 커리어로 삼은 이들은, 재미로 이 게임을 즐기는 이들과 사뭇 다른 자세로 임해야 한다고 필자는 믿는다(이것은 필자 개인의 사견이다). 종종 필자는 이 카드게임을 업으로 삼지 않으며, 편하게 즐기며 놀 수 있는 어떤 다른 플레이어들이 가진 **무언가**를 부러워할 때가 있다. 그들은 이미 '잃을 돈'을 준비해 놓고 있으며, 굳이 이 카드게임을 하지 않아도 되는 어떤 위치에 이미 올라가 있는 사람들이다. 필자가 갖지 못한 하나의 권리를 갖고 있는 것처럼 느껴질 때도 있다.

게임으로 즐기며 포커를 칠 시절엔 '감정' 따위에 큰 시간을 투자해 본 적이 없었다. 그냥 단순히 '화났을 때 참아야 한다'처럼 매우 단순한 관점에서만 이 감정에 대한 문제를 접근했지, 이 감정이 실제 뱅크롤에 장기적인 관점에서도 리크를 불러일으키는 요소라고는 당시엔 생각하지 못했다(그것조차 자연스러운 현상임을 나중엔 깨닫긴 했지만). 마치 '감정 따위'가 내 게임에 영향을 미친다는 점을 인정하는 것 자체가 하나의 패배처럼 느껴져서 싫었다. 내가 그까짓 감정 따위를 조절하지 못하는 어린애라고 스스로를 자학하는 느낌이 들어서 받아들이기 거부했다. 필자는 여전히 스스로가 감정 조절에 완벽하지 않다고 생각한다. 추후에 느낀 거지만, 바로 이런 관점을 갖는 것이 이 분야를 정복하는 데 그나마 가장 현실적인 방향이라고 생각한다. 인정하는 것이다.

그러므로 필자는 감정을 완전히 배제하는 것에는 반대한다(이렇게 되면 폭발하니까). 단 그 감정을 구체적으로 '알고' 있는 것이 차라리 더 낫다고 생각한다. 아래의 과정이 부디 독자 여러분들께는 반복되지 않기를 바란다. 지루해지거나 철칙을 무시하기 시작한다면 그 즉시 게임을 멈춰야 한다. 하지만 프로는 그럴 수가 없다. 이 빌어먹을 직업은 조심해야 하는 것이 어느 한두 개가 아니다. 다음은 필자가 생각하는, 프로를 준비하는 이들이 알아야만 하는 감정 조절에 대해 나열해 보았다.

1. 그 누구도 모든 핸드를 이길 수 없다. 심지어 모든 핸드를 지는 것 또한 불가능하다.

2. 멍청한 플레이어를 상대로는 언제나 이겨야 한다고 믿어선 안 된다. 그 누구를 상대하더라도 당연히 질 수도 있는 것이다. 세계 챔피언이라도 여전히 어린아이에게 질 수 있다.

3. 많이 땄으니 잠그면서 목표 시간을 채우려고만 하는 것.

4. 캐시게임은 다수의 샘플로 인하여 한 핸드가 가지고 있는 무게가 상대적으로 매우 가볍다. 문제는 그런 가벼운 실수를 지속적으로 저질러선 안 된다. 그 리크를 찾아서 제거해야 한다.

5. 굶고 싶지 않다면 테이블의 9명 중 6명보다만 잘하면 된다(9명 중 최소 3등). 굳이 1등일 필요는 없다. 하지만 만일 나보다 잘하는 이가 2명보다 많게 느껴지면 그 테이블에 있어선 안 된다.

6. 미운 녀석의 고집을 꺾으려 들지 마라.

7. 지금 나는 돈을 벌러 나왔지, 실력을 정진하러 나온 게 아니다.

8. 백전백승은 불가능에 가깝다. 한 번쯤 지거나 속더라도 화가 날 이유가 없다.

9. 포커의 기본은 '강할 때 늘리고', '약할 때 죽는 것'이다.

10. 나보다 강한 사람도 같은 테이블에 있을 수 있다는 것을 받아들여야 한다.

11. 만일 오직 실력만이 결과에 영향을 끼친다면 아무도 우리와 게임을 하려 하지 않을 것이므로, 우리는 곧 실업자가 될 것이다. 운을 받아들여라.

12. 행운이 오길 기다리는 건 불행이 오길 기다리는 것과 사실 똑같은 빈도다.

13. 블러프를 보여줄 땐 합리적인 이유가 있어야 한다.

14. 모든 핸드 데이터베이스와 핸드 히스토리를 삭제하고 새출발하려는 지금을 반드시 후회할 날이 올 것이다.

15. 이미 증명이 끝난 승리 전략들을, 한 번 배드빗당했다고 수정해선 안 된다.

16. 핸드를 졌다고 해서 플레이가 나빴다는 것이 되지는 않는다.

17. 이 게임은 '이론상 완벽한 플레이'를 선보여도 여전히 돈을 잃을 수 있는 구역질 나는 게임이다.

18. 더 이상의 리스크를 짊어지기 싫어서 리버에서의 벨류벳을 망설일 때.

19. 이기고 있을 때 또는 지고 있을 때, 평소보다 더 넓은 레인지로 플레이하거나 더 좁게 플레이하는 것.

20. 상대방에게 모욕을 입히기 위하여 벳하기 시작하는 순간 그 스스로의 모습을 깨닫고 멈추어라. 조용히 자리에서 일어나 칩을 정리해라. 눈도 마주치지 마라. 환전을 마치고 주차장까지 멈추지 말고 계속 걸어가라.

3731.
통제(統制)

간혹가다가 우리는 '대체 왜 그런 말도 안 되는 카드로 플레이하는지' 언짢은 생각이 들거나, 그의 핸드를 직접 두 눈으로 보고도 믿기 힘들어서 큰 충격에 빠지곤 한다. 우리가 상대를 통제하고 있었다고 믿었던 한계가 무참히 깨지는 순간이다. 하나의 인간이, 또 다른 한 인간과 갈등을 겪는 대부분의 경우가 바로 이 '통제권'이란 것에 있다. 그것은 공간에 대한 통제가 될 수도 있고, 시간에 관한 통제도 생각해 볼 수 있다. 심지어 부모 자식 간에도 부모의 지나친 통제로 인한 갈등이 대부분일 것이며, 정치인이라면 예산 편성에 대한 통제에 관련된 갈등을 생각해 볼 수 있다. 자유에 관련된 정부의 통제도 포함될 수 있다. 이처럼 '통제력'이란 권력과 자유, 그리고 규제와 법치와도 직결된, 인간사에 긴히 관여하고 있는 요소 중하나인데 홀덤에서도 사람들은 상대에 대한 '통제'를 갈망하는 모습이 종종 발견된다.

우리는 상대를 함정으로 유인하려고 상대의 플레이를 통제하려 들어선 안 된다. 상대 플레이의 스타일을 바꾸려 하거나 통제하려 들지 말고, 그의 플레이에 맞춰서 우리의 플레이를 바꾸며 대응하는 태도로 접근해야 한다. 이 대응하는 것을 익스플로잇이라 일컫는다. 리드(Lead)가 아닌 대응(Response)이다. 필자가 위에 「3020

장 전략의 고착화」에서 스타크래프트를 들먹인 주제를 기억하는가? "'드문 확률로 진행하는 우리의 4드론'이 상대의 '잠재적인 13커맨드'를 망설이게 할 수 있다"라는 문장도 내심 '상대가 쓸 수 있는 작전에 대한 통제'를 꿈꾸는 본심이 적힌 것으로 얼마든지 풀이함이 가능하다.

우선, 분명한 사실 하나를 확실하게 받아들이자.
모든 이는 그 누구도 통제할 수 없다.

이는 절대 불변의 진리이다. 우리가 타인을 통제할 수 있었던 건 노예/노비제도가 있었던 고대사회에서만 가능하지, 현대의 자유국가에서는 남을 통제하는 것이 분명히 불가능하다. 심지어 노예/노비가 있다 하더라도 여전히 완전한 통제를 갖추기엔 한계가 있을 것이다[예를 들면 사상(思想), 감정, 본능, 종교 등]. 하지만 적어도 현대의 우리나라에서는 '타인에 대한 통제'는 법에 의하지 않고서는 불가능하다. 나이가 적든 경제력이 부족하든 학력이 어떻든 간에 그 누구도 타인의 통제나 억압을 받는 이는, 이제 분명하게 우리네 사회에서 없어졌다. 이제 남은 접근은 쉽다. 우리는 우리가 통제할 수 있는 부분에만 집중하면 그것으로 충분하다. 아마 초급편에서 이와 비슷한 맥락의 설명은 독자께서 읽으셨으리라 필자는 짐작한다. 당신의 이미지는 당신이 원하든 원하지 않든, 상대방의 생각에 분명히 영향 끼친다. 이것은 명백하게 우리가 통제할 수 있는 범위에 있지 않다. 상대방이 생각하는 내 레인지는, 내가 상대에게 보이는 시각적 이미지에만 기반되어 제멋대로 추측될 수밖에 없다.

강하게 보이고 싶어도, 그것은 내가 고를 수 있는 게 아니다. 그것은 분명하게 우리가 통제할 수 있는 범위가 아니다. 이 사실을 독자들이 인지하고 있다면 감정 조절에 조금은 도움이 되리라 필자는 믿는다. <u>통제권을 기꺼이 포기하라.</u>

통제권을 가지려고 나를 상대로 블러프는 통하지 않는다는 암시, 내 돈은 그냥은 못 따간다는 협박, 상황의 주도권이 나에게 있음을 알리려는 공격적인 태도가 이미 <u>객관적인 통제를 잃었다는 것</u>을 의미한다. 만일 본인이 다른 플레이어들로부터 어떤 적절한 양의 존중(리스펙)을 받지 못한다고 느낀다면 그 테이블에 처음 들어왔거나, 특별하게 말이 많거나, 옷차림이 꾀죄죄한 경우에 자주 일어난다(실제로 필자는 결혼 전 옷차림이 꾀죄죄한 편이었다고 아내가 교정해 주었다). 하지만 그중에서도 가장 큰 이유는, 바로 우리 스스로가 우리 스스로를 존중해 주고 있지 않았기 때문에 상대에게도(또는 그 누구에게도) 존중받지 못한 경우가 많을 것이다. <u>멋있는 옷은 필수가 아니다</u>(실제로 필자는 지금도 패션 테러리스트에 가깝다). 필수는 스스로를 존중하고, 차분한 언어를 테이블에서 일관되게 사용한다면 함부로 남들이 비웃지 않을 것이다. 테이블에서 꾀죄죄한 차림을 하고도 여전히 존중받는 방법은 의외로 많다.

3732.
스트레스와의 전쟁

언젠가 필자는 "텍사스 홀덤으로 누구와 겨루어 이길 수 있나요?"라는 질문을 받은 적이 있다. 그때도 그렇고, 지금도 같은 대답이다. "누구에게도 이길 수 있고, 누구에게도 질 수 있다". 필자가 포커를 무척 좋아하는 이유 중 하나는 그 누구에게도 지거나 이길 수 있는 게임이기 때문이다. 승과 패를 예견함이 무모하다. 놀라운 사실은 이 과정이 반복될수록 결국 하나의 진리(眞理)에 도달하는데, 그것은 바로 '함부로 타인을 무시할 수 없다'를 깨달은 것이었다. 카드 플레이나 경쟁 또는 승부라는 환경에 오랜 시간 노출되어 있는 이들의 공통점은 함부로 다른 이의 의견을 꺾지 않는다는 것이다.

모든 종류의 경쟁이 들어간 게임(또는 스포츠)에서 스트레스를 느끼는 것은 불가피하다. 종종 우리는 축구경기나 야구경기 중 단체로 주먹다짐이 벌어지는 난투극을 목격하곤 한다. 이러한 상황이 그나마 포커 테이블에선 좀 덜하지만, 늘 이러한 '갈등'이 발현되기 직전 언제나 공통으로 느끼는 분노 발현 현상들이 있다. 특히 큰 현금이 오고 가는 테이블에 처음 앉았을 때 모든 이에게 한 번쯤은 일어난다고 필자는 장담할 수 있다.

- 다른 플레이어들에게 난 함부로 대할 수 없는 플레이어임을 각인시켜 놓겠다.

- 사람들은 너무 쉬운 결정에 쓸데없이 시간을 소모한다.

- 특별한 이유 없이 블러프를 열어서 상대방의 뚜껑을 열어버리고 싶다.

- 오랜 시간 동안 제대로 된 패를 받지 못했다.

- 모든 논쟁(포커와 관련이 없을지라도)에서 난 언제나 이겨야만 한다.

위의 감정들은 필자 스스로가 일지에 적으며 지극히 공감했던 현상만을 모아본 것이다. 지금은 비록 확연하게 덜해졌지만(특히 몇 개는 아예 더 이상 안 하지만), 이 모든 것을 인정한다. 우리 모두는 결국 이 과정에 한 번쯤은 노출되리라 생각한다. 경험이 있는 독자들이라면 구체적으로 적시하지 않아도 위의 상태가 어떤 상태일지 쉽게 머릿속으로 잡아낼 수 있다. 그리고 이외에도 많을 것이다. 카드 플레잉을 업으로 삼으려면 이미 윗 단계들은 익숙해져야만 한다. 이것은 옵션이 아닌 반드시다. 졸업해야 하는 것이다. 종종 이러한 심리적인 불안 상태를 대수롭지 않게 여기는 플레이어들을 종종 만날 때가 있다. 필자는 심리적인 실수가 수익률과 매우 밀접한 관련이 있다고 생각하는 편이다(경험이 드니 생각이 바뀌었다). 감정이 게임에 영향을 미치지 않는다는 주장에 더는 동의하기 어렵다. 이것은 분명히 컴퓨터가 계산할 수 있는 범위 밖이다.

화를 참는 것은 대단히 어려운 일이다. 화가 난다고 해서 바로 그 화를 폭력 따위를 통해 해결하려는 것보다, 그 화를 참아 억누르는 것이 대단히 어려운 일임을 인정해라. 그 대단히 어려운 일을 해내는 것은 정말로 강한 사람만이 할 수 있는 위대한 행위다. 어느 날

말도 안 되는 배드빗의 연발로 기껏 벌어들인 수익을 다 잃고 마이너스를 찍고 돌아와 화를 씩씩 내며 퇴근한 필자에게 시원한 커피 우유를 건네며 와이프가 나에게 말해 준 문장이다. 이 말을 듣고 필자는 한동안 멍하게 서있던 적이 있다. 그녀에게 감사하다. 책에 써도 되겠냐고 물으니, 미소를 띠며 좋다고 대답해 주었다.

아침 드라마에서 시어머니 역할을 맡은 여배우가 어떤 크고 놀라운 소식을 접하고, 너무 큰 충격을 받아 숨조차 쉬지 못하는 연기를 우리는 본 적이 있다. 인간의 두뇌는 생존/감정/사고능력 이렇게 세 가지의 기능으로 나뉘는데, 순간적으로 너무 큰 충격을 받으면 생존을 위하여 숨을 쉬어야 한다는 두뇌의 기본적인 능력에 지장이 생긴 것을 연기한 것이다. 체면을 내던지며 땅바닥에 털썩 주저앉는 행위도 사고능력이 결여되어 벌어지는 행동이라 이해해 볼 수 있다. 이러한 사실로 우리는 다음과 같은 결론을 생각해 볼 수 있다. 두뇌에 너무 큰 감정의 파도가 닥치면 두뇌의 다른 기능들에 일시적으로 제약이 걸릴 수 있다.

이것을 포커에 대조해 보자. 포커를 치다가 상당히 감정적인 상황에 부딪치면 자연스레 두뇌의 사고능력에 제약이 걸리게 된다. 따라서 너무 심한 감정의 충격을 만났을 때 테이블 위에서 우스꽝스러운 액션으로 어이없이 연결되는 경우가 있다. 평소 침착했을 시엔 절대로 내리지 않을 결정들이다. 최후의 결정 버튼 근처에서 모든 분노의 소용돌이와 당혹감의 물보라가 정신 사납게 짖어댄다. 둘은 큰 복수심을 만나 거대한 용오름을 생성한다. 용오름이 울부

짖으며 상대를 징벌하라고 재촉한다. 그래서 비합리적인 액션을 과감히(무리해서) 감행한다. 그리고 당연히 몇 분 후, 방금 내린 그 결정을 후회한다.

우리 인간의 두뇌는 '부정적인 것들'을 '긍정적인 것들'보다 더 자세히 그리고 오래 기억하도록 진화해 왔다. 그래야만 했을 것이다. 생존을 위해서라면 바로 옆에 있는 동료가 빨갛고 푸른색의 독버섯을 먹고 죽은 나쁜 기억을 되도록 오래 기억해야만 자손들에게 빨갛고 푸른 독버섯을 먹지 말라는 정보를 전달하는 데 유리했을 것이 분명하다. 즉, 나쁜 점들을 오랫동안 기억하는 능력은 진화에 분명히 유리한 능력이다. 그렇기 때문에 현대의 포커 플레이어들은 테이블에 본인이 겪었던 부정적인 사건(배드빗)들은 오래 기억한다. 운으로 상대를 이긴 기억보다 머릿속에는 상대방이 말도 안 되는 확률을 뚫고 리버에 떨어진 한 장의 카드로 전멸을 당한 아픈 기억만이 생채기로 남아있다. 평범한 기억 회로다. 다들 그러고 산다. 그러니 본인이 언제나 운이 나쁘다는 상상이 그 나쁜 기억에 의한 것이라면 운이란 모든 이에게 평등하다는 것을 기억하도록 하자.

3733.
제로섬 게임의 외교 방식

테이블에서 거의 매일 만나는 또 다른 레귤러가 있다고 하자. 오늘까지 포함하면 한 사흘 연속 같은 녀석에게 돈을 잃은 날이다. 보통 이런 때에 다음과 같은 생각이 들 수 있다:

- 이 녀석이 자기가 나보다 더 낫다는 생각을 가지는 것 자체가 짜증이 난다.
- 내 핸드에 대한 존중이 전혀 없고, 저런 패로 콜을 따니까 신경질이 난다.
- 대체 왜 플랍은 최고지만 리버는 최악이란 말인가?
- 이런 덩키도 제압하지 못하면 난 그냥 무능한 거다.

상대가 우리를 이길 수 있는 방법은 거의 석아웃(Suck Out; 실력이 낮은 플레이어가 운으로 상대를 제압하는 경우)뿐이라고 믿고 있는 경우도 이에 해당된다. 나보다 못해 보이는 플레이어로부터 언제나 벨류벳을 받으려고 들어선 안 된다. 그 누구도 당연히 승리가 보장되어 있는 플레이어는 없다는 것을 기억해야만 한다. 그러므로 피쉬들과 한 테이블에 앉아있다는 것 자체로 벌써 이길 생각에 기분이 붕 떠있다는 것은 승리와 연결되어 있긴 하지만, 직결되어 있지는 않다는 사실을 받아들이자. 매우 강하게 그들의 뻥카를 압박하고 콜하여 그들보다 내가 더 낫다는 것을 보여주고 싶지만, 이런 액션이 불러올 결과는 당연하다.

이렇게도 한 번 생각해 볼 수 있다. 주유소 매점(우리나라로 치면 편의점 정도)에선 손님을 가려 받지 않는다. 온갖 진상 손님부터 상냥한 손님까지, 여러 종류의 손님이 그대가 차린 가게로 방문해 온다. 이 일을 업으로 삼는 순간 여러분은 스스로를 한 가게의 알바생으로 보아야 한다. 알바생이 손님을 가려 받을 순 없다. 아니, 정확하게 말하면 손님의 유형을 알기 전까지는 함부로 가려선 안 된다. 받아들이기 어려운 극악의 태도를 지닌 고객도 만나게 되겠지만(피할 수 없다), 그래도 여전히 그것과는 무관하게 오늘 하루도 그대는 그 진상을 그렇게 감내해야만 한다. 그렇지 않으면 가족이 굶는다. 사람 사는 것은 분야가 달라도 사실 대부분 거기서 거기다. 오늘 하루 그대를 괴롭힌 직장 상사나 진상 손님이 기억나는가? 카드 플레이어로 직업으로 바꾼다면 그런 부류들을 보지 않아도 될 거라 생각할지도 모르지만, 이것은 사실 큰 착각이다.

3740.
바로 지금 시작해 보기 좋은 것들

포커에 관한 열정이 굉장히 높은 친구들로부터 이런 질문을 받은 적이 있다. "전 한 시도 쉬지 않고 포커에 관한 능력치를 올리고 싶어요" 또는 "테이블 밖에서도 포커와 관련된 능력치를 올릴 수 있는 방법이 없을까요?" 이런 질문엔 하나의 분명한 흑과 백으로 나누는 정답은 아마 없을 것이다. 사람마다 다를 것이다. 그나마 필자가 해줄 수 있는 건 필자는 개인 고유의 방식 같은 것을 소개하는 것이 적절한 답이 되길 고대하는 것뿐이다. 이마저도 수학적으로 증명할 길은 없지만…. 개인적으로 필자가 실제로 큰 이득을 본 테이블 밖 연습 행동 중 다음의 두 가지를 추천한다. 기록과 명상이다.

이 세상 단 하나의, 오직 나만을 위한 맞춤형 무기

노트 정리(일지 정리)는 매우 중요하다. 그리고 이 노트 정리엔 철칙이 있다(주관적인 기준): 반드시 그날 플레이한 내용을 그날 잠들기 전에 적어야 한다. 이미 잠들면 그 당시의 감정이나 후유증을 있는 그대로 낱낱이 적는 것이 아니게 된다. 가감(加減)이 섞이게 된다. 이렇게 되면 그 정수의 순수함에 때가 묻는다.

승리(또는 패배)가 끝나자마자 집에 돌아오면 보통 아내가 준비해준 바나나 딸기 요거트(또는 커피를 섞은 우유)를 마시면서 그 즉시 책상에 앉는다. 여기서 즉시가 매우 중요하다. 옷을 갈아입지도 않고, 담배 냄새와 사람들의 향수 냄새가 배어있는 코트나 가디건을 그냥 그대로 걸친 채로, 그 순간의 감정과 연기가 아직 배어있는 바로 같은 그 옷 안에서, 그 시점 그대로 내 멋대로 빠르게 노트를 작성한다. 노트 일지 작성의 초창기 때는 무식하게 99¢ 스토어(우리나라로 치면 다이소)에서 학생용 노트를 하나 사서 볼펜으로 기록했다면, 컴퓨터를 배우면서 입문편의 집필을 컴퓨터로 함과 동시에 핸드 노트도 전산으로 작성하기 시작했다. 큰 차이는 모르겠지만, 노트엔 즉흥적으로 내가 원하는 손 그림을 그릴 수 있어서 편하지만, 반대로 오랜 시간 글을 적으면 손바닥이 아픈 차이가 전부였다. 아무튼 이렇게 게임이 끝나는 그 즉시 북받친 감정들을 글로 게워

내면 내 서러웠던 감정들을 더 효과적으로 배설할 수 있었다.

그리고 진정으로 중요한 마지막 관문이 남아있다. 그것은 그다음 날 출근하기 1시간 전, 어젯밤 쓴 그 노트를 다시 한번 읽어보는 것이다. 이렇게 하면 적어도 지금의 나는 11시간 이전의 나보다는 조금 더 강력한 플레이어가 되었다고 스스로 자평할 수 있게 된다(수학적으로 검증된 건 분명히 아니지만, 적어도 감정적인 무장은 완료된다는 효과는 충분하다). 이 감정적인 자신감은 필자에게 매우 큰 위로가 되었다. 스스로를 객관적으로 보는 시각 또한 생기게 도와주었다. 그리고 나중엔 이 자기 객관화를, 더 이상 다이어리를 뒤적거리지 않더라도 언제든지(심지어 테이블 위 Live Game On일 때도) 할 수 있는 경지에 오르게 되었다.

이것은 분명 테이블 바깥에서 필자가 스스로에게 실시한 훈련이 테이블 안의 나에게 조금이라도 더 도움이 되는 행동 중 하나였다. 그리고 이렇게 기록을 쌓고 모으게 되면 좀 더 구체적으로 내 플레이가 얼마나 더 향상됐는지 확실하게 확인하는 수단이 내 두 손에 실제로 생기게 된다. 심지어 같은 카지노를 계속 다니다 보면 분명히 같은 빌런을 비슷한 스팟에서 맞이하는 경우가 발생한다(이것은 100% 일어난다. 아마 놀랄 것이다!). 그리고 이 일지를 두 손에 가지고 있는 나는, 그렇지 않은 나보다 분명히 더 유리한 위치에서 싸울 수 있게 된다. 게다가 이것은 인터넷에 범람하는 무작위 정보가 아닌, 나에게만 특별하게 '맞춤형'으로 제작된 특수 무기가 아니던가? ebay나 아마존에서 구입할 수 없는, 이 세계에서 나만을 위한 맞춤형 무기이다.

3742.
탄력적인 두뇌

 필자가 본격적으로 포커를 공부하기 시작한 2008년도에는 지금과는 매우 다른 환경이었다. 거의 15년 전(2009년)의 환경엔 지금처럼 정보를 얻을 수 있는 공간이 아예 없었다고 말할 수 있을 것같다. 소수의 영문 책과 엑셀이 아마 전부였을 것이다. 필자는 유튜브를 극초창기인 고등학교 시절 2005년부터 보아온 애청자인데, 그 당시에 유튜브는 지금처럼 고퀄리티의 화려한 편집이 들어간 영상보다는 아무런 편집이 들어가 있지 않은 날 것 그대로인 영상이 주를 이루었다. 그마저도 스마트폰으로 찍기보다 비디오 캠코더를 이용한 영상이 대부분이어서 촬영 품질은 형편없었지만, 그 시절 그 감성이 없어진 지금은 좀 서글픈 느낌이 들 때가 있다.

 아무튼 그 시절의 유튜브 동영상 중 명상이나 요가에 관련된 동영상을 어렴풋이 본 기억이 난다(그 출처를 더 이상 찾아올 수 없을 정도로 이제는 관련 영상이 넘쳐나지만). 물론 지금은 유튜브에 '명상'을 치면 끝도 없이 편집 양념이 범벅으로 묻은 영상들이 흘러넘치지만 아무튼 그때는 그랬다. 그 영상엔 의사 가운을 입은 한 사나이가 명상은 종교와는 무관한 행위이며(당연하다), 이 행위를 통하여 우리의 두뇌는 실제로 다가오는 <u>스트레스의 영향력</u>을 줄이는 게 실제로 가능하다는 게 해당 영상의 핵심이었다. 스트레스의 양이 아닌 **스트레스의 영향력**. 나중에 필자가 언급할 도파민과의 연관성도 관련이 깊지만, 아무튼 명상을 통하면 감정의 파도를 조절한다거나 자극을 느끼기 위하여 위험한 액션을 저지르는 빈도는 낮게끔 조절함이 가능하며, 이것은 필자가 크게 공감하는 사실이다(필자는 과학자가 아니어서 이 효과를 어떤 수치를 통하여 통계적으로 증명할 줄은 모르지만). 시원한 찬물 샤워도 이와 비슷한 맥락으로 도움을 준다고 한다(이것을 직접 해본 적은 없지만). 『홀덤의 정석』에 기록할 정도로 확실하고 분명하게 말할 수 있는 것은, 명상은 여러분들이 받는 감정적 데미지를 줄여준다는 분명한 사실이다. 만일 테이블 위에서 분노를 자주 느낀다면 필자는 명상을 아주 강력하게 추천한다(필자의 경우는 일주일에 한두어 번 정도만 짧게 20분으로 끝낸다).

특히 텍사스 홀덤 중 운이 기가 막히게 좋아 큰 토너먼트에 운으로 1등을 터뜨려 크게 상금을 따낸 플레이어들은, 이 도파민에 절여져 있는 경우가 있다. 이들은 대개 언제나 어떠한 자극을 찾아서 끊임없이 움직이고 활동하며, 한 자리에서 진득하게 가만히 앉아있는 것에 알레르기가 있는 경우가 많다. 필자는 오히려 이런 '도파민에 절여진 두뇌'들에게 명상은 분명히 도움이 된다는 과학적 사실을 환기시켜 주고 싶다.

'명상'이라고 하면 두 눈을 감은 채 아빠다리로 앉아서 양 손바닥을 하늘로 보이는 자세를 취하는 모습을 사람들은 주로 상상하지만, 굳이 그럴 필요는 없다고 생각한다(필자의 소견이다). 흔히 아무런 생각을 하지 않은 채로 멍 때리는 것을 필자는 명상의 한 종류라고 여기는데, 끊임없이 생각을 하고 무언가에 관심을 쏟는 것보다, 깨어있지만 아무것도 생각하지 않은 채로 그냥 있는 것. 이런 행위가 희한하게 실제 스트레스가 다가오는 양을 줄여준다고 필자는 종종 느낀다. 멍하니 앉아있으면 불행의 사고가 갑자기 터지더라도 큰 스트레스를 받지 않는다. 마치 방어력이 느는 것 같다. 가만히 앉아서 호와 흡을 하는 것을 느끼는 것. 아무 생각을 하지 않은 채 몸뚱이를 감싸고 있는 섬유질(옷)이 전해주는 감촉을 느낀다든지, 힘없이 앉아있을 때 벌어지는 턱뼈가 당기는 중력을 느낀다든지 하는 초저자극에만 신경 쓰며, 다른 모든 생각은 잠시 중지한다. 희한하게 이런 훈련이 잘되어있다면 순간적으로 커다란 스트레스를 받지 않게 된다고 필자는 생각한다. 게임의 흐름에만 집중할 수 있게 되더라.

3800장.
필자의 이야기

여러분이 만약 프로 카드 플레이어가 진정으로 되고 싶다면
여러분은 카드 플레이 그 자체를 사랑해야 한다.

3800.
필자의 이야기

  필자는 우리나라 서울의 마포에서 태어났으며, 고등학교에 입학하며 미국으로 이민을 갔다. 텍사스 홀덤이란 게임에 대해 처음 들어본 것은 2006년, 고등학교 3학년 때였다. 아직 규칙도 모르고 족보도 모르고 아는 것이 전혀 없었던 고등학교 시절, 친구들과 함께 종이 노트에 가짜 돈을 써가며 게임을 배웠었다. 본격적으로 텍사스 홀덤을 현금에 대입하기 시작한 것은 2007년 7월, 해군에 의무병으로 입대하고 난 뒤 동료들과 함께 친 게임이다. 처음으로 실제 돈을 걸고 친 첫 핸드였는데, 비록 금액은 $100달러도 되지 않았지만 나름 손에 땀을 쥐어가며 몰두했던 기억이 난다. 그때 당시만 하더라도 여전히 낮에는 군대 근무를 섰고, 밤에는 대학교 공부에 매진하며 포커를 하나의 진지한 '업'으로 생각하진 않았었다. 난 평범한 삶을 꿈꾸었고, 평범한 직장 생활이면 충분히 만족한다는 자세였다. 그러다가 온라인으로도 포커를 칠 수 있다는 사실을 알게 되었다. 여러 번의 게임 결과로 '내가 의외로 카드게임에 소질이 없는 것은 아니구나' 하는 것을 깨닫게 되었다. 국세청에 정식으로 소득신고를 하라는 편지를 받은 후 편지의 내용대로 국세청이 내 연말정산을 받아주는 것을 깨닫고, 이것을 하나의 직업으로 삼는 것도 불가능한 것만은 아니라는 생각을 하게 되었다. 이후 소소한 토너먼트에서 우승을 몇 번 하고, 이것을 진지하게 나의 커리어로 도전해 보고 싶은 마음이 있다는 것을 부모님께 말씀드리자, 당연한 이야기지만, 그들은 반대하였다.

 이후 2011년 4월 전역하였고, 군대에서 배운 특기를 살려 간호조무사로 우리나라에 있는 병원에 취직하였지만, 몇 년도 채 되지 않아 라스베이거스로 갈 결심을 굳히게 된다. 간호조무사로 근무하며 모아온 모든 연차 휴가를 전부 라스베이거스의 여행에 쏟아부었다. 필자가 처음으로 WSOP의 메인 이벤트에 도전했던 게 2011년이었고, 그 이후로 메인 이벤트에 다시 도전한 사례는 아직까지 없다. 2011년, 라스베이거스에 도착한 후 여행과 게임을 즐겼지만, 무엇보다 적극적으로 그 도시에 정착할 방법이나 생활 지역을 깊이 조사해 보는 것이 필자에겐 훨씬 더 중요한 일이었다. 물가와 전체적인 생활상을 습득하는 데 전력을 집중했다. 조사가 끝난 후 다시 우리나라로 돌아갔고, 1년 반 후, 2013년도 가을에 드디어 라스베이거스로 본격적으로 이사를 갈 결심을 하게 된다. 간호조무사를 통하여 얻은 수익으로 기본 시드머니를 구성하였고, 어차피 메디컬 쪽으로는 큰 흥미를 느끼지 못했다.

 부모님은 여전히 반대가 심했다. 베가스에서 게임 하는 것은 분명한 합법인 것은 아셨지만, 부모님은 내가 정상적인 직업을 갖고 평범한 삶을 사는 것을 원하셨다. 그래서 네 가지 약속을 부모님께 하였다.

 첫째, 반드시 지금처럼 평범한 어느 직업을 가지고 있으면서 포커를 할 것. 이 첫 번째 조건을 뚫고자 엄청난 숫자의 이력서를 라스베이거스에 있는 모든 직장에 뿌렸다. 면접을 전화로 대신하고, 작은 관공서(법원)에서 컴퓨터 기사로 합격 통보 이메일을 받고 나서야 부모님은 마음을 놓으셨다. 이런 과정이 없었으면 베가스로 오지 못했을 것이다. 추후, 제대로 된 직장 생활을 계속하지 않아서 죄송하다고 말씀드리니 어차피 자유롭게 살 팔자라며 나중에는 이해해 주셨다.

둘째, 대학교를 반드시 졸업할 것. 나는 이때까지만 해도 여전히 대학교를 졸업하지 못한 고졸이었다. 군대에서 대학교 야간 수업을 많이 듣긴 했지만, 학사과정 졸업을 실제로 완전히 끝마친 건 나중의 2016년도의 겨울이다. 부모님께서는 내가 베가스에서 견디지 못하고 돌아올 경우, 학위라도 완전히 끝내놔야 한다는 생각을 가지고 계셨던 것 같다. 나중에는 대학교 학업 마무리를 핑계 삼아 면접에 합격했던 그 직장으로부터 장기 휴직 처리를 받을 수 있었다.

셋째, 그 어떠한 일이 일어나도 집에 그 어떠한 지원도 요구하지 말고 모든 것을 스스로 책임질 것. 필자의 어릴 적 집안은 가난했지만, 성인이 되고 나자 사실은 꽤 잘사는 집이었음을 나중에 깨달았다. 그들은 단지 나에게 무언가를 공짜로 주지 않았던 것뿐이었다. 아무튼 부모님은 스스로 모든 노후 준비가 되어있으니 이제 나는 내 스스로가 일어설 수 있기만 하면 됐다. 그들의 삶을 내 손으로 망치는 것은 죽기보다 싫었다. 실패하면 모든 게 내 책임이었음을 통감하고 있었다. 만일 내가 결혼을 했거나 아이가 있었다면 내가 감당해야 할 책임이 두 배, 세 배가 되므로 이런 도전에 큰 부담을 느껴 사양했겠지만, 당시에 필자는 혼자였다. 그러니 아직 단신일 때, 한 번은 부딪쳐 보고 싶었다. 이 모든 게 모든 것을 스스로 해내기를 바라는 부모님의 교육 철학에서 비롯되었던 것 같다.

마지막 넷째, 악행을 저질러 다른 이에게 복수심을 사지 않고, 당당한 사회의 구성원이 될 것. 포커 플레이어들이 가장 많이 빠진다는 유혹인 마약이나 세금 관련된 범법 문제를 필자는 단 한 차례도 저지르지 않았으며, 돌이켜보면 바로 이것이 지금까지 살아온 삶의 균형추가 되었다고 느낀다. 부모님은 나에 대한 어떠한 지원을 해주지 않았던 것만은 사실이나 적어도 내가 올바른 태도를 가지고 세상을 긍정적인 태도로 바라볼 수 있는 뿌리를 다듬는 데 큰 공헌을 해주신 분들이다. 부모님께 감사하고 사랑한다는 마음을 전한다.

이후, 라스베이거스에서 하루 24시간 중 9시간을 수면에 쏟아붓는다 치면 남는 시간은 전부 포커에 몰두했다. 취미는 없었다. 정확하게 말하면 포커가 일이자 취미였다. 처음 한두 달은 직장을 다녔지만, 정착이 완전히 끝나자마자 즉시 대학교 졸업을 위하여 더 공부하겠다는 핑계를 대며, 휴직을 걸어두고 포커만 했다. 필자는 한국인과의 교섭이 거의 없었다. 아니, 정확하게 말하면 국적을 떠나 어느 다른 누군가와 어떤 교제를 갖는 행위 자체가 적었다고 말하는 게 더욱 적확한 표현일 것이다(지금도 친구는 아예 없다). 거주지는 어느 일본인 노부부가 사는 집의 작은 방 하나를 얻어서 방세를 내며 살았다. 어차피 짐도 많지 않았으니 문제가 될 것은 없었다.

그렇게 2014년부터 $1/$2 게임에서 잃고 따고를 계속 반복해 나갔다. 시간이 쌓이고 볼륨이 늘어나니 플레이어 중 안면이 트이는 사람들이 생겨나기 시작했다. 한 두어 달 지나자 그 카지노에서 고정적으로 오는 사람들의 신상을 어느샌가 나도 모르게 외우게 되었다. 감정을 다스리는 일을 터득하기 시작했으며, 요동치던 뱅크롤은 안정적인 그래프로 점차 변화했다. 뱅크롤이 넉넉해지니, $2/$5에서 게임을 시작했다. 나중에는 더 큰 게임에 가보고 싶어서 벨라지오 호텔에도 서너 번 도전했지만, 실력에 큰 차이를 느꼈다. $5/$10 게임까지는 확실하게 이겼지만, $10/$20 게임은 슬슬 벅찬 느낌이 들었다. 정확하게 말하면 이윤이 크게 남지 않았다. 따지도 잃지도 않은 '아무것도 없는 성적'이었다. 실질적 시간당 수익은 $5/$10이 $10/$20보다 컸다. 아마도 필자의 실력이 부족해서 그랬을 것이다. 흥미로운 건 $10/$20 테이블에서 게임을 하며 사람들과 눈인사를 받아서 이내 프라이빗 파티로 초대받은 적이 딱 한 번 있는데, 그 파티에서 필자에게 굉장히 부담스러운 금액의 액수를 그들은 아무렇지도 않게 플레이하니 이건 승부가 되지 않았다. 본능적으로 지금은 CR하고 싸워야 함을 알고 있어도 그것을 실제 액션으로 옮기기가 두려웠고 망설였으며, 그런 모습을 보이는 필자를 그들은 더욱 거칠고 공격적으로 몰아붙였다. 이래서는 싸움이 성립되지 않았다. 그들은 부자였고, 필자는 가난했다. 그래서 약한 낮은 난세의 데이블($5/$10)에서 계속 뱅크롤을 불려 나가는 데에 일단 주력했다. 종종 쉬고 싶다는 생각이 들면 단계를 더욱 낮춰서 $2/$5에서 플레이하는 날도 있었다. 뛰지 않고 걸었다. 한순간의 뻥승리를 바라지 않고, 길게 보고 참고 모았다. 포커를 원체 좋아해서 그라인딩은 전혀 지루하지 않았다. 드디어 2017년 겨울, 그렇게 베가스에서 처음으로 주택을 구매하게 된다. 주택 구매가 가장 절실했던 것은 꼭 30살 이전에 결혼을 해야 한다는 인생 항로를 생각해 두었기 때문이다(필자는 1988년생이므로 2017년의 나이는 29이다).

결혼은 필수가 아닌 선택이라고 생각한다. 그리고 스스로에게 진지하게 결혼이 필요한지를 물어보았다. 스스로 객관적인 시선으로 보았을 때 필자는 알고 있었다. 외로움을 잘 느끼고, 여색(女色)을 좋아하는 성격상 만일 결혼하지 않으면 매우 후회할 것이라는 결론에 도달했다. 그리고 이왕 결혼은 할 거라고 결심했다면 최대한 빠른 나이에 결혼해야만 진실로 서로를 사랑하는 한 쌍이 될 수 있을 것이라는 생각이 들었다. 왜냐하면, 나중에 많은 돈을 벌고 난 이후 결혼을 한다면 아마 분명 그녀는 나에게 어떤 남성적 매력을 느껴서 한 결혼이 아닌, 내가 가지고 있는 재화나 어떤 배경 때문에 결혼한 것이라고 예상하였고, 그것은 필자가 바라던 결혼관이 아니었다. 그러기 위해선 최대한 빠른 나이에 결혼을 해야만 했다. 그러려면 일단 나부터가 결혼할 준비가 되어있어야 했고, 남성에게 있어서 결혼 준비의 시작이란 '주택의 소유 여부'라고 나는 생각했다. 그래서 주택을 빨리 갖기를 원했다. 물론 집 없이 사랑으로 먼저 교제를 시작하고, 서로 함께 성장해 나가며, 함께 주택을 일궈나가는 꿈같은 방법도 생각해 볼 수 있지만, 필자는 평범한 외모에 작은 키를 지닌 평범한 남성이면서 여전히 아름다운 외모의 여성과 결혼을 꿈꾸는, 비합리적이고 이기적이며 욕심까지 많은 사람이었기에 그러려면 내 나름대로의 어떤 최소한의 준비라도 확실히 된 남성임을 상대 여성에게 어필할 필요가 있었다. 현실은 꿈이 아니지 않은가? 그런 외적인 차이를 극복하기 위해서라도 첫 목표였던 주택 구매를 2017년 달성하게 되었다.

집을 구입한 이후, 필자는 우연히 연락처만 알고 있었던 어떤 백인 소녀에게 메시지를 받았다. 필자는 페이스북(뿐만이 아니라 사실 핸드폰 자체를 잘 만지지 않지만)에 로그인도 잘 안 하는 계정을 가지고는 있었는데, 그 소녀는 이 계정과 친구로 등록되어 있었다. 기억을 되살려보니 그 메시지를 받기 약 7~8년 전 군대에서 의무병으로 근무했던 시절, 주변 여러 학교로 의료 봉사를 나가서 잠깐 만났던 적이 있는 그 소녀였다. 그때 소도시 학교 학생들과 페이스북을 이용하여 다른 학교에 자원봉사나 지역 행사 때 사람들을 끌어모으기 위하여 홍보용으로 가볍게 페이스북 친구를 여러 맺어뒀는데, 그 지역 학생들에게 필자의 의무여단이 의료 봉사를 제공한 것은 딱 한 차례였지만, 우리는 친구로 등록되어 있었다. 그때의 연락처로 그 백인 소녀가 지금 필자에게 연락을 취해온 것이었다. 그 중학생 백인 소녀는 어느새 22살의 어엿한 처녀가 되어있었다. 그녀는 필자보다 훨씬 더 큰 늘씬한 키와 윤기가 흐르는 생머리를 지닌, 전형적인 남유럽/아랍권의 미녀가 되어있었고, 그 해가 2017년이다. 이후 우리는 온라인을 통하여 서로의 안부를 물어보며 사랑을 키워 갔고, 2019년 청혼했다.

처음에 필자는 그녀에게 월급을 받는 평범한 직장인으로 소개하였다. 이것은 서류 상엔 풀타임 직장인으로 되어있던 것은 사실이지만, 사실 휴직 중이며 불안정한 수익원에 대해선 숨기지 않았다. 이때 나는 지금 고용한 것으로 되어있는 직장에 휴직을 철회하고 복직할까를 진지하게 고민했다. 인생의 반려자가 되는 여자에게 내가 당당히 어느 직업을 가지고 있는 모습을 보여주고 싶었다. 그러나 이게 진정 '나를 위한' 선택인지는 여전히 알 수 없었다. 나는 카드게임이 좋아서 지구 반대편에서 날아온 미친놈인데, 이제 '진짜 나'가 아닌 다른 누군가의 모습으로 살아가야 한다는 게 싫었다. 지난 몇 년간 열심히 살아온 내 과거를 부정하는 셈이었다. 내 모든 과거를 알 사람이고, 앞으로의 내 인생에 언제나 함께할 사람이라면 지금 무언가를 숨긴다는 게 장기적으로 긍정적이지 않을 거라고 나는 판단했다.

모든 것을 솔직히 다 말하고, 거절당해도 차라리 그것이 더 낫다고 생각했다. 하지만 지금 내가 하고 있는 일이 도박이라는 느낌을 주지 않으려 안간힘을 썼다. 이 점에 대하여 이 문장을 쓰고 있는 바로 지금, 그녀에게 재차 확인해 보니 "돈을 벌고 있긴 하다(at least I'm making some money)"라고 내가 말했다고 지금의 아내가 확인시켜 준다. 물론 실제 프러포즈를 하기 전에 모든 사실을 낱낱이 그녀에게 말해 주었고, 사실 이것은 아무런 문제가 아니라는 것을 나중에 깨달았다. 그녀는 '카드게임' 자체를 잘 모르고 자랐기 때문에 아무런 반대를 보이지 않았던 것이다. 그녀의 조국 알제리에서는 카드게임 자체를 보기가 드물다는 것을 나중에 깨달았다. 하지만 문제는 처가였다. 그녀는 소위 뼈대 있는 권력가(국방 쪽으로)의 장녀였는데, 집안 전체가 매우 근엄한 분위기여서 그녀는 다른 어떤 남성과의 평범한 연애도 허락되지 않은 엄격한 집안 출신의 소중한 따님이었다. 그런 처가에 '카드게임'이 예비신랑의 직업이라 밝히기엔 상당히 부담스러웠다. 다행히 그녀는 '카드게임' 따위는 대수롭지 않다는 시선을 가지고 있어서 이점이 필자에게 큰 힘이 되었다. 물론 처가에도 이 모든 사실을 혼인식이 끝난 후 몇 년이 지난 다음 소상히 다 말하였다. 큰돈을 잃었던 적이 한 번도 없어서 부끄럽지는 않았지만, 처가는 엄격한 종교적 사명감으로 철저하게 딸을 애지중지 키워왔으매, 필자를 걱정의 눈치로 바라본 기억이 난다(걱정한 적은 사실 한 번도 없었다고 나중에 해명해 주셨지만, 아무튼 당시에 필자는 그렇게 느꼈다). 다행히 처가는 필자가 몇 년 동안 그녀를 행복하게 보살펴준 분명한 사실에 근거하여 필자의 직업이 별문제가 되지 않는다는 사실을 깨닫고, 오히려 지금은 필자를 독려해 준다. 게다가 장인어른은 필자가 무엇을 시도하든 언제나 아낌없이 전폭적으로 지원해 줄 분임을 뒤늦게 깨달았다. 우리는 언어가 달랐지만, '남자의 낭만 그리고 남자의 꿈'에 대해선 100% 문제없이 소통하고 있었던 셈이다. 그도 그의 딸을 필자만큼 사랑한다. 그녀는 분명 넘쳐나는 사랑을 받고 자란 소중한 따님이었다. 훗날 나에게 포커에 대한 걱정은 지나친 걱정이었다는 말씀을 해주신 장인어른·장모님께 감사한다. 아무튼 그렇게 필자는 그녀를 미국에 초청하였고, 우리는 미국에서 결혼하였다. 그게 벌써 4~5년 전 일이다. 이 문장이 쓰이고 있는 지금은 2024년 5월이며, 곧 우리를 닮은 아이가 세상에 나온다.

언젠가 필자는 아내에게 이렇게 물어본 적이 있다. 어떻게 실제로 만나본 적이 단 한 번밖에 없는, 낯선 외국 얼굴의 남성을 사랑하게 되었는지. 그러자 그녀가 말하길 자신의 국가는 남자와의 연애가 허락되어 있지 않은 매우 답답한 곳이라고 했다. 그래서 본인은 종종 외로웠고, 아름다운 연애와 뜨거운 사랑이 해보고 싶었다고 했다. 그러던 중 어느 날 필자를 우연히 만나게 되었고, 만약 자기가 연애를 해본다면 반드시 나 같은 남자로 첫 연애를 해보고 싶었을 뿐, 이것이 결혼으로 이어지게 될 줄은 본인도 몰랐다고 했다. 가만 생각해 보니 언어가 통하지 않는 미국으로 넘어가는 모험을 결심한 건 나뿐만이 아니었다. 그녀는 여기 만리타국에서 의지할 곳이 오직 나뿐이었다. 나는 처음부터 그녀에게 미국에서의 삶을 하나씩 가르쳐나가기 시작했다. 다행히 그녀는 매우 영리했다. 나중에 안 것이지만, 그녀는 재료공학 석사과정을 마친 필자와는 다르게 엘리트 코스를 밟은 숙녀였다. 처음에는 22살인데 어떻게 석사가 되었는지 의아했지만, 대학교 학부를 3년 안에 마칠 수 있는 교육제도를 가진 나라라면 충분히 가능했음을 나중에 깨달았다. 종종 쓰레기를 재활용으로 분리수거할 때 플라스틱과 비닐을 분류하는 구체적인 화학 공식과 그 국제적 기준에 대하여 나에게 장황한 설명을 한 기억이 난다. 그녀는 필자가 연애해 왔던 그 어떤 여자와도 비교할 수 없을 정도로 뭐든지 혼자서 척척 해냈다. 사물을 천천히 관찰하고, 이렇게도 저렇게도 시도해 보며, 스스로 문제를 해결하려는 태도를 지닌 그녀가 멋졌다. 그녀와 결혼하자, 요리와 빨래 그리고 청소는 전혀 걱정할 필요가 없어졌다. 한 번은 월마트 주차장에서 앞바퀴 타이어가 완전히 찢어지는 일이 생겼는데, 표정에 아무런 당혹감 없이 트렁크로 덤덤히 걸어가더니 타이어(보조 바퀴)를 꺼내 갈기 시작했다. 그녀의 조국 알제리는 도로에 대한 유지 보수가 미흡하여 이런 일은 매우 흔한 사고라고 했다. 알제리에서 다년간 운전 경험이 있는 모든 숙련자는 남녀를 구분하지 않고 당연히 자동차 바퀴를 교체할 줄 안다고 하여 필자를 놀라게 한 적이 있다.

그러나 삶의 패턴은 공통점보단 차이점이 더 많았다(필자 또한 그녀를 처음에 랜선 연애를 통하여 알았으니). 대표적인 예로 자동차에 대한 관점이 많이 달랐다. 필자는 남자치곤 차에 욕심이 없는 편이다. 그냥 굴러가기만 하면 만족이었다. 삐까번쩍한 으리으리한 브랜드 자동차를 선호하지 않았다(가지려면 상당한 뱅크롤을 포기해야 함이 싫어서도 그랬고). 연비가 좋은 중고 경차를 크게 선호했는데(지금도 경차를 애용한다), 그녀는 아니었다. 그녀는 일반 자동차보다도 고급 중형차를 선호했다. 멋진 브랜드 자동차가 아니면 만족을 못 했다. 필자는 자동차의 '옵션'이란 게 뭔지도 몰랐을 때(소나타는 다 똑같은 소나타인줄 알았다), 그녀는 어떤 옵션을 원하는지 가격 비교표까지 꺼내 들며 그 선택이 매우 구체적이었다. 권력자 집안의 따님이어서 어릴 적부터 좋은 최고급 자동차만 타서 그런 것 같다. <u>남자는 명리(名利: 명예와 이익)를 원하고, 여자는 행복을 찾더라.</u> 그래도 가난하게 시작한 나를 만나 지금까지 필자를 사랑하여 후회한 적이 단 한 번도 없다고 말해 주는 그녀를 나는 보호하리라.

우리는 2020년에 정식으로 혼인 신고를 미쳤지만, 코로나 바이러스 때문에 제대로 된 예식을 올리진 못했다. 그러나 그녀는 사랑만 있으면 된다며, 오히려 돈을 아낄 수 있어서 좋아했다. 전염병의 여파로 라스베이거스의 카지노 대부분(이내 전부)이 문을 닫기 시작했다. 특히 카지노의 콤프를 통하여 늘 점심과 종종 저녁 끼니를 해결하던 필자도, 뷔페가 문을 닫자 사서 먹어야만 했다. 그녀는 종종 맥도날드나 타코벨보다 자기가 직접 싸 준 도시락(실제 손으로 싸 준 도시락)을 나에게 주었는데, 그 도시락(식슈카와 알제리안 닭고기 요리)을 중고차 안에서 비를 피하며 먹었던 그날은, 지금도 잊지 못할 추억으로 남아있다.

경제적으로 위기가 닥쳐오면 긴축에 들어가는 데에 그녀는 큰 도움을 줬다. 전염병 때문에 카지노가 전부 문을 닫았다(아마 한 두 달 정도였던 것 같다). 지출은 멈출 수가 없으니 다른 무슨 방법을 찾아야만 했다. 휴직을 당장 철회하려고 했다. 그러나 정작 모든 것을 말렸던 건 아내였다. 그녀는 내가 얼마나 이 게임을 사랑하는지 알고 있었고, 실제로 몇 달 동안 훌륭히 포커를 통하여 한 가정을 지켜내고 있었던 것을 보아왔다. 포커에 대한 나의 사랑을 그녀는 확실히 알고 있었다. 그녀는 내가 원하는 것을 계속 이루려 시도하길 바랐다. 나를 끝까지 서포트해 준다는 마음이 100%였다. 내가 포기하지 않았으면 좋겠다고도 말해 주었다. 돈을 아껴야 하면 이 집을 팔고 더 작은 집으로 이사 가도 좋다고 했다. 그녀는 매주 화요일 아침이면 내가 모든 것을 내팽개친 채 엑셀 파일과 일지와 씨름하던 내 모습을 지켜봐 왔던 것이다. 그렇다면 남은 방법은 온라인 포커뿐이었다. 이제 좋으나 싫으나 집에서만 게임을 해야 했다. 필자는 이 시점까지만 해도 wsop.com은 아주 조금만 했을 뿐, 그다지 많이 하진 않았었다(지금도 온라인이나 토너먼트는 잘하지 않는다). 그러니까 '온라인 경험'이라고 크게 말할 수 있는 바는 아주 예전 군대에서 전역하기 이전에 Full-tilt 포커의 경험이 대부분이었다. wsop.com의 온라인 환경은 너무 어려웠다. 다른 플레이어들과 실제로 한 테이블에 오랜 시간 앉아서 그들이 결정을 내리는 패턴이나 약점을 파악하여 정확하진 않았지만 자신감 있게 플레이할 수 있던 환경에 비해, 온라인이란 '수학'이 거의 모든 결정의 90% 이상을 담당했다. 다행히 이 덕분에 필자의 수학 실력이 이전에 비해서 조금은 더 늘었다고 생각하기도 한다.

아내는 힘을 내라며 종종 어깨를 주물러 준다든가 필자가 좋아하는 딸기 요거트와 커피 우유를 만들어주곤 했지만, 온라인 포커가 어려운 건 그때나 지금이나 여전히 매한가지였다. 다행히 이때 발견한 것이 싯앤고 토너먼트였다. 온라인 포커에서만 찾을 수 있는 싯앤고를 접하며, 이렇게 빠른 시간(평균 30분: 스타크래프트 1판 또는 롤 1판) 안에 승과 패가 나뉘며 동시에 여러 테이블을 돌릴 수도 있는 게임이란 점이 매력적이었다. 거의 언제나 게임이 돌고 있었고, 한 그룹의 플레이어들과 계속 앉아서 게임 할 수 있다는 점도 큰 매리트로 다가왔다(어차피 wsop.com에는 fast-fold 게임이 없다). 싯앤고를, 분석과 연구를 충분히 한다면 분명히 엣지를 긁어올 수 있을 것이라 생각했고, 이 예상은 그대로 적중했다. 그 즉시 ICMizer를 구입했으며, 어느 특정 스팟에서는 '수학적으로' 셔빙이 맞고, '수학적으로' 폴드가 맞는지 그 정답을 터득해 나가기 시작했다.

필자가 온라인에서만 포커를 할 수밖에 없는 곤경에 처하며 크게 수입이 줄어들었음을 느낀 아내는, 삶에 소비되는 모든 것을 아끼는 데 도움을 주며 팬더믹 와중에도 자기 스스로도 일하고 싶어 했다. 그녀는 자기가 가지고 있는 공학 석사학위를 이용하여 버라이존(Verizon)이라고 불리는 어떤 통신사에서 집에서도 할 수 있는 일감을 받아왔다. 집에 있는 컴퓨터를 이용해 그 통신사가 설치하는 전봇대를 공학 디자인하는 일이었다. 두세 시간 컴퓨터와 씨름하더니 놀랍게도 이내 $675 달러를 척하고 받아왔다. 이것이 필자에게 큰 자극이 되어 오프라인 카지노가 다시 활성화되자마자 본격적으로 $10/$20에 도전하게 되는 계기가 되었던 것 같다. 남자는 자기를 알아주는 사람에게 충성을 다한다는 말을, 나는 그녀는 통하여 100% 증거할 수 있다. 정말 100% 할 수 있다. 그녀는 그 어떤 위기가 닥쳐온다 해도 나를 버리지 않으며 남편에게 충성을 맹세하여 복종하는 아랍권의 문화를 강하게 물려받은, 진실로 강하고 아름다운 여성이었다. 바보온달과 낙랑공주가 따로 없더라. 필자는 그 어떤 경우라도 그녀와 우리의 아이가 돈이 없어서 배를 곯는 상황은 일어나지 못하게 할 것이다. 아내와 아이를 위한 먹을 것을 구해와야 한다면 필자는 무슨 일이든지 기꺼이 할 것이다.

이 모든 게 꿈을 향한 도전과 리스크를 감수하는 결단들이 없었으면 있지 못했을 일이다. 우리 둘은 '확실치 않은 어떤 것'을 얻기 위해 '확실하게 손에 있는 것'을 과감히 내던지며 도전하였고, 모험을 감수했다. 도박을 한 것이다. 콜리젼이 두려웠지만, 싸워야 할 때 용기를 내서 절벽 끝에 매달린 손을 놓으며 당차게 도약(跳躍)하였다. 아내는 매일 아침 필자에게 "오늘의 우리를 있게 해준 게 오빠여서 언제나 자랑스럽고 사랑한다. 이제 카지노로 가서 본때를 보여줘라(Being with you today, makes me proud of you and I love you. Now, go to jungle and show them what you got)!"라고 말한 후, 필자의 엉덩이를 두들기며 입을 옷을 건넨다. 그런 격려에 힘입어 나는 담배를 꺼내물고 구형 경차에 시동을 건다. 사랑한다 카리마. I love you, Je t'aime, أحبكِ Karima. :)

3810.
반드시 있어야 하는 것: 친구(코치)

사실 '반드시'까지는 아니다. 하지만 필자는 친구에게 받은 도움이 꽤 큰 케이스였다. 이름을 책에 써넣어도 되겠냐 물어보니, 그는 나에게 흔쾌히 허락하였다. David R. Whalen에게 감사하다는 말을 전한다. 데이비드는 1937년생의 노장인데, 필자와 처음 만난 건 라스베이거스의 남쪽에 있는 South Point 카지노였다. 이곳에서 그를 처음 만난 것은 아마 2014년의 가을이었을 것이다(필자의 개인 일기엔 2016년으로 기록되어 있긴 하지만). 아마 그 이전 기록엔, 경쟁 상대에 대한 묘사보다도 단순히 그 빌런(데이비드)이 앉아있는 포지션으로만 기록이 되어있고, 해당 빌런에 대한 프로파일링을 일일이 써두지 않아서 찾지 못한 것일 수도 있다. 필자의 불찰이다. 그는 매우 훤칠한 키에 푸른 눈(푸르딩딩한 벽안)을 지닌 백발이 성성한 할아버지인데, 젠틀한 유머 감각이 있으며 상대에게 무례한 언동이 일절 없는 깔끔한 범절(매너)을 가지고 있다. 청바지에 체크무늬 남방 그리고 담배를 물고 자리가 오픈될 때까지 주변을 어슬렁거리는 그와 만난 게 우리의 첫 만남이었다. 그는 베가스의 카지노 곳곳에 있었고, 우리는 적어도 일주일에 두어 번은 자연스럽게 마주치는 사이가 되었다.

우리는 많은 이야기를 나누었다. 그는 필자와 똑같은 해군 출신이었으며, 함께 공통으로 대화할 수 있는 주제가 많았다. 테이블 위에서도, 흡연구역에서도 특정 상대방에 대한 의견을 숨김없이 교환했다. 우리는 어느덧 서로의 개인사도 대화하는 우정을 쌓아갔다. 정기적으로 게임에 참여하는 포커룸의 단골 고객은 '다른 단골 고객의 플레이 스타일이나 성향에 대해서 언급'하는 것이 꽤 부담되는 일이라고 생각한다. 이것은 그 단골 고객의 전략이 노출된다기보다는, 그 단골 고객을 바라보는 평가에 대한 채점 기준이 노출된다는 것이 치명적이다. 가령 테이블의 또 다른 단골 고객 중 에릭이 있다고 치자. 에릭에 대하여 데이비드가 가지고 있는 생각을 나에게 말해 준다면 이제 내가 에릭을 바라보고 있는, 내 개인적인 시선과 평가관을 데이비드의 시선과 평가관과 비교하는 것이 <u>나에겐</u> 가능해진다. 이것은 추후 데이비드가 에릭뿐만이 아닌, 다른 새로운 빌런을 채점하는 그의 평가와 비슷하게 작용할 것이다. 즉 데이비드가 채점을 내리는 기준을 내가 읽을 수 있게 되는 것이다(정확하진 않겠지만). 나는 그의 평가관에 평행선을 그어, 앞으로 데이비드가 내릴 모든 판단을 인용하여 새로운 빌런을 평가하는 것이 가능해진다(사실 이 단계에 도달하면 큰 의미는 없는 것이 대부분이긴 하다). 그런데도 불구하고 그는 나에게 솔직한 그의 생각을 말해 주고 있었다(실제로 솔직한지 아닌지 여전히 믿진 않았지만, 돌이켜보면 틀림없는 사실들뿐이었다).

그는 내가 화를 잘 못 억누르는 것 같다고 조언하였다. 비꼬는 태도가 아니었다. 나는 소리를 지르거나 테이블에서 주먹싸움을 벌인다든지 하는 폭력 행사를 저지른 적이 단 한 번도 없었지만, 데이비드는 알고 있었다. 틸트(『홀덤의 정석: 초급편』참조)에 빠졌을 때 내 머릿속은 감정의 소용돌이에 완전 잠식당해 있었음을. 나는 부끄럽지만 이것은 분명한 사실이기에 인정하지 않을 수 없었다. 그는 나에게 '포커페이스를 유지하는 것에 스스로가 자신이 있다고 생각하는지'를 물었고, 이 질문은 나를 한동안 깊은 고찰에 빠뜨리기에 충분했다.

나는 '침착하게 잘 유지하고 있다'라고 믿고 있었지만, 내 얼굴 껍질 바깥에서 실제 내 얼굴을 바라본 이들은 이에 동의하지 않고 있던 것이다. 아니, 빌런들은 그런 사실을 오히려 이용해 오고 있었다. 데이비드는 나에게 '내가 볼 수 없는 부분'에 대하여 코칭을 해 주었다. 내 바깥에 있는 눈. 그 눈에 내가 실제 테이블에서 어떻게 비치는지, 그 진심 어린 충고는 매우 믿을만한 조언이었다. 데이비드가 나에게 짚어주고 있는 것은 간단했다. 나는 스스로 침착을 유지하고 있다고 생각하지만(믿고 있지만), 테이블에 있는 다른 모든 이의 눈에는 내 감정과 심리가 매우 쉽게 보인다고 일깨워 주었다. 그는 내 레인지가 좀 넓은 것 같다는 충고도 해주었고, 종종 필자가 일삼는 오버벳에도 실제 블러프가 섞여있는지도 물어보았다. 물론 특정 비율로 섞여있긴 하지만, 필자는 수학보다는 상황에 더 의지하여 판단을 내린다고 나는 그에게 솔직하게 말하였다. 나는 데이비드에겐 거짓말을 전혀 하지 않았다. 어차피 한 번 만나고 더 이상 볼 일이 없는 스쳐 갈 인연에 무슨 대단한 것을 얻어내려 거짓을 말할 필요를 느끼지 못했다. 그냥 내 생각을 있는 그대로, 힘을 뺀 채로 무의식에 가깝도록 솔직하게 말했다. 내가 분명히 이기고 있다는 확신이 들고, 상대방이 절대로 죽지 않을 것 같지 않은 강한 핸드가 느껴지는 상황이면 망설임 없이 오버벳한다고 구체적으로 그에게 말했다. 그는 내가 가지고 있는 약점이나 장점을 객관적으로 말해 주며, 우리는 서로의 강점과 리크를 교환해 가며 친밀해져 갔다.

그는 몇몇 특정 빌런은 희한하게 C3B를 못하는 성격이라고 나에게 귀띔해 주었고, 나는 그 이후 그 빌런에게 종종 3BF(Fold to 3bet은 3BF가 아닌 F3B이다. 마찬가지로 C2B는 Call to 2 Bet, 3BF는 3Bet Bluff)를 일삼으며 확실히 이전보다 더 많은 엣지를 긁어오는 데 성공했다. 반대로 큰 금액으로 상대를 압박하는 스택 플레이(『홀덤의 정석: 초급편』 참조)가 통하는 플레이어(시쳇말로 돈무병에 걸린 플레이어)는 누구누구라고 내 의견을 데이비드에게 피력하면 그는 그 이야기를 듣고 한동안 먼 곳을 바라보았다. 이내 그는 고개를 끄덕였더니 한번 실험해 보자고 말했다. 바로 십몇 분이 지났다. 팟에 겨우 $140이 걸렸는데, 생전 태어나서 처음으로 나는 데이비드의 오버벳을 목격한다. 그것이 내가 유일하게 목격한 데이비드의 처음이자 마지막인 오버벳이다. 빅게임은 아니었지만, 테이블의 몇몇 플레이어들은 분명 데이비드가 어떤 인물인지 평소 레인지와 성격이 어떤지 훤히 알고 있는데, 난데없이 3p도 넘는(기록에는 $480이라고 되어있다.) 오버벳을 때려대니 필자를 포함한 모든 이가 멍하니 그의 푸른 눈을 바라보았던 기억이 있다. 웃긴 사실은 딜러마저 "You sure, old man?" 하고 미소를 띠며 그의 액션을 재차 확인했다는 사실이다(사실 이때 모든 플레이어는 서로 친숙하며, 딜러마저도 이 상황이 얼마나 어색한지 이미 인지하고 있었다). 벳을 맞은 빌런은 미소를 띠며 폴드하였고, 사람들은 데이비드를 달리 보기 시작했다(정확히 말하면 혹시 그가 지금 화가 난 게 아닌가 의심하는 눈치였다). 나는 아직도 그가 내 진술을 신용하기에 그런 액션을 보인 건지 아니면 단순히 정말 핸드가 좋아서 그런 건지 아니면 진짜로 '내 관점에 대한 실험'을 테스트해보려 그런 건지 알 길이 없다. 하지만 그 사건 이후로 그가 나를 확실하게 신용한다는 것은 틀림없다고 장담한다. 그는 승리할 때마다 늘 같은 말을 내뱉는다. "더는 손주놈이 맨발로 학교에 다니지 않아도 되겠군 그래". 나 또한 뿌듯했다.

그날의 세션이 끝나고 사실 그는 오래전 『Psychology of Poker P$ymplified』라는 책을 집필한 적이 있음을 나에게 말했다. 그가 벨라지오 또는 아리아에서 만날 수 있는 실제 유명 월드 클래스 프로 카드 플레이어는 아님을 필자는 알고 있었다. 하지만 그는 스스로도 그런 실력자는 분명히 아니리고 생각하고 있었고, 이것은 단순 겸손이 아닌, 냉정한 자기 객관적 평가관에 의한 솔직한 진단이었다. 그는 냉철함까지 갖춘, 존경할 만한 사나이였다. 그는 내 영어 발음은 자연스러운데, 발음만 자연스럽다고 했다. 그게 무슨 뜻인지 의아해하는 필자에게 내가 평범한 미국인들은 자주 쓰지 않는 단어를 가끔 사용한다며, 원래 어느 나라 출신이냐고 필자에게 물어보았다. 필자는 서울에서 태어나 나중에야 영어를 배웠다고 솔직하게 대답했다. 그는 '사전을 통하여 영어를 배운 사람'들은 미국에서 태어난 사람들에 비해 단어의 활용이 조금 어색할 때가 있다고 말해 주었다. 혹시 아직 한글을 쓸 줄 안다면 자신처럼 포커에 관련된 책을 한글로 써보는 것은 어떻겠냐고 나에게 물어보았다. 나는 사양했지만, 그는 나와 오랜 시간 이야기를 나누며 느낀 바, 필자가 이 게임을 바라보는 시각이 독특해서 포커에 관한 이야기를 나누는 게 재미있다고 말해 주었다. 그리고 그는 이 게임을 진심으로 사랑하는 필자 같은 플레이어가 영어가 아닌 다른 언어로도 이 게임에 관하여 책을 쓴다면 그것은 그것대로 남길만한 서적이 될 것이라 말했다. 책을 쓰기 위해서 노벨 문학상이 필요하진 않은 것처럼, 굳이 세계 챔피언이 아니라 해도 책으로 자신의 생각을 표현하는 것에 대해 전혀 부끄러워할 필요는 없다고 말해 주었다.

그리하여 이 모든 것이 동기가 되어 2016년에 집필을 시작했다. 입문편의 가장 처음엔 포커를 진심으로 사랑하는 모든 이에 대한 감사로 첫 장을 시작하였고, 초급편이 마무리되는 2020년에는 가족 중 가장 나를 아껴주었던 필자의 할머니를 첫 문장으로 시작하였고, 현재 이 중급편이 완성되는 2024년에는 필자를 가장 사랑하는 사람인 아내와 곧 태어날 아기의 이름을 첫 문장으로 집필을 시작했다. 만일 데이비드가 필자에게 굳이 세계 최고의 카드 플레이어가 아니어도 괜찮다는 말을 해주지 않았다면 아마 『홀덤의 정석』은 이 세상에 없었을지도 모른다. 동기를 부여해 준 그에게 다시 한번 감사한다. 코로나 바이러스 전염병이 터지고 난 이후, 그는 무척이나 쇠약해진 듯 보였고, 우리가 마지막으로 만난 한 테이블에서 웃으며 게임 했던 것은 2023년 2월의 The Orleans 카지노의 $2/$5 테이블이었다. 그에게 경의를 표한다.

반드시 알아야 할 의학 정보: 도파민

우선 도파민(Dopamine)이란 게 무엇인지 알아보자. 도파민이란 사람 몸속에 있는 신경 전달 물질로, 인간이 행복을 느끼는 쾌감 호르몬이라 이해하면 될 것이다. 어떠한 행위를 하고, 그 행위를 통하여 어떠한 보상을 받으면(굳이 금전일 필요는 없다. 뭔가 좋은 감정만이어도 충분하다) 그 보상으로 인하여 사람의 뇌에서 도파민이 분비된다. 그 사람은 다음번에도 도파민의 분비(쾌락을 느끼기 위한)를 위하여 해당 행위를 다시 반복하고, 이는 곧 습관이 될 수 있다. 당연히 텍사스 홀덤에서 빅팟을 이기고 난 이후 다량의 도파민이 분비될 것이다. 우리 모두 이러한 경험이 분명히 있다. 굳이 멀리 돌아볼 필요가 없다.

우리는 대개 어떤 '보상'을 받기 위해 열심히 일한다.

아주 흔한 예를 들어보자. 직장생활을 다니고 있다면 '월급'을 위하여 일한다는 표현은 아마 틀리기 어려운 표현일 것이다. 물론 일을 열심히 하는 사람 중 그냥 일 그 자체가 좋아서 밤늦게까지 열심히 보고서를 준비하는 사람도 있을 수 있겠지만, 대부분의 경우엔 '일' 그 자체보다는 그 '일'이 끝나면 돌아오는 어떠한 '보상'을 원하기 때문에 그 '일'을 열심히 하는 사람들이 많을 것이다. 즉, 이런

평범한 사람에겐

'일' → 보상(행복)

인 것이다. 지금의 일에는 행복이 없다. 나중의 보상을 위하여 지금 괴로운 일을 한다. 자연히 중간 단계에 있는 '일'은 매우 고통스럽다. 하기가 싫다. 얼른 퇴근하여 사랑하는 남자친구(또는 여자친구)와 즐거운 시간을 보내고플 뿐이다. 그러나 참는다. 다음 주에 돌아올 '월급날' 또는 '해외여행을 갈 휴가'를 위하여.

이런 행동 방식은 우리네 삶에서 매우 쉽게 관찰된다. 아니, 사실 대부분의 사람은 이런 패턴으로 생활한다. 그러나 이러한 삶의 사고방식으로는 '크고 길게 성공하기 어렵다'고 필자는 진단한다. '일'을 성공적이고 높은 퀄리티로 오래 하려면 그 '일'이 주는 어떠한 '보상'에 관심을 갖지 말고, 그 '일' 자체로 만족하고 쾌감을 느껴야 한다. 마치 '일의 노예가 되어라.'처럼 들릴 수도 있는 망언(妄言)이라 생각하실지도 모르지만, 사실 이는 프로 카드 플레이어의 관점에서 보면 이보다 더 지당한 충고는 없으리라 생각한다. 진짜 중요한 건 바로 지금부터다.

2003년 5월, 스탠포드 대학교 심리학과의 마크 래퍼 교수가 어린이들에게 행동 변화에 대한 실험을 했다. 학교에서 그림 그리기 좋아하는 아이들이 있었다. 그들은 어떤 보상을 바라고 그림을 그리는 게 아니었으며, 그림을 그리지 않을 때엔 야단을 맞는 것도 아니었다. 그냥 자발적으로 '그림을 그리는 행위' 그 자체를 좋아하는 순수한 꼬마들이다. 어느 날 닥터 래퍼는 그들을 세 그룹으로 나누었다.

첫 번째 그룹은 그림을 성공적으로 그리면 '훌륭한 화가'라고 불리는 표제어 옆에 자신의 이름을 써넣을 수 있는 '보상'을 지급했다. 그림의 퀄리티와는 무관하게 언제나 해당 보상을 지급했다. 두 번째 그룹은 그림을 다 그리고 나서 해당 보상을 그림의 실력과는 무관하게 전혀 예측할 수 없는 빈도로 무작위로 지급했다. 보상과 노력이라는 연결고리는 없었다. 마지막 세 번째 그룹엔 보상에 대한 아무런 언급이 없었다.

그렇게 첫 번째 그룹의 아이들은 '그림 → 보상' 공식에 익숙해져만 갔다. 두 주라는 시간이 흐른 후 실험진은 갑자기 '훌륭한 화가'라는 표제어를 없앴다. 보상 체계를 아예 없앤 것이다. 물론 아이들은 예전처럼 여전히 그림을 마음껏 그릴 수 있다. 아무도 그림을 그리지 못하게 막지 않았다. 그러자 첫 번째 그룹의 아이들은 확연하게 두 주 전에 비해 그림을 덜 그리기 시작했다. 더 이상 '보상'이 주어지지 않는다는 사실을 인지한 순간, 아이들은 더 이상 '노력'하지 않았다. '보상'이라는 개념 그 자체가 없었던 두 주 전에는 '노력하는 행위(그림 그리는 행위)' 자체에서 모든 아이가 행복해하며 도파민을 느꼈지만, 이제 '보상'에 가려서 노력해야 할 원동력을 잃고 말았다. 그리고 실험의 종목(그림 그리기)이나 보상의 종류, 다른 환경의 아이들로 여러 조건을 바꾸더라도 비슷한 결과를 실험진은 얻을 수 있었다.

이 실험을 통하여 우리가 깨달아야 하는 것은 '어떠한 보상'만을 위하여 무언가를 한다면 그 보상을 얻지 못한 이후에는 그 동기가 크게 감소한다는 것이다. 하지만 우리가 아무런 보상을 바라지 않은 채로 순수하게 그 행위가 좋아서 했다면 매우 큰 동기가 유발된다. 이것은 우리에게 '노력하는 그 과정' 자체를 좋아해야 한다는 결론을 설명한다. 무언가에 몰입하여 **자발적으로** 집중하는 것이 최고이다. 아이들은 원래 스스로 그림을 그렸으며, 그림을 그리는 그 행위 자체를 즐겼다. 하지만 그림을 다 그리고 나서 받을 수 있는 '보상'에 점점 시선이 비틀려만 갔다. 비슷한 예로 마치 '초콜릿 케이크와 사탕을 먹으려면 지금 채소와 시금치를 먼저 먹어야 한다'라는 밥상머리 교육을 기억한다면 아이들이 왜 채소와 시금치를 먹는 과정을 괴로워하는지, 그 이유를 이제는 이해할 것만 같다. '사탕(보상)'을 위하여 지금의 '노력(시금치)'을 견디는 것이 달갑지 않은 것은 당연하다.

카드 플레잉의 한 세션이 끝나고 어떠한 보상(예를 들어 캐시아웃 금액, 현금)을 받게 된다면 이 보상을 위하여 게임 하는 것으로 사람이 바뀌게 된다. 이것은 매우 치명적이다! 특히 프로를 준비하는 플레이어라면 이보다 더 큰 독(毒)은 찾아보기 어렵다. 필자는 독자 여러분들(특히 프로를 지망하는 독자)에게 이 부분을 강하게 짚어주고 싶다. 여러분이 만약 프로 카드 플레이어가 진정으로 되고 싶다면 여러분은 카드 플레이 그 자체를 사랑해야 한다. 이것은 아무것도 걸지 않은 대한민국 국내의 합법 사이버 머니 게임을 하루 10시간 동안 미소 지으며, 매일 꾸준히 플레이할 수 있는 자세여야 함을 뜻한다. 거의 미친 짓이라고도 보일 수 있다. 돈을 위한 자세나 태도가 묻어있으면 이 과정은 매우 고통스러울 것이다.

올림픽을 준비하는 운동선수들은 금메달을 따서 조국과 가족에게 자랑스러워하는 아들·딸이 되고, 우수한 명예와 병역 면제 등 수많은 특정 '보상'을 바라고 매일 훈련한다면 그 목표에 도달하는 과정이 쉬울 리 없다. 물론 불가능한 것은 아니지만, 배로 많은 고통과 참을성이 수반될 것이다. 노력 이후의 어떤 성과, 트로피, 수익금, 프로 운동선수에 대한 대우 같은 것만을 갈망한다면 그 준비 과정은 매우 매우 고달플 수밖에 없다. 도파민이 우리의 시간 감각과 연관이 있어서 <u>나중에</u> 주어지는 보상을 위해서 <u>지금</u> 어떤 수고로운 노력을 참으며 한다면 지금 해야 하는 그 일은 매우 고통스러워지며, 이것은 우리의 동기를 분명하게 감소시킨다. 이래서는 안 된다. 만일 프로 카드 플레잉을 전문적인 직업으로 삼는다면 여러분은 다음 날 일어나서 카드를 플레이하는 것 자체가 너무 설레고, 아무런 보상이 없더라도 그 자체를 즐기기 위하여 신나서 휘파람을 부르며 샤워 후 옷을 갈아입는 마인드가 나와야 한다. 매일 비장한 각오로 '오늘은 돈을 따겠다' 하는 비장한 태도로 카지노로 출정하는 것에는 한계가 있다. 그래서 그런 지나친 비장함을 필자는 추천하지 않는다.

그러나 안타깝게도 필자가 만났던 한국인들은 늘 그런 비장한 승부사의 자세뿐이었고, 그런 태도를 가진 플레이어들은 언제나 진득하게 견디지 못하고 이곳에서 떠나갔다. 이 논지를 필자는 분명히 기록으로 증명해 보일 수 있다. 실제로 라스베이거스로 카드게임으로 전업을 하러 온 한국인들과 이곳에서의 생활상에 대한 이야기를 나누며 함께 모여 얼굴 보며 순댓국과 소주를 마셔도 '돈이나 어떤 보상'을 바라고 게임 하는 친구들은 오래 견디지 못하고 길게 버텨봐야 3개월이면 이 생활을 집어치우고 귀국하곤 했다.

그러니 미쳐야 한다.

미치지 않고서야 아무런 보상도 없이 다 큰 성인이 플라스틱 카드 놀이로 히히덕거리며 시간을 보내는 행위가 좋을 수 없다. 포커(텍사스 홀덤)를 플레이하는 것, 그 자체가 좋아야 간신히 '재능'이 있을 수 있는 것이고, 이 재능 위에 이제 '노력'을 곱해야 비로소 실력으로 연결되는 것이라 필자는 믿는다.

'이것은 내가 선택한 길이며, 난 이 길이 매우 좋다.'
이것은 '어떠한 보상을 노리고 노력하는 자세'와는
완전히 다른 마인드 셋이다.
완전하게 다른 것이다.

그냥 이 일을 하는 그 자체가 좋다. 미쳤다는 것을 알지만, 그래도 좋다. 돈을 못 벌어도, 영광이 없어도 좋다. 그냥 이 게임이 좋아야 한다. 아무도 이 게임의 결과에 대한 보상을 지불해 주지 않을 테지만, 그냥 이 게임이 좋아서 할 수 있어야 한다. 미치면 성공한다는 말에 동의하진 않더라도, 적어도 이제는 그게 무슨 뜻이었는지는 이해할 수 있게 되었는가? '노력의 기쁨' 그 자체가 좋아야만 한다. 특정한 보상이 필요 없다(아니, 오히려 나중엔 거부한다. 정확히 말하면 적은 돈을 벌더라도 그냥 게임 하는 그 자체가 좋은 시점이 오기 마련이다. David Wallen이 미소를 띠며 말해주었다). 노력 그 자체에 도파민이 분비되기 시작한다. 정리하면:

포커, 그 자체가 좋다.
이 좋아하는 행위를 많이 하다 보니,
나도 모르게 잘하게 되었고,
그러다 보니 돈은 저절로 벌리게 되더라.

이게 필자가 겪었던 루트였다. 하지만 대부분의 한국인이 베가스로 왔을 땐 그 이유는 다소 불순했다. 다음의 예는 라스베이거스에 도착한 대부분의 한국인 플레이어들의 루트를 필자 멋대로 의역하여 써본 것이다.

크고 막대한 돈을 단기간 안에 별 노력 없이 쉽게 벌고 싶다.
포커란 큰 노력이 필요하지 않은 것처럼 보인다.
모니터 앞에서 딸깍 딸깍이 전부다.
나도 혹시 이것에 재능이 있지 않을까?
그래서 포커에 도전해 보고 싶다.
결과가 좋지 않아서 보상을 받지 못하는 날도 있다.
자존감과 도파민이 팍팍 꺾인다.
생각했던 만큼의 보상이 나오지 않으니 이 과정이 괴롭고 지루해진다.
다음 날 전화가 울려도 받지 않는다. 카지노로 가기가 싫어졌다.

두 번째 예시의 경우, 포커를 이용해 돈을 벌려는 목적이 있었던 사람이다. 이 사람에겐 실제의 목적은 '돈'이었고, 포커를 플레이하는 것이 아니었다. 이래선 당연히 오랜 시간 플레이할 수가 없다. 성공적인 카드 플레이어가 되는 것이 불가능하다. 애초에 이 사람의 목적은 '포커'를 하는 게 아닌, '돈'이었기 때문에 포커를 플레이하는 도중에 게임이 잘 안 되거나(피할 수 없다) 돈을 잃거나 벌지 못하게 되면 의지가 너무 쉽게 꺾인다. 필연적이다. 애초에 원하던 것은 '포커'가 아니었으니 당연하다. 만일 여러분이 실제로 포커를 매우 잘하려면 다음의 몇 가지는 필수적으로 가지고 있어야 한다. 그리고 안타깝게도 이 중의 몇 가지는 훈련을 통하여 얻는 것은 불가능할 수도 있다. 첫 번째는 진실로 카드게임 그 자체를 좋아하는 성격이어야 한다. 이것은 필수다!『홀덤의 정석』시리즈의 가장 첫 문장이 기억나는가? 그 문장은 제1권인『홀덤의 정석: 입문편』가장 첫 장, <u>목차가 시작되기도 이전의 가장 첫장</u>에 첫 문장으로 쓰여있다.

"포커를 진정으로 아끼는 카드 플레이어들에게 이 책을 바친다."

필자는 이제 진절머리가 난다. 먼 조국에서 건너온 젊은 친구 · 형과 즐겁게 게임을 하고 싶어도 그들은 '돈, 여자, 명예'를 위하여 내가 진실로 사랑하는 이 게임을 이용하려고만 했다. 물론 위의 것들을 싫어하는 사람은 없겠다만, 아무리 그래도 '이 게임' 그 자체를 사랑하는 이를 필자는 본 적이 없다(최소한 한국인 중에선). 그들과 대화를 나누면 그들은 늘 어떻게 하면 '더 큰돈을 손에 쥐나', '어느 스트립클럽의 여자가 괜찮나', '어떻게 하면 더 큰돈이 오고 가는 프라이빗 게임에 초대받을 수 있나' 하는 질문만 필자에게 물어보았지, 오늘은 게임 중 어떤 상황에 처했고, 누구누구가 어떤 핸드로 어떻게 대처했었고, 어떤 액션이 흥미롭고, 이 게임은 어디에서 더욱 난전(亂戰: 복잡한 싸움)이 일어나는지 그런 게임의 분석에 대한 질문을 해온 이는 없었다. 그 누구도 온라인의 $0.01/$0.02 게임을 진지하게 플레이하지 못했다.

그러므로 우리는 본격적으로 프로가 되기 전에 성공에 대한 도파민을 자극해선 안 된다. 흔히 '꿈을 그려라', '희망을 느껴라', '미래를 보아라', '나중을 위해 참아라'라고 학생들에게 소리치던 모 학교의 교장 선생님들을 우리는 생각한다. 그리고 이제는 깨닫는다. 그러한 접근이 장기적으로는 결코 아이들에게 긍정적인 결과로 연결되긴 어렵다는 것을. 그리고 무언가를 끝내거나 성취하고 난 이후에도 여전히 도파민을 자극해선 안 된다. 우리는 노력, 그 자체로부터 도파민을 받아야 한다.

프로가 되고 싶은가? 스스로가 가능할지 확인해 보는 방법은 사실 매우 간단하다. 지금 당장 컴퓨터를 켜고, 사이버 머니로 플레이하는 무료 게임에 참여하라. 그리고 '진짜 미친놈'마냥, '아무런 보상이 없는 그 무익(無益)한 행위'를 정말로 즐기면서 하루 10시간씩 할 수 있는가? 그 아무런 '보상'이 없는 행위를 1달 동안 막연하게 할 수 있는가? 할 수 있다면 가능성이 보이는 것이다.

3900장.

중급편을 마치며

그래도 나는 다음과 같이 『홀덤의 정석』에 기록해 두려 한다.

중급편을 마치며

우리는 새로운 어떤 한 분야에 대해 공부를 시작할 때, 흑과 백이 분명하게 나뉘는 경계선부터 그 배움을 시작한다. 가령 기하학(幾何學: 도형을 연구하는 학문)을 예로 보면, 삼각형의 성질부터 시작할 수 있다. 국어로 치면 기본 문법 정도로 비교될 수 있다. 삼각형의 특징에 대한 공부를 마치고 '삼각형 내각의 합은 180도'임을 배우게 된다. 그리고 그 때는 여기까지만 배운다. 그러나 먼 훗날 수학의 세계에 더 깊이 들어가면 '과연 모든 삼각형의 내각의 합은 언제나 180도인가?'에 대하여 다시 다뤄야 한다. 유클리드 기하학의 '진리'에, 정면으로 도전하게 된다. 마침내 현대 기하학에서는 더 이상 '삼각형의 내합이 언제나 180도는 아님'을 깨닫게 된다. 예외가 있음을 깨닫는다. 평면이 아닌, 휘거나 뒤틀린 곡면위라는 특수성이 얽혀버리면 기존에 우리가 철썩같이 믿고 있었던 '진리'가 우그러든다. '상식'에 금이 가기 시작한다. 만일 주제가 국어라면 주어와 술어의 순서로 우리 말이 구성됨을 배우는 데서 시작한다. 문법으로 시작하여 작문에 들어간다. 그리고 문학에 예술을 붓는다. 예술이 달라붙으니 문법 구조가 파괴되어도 여전히 그 뜻을 음미함이 가능하다. 주술(主述) 구조가 뒤죽박죽되어도 여전히 의사소통이 가능한 화려함에 빠져든다. 기존의 진리였던 고정적이고 적확한 문법 구조는 자연스레 금이 가고 우그러든다.

진리가 열어지기 시작한다. 이젠 진리에 의심마저 든다. 초반엔 흑과 백으로 명료하게 분명히 나뉘었으나 미세하게 깊이 들어가면 들어갈수록 흑과 백 어디엔가 분명한 경계선은 자연스레 사라지며, 흑도 백도 아닌 어떤 회색으로 경계선이 '드넓게' 펴지는 게 보인다. 나중에는 그 회색을 현미경으로 더욱 세밀하게 줌인(Zoom in)하여 파고 들어가, 이 작은 회색마저도 사실은 흑과 백이 일정한 농도로 무작위로 뒤섞여 무수히 작은 흑점과 무수히 작은 흰점이 얽혀서 서로의 밀도로 흑에서 백으로 점차 변화하는 기기묘묘한 상황을 관찰한다. 이 모든 것이 멀리에선 단지 회색으로 보인다는 것을 발견한다. 그러니까 엄밀하게 말하면 결국 그 미세하게 작은 회색마저도 흑과 백으로 여전히 나누어 구별하는 것이 불가능한 것만은 아니라는 것을 깨닫는다.

문제는 이 과정까지 도달할 사연이 없는 대부분 사람에게, 이 미세한 차이를 단기간에 설명하는 것은 가히 불가능에 가깝다는 것을 알고 절망한다. 최대한 짧고 직역적이며 되도록이면 적확한 문장을 찾기 시작한다. 이 과정에서 회색밖에 보이지 않는다며 불평하는 누군가는 지쳐서 혹평을 늘어놓는다. 차분히 설명할 시간은 주어지지 않는다. 세밀도 100배의 줌에서 멈춘 이에게 세밀도 10,000의 줌으로 더욱 당겨서 회색 안을 세밀히 들여다보면 여전히 흑과 백으로 이루어진 어떤 경계가 보일 것이라고 설명한다.

혹은 분명 백(白)이라 믿었던 부분을 다시 자세히 훑어보면 매우 미세하게 흑(黑)점이 하나 찍혀있다는 것을 깨닫고, 여태까지 설명했던 것을 재정립하느라 진땀을 **뺀다**. 백이 999,999개 찍혀있고 흑이 1개 찍혀있는 부분을 두고, 이것에 대해 백이라 지칭했다며 다소 안전했던 필자의 문장에 의구심을 품는다. 바로 이때 누군가가 바로 그 정형적으로 논쟁이 이미 끝난 프레임에 대해 다시 질문해 온다. 마치 목숨을 건 수술을 집행하는 의사가 수술 성공률이 얼마인지 물어보는 환자의 보호자에게 답변해야 하는 분위기를 조성한다. 수술 성공률이 99.9%가 넘는 '비교적 안전한' 수술이지만, 1개의 흑점은 분명히 어디엔가 있다는 사실을 나는 분명히 알고 있다. 그래서 90% 정도라 얼버무리고 뭉뚱그려 대답한다. 최악의 경우를 대비하는 것이다. 보수적으로 대답하여 나쁠 게 없다고 생각해서다. 나름 사려 깊게 조심하여 대답하려는 의도다. 이 사고는 언젠가는 분명히 일어난다. 그게 언제일지는 아무도 모르지만. 그렇기에 확정적인 표현은 피하고 싶어진다.

분명하게 나뉘는 기준선은 사람마다 볼 수 있는 시야의 깊이에 따라 결정된다고 생각한다. 시야가 깊어지면 결국 모든 영역 전체에 사실은, 순도 100% 백 그리고 순도 0%인 흑만 관측되는 부분은 아예 애초부터 없었을지도 모른다는 생각이 들며, 그렇다면 우리의 젊은 시절 흑과 백으로 나누며 공부를 시작했던 그날들이 정말로 합리적인 접근이었는지 다시금 생각하게 된다. 나중엔 '이렇게까지 세밀하게 들어가는 것이 진정 어떤 의미가 있는가?'란 질문에 스스로 다가선다. 어차피 실전에선 쓸 일도 없는데, 대체 왜 이런 아무도 알아주지 않을 세밀한 고찰을 쫓고 있는 스스로를 발견한다. 대부분의 범인(凡人)은 흑 그리고 백 둘 중에 하나만을 원한다.

...

우리의 오래전 사회 문화는, 누군가가 뭔가를 잘 몰라 하면 상대를 너그러이 이해하고, '이렇게 한번 해보면 어떨까요?' 하며 꽤 친절히 가르쳐주는 사회였다. 적어도 필자의 기억엔 그랬다. 그러면 상대는 고마워하고, 또 다른 누군가가 모르는 것이 있어 보이면 친절하게 자신이 알고 있는 것을 최선을 다하여 나누었다. 작아도 상관없었으며, 완벽하지 않아도 괜찮았다. 틀린 부분이 보이더라도 맞는 부분이 더 많았으니 상관없었다. 듣는 이는 이해하였고, 말하는 이는 조심하였다. 심지어 나누는 지식이 조금 틀리더라도 최선을 다하여 긍정적인 목적으로 설명한 것을 느낄 수 있었다. 진심이 느껴지기에 실망하지 않았다. 사람들은 아는 것을 함께 나누며, 서로가 서로를 도우며 성장했다. 당연히 이 과정에서 서로에게 마찰이 일어날 수도 있지만, 이것을 하나의 비난으로 연결하진 않았다. 우리는 의도적인 기만은 아니었음을 이미 알고 있었고, 조심을 알았으며, 사람들은 서로 간의 의견이 다른 점을 이해하였고, 함께 정보를 공유해 가며 전진해 나가는 게 가능했다. 도움을 받은 사람은 감사를 표하고, 도움을 준 사람은 미소 지으며 헤어졌다.

그런데 요즘은 이런 광경을 보는 게 매우 어려워진 듯하다. 뭔가 사회 전체가 서로 공격하고 씹을 거리만 찾으며, 서로가 서로를 노려보며 비난의 대상으로만 바라본다. 그러자 이 사회에 남아있던 작은 선함들도 사라져 갔다. 순수한 사색이라든가, 개인의 신념이나 철학을 다른 이에게 말하면 '오글거린다'란 표현으로 치부됐다.

진지한 고찰은 '노잼'이라 불렸으며, 용기를 가지고 지식을 나누려는 사람들을 '쓸데없이 나대는 관심종자'라며 비아냥대고 키득거렸다. 이윽고 아무도 자신의 생각을 말하지 못했다. 어느덧 우리 사회에 자신의 생각을 발표하는 것 자체가 하나의 큰 '죄'가 되어버린 듯하다. 최선을 다하여 무언가에 도전하는 이를 비난하고, 그들이 실패하면 조롱의 대상으로 만인에게 그들의 실패를 공개하고 박제하여 자신의 이익 대상물로 희화화하는 데 앞장섰다. 자신이 직접 시도하기보다는 뒤에 숨어서 내던지는 훈수질이 난무한다.

남을 배려하려 절제된 표현과 범절을 지키는 품위있는 의견 교환보단 욕설과 직역적인 낯뜨거운 문장에 사람들은 더 환호하였으며, 타인을 존중하고 배려함에 근본을 둔 사려 깊은 행위를 '선비'라 희롱했다. 사회는 거칠고 자극만을 쫓는 도파민에 절여진 피곤한 상태가 되었지만, 이를 바로 잡아서 여유와 풍요를 베풀 사람은 이미 다 사라지고 난 뒤였다. 비판과 비난에 대한 구분이 사라져서 일단 상대를 물어뜯고 힐난하는 그 자체로부터 쾌감을 얻는 변태들이 횡행하는 게 현시대라, 필자는 가슴이 먹먹할 때가 있다. 그래도 나는 다음과 같이 『홀덤의 정석』에 기록해 두려 한다. 감성(感性)과 낭만(浪漫)은 죄가 아니라고 여기에 떳떳하게 남긴다. 필자는 세계 최고의 포커 플레이어가 분명히 아님에도, 겁도 없이 이런 책을 출판하는 '범죄'를 저질렀다.

『홀덤에 정석』에 크나큰 관심을 보여주신 여러분들께 진심으로 감사하다는 말을 올린다. 이 장을 빌려 독자 여러분들께 간곡히 부탁드리는 바가 있다. 필자의 개인 신상에 대한 비밀을 유지해 달라는 부탁을 생각나눔 출판사에 정중히 부탁드렸던 적이 있다. 필자는 SNS를 잘 못 하지만, 아내의 도움을 받아 인스타그램이니, 텔레그램이니, 당근마켓 하는 것도 요즘 새로 배우고 있다. 이 문장을 아내에게 읽어주니 아내는 폭소를 터뜨리는데, 그 웃음의 의미마저 나중에 간신히 설명을 통해서 이해했다는, 걸음마 단계라고 말한다면 믿어줄 수 있을까? 어쨌든 이러한 배움의 기회는 필자에겐 기쁨의 활력소다. 만일 개인적인 연락이나 따끔한 충고를 보내고 싶다면 굳이 생각나눔 출판사에 전화를 걸어서 멀쩡한 출판사를 괴롭히기보단, HYUL.COM 을 통하여 필자를 직접 괴롭혔으면 한다. 여태까지 그런 고충을 대신 감당해 준 생각나눔 출판사 임직원분들께 대단히 감사하고, 언제나 출판에 큰 도움을 주셔서, 다시 한번 감사한 마음을 표한다. 만일 ICMizer의 20% 할인 쿠폰을 보내줄 친구가 없다면 필자가 기꺼이 그 친구가 되어주겠다! 포커에 관련된 건설적이고 따뜻한 의견 교환은 언제나 두 팔 벌려 환영한다. 2024년 현재 필자는 한 명의 작가(作家)란 신분으로 자랑스러운 내 조국, 대한민국의 충청도에 살고 있다.

-J. K. H.

홀덤의 정석 [중급편]

펴 낸 날   2024년 07월 18일

지 은 이   J. K. H.
펴 낸 이   이기성
기획편집   서해주, 윤가영, 이지희
표지디자인 서해주
책임마케팅 강보현, 김성욱
펴 낸 곳   도서출판 생각나눔
출판등록   제 2018-000288호
주   소   경기도 고양시 덕양구 청초로 66, 덕은리버워크 B동 1708호, 1709호
전   화   02-325-5100
팩   스   02-325-5101
홈페이지   www.생각나눔.kr
이 메 일   bookmain@think-book.com